KB075515

우리가 아는
　　세계의 종언

Immanuel Wallerstein, *The end of the world as we know it: social science for the twenty-first century*
© Immanuel Wallerstein 1999

우리가 아는 세계의 종언

21세기를 위한 사회과학

이매뉴얼 월러스틴 지음 | 백승욱 옮김

창비

이 책은 조시어 H. 체이스가 그의 부모이자
미니쏘터 지역의 개척자인 엘런 랭킨 체이스와
조시어 후크 체이스를 기념하여 기증한
유산의 도움을 받아 출간되었다.

제이컵, 제씨, 애덤, 그리고 조슈어에게
이들이 내가 공부한 사회과학보다 더 유용한 사회과학을
알게 되기를 기원하며
그리고
좀더 민주적인 세계를 위해 사회과학이 기여할 수 있도록
그의 전생애에 걸쳐 노력을 기울였고,
우리 모두에게 깊은 영감을 심어준
돈 빠블로 곤살레스 까싸노바에게

머리말

1994~98년까지 나는 세계사회학회(International Sociological Association) 회장직을 맡았다. 나는 사회과학의 집합적 사회지식을 재평가하는 데 관심을 집중하고, 21세기에 크게 변환될 것이라고 본 세계에 비추어 이 문제를 바라보도록 세계사회학회에 촉구하였다. 나는 세계사회학회 회장으로서 사회학자 및 여타 사회과학자들이 개최한 수많은 모임에 연설하도록 초청받았는데, 나의 주장에 따라 이 기회를 21세기를 위한 사회과학이라는 주제에 대한 견해를 개진하는 데 이용하기로 결심하였다.

이 책의 제목은 여기에 수록된 많은 글들을 읽은 윌킨슨(P. Wilkinson)이 붙여주었다. 하루는 그가 내게 말하기를, 사실 내가 쓰고 있는 주제들은 '우리가 아는 세계의 종언'에 관한 것이라고 했는데, 여기서 '알고 있다'(know)는 것은 인식(cognoscere)과 이해(scire)라는 이중의 의미였다. 나는 이 통찰력을 받아들여서 '자본주의 세계'와 '지식의 세계'——우리의 실재를 형성한다는 의미에서 우리가 알던 세계(자본주의 세계, 즉 인식)와 그 세계를 이해한다는 의미에서 우리가 알던 세계(지식의 세계, 즉 이해)——로 나누어 나의 글들을 배치하였다.

나는 우리가 어두운 숲속에서 길을 잃어 헤매고 있고, 어느 방향으로 가야 할지 불투명한 상태에 있다고 믿는다. 나는 이에 대해 우리가 함께 시급히 논의할 필요가 있으며, 이런 논의는 참으로 전세계적으로 진행되어야 한다고 믿고 있다. 나아가 이런 논의에서 지식과 도덕과 정치는 별개로 분리될 수 없다고 믿고 있다. 나는 이런 입장을 여는 글인 「불확실성과 창조성」에서 제시하려 한다. 우리는 어마어마한 토론에 참여하고 있으며, 이는 대단히 힘든 토론이다. 그러나 문제를 회피한다고 문제가 해결되는 것은 아니다.

차례

■ 일러두기
이 책에서는 자연과학 용어와의 교통(交通)을 중시하는 저자의 의도를 살리고 용어상의 일관
성을 기하기 위해 system은 '체계'나 '계'로, regime은 '체제'로 번역하였다. 따라서 world-system은 '세계체계'로, historical system은 '역사적 체계'로, interstate system은 '국가간체계'
로, anti systemic movements는 '반체계운동' 등으로 번역하였다.

불확실성과 창조성
전제와 결론

    나는 21세기 전반부가 20세기에 우리가 알던 어떤 시기보다 훨씬 더 어렵고 혼란스럽지만, 좀더 개방적인 시기가 될 것이라고 믿는다. 나는 세 가지 전제에서 그렇게 말하는데, 여기서 이 전제들에 대해 상론할 시간은 없다. 첫번째 전제는 모든 체계들처럼 역사적 체계들의 생애가 유한하다는 것이다. 역사적 체계들은 시초, 장기 발전을 거친 후 마지막으로 균형에서 벗어나 분기점에 이르고, 쇠락을 겪는다. 두번째 전제는 이 분기점에서 사실로 드러나는 두 가지인데, (대량투입이 소량의 산출을 낳는 체계의 정상적 발전기와 반대로) 소량투입이 대량의 산출을 낳는다는 것과, 그러한 분기의 결과가 본질적으로 비결정적이라는 것이다.

    세번째 전제는 하나의 역사적 체계로서 근대세계체계가 최종위기에 진입했으며, 50년 뒤에는 존재하지 않을 것 같다는 것이다. 그러나 그 결과가

●1997년 9월 3~6일 프라하(Prague)에서 개최된 '포럼 2000: 새천년의 분수령에 대한 관심과 희망'에서 행한 연설.

불확실하기 때문에 우리는 그 다음에 출현할 체계(또는 체계들)가 우리가 지금 살고 있는 체계보다 더 나을지 알지 못한다. 그렇지만 우리는 이행기가 고난들로 가득 찬 끔찍한 시기가 될 것이라는 점을 잘 알고 있는데, 이는 이행에 얽힌 이해관계가 너무나 크고 그 결과는 너무나 불확실하며 소량투입이 결과에 영향을 미칠 능력이 너무나 크기 때문이다.

1989년의 공산권(the Communisms) 붕괴를 자유주의의 대승리로 여기는 생각들이 널리 퍼져 있다. 나는 그 붕괴가 보여준 것은 오히려 우리 세계체계를 규정하는 지구문화(geoculture)로서의 자유주의의 결정적인 붕괴였다고 본다. 자유주의는 본질적으로 점진적 개혁이 세계체계의 불평등을 개선하고 첨예한 양극화를 줄일 것이라고 약속하였다. 이것이 근대세계체계의 틀 속에서 가능하다는 환상은 사실 거대한 안정화 요소였는데, 그 이유는 바로 이 환상이 근대세계체계 속에 살고 있는 사람들에게 국가를 정당화하고, 가까운 미래에 지상낙원이 도래할 것을 약속했기 때문이다. 제3세계 민족해방운동의 붕괴 및 서구세계의 케인즈 모델에 대한 신뢰의 붕괴와 더불어 공산권의 붕괴는 이 각각이 선전하던 개량주의적 기획의 타당성과 현실성에 대한 대중적 환멸을 동시에 반영하는 것이었다. 그러나 이런 환멸——그것이 아무리 가치있다 하더라도——이 나타나자 국가에 대한 대중적 정당성의 기반이 흔들리게 되었고, 사람들이 세계체계의 끊임없이 증대하는 양극화를 참아야 할 어떤 이유도 사실상 사라졌다. 따라서 나는 우리가 이미 1990년대에 목도해온 것과 같은 엄청난 혼란이 현 세계의 보스니아와 르완다에서 세계의 더 부유한(그리고 더 안정적이라고 하는) 지역들(가령 미국 같은)로 퍼져나갈 것이라고 예상한다.

말한 대로 이는 전제들이고, 내가 이에 대해 논의할 시간이 없기 때문에 여러분은 아마도 이 전제들에 대해 확신을 가지지 못할지도 모른다.[1] 따라

---

1) 최근 출간된 두 책에서 이 테제들에 대한 상세한 논의가 제시되었다. Immanuel Wallerstein, *After Liberalism* (New York: New Press 1995, 강문구 옮김, 『자유주의 이후』,

서 나는 그저 나의 전제들로부터 도덕적이고 정치적인 결론들을 이끌어내는 데 그치려 한다. 첫번째 결론은, 어떤 형태의 계몽주의의 설교와도 달리, 진보란 결코 필연적이지 않다는 것이다. 그러나 그렇기 때문에 내가 진보가 불가능하다는 견해를 수용하는 것은 아니다. 도덕적으로 지난 수천년 동안 세계는 진보하지 않았지만, 그 가능성이 없었던 것은 아니다. 우리는 베버(M. Weber)가 "실질적 합리성"이라고 말한 방향, 다시 말해 집단적·지성적으로 성취한 합리적 가치와 합리적 목적의 방향으로 나아갈 수 있다.

두번째 결론은 근대성의 근본전제인 확실성에 대한 믿음이 맹목적이고 무능하다는 것이다. 데까르뜨적-뉴튼적 과학인 근대과학의 토대는 확실성에 대한 믿음이었다. 그 기본가정은 모든 자연현상을 지배하는 객관적인 보편법칙들이 존재하며, 과학적 탐구를 통해 이 법칙들을 규명할 수 있고, 일단 이 법칙들을 알게 되면 최초의 전제들에서 출발하여 미래와 과거를 완벽하게 예측할 수 있다는 것이다.

이러한 과학관은 단지 신을 '자연'으로 대체한 기독교 사상의 세속화에 불과하며, 확실성이라는 필수가정은 종교적인 공언들로부터 도출되고 이와 유사하다는 주장이 종종 제기되었다. 나는 여기서 신학논쟁을 벌일 생각은 없다. 그러나 적어도 내게는 이른바 서구 종교들(유대교·기독교·이슬람교)의 공통적 관점인 전능한 신의 존재에 대한 믿음은 사실상 확실성, 적어도 인간적 확실성에 대한 믿음과 논리적으로나 도덕적으로 양립할 수 없다는 생각이 항상 떠나지 않았다. 왜냐하면 만일 신이 전능하다면 인간은 자신이 믿는 것을 영원한 진리라고 선포함으로써 신을 제약할 수는 없을 것이고, 그렇지 않다면 신은 전능하지 않을 것이기 때문이다. 확실히 대다수가 경건한 신자였던 근대 초기의 과학자들은 자신들의 주장이 당대의

당대 1996, 이하 『자유주의 이후』). 그리고 Terence K. Hopkins and Immanuel Wallerstein, et al., *The Age of Transition: trajectory of the world-system, 1945~2025* (London: Zed Press 1996, 백승욱·김영아 옮김, 『이행의 시대: 세계체제의 궤적, 1945~2025』, 창작과비평사 1999, 이하 『이행의 시대』).

신학에 부합한다고 생각했을 것이고, 의심할 여지 없이 그 당시 많은 신학자들은 과학자들이 그런 생각을 할 만한 근거를 제공했지만, 과학적 확실성에 대한 믿음이 종교적 신앙체계의 필수적 보완물이라는 것은 전혀 사실이 아니다.

게다가 확실성에 대한 믿음은 이제 자연과학 자체 내에서 강력하다고 할 만한 공격에 직면해 있다. 이는 일리야 프리고진(Ilya Prigogine)의 최근 저서『확실성의 종언』[2]을 소개하는 것으로 충분할 것이다. 이 책에서 프리고진은 자연과학 내부의 성소(聖所)인 역학에서의 동역학체계(dynamic systems)에서조차 체계들(systems)은 시간의 화살에 지배되고, 필연적으로 균형에서 벗어난다고 주장한다. 이 새로운 관점을 복잡성 과학이라고 부르는데, 이렇게 부르는 이유는 뉴튼적 확실성이 아주 제한되고 단순한 체계들에서만 타당하다고 주장하기 때문이기도 하고, 또한 우주가 복잡성의 진화적 발전을 보여주고, 선형적 균형이나 시간-가역성이라는 가정으로 설명될 수 있는 상황들이 거의 없다고 주장하기 때문이기도 하다.

세번째 결론은 우주에서 가장 복잡한 체계이자 가장 분석하기 힘든 체계인 인간의 사회체계에서는 좋은 사회를 향한 투쟁이 끊임없이 지속된다는 것이다. 더군다나 인간의 투쟁이 가장 큰 힘을 발휘하는 때는 바로 하나의 역사적 체계에서 (우리가 그 본질을 미리 알 수 없는) 다른 역사적 체계로 옮겨가는 이행기이다. 달리 말하면, 우리가 자유의지라고 부르는 것이 균형을 회복하려는 체계의 압력을 압도할 때는 바로 이 이행의 시기뿐이다. 이처럼 결코 확실하진 않지만 근본적 변화가 가능하며, 이 때문에 우리에게는 성실하고 강력하게 더 나은 역사적 체계를 추구하기 위해 합리적으로 행동할 도덕적 책임이 있는 것이다.

더 나은 역사적 체계가 어떠한 것이 될지 구조적 용어로 설명할 수는 없

---

2) Ilya Prigogine, *La fin des certitudes* (Paris: Odile Jacob 1996). 영역본 *The End of Certainty* (New York: Free Press 1997).

지만, 우리는 실질적으로 합리적인 역사적 체계라고 부름직한 것에 대한 기준을 제시할 수는 있다. 그것은 대체로 평등하고 민주적인 체계이다. 나는 이 두 목표 사이에 갈등이 있다고 보지 않으며, 이 두 목표는 내적으로 서로 연결되어 있다고 주장하려 한다. 민주적이지 못한 역사적 체계는 평등할 수 없다. 왜냐하면 비민주적인 체계란 권력을 불평등하게 분배하는 체계이며, 이는 이 체계에서 다른 모든 것들도 불평등하게 분배될 것임을 뜻하기 때문이다. 그리고 평등하지 못한 역사적 체계는 민주적일 수 없다. 왜냐하면 불평등한 체계란 어떤 이들이 다른 이들보다 더 많은 물질적 수단을 소유한 체계이며, 불가피하게 이들은 더 많은 정치권력을 소유하게 될 것이기 때문이다.

나의 네번째 결론은 불확실성은 경이로우며, 확실성은 만약 그것이 가능하다 해도 도덕적으로 생명력이 없다는 것이다. 우리가 만일 미래를 확신한다면, 무엇인가를 해야만 할 도덕적 강제는 없을 것이다. 모든 행위는 예정된 확실성 안에 있을 것이기 때문에, 우리는 마음대로 각자의 열정을 탐닉하고 각자의 이기주의를 좇으면 될 것이다. 모든 것이 불확실하다면, 미래는 창조성에, 그것도 단지 인간의 창조성뿐 아니라 모든 자연의 창조성에 대해 열려 있다. 미래는 가능성에 열려 있고, 따라서 더 나은 세계를 향해 열려 있다. 그러나 이를 달성하기 위해 우리의 도덕적 에너지를 기꺼이 쏟아붓고, 불평등하고 비민주적인 세계를 옹호하려고 제각각의 모습으로 저마다의 구실을 가지고 나서는 자들과 투쟁할 각오를 다지고 있어야만 우리는 그 세계에 도달할 수 있다.

제I부

자본주의 세계

제1장

사회과학과 공산주의의 막간,
또는 현대사에 대한 해석들

공산주의의 막간(interlude)이라고? 무엇과 무엇 사이의? 그리고 무엇보다도 언제? 나는 그 시기를 1917년 11월(이른바 10월혁명)과 1991년 사이로 보려 한다. 여기서 1991년이란 8월에 소련 공산당이 해체되고 12월에 소련 자체가 해체된 해이다. 이 시기(1917년 11월에서 1991년—옮긴이)는 러시아와 그 제국 및 동중부 유럽에 공산당 또는 맑스-레닌주의 당이 지배하는 국가들이 있던 시기이다. 확실히 오늘날 아시아의 몇몇 국가는 아직도 자신을 맑스-레닌주의 당이 지배하는 나라라고 생각하고 있는데, 중국·조선민주주의인민공화국·베트남·라오스가 바로 그런 나라들이다. 그리고 꾸바가 있다. 그러나 '사회주의권 국가들'이 의미를 갖고 존재하던 시대는 끝났다. 그래서 내 견해로는 맑스-레닌주의가 의미심장한 이데올로기적 버팀목이던 시대도 끝났다.

● 1996년 9월 15~17일 폴란드의 츠라초프(Cracow)에서 열린 국제사회학회의 지역 토론회 '동중부 유럽에서 개방사회 건설과 사회학의 전망들'에서 행한 연설.

그래서 우리가 막간에 대해 이야기할 때 그 일차적 의미는 맑스-레닌주의 이데올로기의 지배를 받는다고 주장하는 응집력있는 국가권이 있던 시대보다 앞선 시기가 있었고, 지금 우리는 그 시대 이후에 살고 있다는 것이다. 물론 그 그림자는 1917년 이전에 거기에 있었다. 맑스와 엥겔스는 이미 1848년에 『공산당 선언』에서 "하나의 유령이 유럽을 떠돌고 있다. 바로 공산주의라는 유령이다"라고 주장한 바 있다. 그리고 여러가지 점에서 이 유령은 아직도 유럽을 떠돌고 있다. 어디 유럽뿐이겠는가? 이에 대해 논의해 보기로 하자.

1917년 이전에 그 유령은 무엇이었는가? 1917년과 1991년 사이에는? 오늘날에 그 유령은 무엇인가? 1917년 이전에 유령의 정체가 무엇이었는지에 대해 합의에 도달하기는 그리 어렵지 않다고 생각한다. 그것은 어떻든 '인민들'(people)——대체로 무지하고 교양없고 단순한 사람들의 무리라고 생각된——이 다소 난폭하게 부상하여 재산을 파괴·몰수·재분배하고, 재능이나 주도권에 대한 고려 없이 통치하려는 사람들에게 권력을 쥐어주리라는 유령이었다. 그리고 이 과정에서 인민들은 물론 종교적 전통을 포함해 한 나라의 전통 중에서 귀중하다고 할 만한 것들을 파괴하리라는 것이었다.

이는 완전히 망상에 사로잡힌 공포는 아니었다. 영화로 만든 빠스쩨르나끄(B. Pasternak)의 『닥터 지바고』(Doctor Zhivago)를 보면, 지바고가 혁명 직후 전선에서 귀환해 모스끄바에 있는 그의 대궐 같은 집으로 돌아온 장면에서 그를 맞이한 사람들은 가족뿐 아니라 그의 집을 새로운 거처로 차지한 사람들의 대집단이기도 했다. 그의 가족은 이미 대저택 구석의 방 한 칸으로 쫓겨난 상태였다. 이상적인 러시아 지식인의 표본인 지바고는 이 새로운 현실에 대해 어떻게 생각하냐는 다소 공격적인 질문을 받고서, "동지들, 이 배치가 더 낫군요. 더 정의롭기도 하고요"라고 대답했다.[1] 수많은

---

1) 빠스쩨르나끄의 원작 소설에서 지바고를 맞이한 것은 그의 가족뿐이었다. 그의 가족은 그들이 "생활공간"(새로운 용어) 세 층 중 두 층을 여러 쏘비에뜨 기관에게 "내주었다"고 설

사건들을 겪은 인생의 말년에도, 독자/관객이 다소 모호한 감정을 갖게 되긴 하지만, 지바고는 여전히 그것이 더 나은 것이라고 믿고 있다.

우리는 19세기 유럽의 정치·사회사에 대해 아주 잘 알고 있다. 이를 요약해보자. 프랑스혁명 이전에는 대부분의 사람들에게 낯설었을 두 가지 생각이 프랑스혁명 이후의 유럽에서는 점점 더 광범위하게 수용되었다. 그 첫번째는 정치적 변동이 전적으로 정상적이고 받아들일 만한 현상이라는 것이었다. 두번째는 주권, 국가주권은 통치자나 입법가들에게 귀속되는 것이 아니라 '인민'이라고 부르는 어떤 것에 귀속된다는 것이었다. 이것은 새로운 이념이었을 뿐 아니라, 재산과 권력을 다수의 사람들에게 분배한다는 급진적 이념이기도 했다.

내가 세계체계의 신흥 지구문화라고 부르는, 특정 국가들을 초월한 이 새로운 가치체계는 유럽국가들 대부분의 인구구성과 사회구조상의 중요한 변화와 함께 나타났다. 도시화율이 높아지고, 임노동자의 비율이 늘어났다. 이처럼 생활조건이 전반적으로 나락에 떨어진 수많은 도시 임노동자들이 유럽의 도시로 갑자기 몰려들자, 경제성장의 혜택에서 크게 배제된 사람들로 구성된 새로운 정치세력이 탄생했다. 이들은 경제적으로 고통을 겪고 있었고 사회적으로 배제되었으며, 국가적으로나 지역적으로 정치과정에서 발언권이 없었다. 맑스(K. Marx)와 엥겔스(F. Engels)가 "만국의 노동자여 단결하라. 그대들이 잃을 것은 쇠사슬뿐이다"라고 연설했을 때, 그들은 이 집단을 염두에 둔 것이었다.

1848년과 1917년 사이에 유럽에서는 두 가지 일이 발생하여 이러한 상황에 영향을 미쳤다. 첫째로, 각국의 정치지도자들은 개혁, 즉 합리적 개혁 강령을 내걸기 시작했는데, 그것은 이 집단의 비탄에 대응하여 그들의 불행을 완화하고 소외감을 달래기 위해 계획된 것이었다. 나라별로 속도와

___

명한다. 그러나 이 원본에서도 지바고는 이것이 더 정의로우며, 왕년에 부자들이 모든 것을 너무 많이 가지고 있었다는 생각을 드러낸다.

계기는 상이했지만 대부분의 유럽국가들에서 이런 강령이 실시되었다. (나는 유럽이라는 규정 속에 주요 백인 거주국가인 미국, 캐나다, 오스트레일리아, 뉴질랜드 등을 포함한다.)

개혁강령은 세 가지 주요소로 이루어졌다. 첫째는 참정권인데 지속적으로 그리고 꾸준히 그 도입범위가 확대되어, 시간이 지남에 따라 모든 성인 남성에게 (그리고 그후에는 여성에게도) 선거권이 부여되었다. 두번째 개혁은 작업장 입법 개선에 소득 재분배적 급부를 추가한 것으로, 우리가 나중에 '복지국가'라고 부르게 된 것이었다. 세번째 개혁은, 개혁이라는 용어가 적절하다면, 대체로 초등교육의 의무화와 (남성을 대상으로 한) 보편적 징병의무를 매개로 민족적 동일성을 창출한 것이었다.

이 세 요소——투표를 통한 정치참여, 통제되지 않은 시장관계의 양극화 효과를 경감하는 국가개입 그리고 단일화한 초계급적인 민족적 충성심——가 함께 자유주의국가(liberal state)의 주춧돌이 되고 사실상 자유주의국가를 정의하는 요소가 되었는데, 1914년에 이르면 자유주의국가는 범유럽적인 규범이 되고 부분적으로는 실행에 옮겨졌다. 1848년 이후에는 이른바 자유주의 정치세력과 이른바 보수주의 정치세력이 함께 개혁강령의 잇점을 공유하게 되면서 양자의 차이는 근본적으로 소멸했다. 물론 개혁의 속도를 둘러싸고, 그리고 전통적 상징과 권위를 어느 정도 존중하는 것이 유용한지를 둘러싸고 계속 논쟁이 있기는 했다.

같은 시기 유럽에서는 종종 사회운동이라 부르는 것이 등장했는데, 노동조합 그리고 사회주의 정당이나 노동자 정당이 그것이었다. '맑스주의'의 의미는 그때나 그후나 계속 논쟁의 대상이긴 했지만, 전부는 아니더라도 이런 정당들 대부분은 자신들을 '맑스주의' 정당이라고 여겼다. 이런 정당들 중에서 가장 강력하고 자타의 '모델'이 된 당이 독일사회민주당(SPD)이었다.

다른 정당들처럼 독일사회민주당은 의회선거에 참여해야 하는가라는 하나의 중요한 실천적 질문에 봉착하였다. (그에 이어지는 질문은 그 당원이 정부에 참여해야 하는가였다.) 마침내 압도적인 다수의 정당과 당의 전사들은 이 질문에 대해 그렇다고 대답했다. 그 추론은 아주 간단한 것이었다. 이로써 그들은 유권자를 대신해 다소 즉각적인 이득을 얻어낼 수 있었다. 결국, 참정권이 확대되고 충분한 정치교육이 시행되면 다수는 그들에게 투표하여 전권을 쥐어줄 것이며, 일단 권력을 잡게 되면 그들은 법률을 제정하여 자본주의를 종식시키고 사회주의 사회를 건설할 수 있다고 보았다. 이런 추론의 바탕에는 몇가지 전제가 있었다. 첫번째는 인간의 합리성에 대한 계몽주의적 관점으로, 자신의 합리적 이익을 올바로 인지할 수 있는 기회와 교육이 주어지면 모든 인간이 자신의 합리적 이익에 따라 행동할 것이라는 전제였다. 두번째는 진보는 필연적이며, 따라서 역사는 사회주의적 대의의 편이라는 것이었다.

1914년 이전 시기에 유럽의 사회주의 정당들은 이런 추론을 바탕으로, 혁명적 세력——그들이 진실로 그런 세력이었다면——에서 실제로 좀더 조바심을 낼 뿐인 중도 자유주의판(版)으로 변신했다. 많은 정당들이 여전히 '혁명'의 언어를 구사했지만, 사실상 그들은 더이상 혁명이 봉기를 포함하거나 심지어 무력 사용까지 포함한다고는 생각지 않았다. 그보다 혁명은 다소 극적인 정치적 사건에 대한 기대로 바뀌었는데, 말하자면 투표에서 60%의 승리를 거두는 것이었다. 당시는 전반적으로 사회주의 정당들이 아직 투표에서 고전하고 있었기 때문에 투표에서 승리하리라는 예상은 여전히 심리적으로 혁명의 향취를 풍기고 있었다.

여기서 레닌, 아니 그보다 러시아 사회민주당의 볼셰비끼파가 등장한다. 볼셰비끼의 분석은 두 가지 주요소를 가지고 있다. 첫째로, 볼셰비끼는 유럽 사민당들의 이론과 실천이 전혀 혁명적이지 않고, 기껏해야 자유주의의 한 변종일 뿐이라고 주장했다. 두번째로, 그런 '수정주의'가 다른 나라에서 아무리 정당할지라도 러시아의 현실과는 무관한 것이라고 주장했는데, 그 이유는 러시아가 자유주의국가가 아니며, 따라서 사회주의자들이 선거를 통해 사회주의로 나아갈 가능성이 없기 때문이었다. 돌이켜보면 이 두 가지 평가는 절대적으로 옳아 보였다고 해야 할 것이다.

볼셰비끼는 이 분석으로부터 핵심적인 결론을 이끌어냈다. 즉, 러시아(그리고 암묵적으로 다른 국가들도 마찬가지이다)는 국가기구에 대한 통제권을 장악하는 봉기과정을 거치지 않고서는 사회주의가 될 수 없다는 것이다. 따라서 사실상 아직 수적으로 소수인 러시아의 '프롤레타리아트'(인증된 역사의 주체)는 굳건하게 구축된 간부당으로 스스로를 조직하여 '혁명'을 계획하고 조직함으로써 이 목표를 달성해야만 했다. 도시의 산업 프롤레타리아트가 '소규모'였다는 점은, 명시적이지는 않더라도 암묵적인 이론화에 있어 레닌과 그의 동료들이 생각한 것보다 훨씬 더 중요했다. 왜냐하면 사실 우리가 여기서 찾아낸 것은 부유하지도 고도로 산업화되지도 않은, 따라서 자본주의 세계경제의 중심부지대의 일부가 아닌 나라에서 어떻게 사회주의 정당이 가능한가에 대한 이론이었기 때문이다.

10월혁명의 지도자들은 그들이 근대역사에서 처음으로 프롤레타리아혁명을 주도했다고 생각했다. 그들이 세계체계의 주변부와 반(半)주변부에서 최초의, 그리고 가능한 가장 극적인 민족해방봉기를 주도했다고 말하는 편이 더 현실적일 것이다. 그러나 이 특수한 민족해방봉기는 두 가지 점에서 다른 것들과 달랐다. 보편주의 이데올로기로 치장한 간부당이 이를 주도하여 그 결과 자신이 직접 통제하는 세계적인 정치구조를 탄생시켰다는 점, 그리고 산업적·군사적으로 가장 강력한 중심부지대 외곽의 특수한 나라에서 혁명이 발발했다는 점이 그것이다. 1917~91년의 공산주의 막간의 전역사는 이 두 가지 사실로부터 도출된다.

스스로를 전위당이라고 주장하고 나아가 국가권력을 획득하려는 당은 독재정당이 아닐 수 없다. 누군가 자신을 전위라고 규정하면, 그는 필연적으로 옳게 마련이다. 그리고 역사가 사회주의의 편이라면, 이 경우에 논리상 전위당은 자신이 그 전위라고 상정하는 사람들, 즉 산업 프롤레타리아트를 포함한 다른 모든 이들에게 자신의 의지를 강요함으로써 세계의 운명을 완수하고 있는 것이 된다. 사실 그와 달리 행동한다면 전위당은 태만죄를 범하는 셈이다. 게다가 세계적으로 이 당들 중 오직 하나의 당만이 국가권력을 장악했고——1917~45년에 이것은 본질적으로 사실이었다——, 국제적인 간부구조가 조직되어야 한다면, 국가권력을 장악한 당이 지도당이 되는 것은 당연히 있을 법한 일이다. 어쨌든 이 당은 제기되는 어떤 반발도 누르고서 이런 역할을 주장할 수 있는 물질적·정치적 수단을 지니고 있었다. 따라서 소련의 일당체제와 코민테른에 대한 소련의 사실상의 통제가 전위당 이론의 거의 필연적 귀결이었다고 말하는 것은 부당한 것 같지는 않다. 그리고 이와 더불어 숙청, 강제수용소, 철의 장막처럼 우리가 알고 있는 사태들이 실제로 발생한 것은 아주 필연적이지는 않더라도 상당히 개연성 높은 일이었다.

사태가 이처럼 전개된 데는 확실히 러시아의 공산주의 정권에 대해 여타 세계가 보인, 분명하고도 지속적인 적의도 크게 작용했다. 그러나 사태의 전개를 그런 적의 탓으로 돌리는 것은 분명히 눈가림인데, 왜냐하면 레닌주의 이론은 그런 적의를 예상했고, 따라서 그 적의는 정권이 항상 알고서 대응해야 할 외적으로 실재하는 상수였기 때문이다.

적의는 예상된 것이었다. 체제(regime)가 내적으로 어떤 구조를 만들어낼지도 예상된 것이었다. 그보다 예상치 못했을 법한 것은 쏘비에뜨 체제의 지정학이었다. 볼셰비끼가 잇달아 채택한 네 가지 지정학적 결정들이 전환점을 이루었는데, 내가 보기에 이는 필연적으로 쏘비에뜨 체제가 선택할 수 있었던 유일한 길은 아니었다.

첫번째 결정은 러시아 제국을 재결집한 것이었다. 1917년에 러시아 제국세력은 군사적으로 혼란한 상태였고, 수많은 러시아인들은 '빵과 평화'를 요구하고 있었다. 바로 이런 사회적 상황 속에서 짜르는 퇴위를 강요당했고, 얼마 지나지 않아 볼셰비끼는 동궁을 공격해 국가권력을 장악할 수 있었다.

처음에 볼셰비끼는 러시아 제국 자체의 운명에 무관심한 듯이 보였다. 즉, 그들은 국제주의적인 사회주의자였고, 민족주의·제국주의·짜르주의를 악이라고 생각하고 있었다. 그들은 핀란드와 폴란드가 제 갈길을 가도록 "놓아주었다." 혹자는 아마 어려운 시기에 그들이 모래주머니를 배 밖으로 던진 데 불과하다고 냉소적으로 말할지도 모르겠다. 나는 이것이 오히려 그들의 이데올로기적 선입관에 따른, 일종의 즉각적이고 거의 본능적인 반응이었다고 생각한다.

그 다음에는 합리적 성찰이 생겨났다. 볼셰비끼는 그들이 군사적으로 어려운 내전상황에 처해 있음을 알게 되었다. 그들은 '놓아줌'의 결과 국경지대에 매우 적대적인 체제들이 탄생하지 않을까 우려했다. 그들은 내전에서 이기기를 원했고, 그러기 위해서는 제국을 재정복해야 한다고 결심했다. 핀란드와 폴란드의 경우는 너무 늦었지만, 우끄라이나와 까프까즈의 경우는 그렇지 않았다. 이렇게 해서 1차대전기에 유럽에 존재하던 3대 다국적 제국──오스트리아-헝가리 제국, 오토만 제국 그리고 러시아 제국──중에서 오직 러시아 제국만이 살아남아 적어도 1991년까지 지속되었다. 바로 이렇게 해서 최초의 맑스-레닌주의 체제는 짜르 제국의 후계자인 러시아 제국 체제가 되었다.

두번째 전환점은 1921년 바꾸에서 개최된 동방민족대회(Congress of the Peoples of the East)*였다. 오랫동안 고대하던 독일혁명이 일어나지 않으리라는 현실에 직면한 볼셰비끼는 내부로, 그리고 동방으로 방향을 선회하였다. 그들은 내부로 방향을 돌려, 이제 새로운 독트린, 일국사회주의 건설이

---

*1920년 9월 러시아의 바꾸에서 제3인터내셔널(코민테른)의 후원 하에 37개 민족의 대표가 참석하여 식민지의 반제국주의투쟁에 관한 3대 결의를 채택한 회의를 말한다. 연도상의 착오가 있는 듯하다──옮긴이. 이하 옮긴이 주는 *로 표시하겠다.

라는 독트린을 선포하였다. 그리고 그들은 동방으로 방향을 전환했는데, 바꾸를 거치면서 볼셰비끼의 세계체계상의 강조점은 고도 산업국의 프롤레타리아혁명에서 세계의 식민지·반(半)식민지 국가들의 반제국주의 투쟁으로 옮겨갔다. 둘 다 실용적인 전환으로서 합당해 보였다. 둘 다 레닌주의를 세계혁명 이데올로기로서 길들이는 중대한 결과를 초래하였다.

내부로 방향을 선회한다는 것은 러시아 국가와 제국을 국가구조로 재공고화하는 데 힘을 쏟고, 산업화를 통해 중심부지대 국가들을 경제적으로 따라잡는 기획을 추진한다는 것을 뜻했다. 동방으로 방향을 선회한다는 것은 중심부지대에서 노동자 봉기는 사실상 불가능함을 (명시적이지는 않더라도) 암묵적으로 인정한 것이었다. 이는 또한 윌슨(W. Wilson)의 민족자결을 위한 투쟁에 (반제국주의라는 좀더 화려한 기치를 내걸고서) 참여하는 것이기도 했다. 이처럼 목표가 변하자, 쏘비에뜨 체제는 이전의 입지에 비해 좀더 서구국가의 정치지도자들의 입맛에 맞게 되었고, 지정학적 협상 가능성의 토대가 열렸다.

이의 논리적 귀결은 다음의 세번째 전환점이었다. 다음해인 1922년 라빨로(Rapallo)에서 독일과 쏘비에뜨 러시아는 외교 및 경제관계 재개와 상호불가침에 합의함으로써 둘 다 세계 정치무대의 주역으로 재등장했으며, 이로써 두 나라가 각기 상이한 형태로 프랑스·영국·미국으로부터 겪던 배척을 사실상 피해갈 수 있게 되었다. 그후 소련은 국가간체계(interstate system)에 완전히 통합되었다. 소련은 1933년에 국제연맹에 가입했고 (만일 허용만 됐다면 가입시기는 더 앞당겨졌을 것이다), 2차대전에서는 서구의 동맹국이 되었으며, 유엔을 공동설립했고, 1945년 이후 세계 양대 '강국' 중 하나임을 모든 이에게(그리고 무엇보다 미국에게) 끊임없이 인정받으려 했다. 드골(C. de Gaulle)이 줄곧 지적했듯이, 이런 노력을 맑스-레닌주의 이데올로기의 관점에서 설명하기는 어렵겠지만, 기존 세계체계의 틀 속에서 작동하는 군사강국의 정책들로서는 완벽하게 예상 가능한 것이었다.

그렇다면 자주 무시되지만 이데올로기적으로 의미심장한, 1943년의 코민테른 해체라는 네번째 전환점을 발견하는 것은 놀라운 일이 아니었다. 코민테른 해체는 무엇보다 오랫동안 현실이던 것을 공식적으로 인정한 것이었는데, 그것은 바로 볼셰비끼의 최초 기획인 최'선진'국의 프롤레타리아 혁명을 폐기한다는 것이었다. 이는 명백해 보인다. 이보다 덜 명백한 것은 여기서 바꾸의 목표들도, 적어도 그 최초의 형태는 폐기되었다는 점이다.

바꾸 대회에서는 '동방'의 반제국주의 민족해방운동이 지닌 장점들에 찬사가 쏟아졌다. 그러나 1943년에 이르면 소련 지도자들은 자신들이 전적으로 통제할 수 있는 것이 아니라면 어디서 발생한 혁명이든 사실 더이상 관심이 없었다. 소련 지도부는 바보가 아니었고, 이들은 오랜 민족적 투쟁을 거쳐 권력을 쥔 운동세력들이 모스끄바에 있는 누군가에게 그들의 온전성을 좀처럼 넘겨주지 않을 것임을 깨닫게 되었다. 그러면 어느 누가 그렇게 하겠는가? 가능한 오직 하나의 대답——러시아 적군의 감시 덕에, 그리고 그 아래에서 권력을 얻은 운동들——만이 남았다. 이렇게 해서, 그것이 현실화할 수 있는 세계의 일부, 적어도 당시의 동중부 유럽에 대한 소련의 정책이 탄생했다. 1944~47년 시기에 소련은 2차대전이 끝날 무렵 적군이 진출한 모든 지역, 주요하게는 엘베강 동쪽의 유럽지역에 소련에 추종적인 공산주의 체제를 수립하기로 마음먹었다. 나는 주요하게라고 말하는데, 그 이유는 즉각적으로 그리스, 유고슬라비아, 알바니아라는 세 개의 예외를 발견하게 되기 때문이다. 적군은 1945년에 이 셋 중 어떤 나라에도 진주하지 않았다. 그리스에서 스딸린은 그리스 공산당을 극적으로 저버렸다. 그리고 자체적으로 조직한 봉기를 통해 권력을 획득하여 맑스-레닌주의 정권을 수립한 유고슬라비아와 알바니아는 둘 다 소련과 공개적으로 결별했다. 아시아로 말하면, 스딸린의 주저함은 세계가 다 아는 일이었고, 이는 특히 중국공산당에 대한 것이었는데, 중국공산당도 가능한한 일찍 소련과 극적으로 결별했다. 마오가 닉슨과 만난 것은 소련의 이런 네번째 전환점이 낳은 직접적인 결과이다.

네 번의 전환점 뒤에 무엇이 남았는가? 공산주의라는 낡은 유령은 별로 남지 않았다. 남은 것은 아주 다른 것이었다. 소련은 세계에서 두번째로 강력한 군사대국이었다. 소련은 사실 매우 강력해서 최강국인 미국과 거래가 가능했고, 엘베강에서 압록강에 이르는——그러나 그것을 넘어서지는 못하는——배타적 영향권을 만들어낼 수 있었다. 여기서 거래란 사실상 소련이 이 영향권 안에 머물러 있으면 이 영향권은 소련의 통제와 지휘를 받는 지역으로 남으며, 미국은 이를 존중하리라는 것이었다. 얄타(회담—옮긴이)는 이 거래를 축성(祝聖)했고, 1991년까지 서구국가들과 소련은 이를 존중하였다. 여기서 소련은 짜르의 직계 후계자 역할을 맡았고, 그 지정학적 역할을 짜르보다 더 잘 수행해냈다.

경제적으로 소련은 산업화를 통해 따라잡는 고전적 길을 시작했다. 소련이 지닌 결함들과 2차대전으로 입은 파괴의 비용을 생각하면, 소련은 아주 성공적이었다. 1945~70년의 수치들을 세계적 차원에서 비교해보면 매우 인상적임을 발견할 것이다. 소련은 그 위성국들에게도 같은 길을 걷도록 요구했다. 모두 다 좋은 성과를 거둔 것은 아니지만, 이 위성국들도 처음에는 매우 성공적이었다. 그러나 그 경제학은 순진했는데, 이는 사기업에 충분한 여지를 주지 않아서라기보다는, 꾸준한 '따라잡기'가 그럴싸한 정책이며 산업화가 경제적 미래의 흐름이라고 가정했기 때문이었다. 어쨌든 우리가 알듯이 소련이나 동중부 유럽국가들 모두 1970, 80년대에 경제가 나빠지기 시작했고 결국 붕괴했다. 물론 이때는 세계의 대부분도 어려움을 겪던 시기였고, 이들 나라에서 발생한 많은 일들은 더 큰 경향의 일부였다. 그러나 요점은, 이들 나라에서 살고 있는 사람들의 관점에서 보면 경제실패는 일종의 최후의 일격이었다는 것이다. 특히 경제상황을 즉각 개선하기 위해 이들이 할 수 있던 일들이 바로 맑스-레닌주의의 장점에 대한 최고의 증거라고 공식적으로 선전해온 상황에서는 더욱 그러했다.

경제실패가 최후의 일격이 된 것은, 이 모든 나라의 국내 정치상황이 사실상 누구도 달가워하지 않는 상태였기 때문이었다. 민주적 정치참여는 부재했다. 1950년대 중반에 이르러 최악의 테러가 자취를 감추었다 해도, 자의적 구금과 비밀경찰을 통한 통제는 여전히 일상적으로 지속되는 삶의 현실이었다. 그리고 민족주의는 표출될 수 없었다. 이것이 러시아에서는 아마도 별 문제가 되지 않은 듯싶었다. 러시아인들이 공개적으로 말할 수는 없었더라도 그들이 이러한 정치세계의 꼭대기에 있는 게 사실이었지만 말이다. 그러나 다른 모든 이에게 러시아인의 지배는 참을 수 없는 것이었다. 마지막으로 일당체제란 이 모든 나라들에 상당한 특권층인 노멘끌라뚜라(Nomenklatura)가 있다는 것을 뜻했으며, 이들의 존재 때문에 평등주의를 대변한다는 볼셰비끼의 이데올로기적 주장은 웃음거리로 보였다.

항상 이들 나라에는 어떤 의미에서든 볼셰비끼의 본래 목표들을 공유하지 않는 사람들이 꽤 많았다. 그러나 전체계가 마침내 몰락하게 된 것은 이 목표를 공유한 수많은 사람들이 다른 이들만큼——아마 그보다 훨씬 더——이 체제에 대해 적대적이 되었기 때문이었다. 1917~91년에 세계를 떠돌던 유령은 1848~1917년에 유럽을 떠돌던 유령의 기괴한 희화(戱畵)로 변형되었다. 낡은 유령은 낙관주의, 정의, 도덕을 뿌리고 다녔고 이는 그것의 강점이었다. 두번째 유령은 침체, 배신 그리고 추악한 억압을 뿌리고 다니게 되었다. 세번째 유령이 지평선에 나타나고 있는가?

첫번째 유령은 러시아나 동중부 유럽을 위한 것이 아니라 유럽(과 세계)을 위한 것이었다. 두번째 유령은 전세계를 위한 것이었다. 그리고 세번째 유령은 확실히 다시 전세계를 위한 것이 될 것이다. 그러나 우리가 그것을 공산주의의 유령이라고 부를 수 있을까? 분명히 1917~91년 시기의 용어법으로는 그렇지 않을 것이다. 그리고 1848~1917년 용어법으로는 어느정도까지만 그렇다고 할 것이다. 그러나 그럼에도 불구하고 그 유령은 두려운 것이고, 거대한 물질적·기술적 진전이 세계 주민의 엄청난 양극화와 결합된다는 근대세계의 지속적인 문제와 무관하지 않다.

탈공산주의적(ex-Communist) 세계에서 많은 이들은 자신들이 '정상태로 복귀'했다고 주장한다. 그러나 이는 1920년에 하딩(W. Harding) 대통령*이 그 슬로건을 미국에 적용했을 때만큼이나 현실적인 가능성이 없는 것이다. 세부적으로나 정신적으로 미국은 결코 1914년 이전의 세계로 복귀할 수 없었으며, 러시아와 그 위성국들은 1945년 이전 세계나 1917년 이전 세계로 복귀할 수 없다. 세계는 계속 단호하게 움직여왔다. 그리고 탈공산주의 세계에서 살고 있는 대부분의 사람들이 공산주의의 막간에서 벗어났다고 크게 안도하고 있는 데 반해, 그들 또는 나머지 우리가 더 안전하거나 더 희망찬, 또는 더 살 만한 세계로 나아가고 있는지는 전혀 확실치 않다.

한가지 말할 수 있는 것은 다음 50년간의 세계는 우리가 막 벗어난 냉전 세계보다 훨씬 더 폭력적인 것이 되리라는 점이다. 미국과 소련 사이에 핵전쟁이 있어서는 안된다는 미소 양국의 이해관계에 의해, 그리고 그만큼 중요하게는, 이 두 나라가 그들 사이에 핵전쟁이 발발하지 않도록 보장할 만한 힘을 보유하고 있었다는 사실에 의해, 냉전은 철저하게 안무(按舞)되고 제약되었다. 그러나 이런 상황은 근본적으로 바뀌었다. 러시아의 군사력은 아직도 강하긴 하지만, 상당히 약해졌다. 그러나 강조해야 할 것은, 그만큼은 아니더라도 미국의 군사력도 약해졌다는 것이다. 특히 미국은 왕년에 그 군사력을 뒷받침해온 세 요소, 즉 돈, 군사행동의 손실을 감당하려는 미국 대중들의 적극성 그리고 서유럽과 일본에 대한 정치적 통제력을 더이상 보유하고 있지 못하다.

* 제29대 미국 대통령(재임 1921~23)으로 오하이오주 상원의원과 주 부지사, 그리고 연방 상원의원을 지냈다. 1920년 대통령선거에 공화당 후보로 출마해 '정상태로의 복귀'를 제창하여 당선되었다. 공화당 정책에 충실하여 대기업의 이익만을 우선하는 산업장려정책을 시행하였다. 재임중 관리들의 독직(瀆職)사건에 그의 정부각료들 일부가 관련되어 정치부패가 폭로되었다. 그가 올린 유일한 성과는 워싱턴회의를 개최하여 태평양에서의 미국세력을 확대·유지하는 데 성공한 점이다.

결과는 이미 분명하다. 상승일로인 국지적 폭력(보스니아, 르완다, 부룬디, 기타 등등)을 봉쇄하기는 극히 어렵다. 다음 25년간의 무기확산을 견제하기란 사실상 불가능하며, 핵무기뿐 아니라 생화학무기를 수중에 넣는 나라가 상당히 늘어날 것이라고 예상된다. 나아가 한편으로 미국의 힘이 상대적으로 약해지면서 최강국들 사이에 삼극 분할이 나타나고, 다른 한편으로 세계체계에서 남북간 경제적 양극화가 계속된다면, 더 많은 신중한 남북간 군사도발(싸담 후쎄인 류의)이 있으리라고 예상할 수 있다. 그런 도발에 정치적으로 대처하기는 점점 더 어려워질 것이며, 만일 그런 도발이 동시에 여러 건 발생한다면 북측이 그 흐름을 막을 수 있을지 의심스럽다. 미군부는 이미 그런 두 건의 상황에 동시에 대처하는 방식으로 나아가고 있다.* 그러나 만일 세 건의 상황이 발생한다면 어떻게 할 것인가?

두번째 새로운 요소는 남에서 북으로의 이민이다(여기에는 동유럽에서 서유럽으로의 이민이 포함된다). 나는 이것을 새롭다고 말하는데, 물론 그런 이민은 지금까지 자본주의 세계경제 500년의 하나의 특징이었다. 그러나 세 가지가 바뀌었다. 첫번째는 수송기술로, 이 때문에 이민과정이 훨씬 쉬워졌다. 두번째는 전지구적인 경제적·인구학적 양극화의 광범위성으로, 이 때문에 전지구적 유출력이 훨씬 더 강해졌다. 세번째는 민주적 이데올로기의 전파로, 이 때문에 흐름을 거스를 수 있는 부국(富國)의 정치적 역량이 약해졌다.

어떻게 될 것인가? 단기적으로는 분명해 보인다. 부국에서는 이민을 막으려는 수사(修辭)를 구사하는 우익운동의 성장을 목도할 것이다. 이민을

---

*이른바 윈윈(win-win) 전략을 말한다. 미국은 국지전에 대비해 1993년에 세계의 두 지역에서 동시에 전쟁이 발발할 경우 두 지역 모두에서 동시에 승리를 도모한다는 군사전략을 세운 바 있다. 그 대상지역으로 많이 거론된 곳은 중동과 동북아였다. 그전까지는 군사력 감축계획에 따라 세계의 두 지역에서 동시에 전쟁이 발발했을 때 어느 한쪽에서 전쟁을 치르는 사이에 다른 한쪽의 전쟁을 억제한다는 이른바 '윈홀드윈'(win-hold-win) 전략을 채택한 바 있다.

막는 법적·물리적 장벽들이 더욱더 많이 설치되는 것을 보게 될 것이다. 그럼에도 불구하고 우리는 합법이건 불법이건 실제 이민율은 증가하는 것을 보게 될 것인데, 부분적으로는 실질적 장벽의 비용이 너무 높기 때문이며, 부분적으로는 이런 이민 노동자를 이용하려는 고용주들이 광범하게 결탁할 것이기 때문이다.

중기적 결과도 분명하다. 매우 적은 보수를 받고, 사회적으로 통합되지 못하며, 거의 틀림없이 정치적 권리를 갖지 못하지만, 통계적으로는 유의미한 이민가족(흔히 제2세대 가족을 포함하는) 집단이 형성될 것이다. 각국에서 이들은 핵심적으로 노동자계급의 바닥층을 형성할 것이다. 실제로 그렇게 된다면, 우리는 1848년 이전의 서유럽 상황——권리를 누리지 못하고, 매우 강한 불만으로 가득 차 있으며, 또 이번에는 종족적으로 (ethnically) 분명히 구별되는 도시밀집 하층계급——으로 돌아가게 될 것이다. 맑스와 엥겔스가 말한 첫번째 유령은 바로 이런 상황에서 등장하였다.

그러나 현재는 1848년과 다른 점이 하나 더 있다. 19세기에 그리고 사실상 20년 전까지만 해도 세계체계는 거대한 낙관주의의 물결을 타고 있었다. 우리는 모든 이들이 역사가 진보의 편이라고 확신하던 시대에 살았다. 그런 믿음은 거대한 정치적 결과를 낳았는데, 어마어마한 안정화 작용이 그것이었다. 그런 믿음은 인내를 가능케 했는데, 왜냐하면 그것이 언젠가, 멀지 않은 언젠가에 적어도 자녀들은 더 좋은 세상에 살 것이라는 확신을 심어주었기 때문이다. 그 때문에 정치구조로서 자유주의국가가 그럴 듯하고 받아들일 만한 것이 되었다. 오늘날 세계는 그런 신념을 상실했고, 이를 상실했기 때문에 세계는 필수적인 안정원(stabilizer)을 상실하였다.

오늘날 우리가 도처에서 목도하는 국가에 대한 반격은 바로 이처럼 개혁의 필연성에 대한 믿음의 상실을 통해 설명된다. 누구도 참으로 국가를 좋아하지는 않았지만, 대다수는 국가를 개혁의 중개자로 생각했기 때문에 국가에 좀더 많은 권력을 허용하였다. 그러나 국가가 이런 기능을 수행할 수 없다면, 왜 국가로부터 고통을 받아야 하겠는가? 그러나 강한 국가가 없다면, 누가 매일매일의 안전을 책임질 것인가? 이에 대한 대답은 우리 스스로, 자력으로 책임져야 한다는 것이다. 그리고 이는 세계를 집단적으로 근대세계체계의 시초기로 되돌려놓는 것이다. 우리가 근대국가체계 수립에 착수한 것은 우리 자신의 지역적 안전을 구축할 필요성에서 벗어나기 위해서였다.

그리고 마지막으로, 그러나 작지 않은 변화가 있다. 이른바 민주화이다. 누구나 그에 대해 말하고 있고, 나는 실제로 그것이 일어나고 있다고 믿는다. 그러나 민주화는 대혼란을 줄이지 못하며, 오히려 늘릴 것이다. 왜냐하면 많은 사람들에게 민주화란 우선적으로 세 가지에 대한 평등권으로 해석되기 때문이다. 즉, 합당한 소득(직업 그리고 나중에는 연금), 자녀를 위한 교육기회 그리고 적절한 의료시설이다. 민주화가 진행되면 될수록 사람들은 이 세 가지를 누리기를 주장할 뿐 아니라, 각각에 대해 수용할 수 있는 최저선을 정기적으로 높일 것을 주장할 것이다. 그러나 일상생활 요구수준에서 이 세 가지를 누린다는 것은 러시아, 중국, 인도는 말할 것도 없고 부국들에서조차 비용이 매우 많이 드는 일이다. 실제로 **모든 사람**이 이를 더 많이 누리는 유일한 길은 오늘날 우리가 지닌 세계자원의 분배체계와는 근본적으로 다른 체계를 만들어내는 것이다.

그럼, 우리는 이 세번째 유령을 무엇이라고 부르게 될까? 더이상 사람들의 신뢰를 얻지 못하는 국가구조가 해체된 유령이라고 부를까? 민주화의 유령 그리고 근본적으로 상이한 분배체계에 대한 요구라고 부르게 될까? 이 새로운 유령에 어떻게 대처할 것인가를 놓고 다음 25~50년 동안 긴 정치토론이 벌어질 것이다. 이 전세계적 정치토론의 결과를 예측하기는 불가능하며, 이 토론은 전세계적 정치투쟁이 될 것이다. 분명한 것은 우리 앞에 놓인 역사적 선택을 분명히하도록 돕는 것이 사회과학자들의 책임이라는 것이다.

제2장
아프리카민족회의와 남아프리카공화국
세계체계에서 해방운동의 과거와 미래

아프리카민족회의(African National Congress, ANC)*는 세계체계에서 가장 오래된 민족해방운동의 하나이다. 그것은 또한 그 주요목표인 정치권력을 가장 최근에 획득한 운동이기도 하다. 그것은 그런 목표를 획득한 마지막 민족해방운동일 것이다. 그리고 이처럼 1994년 5월 10일은 남아프리카공화국에서 한 시대가 끝난 것일 뿐 아니라 1789년 이후 지속되어온 세계체계적 과정이 끝난 것이기도 할 것이다.

'민족해방'은 용어로서는 물론 최근의 것이지만 개념 자체는 훨씬 더 오래된 것이다. 그 개념은 '민족'과 '해방'이라는 두 개념을 연이어 가정한다. 두 개념 중 어떤 것도 프랑스혁명 이전에는 (미국혁명으로 이어진, 1765년 이후의 영국령 북아메리카의 정치적 소요에서 아마도 유사한 이념이 나타나긴 했지만) 그다지 수용되지도, 정당성을 얻지도 못했다. 프랑스혁명은

●1996년 7월 7~11일 남아프리카공화국의 더반(Durban)에서 개최된 남아프리카 사회학회 연례대회에서 행한 기조연설.

아프리카민족회의와 남아프리카공화국 *35*

근대세계체계의 지구문화를 바꾸어놓았다. 프랑스혁명을 거치면서 정치변동은 예외적이라기보다 '정상적'이며, 국가의 주권(이 개념 자체의 연원은 16세기로 소급된다)은 최고통치자(군주이건 의회이건)가 아니라 '인민' 전체에 귀속된다는 신념이 확산되었다.[1]

그때 이후로 많은, 아주 많은 사람들——권력을 지닌 사람들이 보기에 너무나 많은 사람들——이 이런 이념을 진지하게 받아들여왔다. 지난 두 세기 동안 세계체계의 주요 정치적 논점은 이런 이념을 완전히 실현하려는 사람들과 이의 완전한 실현에 반대하는 사람들 사이의 투쟁이었다. 이런 투쟁은 격렬하게 지속되었으며, 세계체계 내에서 지역에 따라 다양한 형태를 띠었다. 일찍부터 영국, 프랑스, 미국과 좀더 공업화된 세계의 다른 지대에서는 계급투쟁이 등장하여, 증가한 도시 프롤레타리아트가 부르주아 고용

＊아프리카민족회의(ANC)는 1923년에 설립된 남아프리카공화국의 아프리카인 정치조직이다. 1910년 남아프리카연방이 결성된 직후, 정부가 원주민 지정지 제도를 도입하여 만든 '토착민토지법'에 반대하여, 1912년 요하네스버그의 아프리카인을 중심으로 '남아프리카 토착민 민족회의'가 결성되고, 1923년 ANC로 개명하였다. 목표는 반인종주의 입장에서 아프리카인의 권리를 옹호하는 데 있으며, 그 수단은 청원·대표파견·선전 등의 합법적인 것이었고, 간디의 비폭력주의의 영향을 많이 받았다. 2차대전 후 ANC 내의 청년층이 온건한 수단에 반대하여 분열해 청년동맹을 결성하였고, 만델라(N. R. Mandela) 등 흑인인권운동가들이 이에 가담했다. 이어 1948년 국민당정부가 들어서면서 인종차별정책(아파르트헤이트)과 백인우월주의를 강화하자, ANC도 이에 맞서 무력투쟁노선을 채택했다. 1952년 불복종운동, 1954년 '자유헌장' 채택 등 폭넓은 저항운동을 벌였으나, 그 때문에 많은 지도자가 체포되었다. 1959년 ANC 내의 급진파가 분리되어 범(汎)아프리카회의(PAC)를 결성했다. 1960년 3월 PAC의 시위에 백인경찰관들이 무차별 발포하여 수많은 사상자를 낸 섀프빌사건이 일어나자 1961년 '민족의 창(槍)'이라는 게릴라 조직이 탄생했고, 1962년 의장이던 만델라가 체포되었다. 1990년 30여년의 비합법적 조치에서 ANC·PAC는 해체되고 만델라는 석방되어 부의장에 취임하였다. 그는 '흑인참정권'을 위한 신헌법제정을 모색하기 시작한 드 클레르크(F. W. de Klerk) 대통령의 국민당정부와 예비교섭을 벌임으로써, 내외에 반아파르트헤이트의 실세로서 강한 인상을 주었다.

1) 이러한 생각에 대한 자세한 서술은 Immanuel Wallerstein, "The French Revolution as a World-Historical Event," in *Unthinking Social Science* (Cambridge: Polity Press 1991) 7~22(「세계사적 사건으로서의 프랑스혁명」, 『사회과학으로부터의 탈피——19세기 패러다임의 한계』, 성백용 옮김, 창작과비평사 1994, 이하 『사회과학으로부터의 탈피』)를 보라.

주와 아직 권력을 쥐고 있던 귀족에 맞서 싸웠다. 또한 한 '민족'의 인민이 '외부' 침략자나 지배적인 제국의 중심에 맞서 싸운 수많은 민족주의운동이 있었는데, 나뽈레옹 시기의 에스빠냐와 이집트 또는 그리스, 이딸리아, 폴란드, 헝가리의 수많은 운동사례들과 나뽈레옹 시기 이후에도 계속 늘어난 사례들이 이 경우에 속한다. 그리고 외부의 지배세력이 별도로 자치를 주장하는 내부의 정착민과 결합한 다른 상황도 있었는데, 아일랜드, 페루 그리고 가장 중요한 경우로 (자주 무시되는 사례이긴 하지만) 아이티가 그러했다. 남아프리카공화국의 운동은 기본적으로 이 세번째 범주의 변종이다.

곧바로 알 수 있듯이, 19세기 전반에조차 이런 운동은 서유럽에 한정되지 않고 세계체계의 주변부지대들을 포함하였다. 그리고 물론 시간이 흐르면서 더욱더 많은 운동들이 우리가 나중에 제3세계 또는 남이라고 부르게 된 곳에 터전을 잡았다. 1870년경부터 1차대전까지의 시기에 네번째 변종이 출현했는데, 이 변종은 형식적으로 독립한 국가들에서 나타난 운동으로, 이 나라들에서 구체제에 대한 투쟁은 동시에 민족적 생명력의 부활을 위한 투쟁, 따라서 외부세력의 지배에 저항하는 투쟁으로 간주되었다. 예를 들면 터키·페르시아·아프가니스탄·중국·멕시코에서 등장한 운동들이 그러했다.

이 모든 운동을 통일한 것은 '인민'이란 누구이고 '해방'이란 인민에게 무엇을 뜻하는지 그들이 알고 있다는 생각이었다. 또한 이들 운동은 모두 인민이 현재 권력을 쥐고 있지 못하고 진정으로 자유롭지 못하며, 부당하고 도덕적으로 비난받을 이러한 상황에 대해 책임질 구체적인 사람들의 집단이 있다는 관점을 공유하였다. 물론 실제 정치상황은 셀 수 없을 정도로 다양했기 때문에, 운동이 제시한 각각의 세부적 분석에는 많은 차이가 있었다. 그리고 시간이 지나면서 내부상황이 바뀜에 따라 특정한 운동이 제시한 분석들은 자주 바뀌었다.

그러나 이런 다양성에도 불구하고, 마찬가지로 이 모든 운동들은 두번째 공통의 특징인 그들의 중기 전략을 공유하고 있었다. 또는 적어도 정치적으로 중요해진 운동들은 이를 공유하였다. 성공한 운동, 지배적인 운동은 우리 모두가 2단계 전략이라고 말하는 것——먼저 권력을 획득하고 나서 세계를 변혁한다——을 신봉하였다. 응크루머(K. Nkrumah)*는 그 공통의 구호를 가장 간결하게 이야기하였다. "먼저 정치왕국을 찾으라. 그러면 모든 것을 얻을 것이다." 노동자계급에 수사학의 촛점을 맞춘 사회주의운동과 특정한 문화유산을 공유한 사람들에 수사학의 촛점을 맞춘 종족민족적 (ethnonational) 운동이 이 전략을 따랐으며, 공통의 거주지와 시민권을 '민족'의 특성을 정의하는 데 사용한 민족주의운동도 이 전략을 따랐다.

우리가 민족해방운동이라는 이름을 부여한 것은 바로 이 마지막 변종이다. 이런 종류의 운동의 정수이자 가장 오래된 것은 1885년에 건립되어 아직도 (적어도 명목적으로는) 존재하고 있는 인도국민회의(the Indian National Congress)*이다. 1912년에 아프리카민족회의가 창립되었을 때의

---

*골드코스트(지금의 가나) 남서부의 응크로풀에서 출생했다. 가톨릭계 학교를 졸업하고 교원양성소를 수료, 교사가 되었다. 1935년 미국에 유학, 링컨대학과 펜실베이니아대학에서 경제학·사회학·신학·교육학·철학·정치학을 공부하였다. 1945년 영국으로 건너가 런던대학 경제학부에서 수학중 맨체스터에서 개최된 제5회 PAC 사무국의 일을 담당하게 되었으며, 영국에서의 서아프리카 민족운동을 지도하였다. 1947년 통일골드코스트회(UGCC)의 서기장에 추대되어 귀국했으며, 1949년 회의인민당(CPP)을 조직하여 반영(反英)활동을 벌이다가 투옥되었다. 1951년 신헌법 제정 후 처음으로 실시된 총선거에 옥중출마하여 당선된 후, 곧 석방되어 1952년 골드코스트 총리가 되었다. 1957년 3월 골드코스트가 가나로 독립하고, 1960년 7월 국민투표로 가나공화국이 정식 출범하자 초대 대통령에 선출되었다. 그러나 1966년 2월 베트남의 화평문제로 뻬이징에 체류중 본국에서 군사 쿠데타가 일어나 실각했다. 그후 기니로 망명했으며, 1972년 루마니아의 부카레스트병원에서 사망하였다.

*인도에서는 보통 회의당(Congress Party)라고 한다. 인도국민회의는 1885년 12월 봄베이 출신의 정치가 나오로지와 벵골 출신의 바네르지(S. Banerjea)의 주선으로 봄베이에서 창립되었다. 이는 세포이 항쟁 이후 자본주의가 급속히 발달해가는 과정에서 중간계층의 여론을 집약할 수 있는 대중조직으로서 민족정당이 확립되기를 바라는 소리가 높아졌기 때문이다. 20세기초에는 틸라크(B. G. Tilak) 등 진보파의 지도하에 스와라지(Swaraji, 독립)

명칭은 남아프리카 토착민 민족회의였는데, 이는 인도의 운동을 번안한 것이었다. 물론 인도국민회의는 한가지 점에서 다른 운동들과 달랐다. 가장 어렵고 중요한 시기 내내 인도국민회의를 이끈 사람은 비폭력 저항인 **사탸그라하**(satyagraha)*라는 세계관과 정치전술을 만들어낸 마하트마 간디(M. K. Gandhi)였다. 사실 그는 남아프리카공화국의 억압적 상황 속에서 이 전술을 처음 만들어낸 뒤 이를 인도로 옮겨왔다.

인도 투쟁의 승리가 **사탸그라하** 덕분이었는지 아니면 **사탸그라하**에도 불구하고 승리할 수 있었던 것인지는 우리가 오래도록 토론할 수 있는 주제이다. 분명한 것은 1947년의 인도 독립이 세계체계 최고의 상징적 사건이 되었다는 것이다. 이것은 세계 최대의 식민지에서 벌어진 주요한 해방운동의 승리를 상징하는 것인 동시에 여타 세계의 탈식민화가 정치적으로 필연적임을 암묵적으로 보장하는 상징이기도 했다. 그리고 이것은 민족해방이 도래했을 때, 그 형태는 운동이 추구한 것보다 못하고 또 그와 다르다는 것을 상징하는 것이기도 했다. 인도는 분할되었다. 독립의 물결에 이어 끔찍한 힌두-이슬람교도 학살이 발생했다. 그리고 간디는 이른바 힌두교 극단주의자에의해 암살당했다.

2차대전 이후 25년간은 여러가지 점에서 특이했다. 한가지 이유는 이 시

를 지상과제로 삼았다. 1차대전 후 인도국민회의는 전(全)인도적인 정당으로 그 활동범위를 넓혔으며, 이후 간디와 네루(P. J. Nehru)의 지도체제가 확립되었다. 2차대전이 끝나자 1947년 8월 인도는 공화국으로 독립하고, 의회정치가 실시되었다. 그후 인도국민회의는 오늘날까지 제1당의 지위를 유지하면서 계속 집권하고 있다. 1964년 네루가 죽고, 뒤를 이은 인디라 간디(Indira Gandhi)가 1984년 시크교도인 경호원에게 암살됨으로써 장남 라지브 간디(Rajiv Gandhi)가 총리가 되었다.
*인도 민족운동 지도자 마하트마 간디의 반식민투쟁의 근본사상이다. 이는 사탸(진리)의 그라하(파악·주장)를 뜻한다. 1894~1914년에 간디가 아프리카 남부에서 현지 인도인 노동자들의 공민권 획득투쟁을 하던 중 처음으로 이 운동이 시작되었다. 그후 1906년 12월 캘커타의 국민회의대회에서 스와데시(swadeshi, 경제적 독립과 국산품 장려)와 더불어 구호로서 등장하였다. 일반적으로 '시민적 불복종운동'과 거의 같은 의미로 사용되나, 우리나라에서는 '비폭력 저항운동'으로 번역되고 있다.

기가 세계체계에서 분명한 미국 헤게모니기였다는 점이다. 미국은 생산기업의 효율성 면에서 무적이었고, 세계정치를 특정한 지정학적 질서 속에 효과적으로 가두어두는 강력한 정치연합을 이끄는 지도자였으며, 전세계에 미국판 지구문화를 강제할 수 있었다. 이 시기는 또한 자본주의 세계경제가 4세기 전에 탄생한 이래 자본축적과 세계생산의 단일한 최대의 팽창기였다는 점에서도 두드러진다.

이 시기의 이런 두 가지 측면——미국 헤게모니 그리고 세계경제의 어마어마한 팽창——이 우리에게 너무나 두드러지게 부각되어, 우리는 이때가 세계체계의 역사적 반체계운동의 승리기였다는 점을 종종 놓치고 있다. 제3인터내셔널 운동, 이른바 공산당들은 지구상의 1/3인 동방을 통치하게 되었다. 서방에서는 어디서나 사실상 제2인터내셔널 운동이 어느정도 문자그대로 그리고 통상 처음으로 권력을 잡았는데, 우파 정당들이 복지국가 원칙에 응하는 한 그 나머지 시기에도 간접적으로 권력을 잡은 것이나 다름없었다. 그리고 남에서——아시아, 아프리카, 라틴아메리카——는 민족해방운동이 하나둘씩 연이어 권력을 장악했다. 이런 승리가 지체된 유일한 넓은 지역이 남아프리카였고, 이제 이런 지체는 끝났다.

우리는 반체계운동의 이런 정치적 승리가 가져온 영향력에 대해 그다지 분명하게 논의하고 있지 못하다. 19세기 중반의 시각에서 보면 이는 전적으로 대단한 성과였다. 1945년 이후의 시기를 1848년의 세계체계의 시기와 비교해보라. 1848년에 프랑스에서는 권력을 획득하려는 의사(擬似)-사회주의운동의 첫 시도가 있었다. 역사가들은 1848년을 "민족들의 봄"이라고 부르기도 한다. 그러나 1851년이 되면 어디서나 이런 의사-봉기들이 모두 쉽게 진압되어버렸다. 권력을 가진 사람들이 보기에 '위험계급들'의 위협은 지나가버린 것 같았다. 그러는 동안 19세기 전반기의 정치상황을 크게 지배한 바 있는, 오래된 토지소유층과 새롭고 좀더 산업지향적인 부르주아층 사이의 다툼은 '인민'과 '각 국민들'을 봉쇄하려는 성공적이고 통일된 노력에 의해 밀려났다.

이처럼 복원된 질서는 잘 돌아가는 것처럼 보였다. 대략 그후 15~25년 동안 유럽 안팎 어디서나 진지한 대중운동은 찾아볼 수 없었다. 더군다나 상위계층은 해방운동의 성공적인 억압자로서 만족하지 않았다. 그들은 대중적 반역의 위협을 영원히 확실하게 매장하기 위해 반동의 정치강령이 아니라 자유주의의 정치강령을 추구했다. 그들은 느리긴 하지만 꾸준히 계속되는 개량주의의 길을 열었다. 참정권의 확대, 작업장에서의 약자 보호, 재분배적 복지의 개시, 교육 및 의료 하부구조의 건설과 그 수혜범위의 확대 등이 여기에 포함되었다. 이들은 19세기에는 아직 유럽세계에만 국한되던 이런 개혁강령을 범유럽인종주의——백인 남성의 책임, 문명화 사명, 황화론(黃禍論), 새로운 반유대주의——의 선전 및 정당화와 결합시켰다. 범유럽인종주의는 우익의 비해방적인 민족적 동일성과 동일화의 신도가 된 유럽의 하위계층의 외피가 되었다.

나는 여기서 1870~1945년까지의 세계체계 전역사를 개괄할 생각은 없고, 다만 주요 반체계운동들이 국제적 사명을 지닌 민족적 세력들로 처음 탄생한 것이 바로 이 시기라는 점만 지적하고자 한다. 벨벳 장갑 속의 철권(鐵拳)이라 할 만한 자유주의 전략에 맞서 개인적·집단적으로 저항하는 이런 반체계운동들의 투쟁은 내내 상승세였다. 이처럼 우리는 1945~70년에 이 운동들이 그토록 빠르게 그리고 결국 그토록 쉽게 성공했다는 데 놀랄 것이다. 사실 우리는 의심스러워할지도 모른다. 역사적 자본주의——하나의 생산양식으로서, 하나의 세계체계로서, 하나의 문명으로서——는 대단히 독창적이고 유연하며 강건하다는 것이 입증되었다. 우리는 저항을 봉쇄할 수 있는 역사적 자본주의의 능력을 과소평가해서는 안된다.

따라서 일반적으로는 반체계운동, 그리고 특수하게는 민족해방운동의 이런 지속적 투쟁을 운동의 시각에서 살펴보는 데서 출발하기로 하자. 그 운동들은 그에 적대적인 환경, 매우 자주 그 정치활동을 상당히 억압하거나 제약하려는 정치환경 속에서 조직되어야 했다. 국가는 운동 자체와 그 구성원들(특히 지도자와 간부들)을 직접 억압하기도 했고, 잠재적 구성원들을 위협함으로써 간접적으로 억압하기도 했다. 국가는 또한 운동의 도덕적 정당성을 부정했고, 종종 비국가적 문화구조(교회·지식세계·커뮤니케이션 미디어)를 동원하여 이를 부정하기도 했다.

이런 집중포화에 대항해 각 운동——처음에는 거의 항상 소수집단의 노력이었다——은 대중의 지지를 이끌어내고 대중의 불만과 불안에 길을 터주려 노력하였다. 확실히 운동은 쟁점을 만들고 대중의 반향을 얻을 분석을 제시했으나, 그럼에도 불구하고 효과적인 정치적 동원이란 길고도 지난한 과제였다. 대부분의 사람들은 그저 하루하루 살고 있고, 권위를 부정하는 위험한 길에 발을 들여놓기를 꺼렸다. 많은 이들은 '무임승객'들로, 용감하고 대담한 사람들의 행동에 기꺼이 조용한 박수를 보내지만, 다른 구경꾼들이 운동을 적극적으로 지지하여 이에 동참하는지의 여부를 지켜보고 있다.

무엇이 대중의 지지를 이끌어내는가? 억압의 정도라고 말할 수도 있을 것이다. 그렇지만 이는 상수(常數)인 경우가 많아서, T_2에 동원된 사람들이 왜 T_1에 이미 동원되지 않았는지 설명해주지 못한다. 더군다나 매우 심한 억압은 자주 그 효과를 거두어, 그다지 대담하지 못한 사람들은 적극적으로 운동에 참여하지 못하도록 단속한다. 아니다. 대중을 동원하는 것은 억압이 아니라 희망과 확실성——억압의 끝이 다가오고 있고, 좀더 나은 세계가 참으로 가능하다는 믿음——이다. 그리고 이런 희망과 확실성을 강화하는 것으로 성공보다 나은 것은 없다. 반체계운동의 장정(長征)은 구르는 돌과 같았다. 반체계운동은 시간이 흐르면서 추진력을 얻었다. 그리고 하나의 운동이 지지를 이끌어내기 위해 이용할 수 있었던 가장 유력한 근거는 비슷한 조건에 처해 있고 지역과 문화에서도 알맞게 인접해 있는, 성공한 다른 운동이었다.

이런 관점에서 보면 운동 내부의 대논쟁——개혁 대 혁명——은 비논쟁이었다. 효과만 발휘하면 개량주의 전술은 혁명적 전술을 만족시켰고 혁명적 전술은 개량주의 전술을 만족시켰는데, (지도자 및 간부의 정서와 구별되는) 대중의 정서가 어떤 개별적인 노력의 결과도 반겨 맞았다는 아주 단순한 의미에서 그러했다. 그리고 이는 국가권력이라는 일차적 목표를 아직 달성하지 못한 한, 어떤 성공이라도 그 다음 행동을 위한 대중적 지지를 이끌어냈기 때문이었다.

개혁 대 혁명이라는 논쟁을 둘러싼 열기는 대단했다. 그러나 이는 소수의 정치전술가 집단을 분열시킨 열정이었다. 이 전술가들은 확실히 전술상의 차이가 단기적(효력)으로나 중기적(성과)으로나 문제가 된다고 믿었다. 장기적으로 보았을 때, 이 믿음이 옳다고 역사적으로 입증되었는지는 확실하지 않다.

만일 동일한 대중 동원과정을 권력을 쥔 자, 즉 운동의 대결상대의 관점에서 보면, 동전의 다른 면을 보게 된다. 권력을 쥔 자가 가장 두려워한 것은 운동이 퍼붓는 도덕적 비난이 아니라 대중 동원으로 정치무대를 교란할 수 있는 운동의 잠재력이었다. 따라서 반체계운동이 출현했을 때 이에 대한 첫 대응은 항상 지도부를 잠재적인 대중적 지지로부터 고립——물리적·정치적·사회적 고립——시키려는 것이었다. 국가는 바로 그렇게 운동지도자들이 더 큰 집단들의 '대변인'으로서 정당성을 지니는 것을 용납하지 않았고, 이들이 사실 별개의 계급적·문화적 배경 출신이라고 주장했다. 이는 잘 알려지고 널리 사용된 '외부 선동가'라는 테마였다.

그러나 운동을 단지 끼여든 '선동가'의 문제로 보는 이런 테마가 특정 지역에서 더이상 효력을 발휘하지 못하는 것 같은 지점에 이르렀다. 이 전환점은 운동이 끈기있게 노력한 결과(흔히 운동이 '인민주의적' 양태로 전환했을 때)이자 세계체계 내에서 '구르는 돌'이 전염병을 퍼뜨린 결과였다. 이 전환점에서 현 상태의 옹호자들은 운동의 똑같은 딜레마에 직면했지만, 그 형태는 반대였다. 개혁 대 혁명과는 달리, 현 상태의 옹호자들은 양보대 강경노선을 논의했다. 이 끊임없는 논쟁 또한 비논쟁이었다. 효과만 발휘하면 강경노선 전술은 양보를 만족시켰고 양보는 강경노선 전술을 만족시켰는데, 이것들이 운동의 전망과 대중적 지지의 전망을 함께 변경했다는 아주 단순한 의미에서 그러했다.

강경노선 대 양보 논쟁을 둘러싼 열기는 대단했다. 그러나 이는 또다시 소수의 정치전술가 집단을 분열시킨 열정이었다. 이들 전술가 자신들은 전술상의 차이가 단기적(효력)으로나 중기적(성과)으로나 문제가 된다고 믿었다. 그러나 여기서도 또한, 장기적으로 보았을 때 이 믿음이 옳다고 역사적으로 입증되었는지는 확실하지 않다.

장기적으로 볼 때, 실제 일어난 일은 어디서나 운동이 권력에 올랐다는 것인데, 이는 거대한 상징적 변화였다. 실로 권력에 오른 순간은 어디서나 일반적으로도 잘 인식되었다. 그 당시 이 순간은 카타르시스의 순간으로 생각되었고 나중에도 그렇게 기억되었으며, 마침내 '인민'이 주권 행사에 도달한 표지로 보였다. 그러나 거의 어디서도 운동이 철저하게 권력에 오르지는 못했다는 점과 실제의 변화는 바라고 기대한 것 이하였다는 점 또한 사실이다. 이것이 권력을 잡은 운동들의 줄거리이다.

권력을 잡은 운동의 줄거리는 사람들을 동원해낸 운동의 줄거리와 비슷하다. 2단계 전략론의 주장은 한 운동이 일단 권력을 획득하여 국가를 통제하게 되면 이 운동이 세계, 적어도 자신의 세계를 변혁할 수 있다는 것이었다. 그러나 물론 이는 사실이 아니었다. 지나고 보면 참으로 이 이론은 너무나 순진한 것이었다. 이 이론은 주권이론을 액면 그대로 받아들여 주권국가가 자율적이라고 가정했다. 그러나 주권국가는 자율적이지 않으며, 그런 적도 없었다. 심지어 현재 미국 같은 최강 주권국조차 진정한 주권을 지니고 있지 못하다. 그리고 라이베리아*처럼 매우 약한 국가에 대해서 주

*서아프리카 남서부에 있는 나라로 정식 명칭은 라이베리아 공화국이며, 수도는 몬로비아이다. 남서쪽은 약 560km의 해안선으로 대서양에 면해 있고, 북서쪽은 시에라리온, 북쪽은

권을 말하는 것은 불쾌한 농담일 뿐이다. 모든 근대국가는 예외없이 국가 간체계의 틀 속에 존재하며, 그 규칙과 정치의 제약을 받는다. 모든 근대국가 내의 생산활동은 예외없이 자본주의 세계경제의 틀 속에서 진행되며, 그 우선순위와 경제학의 제약을 받는다. 모든 근대국가 내에 나타나는 문화적 동일성은 예외없이 지구문화 속에 존재하며, 그 모델들과 지적 계서제들의 제약을 받는다. 스스로 자율적이라고 주장하는 것은 물결을 거슬러 가라고 명령하는 카뉴트(Canute, 영국·덴마크·노르웨이왕 994?~1035──옮긴이)와 약간 비슷하다.

운동들이 권력을 잡았을 때 어떤 일이 일어났는가? 이 운동들은 무엇보다 먼저 세계체계 전체의 권력자들에게 양보해야 한다는 것을 알게 되었다. 그리고 이는 단순한 양보가 아니라 중요한 양보였다. 운동들은 모두 레닌이 NEP(신경제정책)에 착수했을 때 사용한 주장, 즉 양보는 일시적이고 일보 후퇴는 이보 전진이라는 주장을 내세웠다. 이는 강력한 주장이었는데, 왜냐하면 이런 양보를 하지 않은 몇 안되는 운동들이 보통 얼마 안되어 권력에서 밀려났기 때문이었다. 그러나 양보는 신경 거슬리는 일이었고, 지도부를 당황시켜 지도부 내에 분란을 야기하고, 대중의 의심을 불러일으켰다.

운동이 권력에 남아 있으려면 이 싯점에서 가능한 오직 하나의 정책, 즉 진정한 근본적 변화를 연기하고 그 대신 세계체계 내에서 '따라잡기'를 시도하는 것만 남아 있는 듯했다. 각 운동들이 설립한 체제들은 모두 국가를 세계경제 내에서 더욱 강력하게 만들려 했고, 생활수준을 선진국 수준에 근접시키려 했다. 대체로 대중은 근본적 변화(그것이 무엇인지 상상하기는 힘들었다)보다는 한층 잘사는 상태의 물질적 혜택(이는 매우 구체적이었다)을 바로 따라잡기를 원했기 때문에, 포스트-카타르시스 시기에 각 운동 지도자들의 정책 전환은──제대로 효과만 발휘하면──사실 인기가 있었

기니, 동쪽은 코트디부아르와 접해 있다. 아프리카 최초의 공화국으로 1847년 7월 미국에서 이주한 해방된 흑인노예들이 건설한 국가이다.

다. 거기에 문제가 있었다!

어떤 정책이 효력을 발휘했는지 결정하기 위해 우리가 가장 먼저 알아야 할 것은 이를 측정할 시간대이다. 가능성은 찰나로부터 영원까지 길게 이어져 있다. 권력을 잡은 운동 지도자들은 자연히 추종자들에게 단기보다는 장기적으로 측정하라고 호소했다. 그러나 어떻게 이런 시간의 유예를 용인하도록 대중을 설득할 수 있을까? 주요한 주장은 두 종류였다. 하나는 물질적인 주장으로, 작기는 하지만 현실에서 즉각적이고 의미있고 측정할 수 있는 개선이 다소 이루어졌음을 보여주는 것이었다. 나라마다 상황이 달랐기 때문에 어떤 운동은 다른 운동보다 좀더 쉽게 이를 달성하였다. 또 현실적으로 세계경제에 파동이 있었기 때문에 어떤 싯점에서는 다른 싯점보다 이런 주장을 펴기가 더 수월했다. 권력을 잡은 운동은 아주 제한적인 범위 안에서만 작더라도 유의미한 개선을 이루어낼 수 있었다.

그러나 권력을 잡은 운동이 더 쉽게 이용할 수 있는 두번째 주장이 있다. 이는 희망과 확실성에 대한 주장이었다. 운동은 세계 해방운동 전체의 구르는 돌을 가리키면서 이를 역사가 (가시적으로) 자기편이라는 것을 증명하는 데 이용할 수 있었다. 그들은 이렇게 하여 자신은 아니더라도 자식들이, 자식들이 아니라면 그 손자손녀들이 더 나은 삶을 살게 될 것이라고 약속하였다. 이는 매우 강력한 주장이어서 우리가 지금 볼 수 있듯이, 권력을 잡은 운동들을 실로 오래 지탱시켰다. 신념은 산을 움직인다. 그리고 권력을 잡은 반체계운동은 미래에 대한 신념을 통해——신념이 지속되는 한——유지된다.

우리 모두 알고 있듯이 신념에는 의심이 따르기 마련이다. 운동에 대한 의심은 두 가지 원천에서 성장하였다. 하나는 노멘끌라뚜라의 죄악이다. 운동이 권력을 잡았다는 것은 간부들이 권력을 잡았다는 것을 뜻한다. 그리고 간부는 인간이다. 그들도 좋은 삶을 바라며, 흔히 이 목표를 달성하는 데 대중보다 더 조바심을 낸다. 따라서 부패, 오만 그리고 사소한 압제들이 사실상 불가피하게 나타났는데, 특히 불타오르던 카타르시스의 시기가 지

난 후에 그러했다. 시간이 지나면서 신체제의 간부들은 점점 더 **구체제의**
간부들을 닮아갔고, 흔히 그보다 정말 더 나빴다. 5년이 걸릴 수도 있었고
25년이 걸릴 수도 있었지만, 이는 계속 되풀이되었다.

그렇다면 혁명가에 저항한 혁명이었는가? 당장은 아니었다. **구체제**에 저
항한 대중의 동원과정을 지체시킨 무기력감이 여기서도 작용하였다. 권력
을 잡은 운동들을 무너뜨리는 데는 노멘끌라뚜라의 죄악 이상의 것이 필요
하다. 눈앞의 경제 붕괴가 구르고 있는 돌은 계속 구를 것이라는 확실성의
붕괴와 결합하여 작용한다. 사태가 이렇게 되자, 최근 러시아와 알제리 그
리고 다른 많은 나라에서 그랬듯이 '포스트 혁명기'는 끝났다.

세계체계 전체에서 진행된 과정인 범세계적 구르는 돌의 문제로 다시 돌
아가보자. 나는 앞서 1870~1945년에 장기간의 운동의 상승투쟁 국면이
있었고, 1945~70년에 갑작스런 세계적 도약이 있었다고 말한 바 있다. 갑
작스런 도약은 거대한 승리주의와 도취를 낳았다. 이 덕분에 남아프리카처
럼 가장 어려운 지역에서도 운동이 버틸 수 있었다. 그러나 운동이 직면해
야 했던 최대의 문제는 그 성공이었는데, 운동의 개별적 성공이 아니라 집
합적이고 세계적인 성공이 문제였다. 권력을 장악한 운동들이 완벽한 성과
를 내지 못하여 내부적인 불평에 직면했을 때, 이들은 주로 강력한 외부세
력의 적대감 때문에 그들이 고난을 겪고 있다는 주장을 펼쳤는데, 대체로
이 주장은 전적으로 사실이었다. 그러나 점점 더 많은 운동들이 점점 더 많
은 나라에서 권력을 장악하게 되고, 운동의 집단적 힘이 성장하고 있다는
주장을 운동 자체가 이용함에 따라, 현재의 고난을 외부의 적대감 탓으로
돌리는 것은 설득력을 잃은 것 같았다. 적어도 이는 역사가 가시적으로 그
들 편이라는 테제와 모순되어 보였다.

권력을 장악한 운동의 실패는 1968년 세계혁명의 배후요소 중 하나였다.
돌연, 권력을 잡은 반체계운동의 한계는 현상을 유지하려는 세력의 적대감
때문이 아니라 이들 반체계운동이 이 세력과 결탁했기 때문에 생긴 것이

아닌가 하는 의문이 도처에서 제기되기 시작했다. 이른바 구좌파는 도처에서 공격을 받았다. 제3세계 전역에 걸쳐 민족해방운동이 권력을 잡은 곳이라면 어디서든 이런 비판을 피해가지 못했다. 아직 권력을 잡지 못한 운동들만이 대체로 상처를 입지 않았다.

1968년의 혁명 때문에 운동의 대중적 토대가 흔들렸다면, 그에 뒤이은 20년간의 세계경제의 침체 때문에 우상은 계속 파괴되었다. 운동의 대승리기인 1945~70년에 최대의 당면 약속은 '민족적 발전'이었고, 많은 운동들이 이를 '사회주의'라고 불렀다. 운동들은 실로 그들이, 그리고 그들만이 이 과정을 가속화하여 각국에서 이를 전적으로 실현할 수 있다고 말했다. 그리고 1945~70년에 세계경제는 모든 곳에서 팽창하고 있었고, 배는 높은 물결 위에 올라 서 있었기 때문에 이 약속은 그럴듯해 보였다.

그러나 썰물이 시작되자 세계경제의 주변부지대에서 권력을 장악한 운동들은 그들 나라에서 세계적 경기침체의 부정적 영향을 막을 방법이 없다는 것을 알게 되었다. 그들은 자신들이 생각한 것보다 그리고 그들의 인민들이 생각한 것보다 힘이——훨씬——없었다. 따라잡기에 대한 환상이 깨어지자 각 나라마다 운동 자체에 대한 환상이 깨어졌다. 운동은 희망과 확실성을 팔아서 유지되어왔다. 이제 운동은 무너진 희망과 사라진 확실성의 댓가를 치르고 있었다.

이런 도덕적 위기에 만병통치약장수들이 뛰어들었다. 일명 "시카고 꼬마들"(Chicago Boys)*이라고 불리는 이들은 세계체계 전체의 권력자들 내에서 강경노선이 다시금 활기를 얻는 데 힘입어, 모든 이에게 시장이라는 마법을 대안으로 제시했다. 그러나 비타민을 복용한다고 백혈병이 치료되지 않는 것처럼 '시장'은 세계인구의 좀더 빈곤한 75%의 경제적 전망을 바꿔낼 수 없다. 이는 사기이고 우리는 머지않아 이 만병통치약장수들을 마을

---

*시카고대학 경제학과 교수인 밀턴 프리드먼(Milton Friedman)이 창시한 학설인 화폐주의를 따르는 시카고 대학 출신의 경제학자들을 지칭한다.

밖으로 쫓아낼 것이 틀림없지만, 그때는 이미 피해를 입은 후일 것이다.

여기에 남아프리카공화국의 기적이 나타나, 이 침울한 세계적 전망에 한 줄기 빛을 드리웠다. 이는 어긋난 시간이다. 이 기적은 1960년대식 민족해 방운동의 승리가 재연된 것으로, 모든 이들이 항상 최악의 상황이고 가장 다루기 힘들다고 말하던 곳에서 발생했다. 변혁은 아주 빠르게 그리고 놀 라울 정도로 말썽없이 진행되었다. 보기에 따라서, 이는 세계가 남아프리 카공화국과 아프리카민족회의에 짊어지운 대단히 부당한 짐이라고 할 수 있다. 그들은 자신만을 위해서가 아니라, 나머지 우리 모두를 위해서 성공 해야만 한다. 남아프리카공화국 이후에는 누구도 세계적 연대운동의 갈채 를 받는, 대중세력의 낙관적이기만 한 동원자가 되지 못한다. 마치 세계의 반체계운동 개념이 마지막 기회를 얻은 듯하고, 역사의 최후심판 전에 우 리가 결정적인 속죄의 기회를 얻은 듯하다.

향후 10~15년간 남아프리카공화국에 어떤 일이 일어날지 나는 확신하 지 못한다. 어느 누가 확신할 수 있겠는가? 그러나 나는 남아프리카공화국 국민들이나 나머지 우리나 그들에게 세계의 짐을 지워서는 안된다고 강하 게 느끼고 있다. 세계의 짐은 세계의 몫이다. 남아프리카공화국 국민들은 자신들의 짐을 지고, 세계의 짐 중 자신들의 정당한 몫만 떠맡으면 된다. 따라서 나는 이 글의 나머지에서 세계의 짐에 관해 이야기하려 한다.

하나의 구조로서 그리고 하나의 개념으로서 반체계운동은 세계체계 지 구문화의 포스트-1789년 변혁의 자연적 산물이었다. 반체계운동은 그 체 계의 산물이었다. 물론 반체계운동은 그래야만 했다. 현재 우리가 아무리 비판적으로 대차대조표를 작성하더라도——그리고 나는 내가 너무 그러지 않았나 걱정된다——나는 19세기 중반에 이 운동들이 걸어간 길보다 더 나 은 역사적 대안이 있었다고 보지 않는다. 인간해방을 위한 다른 세력은 존 재하지 않았다. 그리고 설사 반체계운동이 인간해방을 성취하지 못했다 하 더라도, 이 운동은 적어도 인간의 고통을 다소 경감시켰고, 세계에 대한 대안적 전망의 기치를 높이 세웠다. 제정신을 가진 사람이라면 어찌 오늘날의 남아프리카공화국이 10년 전보다 좋아졌다고 믿지 않을 수 있겠는가? 그리고 그것이 민족해방운동말고 무엇의 덕이겠는가?

기본적 문제는 운동의 전략 속에 있었다. 역사적으로 운동들은 이중의 속박을 받았다. 1848년 이후에 정치적으로 실현 가능하고, 또 상황의 즉각적인 개선이라는 희망을 주는 목표는 오직 하나뿐이었다. 이는 근대세계체계의 주요 조정기제인 국가조직 내에서 권력을 장악하는 것이었다. 그러나 세계체계 내에서 권력을 장악한다는 것은 반체계운동을 궁극적으로 거세하고, 이들이 세계를 변혁할 수 없도록 만드는 목표였다. 사실 반체계운동은 즉각적 비적합성과 장기적 패배 사이에서 진퇴양난에 빠졌다. 반체계운동은 후자를 택했는데, 후자는 피할 수 있으리라고 기대했기 때문이었다. 누군들 아니었겠는가?

나는 오늘날 반체계운동의 공통적인 실패——진정 완전하게 해방적이 되지 못한 민족해방운동의 실패를 포함해——가 역설적으로, 다가오는 25~50년간의 긍정적 발전을 위한 가장 희망 찬 요소를 제공한다고 주장하고 싶다. 이런 기이한 시각을 제대로 평가하려면 현재 진행중인 일을 수긍해야만 한다. 우리는 세계자본주의의 최종승리를 겪고 있는 것이 아니라, 처음이자 유일하게 진정한 위기를 겪고 있는 것이다.[2]

나는 네 가지 장기추세를 지적하려 한다. 그 각각은 점근선에 접근하고 있으며, 끊임없는 자본축적을 추구하는 자본가의 관점에서 보면 이 추세들은 파멸적이다. 첫번째, 그리고 가장 덜 논의된 추세는 세계의 탈농화이다. 200년 전만 해도 세계인구, 참으로 각국 인구의 80~90%는 농촌에 살고 있었다. 오늘날 세계적으로 그 수치는 50% 이하이며, 급속하게 하락하고 있다. 지구 전역에서 농촌인구는 20% 이하이며, 일부지역에서는 5%에도

---

2) 이하의 주장은 『이행의 시대』에서 수행한 광범위한 분석을 요약한 것이다.

못 미친다. 그래서? 도시화와 근대성은 사실상 동의어 아닌가? 이는 우리가 바라던 것이 이른바 산업혁명과 더불어 도래한 것 아닌가? 그렇다. 이는 참으로 우리 모두가 배운 상투적인 사회학적 일반화이다.

그러나 이는 자본주의가 어떻게 움직이는지를 오해한 것이다. 잉여가치는 항상 자본을 가진 자와 노동을 수행하는 자 사이에서 분할된다. 이 분할의 조건은 결국 정치적인데, 각측의 교섭력이 얼마나 강한가에 좌우된다. 자본가들은 기본적인 모순을 가지고 있다. 만일 노동에 대해 세계적으로 너무 낮은 보수를 지불하면 이는 시장을 제약하게 되며, 애덤 스미스가 말했듯이 분업의 외연은 시장 외연의 함수이다. 그러나 너무 많은 보수를 지불하면, 이는 이윤을 제약한다. 노동자로 말하자면 이들은 항상 자신의 몫을 늘리기를 바라며, 이를 달성하기 위해 정치적으로 투쟁한다. 시간이 흐르면서 노동자들이 힘을 집중할 때마다 그들은 자신들의 조직력을 과시할 수 있고, 이는 자본주의 세계경제의 전역사에서 주기적으로 나타나듯이, 결국 이윤 압박으로 귀결된다. 자본가들은 어느정도의 선까지만 노동자와 싸울 수 있는데, 이 지점을 넘어 실질임금을 너무 깎으면 생산물에 대한 세계적 유효수요가 위협받기 때문이다. 되풀이되는 해결책은 수입이 괜찮은 노동자들을 시장의 요구에 응하도록 하는 한편, 정치적으로 취약하고 여러가지 이유 때문에 극히 적은 임금이라도 기꺼이 받는 새로운 계층을 세계 노동력으로 끌어들임으로써 총생산비를 낮추는 것이었다. 5세기 동안 자본가들은 농촌에서 그런 사람들을 찾아내어 그들을 도시 프롤레타리아트로 전화했다. 그러나 이 사람들은 한시적으로만 저비용 노동자로 남아 있을 뿐이며, 어느 지점에 이르면 다른 이들을 노동공급에 끌어들여야 한다. 세계의 탈농화는 이런 본질적인 과정을 위협하며, 그 결과 자본가가 전지구적으로 이윤수준을 유지할 능력을 위협한다.

두번째 장기추세는 이른바 생태위기이다. 자본가의 관점에서 보면 이는 비용의 외부화를 불가능하게 하는 위협이라고 할 만하다. 여기서도 우리는 심각한 과정을 겪고 있다. 일정한 이윤을 항시적으로 확보하기 위한 핵심 요소 중 하나는 자본가들이 생산물의 전체 비용을 지불하지는 않는다는 것이었다. 비용의 일부는 '외부화'하는데, 다시 말해 더 큰 전체 인구, 사실상 세계인구 전체에게 비례적으로 분산된다. 화학공장이 강을 오염시켰을 때, 이를 정화(그런 게 있다면)하는 것은 보통 납세자의 몫이다. 생태론자들은 더이상 오염될 지역이 남지 않았고 더이상 벌목할 나무가 남지 않았다는 사실 등에 주목해오고 있다. 세계는 생태적인 재앙을 겪든가 아니면 비용의 내부화를 강제해야 하는 선택의 기로에 서 있다. 그러나 비용의 내부화를 강제하면 자본축적 능력은 상당히 위협받는다.

자본가들에게 부정적인 세번째 추세는 세계의 민주화이다. 앞서 우리는 19세기 유럽권에서 양보의 강령이 시작되었으며, 오늘날에는 이를 일반적으로 복지국가라고 부른다고 말했다. 이는 사회적 임금에 대한 지출로, 아동과 노인에 대한 금전지급, 교육, 의료시설 등이 포함된다. 수혜자들의 요구가 처음에는 보잘것 없었고, 유럽의 노동자들만 이런 사회적 임금을 받았다는 두 가지 이유 때문에 이것은 오랫동안 작동할 수 있었다. 오늘날 노동자들은 어디서나 이를 기대하며, 그 요구수준은 50년 전과 비교해보아도 상당히 높다. 궁극적으로 이 자금은 자본축적을 희생해야만 얻어낼 수 있다. 민주화는 자본가들에게 이익이 안되며 그런 적도 없다.

네번째 요인은 국가권력에서 추세의 반전이다. 400년 동안 국가들은 내적으로나 외적으로나 세계체계의 조정기제로서 그 권력을 증가시켜왔다. 자본의 반국가적 수사학에도 불구하고 이 사실은 자본에게 절대적으로 중대한 것이었다. 국가는 질서를 보장했는데, 그에 필적할 만큼 중요한 사실은 국가가 독점을 보장했다는 사실이다. 독점은 자본을 제대로 축적할 수 있는 유일한 길이다.[3]

3) Fernand Braudel, *Capitalism and Civilization, 15th to 18th Century*, 3 vols. New York: Harper and Row 1981~84 (주경철 옮김, 『물질문명과 자본주의』 I-III, 까치 1996).

그러나 국가는 더이상 조정기제로서의 임무를 수행할 수 없다. 세계의 민주화와 생태위기 때문에 국가조직들에 대해 제기되는 요구수준은 불가능할 정도로 높아졌고, 이 때문에 모든 국가들이 '재정위기'를 겪고 있다. 그러나 국가가 재정위기를 해결하기 위해 지출을 줄인다면, 이는 체계를 조정할 수 있는 국가의 능력도 줄이는 것이 된다. 이는 국가가 실패를 범할 때마다 마음놓고 국가에 임무를 맡기지 못하게 되고, 따라서 포괄적인 조세반란이 나타나게 되는 악순환이다. 그러나 국가의 지불능력은 점점 더 감소해가기 때문에 국가는 기존의 임무조차 제대로 수행할 수 없다. 우리는 이미 이 소용돌이 속에 말려들었다.

운동의 실패는 바로 여기서 등장한다. 특히 국가가 권력을 장악했을 때 국가를 정치적으로 지탱해온 것은 사실 다른 무엇보다도 운동들이었다. 운동들은 국가조직에 대한 도덕적 보증자 노릇을 했다. 운동들이 더이상 희망과 확실성을 제공해줄 수 없기 때문에 이에 대한 지지도가 떨어지면서, 대중은 철저하게 반국가적으로 되어가고 있다. 그러나 누구보다 국가를 필요로 하는 것은 개혁가나 운동들이 아니라 자본가들이다. 자본주의 세계체계는 강력한 국가간체계의 틀 속에서 강한 국가들(물론 어떤 국가들은 항상 다른 국가들보다 더 강력하다)이 존재하지 않고서는 제대로 기능할 수 없다. 그러나 자본가들은 이데올로기적으로 이런 주장을 결코 내세울 수 없었는데, 왜냐하면 그들의 정당성의 원천은 경제적 생산성과 일반적 복지의 확대이지 질서나 이윤보장이 아니기 때문이다. 지난 세기에 자본가들은 그들 대신 국가조직을 정당화하는 기능을 수행하는 운동들에 점점 더 의존해왔다.

오늘날 운동들은 더이상 이 일을 할 수 없다. 그리고 만일 운동이 그러려고 하더라도, 대중들을 자기편으로 끌어들일 수 없을 것이다. 이처럼 우리는 도처에서 비국가 '집단'들이 분출하여 자신들을 보호하는 역할과 심지어 복지공여 역할까지 자임하는 것을 발견하고 있다. 이것이 우리가 걸어온 전지구적 혼란의 길이다. 이는 근대세계체계가 해체되고 있는 신호이자, 문명으로서의 자본주의가 해체되고 있는 신호이다.

당신은 특권을 지닌 자들이 가만히 앉아 아무 일도 하지 않고서 특권이 사라져가는 것을 보고만 있지는 않을 것이라고 확신할 수 있다. 그러나 마찬가지로 당신은 내가 예증한 여러 이유들 때문에 그들이 단지 체계를 다시 한번 조정하는 것만으로는 이 체계를 구제할 수 없다는 것도 확신할 수 있다. 세계는 이행중이다. 카오스로부터 새로운 질서가 나오겠지만, 이는 우리가 알고 있는 것과는 다른 것이 될 것이다. 다르긴 하지만 반드시 더 나으리라고도 할 수 없다.

여기서 또다시 운동이 등장한다. 특권을 지닌 자들은 불평등하고 위계적이고 안정된, 새로운 종류의 역사적 체계를 세우기 위해 노력할 것이다. 그들은 권력, 돈 그리고 더 많은 정보기관이라는 잇점을 지니고 있다. 그들은 확실히 뭔가 더 현명하고 더 실행 가능한 것을 생각해낼 것이다. 활력을 다시 얻은 운동이 이들과 겨룰 수 있을까? 우리는 현 체계의 분기 속에 있다. 파동은 거대하며, 작은 움직임이 이 과정의 나아갈 방향을 결정할 것이다. 해방운동——더이상 민족해방운동일 필요는 없다——의 임무는 체계의 위기, 과거 운동전략의 난국, 그리고 구운동들이 무너지면서 풀려난 세계의 대중적 불만이라는 정령(精靈)의 힘을 진지하게 평가하는 것이다. 이는 유토피스틱스를 위한 시기이고, 역사적 대안들에 대한 철저하고 엄격한 분석이 필요한 시기이다. 이는 사회과학자들이, 그러기를 원한다면, 뭔가 중요한 기여를 할 수 있는 시기이다. 그러나 이를 위해서는 사회과학자들도 자신들의 과거 개념들——반체계운동이 채택한 전략을 낳은 마찬가지 19세기 상황에서 유래하는 개념들——로부터 탈피해야 한다.

무엇보다 이는 하루나 일주일의 과제가 아니며, 여러 세기에 걸친 과제도 아니다. 이는 정확히 다음 25~50년간의 과제이며, 그 결과는 전적으로 우리가 어떤 종류의 투입물을 던져넣을 각오가 되어 있고 또 넣을 수 있는지에 달려 있을 것이다.

제3장

동아시아의 부상, 또는 21세기의 세계체계

대략 1970년 이후 이른바 동아시아의 부상은, 세계경제에 강조점을 두든 지정학에 강조점을 두든 간에, 세계체계의 진화에 관심을 가진 사람들 사이의 주요한 토론주제였다. 대부분의 사람들이 염두에 둔 것은 첫째로, 일본의 모든 경제지표들이 1960년대와 비교할 때조차도 눈에 띄게 상승했다는 것이었다. 둘째로, 일본에 이어 이른바 네 마리 용이 부상한 것이었다. 다음으로, 가장 최근에는 동남아시아와 중화인민공화국에서도 같은 경제성장 패턴이 지속된다는 것이었다. 경험적으로 이러한 현실은 매우 분명한 것 같고, 주로 그 의미를 둘러싸고 토론이 진행되고 있다.

이 범세계적 토론은 다음 두 가지 질문에 집중되었다. (1) 특히 다른 지역의 성장이 훨씬 보잘것 없고, 심지어 일부 지역에서는 마이너스 성장을 한

● 메이지 가꾸인(明治學院) 대학의 국제연구소가 주관하는 '국제연구의 전망' 기획의 후원하에 1997년 1월 23~24일 토오꾜오에서 열린 '21세기초 자본주의 세계체계의 전망' 씸포지엄에서 행한 기조연설.

시기에 주로 나타났다고 보이는 이 성장을 어떻게 설명할 것인가? (2) 동아시아 지역의 경제성장은 21세기의 세계체계에 무엇을 예고하는가?

나는 이 두 질문을 연이어 토론하면서 근대세계체계의 구조와 궤적 분석으로 나아갈 것을 제안한다. 구조와 궤적은 물론 긴밀하게 연결되어 있다. 따라서 궤적에 대해 논의하려면, 먼저 자본주의 세계경제의 일반적 전제들에 대해 살펴볼 필요가 있다. 나는 여기서 이 질문에 가장 적합한 일련의 명제들을 열거함으로써, 다른 곳에서 자세하게 전개한 바 있는 관점들을 요약하려 한다.

●근대세계체계는 자본주의 세계경제인데, 이는 때로 가치법칙이라고 부르는, 끊임없는 자본축적을 향한 충동이 이 체계를 지배한다는 것을 뜻한다.

●이 세계체계는 16세기를 거치면서 등장했으며, 최초 분업의 경계 내에는 유럽 대부분(그러나 러시아나 오토만 제국은 포함하지 않는)과 아메리카 대륙의 일부가 포함되었다.

●이 세계체계는 여러 세기에 걸쳐 팽창하여, 세계의 다른 부분을 연이어 그 분업 속에 통합했다.

●동아시아는 마지막으로 통합된 대규모 지역이며, 이 통합은 19세기 중반에야 일어났다. 그후 근대세계체계는 범위상 참으로 범세계적이 되었고, 전 지구를 포함하는 최초의 세계체계가 되었다고 할 수 있다.

●자본주의 세계체계는 중심부-주변부 관계가 지배하는 세계경제와 국가간체계의 틀 속에 있는 주권국들로 이루어진 정치구조로 구성되어 있다.

●체계의 과정 속에서 자본주의체계의 기본모순들은 일련의 순환적 리듬으로 표출되었는데, 이 리듬은 기본모순들을 봉쇄하는 데 기여했다.

●가장 중요한 순환적 리듬에는 두 가지가 있다. 첫째는 50~60년간 지속되는 꼰드라띠예프 순환으로, 여기서 이윤의 주원천은 생산영역과 금융투기장 사이를 교착(交錯)한다. 두번째는 100~150년간 지속되는 헤게모니 순환

으로, 여기서는 부상과 쇠퇴의 반복 속에 전지구적 질서의 보증인들이 계승되고, 각 보증인들은 자신만의 특유한 통제유형을 갖춘다.

● 순환적 리듬은 축적과 권력의 위치에서 느리게 진행되긴 하지만 유의미한 규칙적인 지리적 교체로 귀결되는데, 그렇더라도 이 체계 내에서 근본적인 불평등관계가 바뀌지는 않는다.

● 이 순환들은 결코 완벽하게 대칭적이지 않으며, 오히려 새로운 각 순환은 체계의 장기추세들을 만들어내는 특정한 방향으로, 작지만 유의미한 구조적 변동을 유발한다.

● 모든 체계들처럼 근대세계체계는 한정된 지속기간을 갖는데, 체계의 파동이 너무나 넓고 변덕스러워져서 체계의 장기추세들이 체계의 제도들의 생존능력을 더이상 재생시킬 수 없는 지점에 도달했을 때 그 생애는 끝나게 된다. 이 지점에 이르렀을 때 분기가 발생할 것이며, (카오스적) 이행기를 거쳐 이 체계는 하나의 체계 또는 여러 개의 다른 체계들로 대체될 것이다.

이런 일단의 전제들 속에서 이른바 동아시아의 부상을 분석하기는 매우 쉬울 것이다. 동아시아의 부상은 꼰드라띠예프 B국면 중에 발생했는데, 이 시기는 또한 미국 헤게모니의 쇠퇴(또는 B국면)가 시작되던 때였다. 이 시기가 동시에 이행기의 시작인지에 대해서는 격렬한 논쟁이 있다.[1] 이런 설명을 통해 우리는 당면한 두 질문을 더 분명하게 논의할 수 있게 된다. 두 질문은 동아시아의 현재와 과거 상황을 설명하는 것과 동아시아의 부상이 미래에 어떤 중요성을 지니는가라는 것이다.

일반적으로 꼰드라띠예프 B국면에 대해 무슨 말을 할 수 있을까? 보통 A국면과 비교했을 때 B국면에는 여러가지 일반적 특징들이 있다. 생산에서 얻는 이윤은 줄어들고, 많은 자본가들이 투기의 장인 금융영역으로 이윤추구활동을 옮기는 경향이 있다. 세계적으로 임금고용은 줄어든다. 생산

1) 이는 바로 『이행의 시대』에서 다룬 주제이다.

이윤에 대한 압박이 심해져서 생산활동이 상당히 재배치되며, 낮은 거래비용의 우위보다 임금수준의 저하와 고효율 경영의 우위가 중요해진다. 고용압박은 축적의 중심지 국가들 사이의 첨예한 경쟁으로 이어지며, 국가들은 가능한한 서로에게 실업을 전가하려 애쓴다. 그러자 이번에는 환율이 춤을 추게 된다. 이 모든 것이 1967~73년부터 현재까지 벌어지고 있다는 것을 보여주기는 어렵지 않다.[2]

세계 대부분의 지역에서 이런 꼰드라띠예프 B국면은 앞선 A국면에 비해 하강기 또는 '어려운 시기'로 인식되었다. 그러나 이 시기는 결코 모든 사람들에게 어려운 시기는 아니다. 우선 대자본가들 또는 다소 규모가 큰 자본가들은 개별적으로 축적수준을 높일 수 있는 유리한 대안적 출구를 찾아낼 수 있을 것이다. 그리고 둘째로, 꼰드라띠예프 B국면의 특징 중 하나가 생산활동의 재배치이기 때문에, 보통 세계체계의 일부 지대(zone)의 전반적인 경제지위는 상당히 향상되므로 이곳에서는 이 기간이 '좋은 시기'로 인식된다.

내가 '일부 경제지대'라고 말하는 이유는 어느 지대가 이렇게 될지 사전에 드러나는 경우가 거의 없고, 처음에는 보통 여러 지대가 이 재배치의 주요 수혜자가 되려고 활발하게 경쟁하기 때문이다. 그러나 사실은 보통 그런 지대 중 오직 하나만 성공할 수 있는데, 왜냐하면 재배치할 생산활동은 한정적이고, 생산자들로서는 한 지역에 재배치를 집중해야 경제적 우위를 얻을 수 있기 때문이다. 이처럼 기본구도는 여러 지대들이 기회를 갖지만 그중 오직 한 지대만 대성공을 거둔다는 것이다. 나는 여러분에게 지금부터 얼마 전인 1970년대에 신흥공업국(NICs)이라는 용어가 발명되었을 때, 많은 논평자들이 가장 중요한 사례로 열거한 나라가 멕시코·브라질·남한·

---

2) 일찍이 이 과정에 대해 자세히 분석한 것으로는 Folker Fröbel, "The Current Development of the World-Economy: Reproduction of Labor and Accumulation of Capital on a World Scale," *Review* 5, no. 4 (spring 1982) 507~55면이 있다.

대만이었음을 상기시키려 한다. 그러나 1980년대가 되면 멕시코와 브라질은 사례목록에서 빠지기 시작했고, 1990년대에 이르자 우리는 오직 '동아시아의 부상'에 대해서만 듣고 있다. 이처럼 꼰드라띠예프 B국면에서 진행되는 지리적 구조조정의 최대수혜자는 분명히 동아시아이다.

물론 우리는 왜, 브라질이나 남아시아가 아니라 동아시아가 최대수혜자인지도 설명해야 한다. 일부 학자들은 현재의 동아시아 부상의 원인을 과거 500년의 역사에서 찾기도 하는데, 에도시대의 상업적 발전과 메이지유신을 통해 설명하거나(카와까쯔 헤이따 川勝平太), 중국 중심의 조공체계(하마시따 타께시 濱下武志)를 통해 설명하는 경우가 이에 해당한다.* 그러나 1945년에 브라질이나 남아시아의 경제상황은 사실 동아시아와 그다지 다르지 않았고, 따라서 당연히 이들이 포스트-1945년 세계에서 상승물결을 탈 것이라고 예상할 수도 있었다. 동아시아가 브라질이나 남아시아와 가장 다른 점은 냉전과 관련된 지리적 위치였다. 동아시아는 전방에 있었고, 나머지 둘은 그렇지 않았다. 따라서 미국의 관점은 매우 달랐다. 일본은 미국의 직접적인 원조뿐 아니라 한국전쟁의 최대 경제적 수혜자였다. 냉전이라는 이유 때문에 남한과 대만 모두 경제적·정치적·군사적으로 지원(그리고 혜택)을 받았다. 1945~70년 시기의 이런 차이는 그 자체가 1970~95년 시기에도 중요한 잇점으로 작용하였다.

동아시아 부상의 경제적 결과는 전후 세계의 경제적 지형도를 변형시킨 것이었다. 1950년대에는 미국이 유일한 주요 자본축적의 중심이었다. 1960년대에 이르러서는, 서유럽이 주요 중심으로 다시 등장하였다. 그리고 1970년대가 되면 일본(좀더 일반적으로는 동아시아)이 그 세번째가 되었다. 우리는 이른바 삼극체제(triad)에 도달하였다. 서유럽과 동아시아의 부상은 필연적으로 미국에 기반한 경제구조의 역할이 줄어들었음을 의미

*여기서 월러스틴이 언급하는 책은 A. J. Latham and Heita Kawakatsu eds., *Japanese Industrialization and the Asian Economy* (Routledge 1994)이다.

했고, 그에 따라 미국의 국가재정에는 문제가 생겼다. 미국은 1980년대에 군사적 케인즈주의를 지탱하기 위해 대외적으로 거대한 규모의 채무를 졌고, 1990년대에는 국가지출을 줄이는 데 우선순위를 두었다. 그에 따라 미국의 군사활동 수행능력도 큰 영향을 받았다. 예를 들어 걸프전에서 미국의 군사적 승리는 사우디아라비아·쿠웨이트·독일·일본 등 네 나라가 미군을 재정적으로 지원했기 때문에 가능했다.

만일 다소 더 긴 시기, 즉 1789~1989년까지의 두 세기를 살펴보면 근대 세계체계의 또다른 근본적인 현실을 발견하게 되는데, 여기서도 동아시아는 두드러진 역할을 맡았다. 이는 세계체계의 정치적 안정화에 대한 이야기이다. 이 이야기는 프랑스혁명에서 시작된다.[3] 프랑스혁명의 문화적 충격은 자본주의 세계체계를 변형시켰다. 혁명적 소요와 뒤이은 나뽈레옹 시기가 가져온 지속적이고도 가장 중요한 영향력은, 이와 연관된 두 가지 주제가 처음으로 광범위하게 수용되었다는 점이다. 첫째는 정치적 변동의 정상화, 따라서 정치적 변동의 근본적 정당성이며, 두번째는 국가의 주권이 통치자 개인이나 입법부에 귀속되는 것이 아니라 '인민'에 귀속되며, 따라서 비민주적 체제의 도덕적 정당성을 거부한다는 관점이었다.

이는 참으로 혁명적이고 위험한 이념이었으며, 모든 기성 권위를 위협하였다. 이후에 기존 체계 내의 모든 특권층은 이 이념들과 싸워서 그 영향력을 봉쇄하려는 노력을 기울여야만 했다. 이 목표를 달성하는 주요한 방식은 이데올로기를 만들어 전파하는 것이었는데, 여기서 이데올로기란 사실 이런 가치들이 강력하게 전파되는 것을 막기 위한 정치적 전략들이었다. 역사적으로 주요한 세 가지 이데올로기가 봉쇄양식으로 제기되었다. 첫째로 가장 즉각적이고 분명한 이데올로기는 보수주의였다. 처음에 보수주의는 이런 인민주의적 가치들을 이단적이라고 보고 철저하게 부정하려고만

---

3) 여기서 나는 『자유주의 이후』에서 상세히 주장한 것을 요약한다.

했다. 자유주의는 보수주의에 대항하는 이데올로기로서 등장했는데, 자유주의의 옹호자들은 보수주의를 도전에 대한 완고하고 자멸적인 대응이라고 보았다. 그 대신 자유주의자들은 이론적으로는 그 정당성을 인정하면서도 실제로는 실현 속도를 늦춤으로써 이런 인민주의적 가치들에게 길을 터줄 필요가 있다고 주장하였다. 그들은 이런 가치를 합리적으로 달성하기 위해 전문가의 중개가 필요하다고 주장함으로써 이 목표를 이루었다. 급진주의/사회주의가 자유주의와 결별한 세번째 이데올로기로서 등장했다. 급진주의자들은 자유주의자들의 소심함에 경악했고, 전문가들의 의도와 동기를 깊이 의심했다. 따라서 이들은 대중적 통제를 통해 변화를 관리하는 것이 중요하다고 주장했다. 나아가 이들은 사회적 생활을 불안하게 만드는 대중의 잠재적 압력을 잠재우고 조화로운 사회적 실재를 재창조할 수 있는 길은 오직 급속한 변혁뿐이라고 주장하였다.

세 이데올로기의 옹호자들 사이의 싸움은 19세기와 20세기의 핵심적인 정치적 이야깃거리였다. 돌이켜보면 이 싸움과 관련해 두 가지는 분명하다. 첫째로, 세 이데올로기 모두 입으로는 반국가적 수사학을 구사했지만, 어떤 이데올로기도 실제로는 반국가적이지 않았다. 이들 이데올로기의 이름으로 형성된 운동들은 모두 국가의 정치권력을 추구했고, 국가권력을 얻었을 때는 이를 이용하고 강화함으로써 그들의 정치적 목표를 달성하려 하였다. 그 결과 행정기구, 국가기관의 영향권 그리고 정부의 입법적 개입의 범위가 지속적으로 상당히 증가하고 확대되었다. 보통 이를 정당화한 것은 프랑스혁명을 통해 대중적이 된 가치들을 실현한다는 것이었다.

두번째로 주목할 일은 오랫동안——정확히 말하면 1848년에서 1968년 사이——자유주의가 세 이데올로기 중 지배적 이데올로기였으며, 세계체계의 지구문화에 큰 영향을 남겼다는 점이다. 이는 1848년 이후(그리고 1968년까지) 보수파와 급진파 모두 자유주의 중도파 정치강령의 변종에 지나지 않는 것으로 밝혀진 그들의 이데올로기를 제안하기 위해 실제로,

심지어 말로도 그들의 관점을 수정했다는 사실에서 드러난다. 두 이데올로기의 지지자와 자유주의자 사이의 차이는 본래 근본원리상의 차이였으나, 점차 변동의 속도에 관한 주장으로 좁혀졌다. 보수주의자는 가능한한 느리게, 급진주의자는 가능한한 빨리 그리고 자유주의자는 최적속도를 주장하였다. 이처럼 논쟁이 변동의 내용이 아니라 변동의 속도에 관한 것으로 환원되었기 때문에, 거의 모든 곳에서 정부는 계속 교체되었지만 그 차이는 ——그런 변화를 '혁명적'이라고 주장하더라도 중기적으로 분석하면—— 경미하다는 불만이 시간이 흐르면서 점점 더 두드러졌다.

물론 이것이 19세기와 20세기의 정치이야기 전부는 아니다. 우리는 또한 프랑스혁명의 물결 속에서 그토록 강력한—— 결국 주요 정치세력들로 하여금 이 가치를 위해 입에 발린 말이라도 하도록 강요할 만큼 강력한—— 위력을 발휘한 바 있는 인민주의적 이념이 실제로 어떻게 그토록 잘 봉쇄될 수 있었는지 설명할 필요가 있다. 내가 세계체계의 지구문화 속에서 자유주의의 승리(그리고 따라서 엘리뜨의 통제를 받는 매우 온건한 정치변동 강령의 승리)기라고 제시한 바 있는 동일한 시기(1848~1968)는 요컨대 이른바 구좌파가 탄생, 부상 그리고 승리한 전기간이기도 했다. 그런데 이 구좌파의 구성원들은 항상 그들의 목표가 반체계적이라고, 즉 그들이 자유·평등·우애의 삼위일체를——그러나 이번에는 정말로 완전하게——달성하기 위해 프랑스혁명의 싸움을 계속하고 있다고 주장했다.

19세기 초반에 프랑스혁명의 가치들이 참으로 광범위하게 유포된 반면, 현실에서는 불평등의 범위가 넓어지고 그 폭도 깊어졌기 때문에 사실 대중세력을 정치적으로 조직하는 것은 몹시 어려운 일이었다. 처음에 대중에게는 투표권도, 돈도, 훈련된 간부도 없었다. 조직구조를 만들려는 장기간의 상승세를 탄 분투 때문에 마침내 급진적 대중운동의 전지구적 네트워크가 탄생할 수 있었다.

19세기 후반에 우선적으로 유럽과 북아메리카에서 관료적 조직들——노

조, 사회당과 노동당 그리고 민족주의 정당——이 서서히 출현했으나, 비유
럽세계 일부에도 이미 이런 조직은 있었다. 이 단계에서는 단 한사람을 의
회에 보내거나 한번의 중요한 파업에 성공하는 것도 성과로 여겨졌다. 반
체계 조직들은 전사들로 구성된 간부를 양성하고, 더 많은 사람들을 집단
행동에 동원하고, 정치적 행동을 위해 이들을 교육하는 데 힘을 집중했다.

동시에 이 시기는 세계경제가 동아시아를 통합한 것을 포함해 마지막으
로 거대한 지리적 팽창을 한 시기이기도 했다. 또한 이 시기는 마지막으로
주변부를 대대적으로 직접 정치적으로 복속한——아프리카, 동남아시아
그리고 태평양 지역의 식민화——시기이기도 했다. 게다가 일상적인 삶의
질에 영향을 줄 수 있는 기술적 진보의 실제 가능성이 처음으로 거대하게
드러난 때였다. 기차, 그 다음에는 자동차와 비행기, 전보와 전화, 전깃불,
라디오, 가전제품——이 모두 현기증나는 것이었고, 모든 사람들의 상황을
점진적으로 향상시키겠다는 자유주의 약속의 현실성을 보장해주는 듯했다.

이 요소들——유럽과 북아메리카에서 노동계급이 효과적으로 조직되어
정규 의회정치에 진입(아무리 주변적이라 해도)한 것, 유럽의 노동계급을
위한 물질적 보상의 개시, 그리고 비유럽세계에 대한 유럽세계의 지배 전
성기——을 결합해보면, 왜 유럽의 노동계급을 위한 3중의 자유주의적 정
치강령(보통선거권, 복지국가 그리고 백인 인종주의와 결합된 민족적 동일
성의 탄생)이 20세기초에 들어 유럽의 위험계급을 길들일 수 있었는지 이
해하기는 어렵지 않다.

그러나 정확히 바로 이 지점에서 '동양'이 세계체계 속으로 그 정치적 머
리를 들이밀고 올라왔다. 일본이 1905년 러일전쟁에서 승리한 것은 유럽
의 팽창에 대한 반격이 가능함을 보여준 첫 신호였다. 1911년 중국혁명(신
해혁명——옮긴이)과 더불어 세계에서 가장 오래된, 인구 최대의 실체인 중화
제국(the Middle Kingdom)의 복원과정이 시작되었다. 어떤 의미에서는 마
지막에 통합된 동아시아가 처음으로 유럽의 불패신화를 무너뜨리기 시작

했다고도 볼 수 있다.[4] 1900년에 위대한 흑인지도자인 뒤보이스(W. E. B. Du Bois)*는 20세기가 색깔선(color line)의 세기가 될 것이라고 말한 바 있다. 그가 전적으로 옳다는 것이 입증되었다. 유럽의 위험계급은 길들여졌을지 모르지만, 비유럽세계의 더 많은 위험계급이 이미 해결된 19세기의 위험들을 대체하여 20세기의 세계질서에 문제를 일으켰다.

자유주의자들은 그들의 성공전략을 반복하여 비유럽세계의 위험계급도 길들이려는 용감하고, 또 처음에는 성공적으로 보인 노력을 전개하였다. 한편, 조직력과 정치력을 얻은 비유럽세계의 민족해방운동은 식민세력과 제국주의 세력에게 점점 더 큰 압력을 가하였다. 이 과정이 최대의 힘을 얻은 정점은 2차대전 후 25년간이었다. 다른 한편, 자유주의자들은 민족자결(보통선거권과 동격)과 저발전국의 경제발전(복지국가와 동격)이라는 세계적 강령을 제시했으며, 이것이 비유럽세계의 핵심적 요구를 만족시킨다고 주장했다.

전세계에 걸쳐서 1945~70년에 구좌파는 기본적으로 이런 자유주의적 정치강령의 기초 위에서 권력을 장악하였다. 유럽과 북아메리카에서 구좌

4) 물론 같은 시기에 세계의 다른 지역에서도 반응이 있었다. 에티오피아는 1896년에 이딸리아를 물리쳤다. 멕시코에서는 1910년에 혁명이 일어났다. 20세기초에 오토만제국/터키, 페르시아, 아프가니스탄 그리고 아랍세계에서 연이어 사건/혁명이 발생했다. 인도국민회의가 1886년에 창립되었고, (나중에 아프리카민족회의가 된) 남아프리카 토착민족회의가 1912년에 창립되었다. 그러나 동아시아에서의 사건들이 특히 폭넓은 공명을 얻었다.

*미국의 저술가·흑인운동지도자로 매서추시츠주 그레이트배링턴에서 태어났다. 1895년 하버드대학에서 학위를 받고, 1903년 『흑인의 영혼』(The souls of Black Folk)을 발표하여 교육보급에 의한 지위향상을 제창한 부쿠티 워싱턴의 온건노선에 반대하는 흑인지식층의 지지를 받았다. 1905년 나이애거러운동(후에 전국유색인종협회로 발전적 해체)을 일으키고, 1909년 전국유색인종협회(NAACP) 창설에 참가하였으며, 1910~32년 기관지 『크라이시스』(Crisis)를 편집하였다. 1900년 런던에서 열린 제1차 범아프리카회의에서 아프리카 식민지의 해방을 호소하고, 1945년 제5차 회의에서 웅크루머와 함께 의장직을 맡았다. 1940년대부터 친소적(親蘇的) 경향을 띠고, 1959년 레닌평화상을 받았으며, 1961년 공산당에 입당하였다. 1961년 가나에 초청되어, 아크라에서 가나 정부 후원하에 백과사전 편찬에 착수하였고, 죽기 직전에 가나 시민권을 얻었다.

파는 그들 정당의 완전한 정치적 정당성을 획득하였고, 완전고용의 실현과 그 이전에 건설된 다른 어떤 것보다도 훨씬 더 발전된 복지국가를 얻어냈다. 그 나머지 세계의 많은 나라에서는 민족해방 그리고/또는 공산주의운동이 권력을 획득하여, 그들의 즉각적인 정치적 목표를 달성하고, 민족적 경제발전 강령을 추진하였다.

그러나 구좌파 구성원들이 이 싯점에서 얻어낸 것은 결코 그들이 19세기 중반에 본래 얻으려 하던 것이 아니었다. 그들은 체계를 무너뜨리지 못했다. 그들은 진정으로 민주적이고 평등한 세계를 얻지 못했다. 그들이 얻은 것은 기껏해야 파이 반쪽, 정확히 말하면 19세기 초반에 자유주의자들이 그들에게 제공하려던 것이었다. 이 싯점에서 그들이 '길들여'졌다면, 다시 말해 그들이 발전주의적·개량주의적 목표를 추구하면서 세계체계 안에서 기꺼이 일했다면, 그 이유는 그들이 파이 반쪽에 만족했기 때문만은 아니었다. 결코 그렇지 않다. 대중세력은 참으로 자신들이 파이 전체를 얻는 도중에 있다고 믿었다. 운동들이 대중의 혁명적 열기를 이런 개량주의적 궁지로 몰아넣을 수 있었던 것은 그들의 자녀들이 세계를 물려받을 것이라는 대중의 점진주의적 희망(과 신념)이 있었기 때문이었다. 사람들이 그런 희망과 신념을 갖고 있었다면 그 이유는, 대중의 민주적 열정을 봉쇄하려 했지만 신뢰를 얻지 못한 자유주의자와 중도파의 약속을 수용했기 때문이 아니라, 다른 두 가지 고려를 하고 있었기 때문이다. 첫째는 대중운동이 실로 한 세기에 걸친 투쟁을 통해 파이 반쪽을 획득했다는 사실이고, 두번째는 역사가 그들 편이며 따라서 암묵적으로 점진주의가 참으로 가능하다는 약속을 그들의 운동이 하고 있었다는 사실이다.

자유주의자들의 천재성은 한편에서는 속임수를 써서(그들이 제공한 파이 반쪽이 언젠가 파이 전체가 될 것이라는 희망), 다른 한편에서는 적대적인 운동들(특히 급진적/사회주의적 적대자들)을 자유주의의 화신──전문가/숙련가들이 점진적 개혁을 관리한다는 자유주의적 신조를 사실상 퍼뜨리던——로 전화함(transform)으로써, 대중세력을 봉쇄할 수 있었다는 점이다. 그럼에도 불구하고 자유주의자들에게는 천재성과 마찬가지로 명백한 한계가 있었다. 대중세력이 파이 전체를 얻게 되면 자본주의가 더이상 존속할 수 없기 때문에, 파이 반쪽이 결코 파이 전체가 될 수 없다는 것이 언젠가 불가피하게 드러날 것이라는 점과, 그날이 되면 자유주의의 급진적/사회주의적 화신인 구좌파운동은 어쩔 수 없이 신망을 잃게 될 것이라는 점이 그 한계이다.

우리가 말하던 날은 이미 도래하였다. 이를 1968/1989라고 부른다. 그리고 우리는 여기서 또다시 동아시아의 특수성을 발견한다. 1968년 세계혁명은 모든 곳——미국과 프랑스, 독일과 이딸리아, 체코슬로바키아와 폴란드, 멕시코와 세네갈, 튀니지아와 인도, 중국과 일본——을 강타하였다. 각 지역별로 비탄과 요구는 달랐지만, 반복되는 두 가지 주제가 있었다. 첫째는 미국의 외양만의 적대자인 소련과 결탁하여 미국이 지배하는 세계체계를 거부한 것이고, 둘째는 구좌파의 실패를 비판한 것, 특히 다양한 구좌파운동들이 단지 자유주의의 화신이 되어버렸다는 비판이었다.

1968년의 즉각적인 극적 효과는 이어진 2, 3년 사이에 억압되고 소진되었다. 그러나 1968년 세계혁명은 하나의 즉각적인 지속효과를 남겼는데, 이 효과는 그후 20년 동안 영향을 발휘하게 되었다. 즉각적인 지속효과란 자유주의적 합의가 파괴되고, 보수파와 급진파 모두 자유주의의 환영(幻影)으로부터 깨어난 것이었다. 1968년 이후 세계체계는 1815~48년의 이데올로기적 구도——세 이데올로기 사이의 투쟁——로 되돌아갔다. 보수주의는 흔히 신자유주의라는 잘못된 이름을 내걸고 부활하였다. 보수주의는 너무나 강력해져서, 오늘날 더이상 자신을 자유주의의 화신이라고 주장하지 않으며, 오히려 자유주의가 스스로를 보수주의의 화신이라고 내세우기 시작하고 있다. 급진주의/사회주의는 처음에 다양한 모습으로 소생하려 했다. 1970년대 초에 단명한 수많은 마오주의가 있었고, 그보다는 오래 살아남았지만 1968년 이전의 자유주의의 화신 이미지를 완전히 벗지 못한 이른바 신좌파운동들(녹색운동, 동일성운동, 급진적 페미니즘 등등)이 있었다. 동중부 유럽과 구소련에서 공산주의가 붕괴한 것은 1968년 이전 자유주의의 화신이던 잘못된 급진주의에 대한 비판의 마지막 국면이었을 뿐이다.

1968년 이후의 두번째 변화는 점진주의에 대한, 그보다는 오히려 점진주의를 혁명적으로 포장하여 설파한 구좌파운동에 대한 대중적 신념이 사라진 것이었는데, 이것이 완전히 드러나기까지는 20년이 걸렸다. 대중의 자녀들이 세계를 물려받을 것이라는 희망(과 신념)은 산산조각나거나, 아니면 적어도 심각하게 약화되었다. 포스트-1968년의 20년은 바로 가장 최근의 꼰드라띠예프 B국면이었다. 1945~70년은 자본주의 세계경제 역사상 가장 눈부신 A국면이었으며, 또한 전지구에 걸쳐 온갖 반체계운동들이 권력을 장악하게 된 시기이기도 했다. 이 둘이 결합하여, 자본주의 세계경제의 모든 부분이 사실상 '발전'할 수 있다는 환상(희망과 신념)——세계경제의 경제적·사회적 양극화를 조기에 현격하게 축소할 수 있다는 대중적 기대——을 놀랍도록 키워냈다. 따라서 이어진 B국면의 낙담은 훨씬 더 극적인 것이었다.

이 꼰드라띠예프 B국면을 통해 이른바 저발전국 경제발전의 협소한 한계가 분명해졌다. 산업화는 가능하다 해도 그 자체로는 치료제가 되지 못했다. 왜냐하면 주변부 및 반주변부지대 산업화의 대부분은 기성품 산업화였으며, 더이상 독점될 수 없고 따라서 고이윤을 발생시키지 못하는 활동들이 이전의 중심부지대에서 다른 나라로 이전된 것이었기 때문이다. 이는 예를 들어 18세기말의 선도산업이던 섬유산업은 말할 것도 없고, 철강생산에 대해서도 사실이다. 이는 아주 일상화된 써비스 부문의 영역들에 대해서도 사실이다.

자본가들이 상대적으로 독점할 수 있고 고이윤을 획득할 수 있는 부문을 찾아 이 활동에서 저 활동으로 옮겨다니는 게임은 끝나지 않았다. 그러는 동안 전체적인 경제적·사회적 양극화는 줄어들기는커녕, 빠르게 심화하고 있다. 이른바 저발전국이나 저발전지역이 빨리 달리더라도 다른 나라들은 더욱 빨리 달린다. 물론 일부 개별 국가나 지역의 지위가 바뀔 수 있겠지만, 어떤 곳이 부상하면 항상 다른 곳이 상대적으로 몰락하여 세계경제 각 지대의 비율은 거의 비슷하게 유지된다.

꼰드라띠에프 B국면의 직접적 영향을 가장 심하게 받은 곳은 아프리카처럼 보호장치가 가장 약한 지역들이었다. 그러나 라틴아메리카, 중동, 동중부 유럽, 구소련 그리고 남아시아도 심각한 영향을 받았다. 정도는 덜하지만 북아메리카와 서유럽에서도 그 영향을 느낄 수 있었다. 오직 동아시아 지대만이 부정적인 영향을 실질적으로 피해갔다. 물론 한 지역이 부정적 영향을 입었다는 사실이 거기에 사는 모든 사람이 동일한 비율로 손실을 입었음을 뜻하지는 않는다. 전혀 그렇지 않다. 각 지역에서 내부적 양극화는 심해졌는데, 이는 이들 지역에서조차 꼰드라띠에프 B국면이 소득수준과 자본축적의 가능성이라는 측면에서 소수의 사람들에게는 긍정적이었음을 뜻한다. 다수에게는 그렇지 못했다. 또다시 동아시아 혹은 적어도 동아시아의 일부에서는 이런 내부적 양극화가 덜했다.

1970~95년 시기의 세계경제적 어려움이 가져온 정치적 결과에 대해 숙고해보자. 무엇보다 먼저 이는 이전의 반체계운동인 구좌파——탈식민화한 세계의 민족해방운동, 라틴아메리카의 인민주의운동, 또한 (동서)유럽의 공산당과 서유럽·북아메리카의 사회민주주의/노동운동——에 대한 신뢰가 심각하게 손상되었음을 뜻한다. 이들 대부분은 선거에서 살아남기 위해서는 이전보다도 훨씬 더 중도파가 될 필요가 있다고 느꼈다. 그 결과 그들이 지닌 대중적 호소력은 심각하게 줄어들었고, 그만큼 자신감도 없어졌다. 어쨌든 더이상 그들은 참을성 없고 빈곤한 주민들에게 자유주의적 개량주의의 보증인이 될 수 없었다. 따라서 그들은 이 주민들에게 정치적으

로 대응하는 통제기제(이전에는 그들이 가장 중요한 통제기제였다) 역할을 할 수 없었으며, 주민들은 다른 곳——정치적 무관심(그러나 이는 항상 중간역이다)으로, 각종 근본주의운동으로, 그리고 어떤 경우에는 신파시즘운동으로——으로 관심을 돌렸다. 요점은 이 주민들이 또다시 불안정해졌고, 따라서 세계체계의 특권층이 보기에 또다시 위험해졌다는 것이다.

두번째 정치적 결과는 이 때문에 전세계에 걸쳐 주민들이 국가에 등을 돌렸다는 것이다. 주민들의 이런 태도를 상당히 고무한 것은, 1848~1968년 동안 세계정치를 지배해온 자유주의/중도파 정치강령의 흔적을 없앨 ——그들이 보기에——기회를 포착하려는 부활한 보수파 세력이었다. 그러나 이런 입장을 채택한다고 해서 주민들 대부분이 반동적 유토피아를 지지하는 것은 아니었다. 그보다 이들은 점진주의적 개량주의가 그들의 불행에 대한 해결책이라는 생각을 불신하고 있었다. 이렇게 해서 그들은 점진주의적 개량주의의 최상의 도구이던 국가에 등을 돌린 것이다.

반국가적 태도는 국가의 경제적 재분배 역할을 부정하는 데서 드러날 뿐 아니라, 일반적으로 과세수준 및 국가 치안기구의 효능과 동기를 부정적으로 보는 데서도 드러난다. 이는 또한 오랫동안 자유주의적 개량주의의 중개자이던 숙련가/전문가를 얕보는 일이 다시 발생하는 데서도 드러난다. 이는 공개적으로 법률절차를 조롱하고, 저항의 한 형태로서 범죄를 일으키는 일이 늘어나는 데서도 나타난다. 이런 반국가주의의 정치는 누적되고 있다. 주민들은 치안에 문제가 많다고 불평하면서 사설업체에 치안을 맡기기 시작하고 있다. 따라서 이들은 부과된 세금을 점점 더 내지 않으려 한다. 이와같은 한걸음 한걸음이 국가기관을 약화시키며, 국가 기능의 실행을 훨씬 더 어렵게 만든다. 그 결과 처음 제기한 불만은 더욱 정당성을 얻게 되며, 국가는 더욱 거부된다. 우리는 오늘날 여러 나라에서 근대체계가 출현한 이후 처음으로 국가권력이 상당히 쇠락하는 시기를 살고 있다.

반국가주의가 아직 번지지 않은 유일한 지역이 바로 동아시아인데, 이는 동아시아가 1970~95년 시기에 아직 경기 전망에서 심각한 하강을 겪지 않은 유일한 지역이며, 따라서 아직 점진주의적 개량주의에 대한 환멸이 나타나지 않은 유일한 지역이기 때문이다. 상대적으로 동아시아 국가들 내부에서는 질서가 유지되었기 때문에, 동아시아나 다른 곳에서 모두 동아시아의 부상이라는 생각이 강화되었다. 사실 이는 다른 나라들이 1989년경에 경험한 붕괴를 겪지 않고 지금까지 이를 피해가고 있는 곳이 동아시아 공산주의 국가들뿐이라는 사실을 설명해주는 것일지도 모른다.

나는 지금까지 동아시아의 현재와 과거를 세계체계 속에서 설명하려 했다. 이는 미래에 대해 무엇을 예고하는가? 이보다 불확실한 것은 없다. 기본적으로 두 가지의 가능한 시나리오가 있다. 세계체계가 전처럼 얼마간 계속 유지되어 또다른 순환적 변화가 시작될 수도 있다. 또는 세계체계가 위기점에 도달했기 때문에, 폭발이나 내파라는 극적인 구조변동이 발생하여, 다소 새로운 종류의 역사적 체계가 형성되는 것으로 끝맺을 수도 있다. 각 시나리오에 따라 동아시아가 겪게 될 결과는 달라질 것이다.

만일 우리가 첫번째 시나리오를 따라서 현재 세계체계에서 진행중인 일이, 앞선 단계에서 헤게모니 권력이 쇠퇴할 때 반복적으로 발생하는 상황의 한 변종에 불과하다고 가정하면, 우리는 다음과 같은 일련의 '통상적인' 발전을 기대할 수 있을 것이다. 나는 이를 몇개의 간략한 명제로 짧게 요약하려 한다.[5]

● 지난 20년간 전면에 부각된 새로운 선도 생산물들에 기반하여, 곧 새로운 꼰드라띠예프 A국면이 개시될 것이다.

● 일본, 유럽연합, 미국 사이에 이런 새로운 선도 생산물의 주요 생산자가

---

5) 앞서 나는 이를 "Japan and the Future Trajectory of the World-System: Lessons from History," in *Geopolitics and Geoculture: Essays on the Changing World-System* (Cambridge: Cambridge University Press 1991) 36~48면에서 자세히 주장하였다.

되려는 첨예한 경쟁이 벌어질 것이다.

●이와 동시에 일본과 유럽연합 사이에 미국 헤게모니 권력의 계승자가 되려는 경쟁이 시작될 것이다.

●맹렬한 경쟁의 삼극체제는 보통 이극체제로 귀결되기 때문에, 유럽연합에 대항하는 일본과 미국의 결합이 생겨날 가능성이 매우 높다. 역설적이게도 경제적 고려와 문화적 고려 양자가 이 결합을 단단히 묶어낼 것이다.

●이런 짝짓기는 전단계 헤게모니 권력의 지지를 받은 해양-공중권력 대 육상권력이라는 고전적 상황으로 우리를 되돌려놓고, 지정학적 이유와 경제적 이유 때문에 결국 일본이 승리하리라는 암시를 던져준다.

●삼극체제의 각 구성원은 특정지역과의 경제적·정치적 연계를 계속 강화해갈 것이다. 미국은 아메리카 대륙의 다른 나라들과, 일본은 동아시아 및 동남아시아와, 유럽연합은 동중부 유럽 및 구소련과.

●이런 지정학적 재편성에서 가장 어려운 정치적 문제는 일본-미국권이 중국을 끌어들이는 것과 유럽연합권이 러시아를 끌어들이는 것이다. 그러나 이 두 문제가 조정될 수 있는 조건들은 의심할 여지 없이 존재한다.

이런 시나리오에서 우리는 향후 50년간 유럽연합과 동아시아 사이에 상당한 긴장이 발생할 것이며, 아마도 동아시아가 승리할 것이라고 예상할 수 있다. 그때 중국이 이 새로운 구조 내에서 일본으로부터 지배적 역할을 탈취할 것인지에 대해서는 말하기가 매우 어렵다.

나는 이 시나리오에 더 많은 시간을 쏟을 생각이 없는데, 왜냐하면 나는 이것이 일어나지 않을 것이라고 보기 때문이다. 또는 오히려 이것이 참으로 시작되어 얼마간 지속은 되겠지만, 하나의 체계로서 자본주의 세계체계의 바탕에 깔려 있는 구조적 위기 때문에 사람들이 기대하는 '지당한' 결론이 되지는 못할 것이라고 믿고 있다. 다른 곳에서 나의 관점을 자세하게 개진했기 때문에, 나는 여기서도 나의 관점을 간결하게 요약하려 한다.[6]

●우리는 현재의 꼰드라띠예프 B국면이 요란한 소리를 내면서 끝날지 아니면 홀쩍대다 끝날지, 다시 말해 디플레이션적 대폭락이 있을지 없을지 확신할 수 없다. 대폭락이 상황을 극적으로 만든다는 점만 빼면, 나는 이것이 문제가 되리라고는 생각하지 않는다. 어쨌든 나는 우리가 빨리 혹은 느리게 디플레이션기에 접어들고 있는 것 같다고 믿는다.

●꼰드라띠예프 A국면을 재출발시키려면 무엇보다도 실질 유효수효의 팽창이 필요하다. 이는 세계인구의 일정부문이 현재보다 더 큰 구매력을 획득해야만 한다는 것을 뜻한다. 이 부분은 전적으로 동아시아에 자리잡고 있을 것이다.

●여하튼 상승국면에는 상당한 생산투자가 필요한데, 이는 또다시 전적으로 북에 몰릴 것이라고 쉽게 예상할 수 있다. 따라서 값싼 노동을 찾아 주변부 및 반주변부지대를 향해 가고 있는 투자는 상당히 줄어들 것이다. 그 결과 남은 더욱 주변화될 것이다.

●세계가 탈농화했기 때문에 사실상 새로운 1차산품 생산권을 개척하는 전통적 보충기제는 제거되었고, 따라서 세계적인 노동비용이 상승하여 자본축적을 손상시킬 것이다.

●심각한 생태적 딜레마는 정부에 대한 거대한 압력으로 작용하여, 충분한 수준의 생명균형 복원 및 악화 예방 비용을 다른 지출로부터 끌어와 충당하거나, 혹은 생산기업에 그 비용을 내부화하도록 강요할 것이다. 후자의 대안을 따르면 자본축적이 크게 제약될 것이다. 전자의 대안을 따르면 기업에 높은 세금을 부과해 동일한 결과를 낳게 되거나, 아니면 대중들에게 높은 세금과 낮은 써비스를 제공하게 되어, 내가 앞서 논의한 국가에 대한 환멸이라는 조건을 고려해보면, 매우 부정적인 정치적 결과를 야기할 것이다.

6) 특히 『이행의 시대』 8장과 9장을 보라.

●국가에 등을 돌리더라도 국가 써비스, 특히 교육, 보건, 최저소득에 대한 대중적 요구수준은 낮아지지 않을 것이다. 이것이 '민주화'의 댓가이다.

●배제된 남(南)은 정치적으로 현재보다 더욱 거세게 저항할 것이며, 전지구적 혼란의 수준은 눈에 띄게 높아질 것이다.

●구좌파가 붕괴했기 때문에, 이런 분열세력을 가장 효과적으로 조절할 수 있는 세력이 사라질 것이다.

이로부터 우리는 내전(국지적, 지역적 그리고 아마도 세계적 내전들)이 증가하는 다소 긴 암흑기를 예상할 수 있다. 그리고 여기서 시나리오는 끝난다. 왜냐하면 이 과정의 산물이 모순적인 방향으로 '질서의 추구'를 강요할 것이며(분기), 그 결과는 본래 예측 불가능하기 때문이다. 더군다나 이 갈등의 지형도를 미리 확인하기는 쉽지 않다. 이로부터 어떤 지역은 다른 지역보다 더 많은 이득을 누릴 것이고, 또 어떤 지역은 다른 지역보다 더 많은 고통을 받을 것이다. 그러나 누가? 동아시아가? 나는 말할 수 없다.

그래서 동아시아는 부상했는가? 물론. 그러나 얼마동안? 10년? 한 세기? 천년? 그리고 동아시아의 부상은 세계에 좋은 일인가 아니면 동아시아에만 좋은 일인가? 반복해서 말하지만 이보다 더 불확실한 것은 없다.

코다

이른바 아시아의 위기
장기지속 내의 지정학

정치가, 저널리스트 그리고 너무도 많은 학자들이 최근의 뉴스 머릿기사들 때문에 계속 당황해하고 있다. 불행하게도 이 때문에 큰 사건들의 의미와 중요성에 대한 진지하고 만족스러운 분석이 이루어지지 못하고 있다. 공산권의 붕괴가, 싸담 후쎄인의 지정학적 도전이 그렇게 다루어졌으며, 또 이른바 아시아의 금융위기가 그렇게 다루어졌다. 이 '사건'을 이해하기 위해서는 다중적인 사회적 시간들(multiple social times)에 의거할 필요가 있는데, 페르낭 브로델(Fernand Braudel)이 강조했듯이 이것은 우리가 이것 안에서 현실을 실재적으로 분석할 수 있는 도가니이다.

현 상황에 대한 『파이낸셜 타임즈』(*Financial Times*)의 흥미로운 사설(1998년 2월 16일자, 15면)에서 시작해보자.

●이 글은 1998년 3월 17~21일 미니애폴리스(Minneapolis)에서 열린 국제연구협의회 모임에 제출된 논문이다(이매뉴얼 월러스틴·테렌스 K. 홉킨즈 외 지음 『이행의 시대』에 실린 것을 재수록했다 — 옮긴이).

왜 지금 (동아시아 나라들은—인용자) 침몰하고 있는가? 이는 처음에 마치 동아시아 경제가 결코 잘못될 리 없다는 듯이 행동하다가 이내 동아시아 경제가 제대로 될 리 없다는 듯이 행동한 외부 투자자들의 변덕과 관련하여 대부분 설명된다. … 공황상태에 빠진 대출자들. 유입자본이 던진 유혹은 경험이 없는 기업가들, 보증금융기관들 또는 부패하고 무능한 정치가들이 저항할 수 없을 만큼 컸다. 유출이 시작되자 그에 따른 처벌은 가혹해졌다. 왜냐하면 국내 자산의 거품을 관리할 수 있는 것은 국내 기구들이기 때문이다. 자본이 썰물처럼 빠져나가, 환율이 붕괴하고 사적 부문이 파산하였으며, 각국은 공황상태에 빠진 개인 대출자들과 지나친 요구를 하는 공공 대출자들의 손 아래 놓이게 되었다. … 이는 공황에 빠진 세계이다. 일단 공황이 시작되면 각 투자자들의 합리적인 바람은 남들보다 먼저 빠져나가는 것이다. 그렇게 되면 경제적 토대는 감당할 수 있는 것보다 더 큰 타격을 입게 된다.

이 분석에는 몇가지 주목할 만한 점이 있다. 동아시아의 금융적 슬럼프는 투자자들, 특히 외부 투자자들의 시각에서 조망되고 있으며, 사설은 이 투자자들의 공황상태를 통해 문제의 심각도를 설명하고 있다. 꼼꼼히 읽어보면 여기서 이야기되고 있는 것은 상대적으로 규모가 작은 투자자들임을 알 수 있는데, 정치적 영향력이 거의 없는 이들이 "남들보다 먼저 빠져나가"기를 바라는 데는 충분한 이유가 있다. 두번째 주목할 만한 점은 이 분석에 지정학적 고려가 들어 있지 않아 보인다는 것이다. 세번째는 『파이낸셜 타임즈』가 제시하는 거의 좌파적인 정책적 결론이다.

신흥경제들이 서둘러 전지구적 금융시장에 통합되어야 한다는 권고는 재고되어야 한다. 외국인의 직접투자는 매우 중요하다. 그러나 사적 부문이 손쉽게 단기차입을 얻을 수 있게 되면, 치명적인 결과를 낳을 수 있다. 준비되고 숙련된 자만이 이 대양을 항해할 수 있다. 최종적으로 의지할 진정한 전지구적 대출자가 없기 때문에, 연약한 신흥경제들은 해안 근처에 머물러 있어야 한다.

첫째로, 사설은 "신흥경제들이 서둘러 전지구적 금융시장에 통합……"이라고 말하면서 최근의 신자유주의적 권고를 공격하고 있다. 그 다음에 사설은 세계경제는(항상? 현재만?) "준비되고 숙련된 자만이 항해할 수 있는 … 대양"이라고 넌지시 말하고 있다. "경험이 없는 기업가들, 보증금융기관들 또는 부패하고 무능한 정치가들"에게 조심하라는 경고인 것이다. 아마 부패한 정치가들은 좀더 능력을 갖출 필요가 있다. 마지막으로 결론에서는 "최종적으로 의지할 진정한 전지구적 대출자"가 없음을 언급하고 있는데, 이는 (나는 이렇게 말하려 한다) 최종적으로 의지할 전지구적 대출자이기는커녕, 현재 일본에 의지하고 있는 전지구적 차입자인 미국의 구조적인 금융적 취약성에 대한 암시이다.

이 사설은 그 한계에도 불구하고 현 상황에 대한 수많은 진단들보다 건전하다. 그 이유는 이 사설이 IMF의 좀더 많은 양의 머큐러크롬이 모든 상처를 치료해줄 것이라는 환상을 버렸기 때문이며, 또한 무엇보다 '공황상태'라는 문제를 강조하고 있기 때문이다. 공황상태는 이른바 실물경제의 쟁점이 결코 아니다. 공황상태는 투기가 있을 때, 즉 많은 사람들이 생산이 아니라 주로 금융적 조작을 통해 이윤을 챙길 때 발생한다. 생산에서 유래하는 이윤에 대한 강조와 금융적 조작에서 유래하는 이윤에 대한 강조가 교대로 또는 주기적으로 반복되는 것은 자본주의 세계경제의 기본요소인데,[1] 이 사실에 비추어볼 때 현재 전개되고 있는 상황을 설명하기 위해 맨먼저 살펴보아야 할 것은 우리가 1967/73년 이후 진행중인 꼰드라띠예프 주기의 B국면에 놓여 있다는 사실이다.

세계체계의 최근 경제사를 떠올려볼 필요가 있을 것이다. 1967/73년 이후에 두 지대에서 어떤 일들이 발생했는지 살펴볼 수 있다. 한편에는 미국,

1) 이에 대해서는 오랫동안 경제사가들의 논의가 있었으며, 최근에는 Giovanni Arrighi, *The Long Twentieth Century* (London: Verso 1994)에서 아주 자세히 연구되었다.

서유럽(집합적으로) 그리고 일본(동아시아가 아니라 일본)으로 구성된 중심부 나라들이 있고, 다른 한편에는 이른바 동아시아의 호랑이들, 중국 그리고 동남아시아를 포함하는 반주변부 및 주변부 지역이 있다. 중심부지대에서 이야기를 시작해보자. 꼰드라띠예프 B국면의 기본적 의미는 가용한 유효수요에 비해 생산이 너무나 많아서 생산의 이윤율이 하락한다는 것이다. 생산을 줄이는 것이 즉각적인 전지구적 해결책이 될 수 있을 것이다. 그러나 누가 희생자로 나설 것인가? 보통 실제 대응은 이윤율의 하락 때문에 공세적인 생산자들이 생산을 늘리는 형태로 나타나거나(그리하여 이윤율의 하락에도 불구하고 그들의 총 실질이윤은 유지된다) 또는 실질임금률이 낮은 지역으로 (생산을—옮긴이) 재배치하여 이윤율을 높이는 형태로 나타난다. 물론 생산의 증가(첫번째 해결책)는 전지구적으로 반생산적이기 때문에 얼마 되지 않아 붕괴하지만, 재배치(두번째 해결책)는 생산의 증가보다는 더 장기적으로 전지구적인 문제에 대한 해결책이 될 수 있다. 그러나 이는 유효수요를 더불어 증가시키지 못하거나 또는 최소한의 유효수요를 충분히 증가시키지 못하면 전지구적 생산만을 증가시킬 뿐이다.

물론 이는 지난 30년간 진행되어온 것이다. 각종 전지구적 생산(그 중 자동차, 철강, 전자 그리고 가장 최근에는 컴퓨터 소프트웨어)은 북아메리카, 서유럽, 일본으로부터 다른 지역으로 재배치되어왔다. 이 때문에 중심부지대에서는 실업이 상당히 증가하였다. 그러나 실업이 고르게 확산될 필요까지는 없다. 사실 꼰드라띠예프 하강기의 전형적 특징 중의 하나가 중심부지대의 정부들이 실업을 서로 수출하려고 애쓰는 것이다. 지난 30년간의 유형을 살펴보면, 처음에는 미국이 1970년대와 특히 1980년대 초에 가장 어려움을 겪었다. 그 다음은 유럽의 차례였고, 이는 지금까지 지속되고 있다. 그리고 최근에 이르러서야 일본이 어려움을 겪고 있는데, 1990년 이후 일본이 어려움을 겪으면서 미국의 고용률은 다시 상승했다.

그러는 사이에 각지의 투자자들은 각종 금융적 투기에 뛰어들었다. 1970

년대에 OPEC 유가상승 때문에 전지구적으로 축적된 자본은 제3세계 나라들의 차관으로 재순환되었다. 이 차관은 결국 차입자들을 빈곤하게 만들었지만, 10년 또는 그 이상 동안 전지구적으로 중심부의 소득을 유지시킬 수 있었다. 이 폰지게임(the Ponzi game)*은 마침내 1980년대 초에 이른바 외채위기와 더불어 끝났다. 이런 조작에 뒤이어 1980년대에 미국정부의 차입(레이건의 군사적 케인즈주의)과 사적 자본가들(정크본드)의 차입이 결합하여 두번째 게임이 진행되었는데, 이 폰지게임 또한 이른바 미국의 적자위기와 함께 끝났다.[2] 1990년대의 폰지게임은 '단기차입'을 통해 전지구적 자본이 동아시아와 동남아시아에 유입된 것인데, 『파이낸셜 타임즈』가 말하듯이 이는 "치명적인 결과를 낳을 수 있다."

물론 이 모든 과정에서 어떤 사람들은 큰 돈을 벌었다(그리고 다른 사람들은 무일푼이 되었다). 그리고 어떤 계층은 대자본가에서 탈락했지만, 또 어떤 사람들은 적절한 시기에 적절한 나라에 있었다면 보수를 두둑하게 받는 여피가 되어 잘 지낼 수도 있었다. 그런데 요점은 전반적으로 대부분의 이윤이 금융적 투기를 통해 형성되었다는 것이다. 생산을 통해 상당한 이윤이 형성된 곳을 들자면 '새로운' 산업인 컴퓨터가 유일할 텐데, 여기에서조차 적어도 하드웨어에서는 과잉생산점에 도달하여 이윤율이 하락하고 있다. 하나의 집단으로서 주변부 및 반주변부 나라들에 눈을 돌리면, 꼰드라띠예프 B국면은 이들에게 재난과 기회를 둘 다 안겨주었다. 재난이라 하면 전지구적 생산이 감소했기 때문에 이들의 수출시장, 특히 주요 생산품 수출시장이 축소된 것이다. 유가인상 또한 이들에게 심각한 영향을 끼쳤는데, 유가인상으로 인해 세계의 생산이 축소된 동시에 비중심부 나라들의

---

* 신투자자의 돈으로 원투자자에게 높은 투자이익을 지불하여 더 많은 투자자를 끌어들이려는 일종의 투자사기.

2) 나는 이 전체 과정을 "Crisis as Transition," in S. Amin et al., *Dynamics of Global Crisis* (New York: Monthly Review Press 1982) 11~54면과 *Geopolitics and Geoculture: Essays in World-Economy* (Cambridge: Cambridge Univ. Press 1991) 특히 제1부에서 분석하였다.

수입비용이 증가했기 때문이다. 수출이 줄어들고 수입비용이 늘어나자 이런 대부분의 나라들은 특히 1970년대에 심각한 국제수지의 곤란을 겪었고, 그 결과 정부들이 차관(OPEC 초과이윤의 재순환)에 의존하게 되어 10년 이내에 이른바 '외채위기'를 맞게 되었다.

그러나 꼰드라띠예프 B국면은 또한 이들 나라에 기회를 주기도 한다. 주요 효과 중의 하나가 중심부 나라에서 비주변부 나라로 생산이 재배치되는 것이기 때문에, 비중심부 나라들, 즉 일부 비중심부 나라들은 이 재배치의 수혜자이기도 하다. 재배치에 한계가 있기 때문에 모든 비중심부 나라들이 재배치의 장이 되기 위해 상호 경쟁관계에 있다는 것을 염두에 두는 것이 중요하다. 1970년대에는 새롭게 탄생한 용어인 NICs, 즉 '신흥공업국'에 대해 이야기하기 시작했다. 그당시 문헌들이 제시한 주요사례는 멕시코, 브라질, 남한 그리고 대만이었다. 1980년대가 되자 멕시코와 브라질은 이 목록에서 빠지는 추세였고, 네 마리 용(남한·대만·홍콩·싱가포르)에 대해 이야기하기 시작했다. 1990년대에 이르러서는 네 마리 용을 넘어 태국·말레이시아·인도네시아·필리핀·베트남 그리고 중국으로 재배치가 확대되는 조짐들이 나타났다. 그리고 이제 이른바 금융위기가 발생했는데, 위기는 우선 이 마지막 집단에서 시작되었지만, 네 마리 용도 아직 여기서 벗어나지 못했다. 물론 일본은 1990년대 초부터 경제적 어려움을 다소 겪고 있는데, 전문가들은 현 위기가 일본으로 '번질' 것이며, 아마 다른 곳, 예를 들어 미국으로도 번질 것이라고 말하고 있다.

미국정부의 강력한 후원을 받은 IMF가 1980년대 초 외채위기 때 발명된 자신의 '해결책'을 들고서 이 구도에 끼여들었다. 해결책이란 위기에 빠진 정부들이 긴축재정을 실시하고 투자자들에게 시장을 더욱 개방하라는 권고였다. 도이체방크 토오꾜오 지점의 수석 경제학자가 지적했고 헨리 키씬저(Henry Kissinger) 같은 이도 이에 동의하여 인용하고 있듯이, IMF는 "한 가지 치료법으로 모든 병을 치료하려는 홍역전문의처럼" 행동하고 있다.[3]

키씬저는 아시아 국가들이 사실 "관습적 지혜"의 충고를 정확히 따랐으며, 이 국가들과 세계 금융중심지들 모두 "현 위기를 예측하지 못했다"고 지적했다. 그렇다면 누구에게 책임이 있는가? 키씬저가 보기에 그것은 "불건전한 투자를 통해 … 거대한 불로소득을 (축적해온—인용자) 무성한 외국인 투자자들 및 대출자들과 국내적 결함"이 결합한 결과였다. 어쨌든 키씬저는 "사회적 안전망이 없는 (나라들의—인용자) 국내 금융체계를 완전히 불구"로 만드는 IMF의 치료는 재앙이며, 본질상 "정치적인" 위기를 유발시켜 세계체계에서 미국의 지위에 잠재적으로 매우 부정적인 영향을 끼칠 것이라고 경고하고 있다. 키씬저는 현 세계의 실력자들에게 다음과 같은 교훈을 주고 있다.

세계 지도자들이 전지구적 자본의 흐름과 그것이 선진국 및 발전도상국 경제에 끼치는 잠재적 영향을 더 잘 이해할 필요가 있다는 것은 분명하다. 그리고 주로 국내적인 이유 때문에 종종 내리게 되는 결정들이 잠재적으로 어떤 국제적 영향을 끼칠지 그들은 더 잘 숙지해야만 한다.

이 지점에서 키씬저는 정치경제학자로서 이야기하고 있고, 역사적 체계로서 자본주의 세계경제를 안정적으로 유지하는 데 관심을 두고 있다. 또 그는 특히 금융적 투기의 직접적인 결과로 고통이 커지는 시기에 양극화를 감당할 수 있는 정치적 한계가 어느 정도인지 잘 알고 있다. 그러나 물론 그는 누수를 막는 방법을 충고하는 배관공 노릇도 하고 있는데, 그가 이런 입장에 서 있기 때문에 장기적인 분석을 하는 것은 아니다.

이른바 동아시아 위기를 세 가지 시간대(temporalities)로 나누어 살펴보자. 그 중 둘은 꽁종끄뛰르적(conjunctural)인 것이며, 나머지 하나는 구조적인 것이다. 우리는 논의를 현 꼰드라띠예프 순환의 이야기로 풀어왔는

---

3) Henry Kissinger, "How U. S. Can End Up as the Good Guy," *L. A. Times*, 8 February 1998.

데, 그 주기는 아직 완전히 끝나지 않았다. 꼰드라띠예프 B국면에서는 (간략히 제시될 수 있는) 몇몇 이유 때문에 세계체계의 동아시아/동남아시아 지역이 꼰드라띠예프 하강이 유발한 재배치의 주요 수혜자였다. 이것이 뜻하는 바는 다른 주변부 및 반주변부들과는 달리 이 지역의 나라들은 하강의 영향이 그들을 강타하기 전까지는 커다란 급성장을 이루어냈고 번성하는 듯이 보였다는 것이다. 이런 점에서 그간에 벌어진 일들은 조금도 이상하거나 예상하기 힘든 것이 아니었다. 물론 이를 평가하기 위해서 우리는 동아시아의 미덕에 대한 모든 찬사를 제쳐두어야 한다. 이제 '정실자본주의'(crony capitalism)에 대한 온갖 신랄하고 비난 섞인 아우성이 이런 찬사를 대체하고 있다. 동아시아는 1970, 80년대에 재배치되는 세계의 산업을 유치하기 위해 할 일을 제대로 다했다. 최근 위기가 증명해주는 것은 이 모든 것을 다한다고 하더라도 그들이 세계체계상의 상대적인 경제적 지위를 장기적이고 근본적으로 향상시키기에는 불충분하다는 것이다.

그런데 꼰드라띠예프 순환보다 더 장기적인 또다른 꽁종끄뛰르 순환이 있다. 이것은 헤게모니 순환이다. 현재 상황에서 이 주기는 1945년이 아니라 1873년경으로 거슬러올라가며, 세계체계에서 미국 헤게모니의 부상과 현재의 쇠락을 나타낸다. 이 주기는 대영제국을 계승하는 헤게모니 권력이 되기 위한 미국과 독일간의 장기적 경쟁과 더불어 시작되었다. 이 투쟁은 1914~45년까지 계속된 두 경쟁자간의 30년전쟁에서 정점에 도달했으며, 결국 미국이 이 전쟁에서 승리하였다. 1945~67/73년 이후 진정한 헤게모니 시기가 전개되었다. 그러나 진정한 헤게모니는 오래 지속될 수 없다. 다른 강국들이 강력한 경쟁적 위치에 서게 되면서 경제적 생산우위에 기반한 헤게모니의 토대는 결국 약화될 수밖에 없는데, 이번에 새로운 경쟁자는 유럽과 일본이다. 그후 미국의 상대적인 경제적 쇠퇴는 급속하게 진행되어 왔고, 미국의 경제적 경쟁자들은 유리한 위치에 서게 되었다. 미국은 주로 냉전의 위협을 이용하여 동맹국들을 제어함으로써 경쟁자들을 어느정도 정치적으로 견제할 수 있었다. 그러나 1989년과 1991년 사이에 소련이 붕괴하자 이 무기는 사라졌다.

여러가지 이유 때문에 일본은 이 시기에 서유럽보다 더 나은 성과를 거둘 수 있었다. 이는 부분적으로 일본의 경제기구들이 '더 새롭기' 때문이었고(게르셴크론 Gerschenkron 효과), 부분적으로 미국기업들이 서유럽보다 일본과 장기적 협상을 전개하는 데 좀더 관심이 있었기 때문이었다. 어떻게 설명하든간에, 1960년대 말까지 미국의 학자들이 터키와 비교하던[4] 일본이 경제적 초강국이 되었다. 네 마리 용과 나중에 동남아시아가 1980년대에 아주 좋은 성과를 거둘 수 있었던 것은 그들이 지정학적 및 경제적으로 일본과 연결되어 있었기 때문이다(이른바 날으는 기러기떼 효과 flying geese effect). 5년 후에 태국은 베네수엘라보다 나아 보이지 않을 것이며, 한국은 브라질보다 나아 보이지 않을 것이다. 그러나 일본은 계속 경제적 초강국으로 남을 것이며, 아마 21세기초에 다음번 꼰드라띠예프 상승국면을 타고서 세계체계의 주요한 자본축적 장소로서 부상할 것이다. 부활한 중국이 이러한 일본/동아시아의 경제적 중심성에서 얼마나 큰 역할을 하느냐는 것이 지구경제적(geoeconomic)이고 지정학적인 구조조정, 새로운 헤게모니 주기의 개시, 그리고 새로운 최고 역할을 둘러싸고 일본 또는 일본/중국과 서유럽이 벌이는 경쟁에서 가장 불확실한 요소들 중의 하나이다. 이런 관점에서 이른바 동아시아 금융위기는 크게 중요하지 않은 사소하고 일시적인 사건일 뿐이며, 이는 아마도 일본 또는 일본/중국 또는 일본/동아시아의 근본적인 부상을 조금도 변화시키지 못할 것이다.

만일 동아시아 위기가 심각한 세계적 경기침체로 이어진다면 가장 큰 타격을 입을 곳은 아마 미국일 것이다. 그리고 모두가 꼰드라띠예프 B국면의 마지막 하위 국면에서 벗어나 새로운 A국면에 진입한다 하더라도, 세계경

---

4) Robert E. Ward and Dankwart A. Rustow, eds., *Political Modernization in Turkey and Japan* (Princeton: Princeton Univ. Press 1964).

제가 17세기와 19세기에 겪었듯이 이는 아마도 장기적 디플레이션의 개시일 가능성이 있다.

마지막으로 구조적 시간대가 있다. 자본주의 세계경제는 장기 16세기 이후 역사적 체계로서 존속해왔다. 모든 역사적 체계는 발생, 정상적 삶 또는 발전, 그리고 구조적 위기라는 세 가지 계기를 지닌다. 각각은 따로 분석되어야 한다. 우리 모두가 살고 있는 근대세계체계가 구조적 위기에 진입했다고 믿을 만한 많은 이유가 있다.[5] 만일 그렇다면 우리는 또다른 헤게모니 순환의 전면적 실현을 목격하지 않을지도 모른다. 일본은 결코 네덜란드, 영국 그리고 미국의 역사적 계승자로서 전성기를 누리지 못할 것이다. 또 다른 꼰드라띠에프 순환이 시작될 것은 확실하지만, 그 찬란한 A국면에 구조적 위기는 제거되는 것이 아니라 첨예해질 것이 분명하다.

이 경우 우리는 복잡성의 과학자들이 말하는 '분기'에 놓여 있다고 생각해볼 수 있는데, 이 분기의 시기에는 세계체계의 모든 방정식에 대해 수많은 해결책이 동시에 가능하며, 따라서 단기적 유형에 대한 어떤 예측도 불가능하다는 특수한 의미에서 세계체계는 '카오스적'이 될 것이다. 그러나 이 체계로부터 어떤 새로운 '질서'가 출현할 것인데, 이것은 (예측할 수 없다는 의미에서) 전적으로 비결정적이지만, (아무리 작은 충격이라 하더라도 위기에 빠진 체계의 경로에 지대한 영향을 미칠 수 있다는 의미에서) 수많은 행위자들에 종속된다.

이런 관점에서 동아시아 위기는 예고된 신호이다. 그것이 최초의 신호는 아니다. 최초의 신호는 1968년의 세계혁명이었다. 그러나 신자유주의자들이 이 체계를 다시금 안정시킬 수 있는 비밀을 발견했다고 주장하는 한에서, 동아시아 위기는 그들의 이데올로기가 얼마나 무용하고 근거없는지를 밝혀줄 것이다. 바로 이 때문에 『파이낸셜 타임즈』와 헨리 키씬저처럼 금

---

5) 이 책 앞 장들의 분석을 보라.

융적 투자자들의 "공황"이 끼칠 정치적 충격을 우려하는 사람들이 경악하고 있는 것이다. 현자들이 IMF를 비판하는 점에서는 옳지만, 그렇다고 그들이 우리에게 주는 것은 없다. 왜냐하면 그들은 우리가 살고 있는 역사적 체계가 영속할 것이라고 주장해야 한다고 느끼기 때문이며, 그리하여 체계의 딜레마들을 분석한다는 맹세를 저버려야만 하기 때문이다. 그러나 어떤 체계도 영속하지 못한다. 인류 역사에 가장 거대한 경제적·사회적 양극화를 발생시킨 체계는 확실히 그렇다.

제4장

국가? 주권?

이행의 시대에 자본가들의 딜레마

우리 모두 알고 있듯이, 개별 국가와 자본가의 관계에 대해서는 오랫동안 논쟁이 있어왔다. 자본가들이 그들의 개별적·집합적 이익에 봉사하도록 국가를 조종한다는 것을 강조하는 입장에서부터 자본가들을 그저 몇개의 또는 수많은 이익집단 중의 하나로 다룰 정도로 국가가 자율적 행위자임을 강조하는 입장까지 다양한 관점이 제기되고 있다. 또한 자본가들이 얼마나 국가기관의 통제를 벗어날 수 있는지에 대한 논쟁이 지속되어왔으며, 많은 사람들은 최근 수십년 사이에 초국적기업이 늘어나고 이른바 전지구화가 진행되면서 자본가들의 이런 능력이 상당히 커졌다고 주장하고 있다.

게다가 이른바 주권국들 사이의 관계에 대해서도 오랫동안 논쟁이 있었다. 각국의 실질적 주권을 강조하는 입장에서부터 이른바 강한 국가의 압력(과 감언)에 저항할 수 있는 이른바 약한 국가의 능력에 대해 냉소적인

● 1997년 2월 21~23일 어바인(Irvine)의 캘리포니아대학교에서 열린 학술대회 '세계경제 속의 국가와 주권'의 기조연설.

사람들까지 다양한 관점이 제기되고 있다. 빈번히 이 논쟁은 자본가와 개별 국가가 어떤 관계인가라는 논쟁에서 분리되어, 마치 두 개의 상이한 질문을 다루는 것처럼 진행된다. 근대세계체계의 특수한 구조 때문에, 나로서는 이 쟁점들을 동시에 보지 않고서는 지적으로 토론하기 어려워 보인다.

장기 16세기 이후 적어도 지구의 일부에 현존하게 된 근대세계체계는 자본주의 세계경제이다. 이 의미는 여러가지이다. 끊임없는 자본축적이 사회활동의 주요 동력이라면 이 체계는 자본주의적 체계이다. 때로 이를 가치법칙이라고 부른다. 물론 모든 사람이 그런 끊임없는 축적이라는 동기에 반드시 따라야 할 필요는 없으며, 실로 오직 일부만이 성공적으로 그렇게 할 수 있다. 그러나 그런 활동에 종사하는 사람들이 다른 동력을 따르는 사람들보다 중기적으로 우위에 서는 경향이 있다면, 그 체계는 자본주의적이다. 다음으로 끊임없는 자본축적은 계속 늘어나는 만물의 상품화를 요구하며, 자본주의 세계경제는 이 방향으로 나아가는 지속적 추세를 보여야만 한다. 근대세계체계는 확실히 그렇다.

이는 이어서 두번째 요구, 즉 상품들이 이른바 상품사슬에 연결되어야만 한다는 요구로 나아가는데, 이는 이런 사슬이 '효율적'(산출물로 환산할 때 이 사슬이 비용을 최소화하는 수단이 된다는 뜻)일 뿐 아니라 불투명(브로델의 용어를 사용하면)하기 때문이다. 긴 상품사슬 속에서 잉여가치를 분배하는 불투명성은 정치적 대립을 최소화하는 가장 효과적 방법인데, 왜냐하면 이것이 끊임없는 자본축적의 결과인 분배의 첨예한——앞선 어떤 역사적 체계에서보다 더 첨예한——양극화의 실재와 원인을 모호하게 만들기 때문이다.

상품사슬의 길이는 세계경제의 분업의 경계를 결정한다. 상품사슬의 길이는 여러가지 요소들의 함수인데, 이 요소들로는 사슬에 포함될 필요가 있는 원료의 종류, 수송기술과 교통기술의 상태 그리고 아마 가장 중요한 것으로, 자본주의 세계경제의 지배세력이 추가지역을 그 네트워크 속에 통합할 수 있는 정치적 힘의 정도 등이 있다. 나는 현재 우리 구조의 역사적인 지형도에 세 번의 주요 계기들이 있었다고 주장한 바 있다. 첫째는 1450~1650년 사이의 최초 탄생기로, 이 시기에 근대세계체계는 주로 유럽 대부분(그러나 러시아나 오토만제국은 포함되지 않았다)과 아메리카 대륙의 일부를 포함하게 되었다. 두번째 계기는 1750~1850년의 대팽창으로, 이때는 주로 러시아 제국, 오토만 제국, 남아시아와 일부 동남아시아, 서아프리카의 넓은 지역 그리고 아메리카 대륙의 남은 지역이 통합되었다. 세번째이자 마지막 팽창은 1850~1900년에 진행되었는데, 이때는 주로 동아시아뿐 아니라 아프리카의 수많은 기타 지대, 동남아시아의 남은 지역 그리고 오세아니아가 분업 속에 편입되었다. 이때 자본주의 세계경제는 처음으로 진정 전지구적으로 되었다. 이는 전지구를 그 지형도 속에 포함하는 최초의 역사적 체계가 되었다.

요즘은 전지구화를 가장 빨라야 1970년대에 시작된 현상으로 말하는 것이 유행이지만, 사실 초민족적 상품사슬은 이 체계의 처음부터 포괄적이었고, 19세기 후반 이후에는 전지구적이었다. 향상된 기술 때문에 더 많고 다양한 물품들의 원거리 수송이 가능해진 것은 확실하지만, 나는 20세기에 이런 상품사슬의 구조와 작동에 어떤 근본적인 변화도 없었으며, 이른바 정보혁명이 무엇인가를 바꾸어놓을 것 같지도 않다고 주장한다.

그러나 지난 500년간 자본주의 세계경제의 역동적 성장은 엄청나고 매우 인상적인 것이었으며, 물론 우리는 세상에 등장하는, 이전보다 더욱 우수한 기계들 및 다른 형태의 응용과학지식에 경탄하고 있다. 신고전파 경제학의 기본 주장에 따르면, 이런 경제적 성장과 기술적 성취는 자본주의적 기업가 활동의 결과이고, 이제는 끊임없는 자본축적에 대해 마지막으로 남아 있던 장벽이 사라지고 있기 때문에 세계는 영광에서 영광으로, 부에서 부로, 따라서 만족에서 만족으로 나아갈 것이라고 한다. 신고전파 경제학자들 그리고 다른 학문분과에 있는 이들의 동료들은 그들의 정식들을 수용하는 사람에게는 미래에 대해 매우 희망적인 그림을 보여주지만, 그들의 정식을 거부하거나 심지어 방해라도 하는 사람에게는 아주 참담한 그림을 던져준다.

그러나 신고전파 경제학자들조차 실제로 지난 500년이 무제한적인 '생산요소의 자유흐름'의 시기는 아니었다고 인정할 것이다. 실로 이것이 '전지구화'에 대한 논의가 우리에게 말해주는 것이다. 겉보기에는 오늘날에야 비로소 이런 진정한 자유흐름을 관찰하고 있으며, 아직도 이것은 완전하지는 않은 듯하다. 그렇다면 지난 수십년 이전에는 자본주의 기업가들이 어떻게 그렇게 잘 버텨올 수 있었는지 생각해보아야 할 텐데, 왜냐하면 사실상 지적·정치적 설득을 펴려는 사람들은 한결같이 하나의 집단으로서 자본주의 기업가들이 지난 몇세기 동안 자본축적능력이라는 견지에서 아주 잘 버텨왔다는 데 동의하는 것 같기 때문이다. 이런 표면적 이례성을 설명하려면, 우리는 마셜(A. Marshall)* 이후의 신고전파 경제학자들이 고려대상에서 제외시키려고 열심히 노력해온 이야기, 즉 정치적·사회적 이야기로 돌아가야만 한다. 그리고 바로 여기서 국가가 등장한다.

근대국가는 독특한 창조물인데, 이것이 국가간체계 속의 이른바 주권국이라는 점에서 그렇다. 나는 비자본주의적 체계들에 존재하는 정치구조는

---

* 영국의 경제학자로 처음에는 수학과 물리학을 공부했으며, 후에 형이상학과 윤리학 연구를 거쳐 경제학을 연구하였다. 1885년 케임브리지대학 경제학 교수가 되었다. 영국경제학계의 지도자로서는 물론, 왕립위원회 위원으로서도 학문과 정책 면에 공헌하였다. 케인즈(J. M. Keynes)와 피구(A. C. Pigou)를 비롯하여 수많은 제자를 양성하여, 신고전학파(케임브리지학파)의 아버지라고 일컬어졌다. 주요저서로는 『경제학원리』(*Principles of Economics*, 1890) 『산업과 무역』(*Industry and Trade*, 1919) 『화폐·신용 및 상업』(*Money, Credit and Commerce*, 1923)의 3부작이 있다. 가치론에 있어 고전학파의 생산비설과 제번즈(W. S. Jevons)의 한계효용학설을 종합했으며, 부분균형론에 시간요소를 도입하여 동태론을 전개하였다. 내부경제·외부경제·탄력성·소비자잉여 등의 개념을 도입하였다. 그후 후생경제학의 길을 열고, 불완전경쟁이론의 전개에 계기를 마련하였다.

이와 동일한 방식으로 작동하지 않았으며, 또 이들은 질적으로 다른 종류의 제도를 형성했다고 주장한다. 그럼 근대국가의 독특성이란 무엇인가? 가장 먼저 근대국가가 주권을 주장한다는 점이다. 16세기부터 정의되어온 바대로, 주권이란 국가에 대한 주장이 아니라 국가간체계에 대한 주장이다. 이는 대내적인 동시에 대외적인 이중의 주장이다. 대내적인 국가주권이란, 국경(따라서 이는 국가간체계 내에서 분명히 정의되고 정당성을 얻어야만 한다) 내에서 국가가 분별있다고 여기는 어떤 정책도 추구할 수 있고, 필요하다고 여기는 어떤 법도 선포할 수 있으며, 국가는 이 일을 하는 데 있어 국가 내에서 법에 대해 불복종 권리를 지니는 어떤 개별적, 집단적 구조나 하위구조의 간섭도 받지 않을 것이라는 주장이다. 대외적 국가주권이란, 한 국가의 국경 내에서는 체계 내의 다른 어떤 국가도 직접적으로든 간접적으로든 어떤 권위도 행사——이런 시도는 한 국가의 주권을 침해할 것이기 때문에——할 권한이 없다는 주장이다. 물론 이전의 국가 형태들도 자신의 영토 내에서 권위를 주장하였으나, '주권'은 여기에 덧붙여 국가들의 이런 주장을 국가간체계 내에서 상호 승인하는 것을 포함한다. 다시 말해 근대세계에서 주권이란 호혜적 개념이다.

그러나 우리가 이런 주장들을 종이에 적자 마자, 우리는 곧바로 이런 주장들이 근대세계의 실제 작동모습과 얼마나 다른지 발견하게 된다. 국가권위에 대한 내적 저항이 항상 있었기 때문에, 진실로 어떤 근대국가도 사실상 내적으로 주권적이지 못했다. 사실 이런 저항 때문에 대부분의 나라에서는 무엇보다 헌법의 형태로 내부적 주권에 대한 법적 제한을 제도화하게 되었다. 또한 어떤 국가도 진정으로 대외적으로 주권적이지 못했는데, 왜냐하면 한 국가가 다른 국가의 일에 간섭하는 것이 널리 용인되며, 국제법 전체(일반적으로 인정하듯이 약한 갈대)가 대외적 주권에 대한 일련의 제한들을 표상하기 때문이다. 어쨌든 강한 국가가 약한 국가의 주권을 완전히 호혜적으로 승인하지 않는 것은 악명높은 일이다. 그럼 왜 그런 터무니없는 이념이 제기되고 있는가? 그리고 왜 나는 국가간체계 내에서 주권에 대한 이런 주장이 다른 세계체계들과 비교해 근대세계체계의 독특한 정치적 특징이라고 말하는가?

　주권 개념은 사실 국가구조가 실제로 매우 취약하던 시기에 서유럽에서 정식화되었다. 국가들은 작고 비효율적인 관료제와 잘 통제하지 못하는 군대를 보유하고 있었을 따름이고, 온갖 종류의 강력한 지방권력 및 중복된 지배권에 대처해야 했다. 균형을 겨우 되찾기 시작한 것은 15세기말 이른바 신군주들이 등장하면서부터였다. 군주의 절대권이라는 독트린은 아득히 먼 유토피아를 달성하고 싶어하는 허약한 통치자들의 이론적 주장일 뿐이었다. 그들의 전횡성은 상대적 무력함의 거울상이었다. 치외법권의 승인과 외교관의 안전한 통과라는 내용을 담고 있는 근대 외교는 르네쌍스 시기 이딸리아의 발명품이었고, 16세기에 이르러서야 유럽에 널리 전파되었다. 최소한의 제도를 갖춘 국가간체계가 성립되는 데는 1648년 베스트팔렌 평화조약까지 한 세기 이상이 걸렸다.

　지난 5백년 동안 자본주의 세계경제의 틀 속에서 국가의 내부적 권력과 국가간체계 제도들의 권위는 느리지만 꾸준하게 선형적으로 증가해왔다. 그러나 이를 과장해서는 안된다. 이런 구조는 척도의 최저점에서 출발하여 다소 상향이동했지만, 결코 절대권력이라고 부름직한 수준에는 도달하지 못했다. 더군다나 언제나 일부 국가(우리가 강국이라고 부르는 국가들)는 다른 대다수 국가들보다 더 강력한 대내외적 권력을 지녔다. 물론 우리는 여기서 권력이 뜻하는 바가 무엇인지 분명히 해두어야 한다. 권력은 허풍이 아니며, 이론적으로도 (즉 법적으로) 무제한의 권위가 아니다. 권력은 결과를 통해 측정되며, 권력의 목표는 바라는 것을 얻는 것이다. 진정한 권력자는 부드럽게 말하고, 존경을 받고, 조용히 일처리를 할 수 있으며(그리고 보통 그렇게 한다), 성공을 거둔다. 권력자는 심지어 그 정당성에 대한 동의가 부분적일 때조차 주목받는 대상이다. 그들이 힘을 쓰겠다고 위협하기만 해도 흔히 힘을 사용할 필요가 없어진다. 진정한 권력자는 마끼아벨리주의자이다. 그들은 현재 힘을 실제로 사용하게 되면 미래에 그 힘을 사용하기가 더 어려워진다는 것을 보통 알고 있기 때문에 아주 삼가해서 그리고 신중하게 그 힘을 사용한다.

국가간체계 내에서 주권국들의 이런 정치체계, 모두 중간정도의 권력을 지니고 있는 국가와 국가간체계의 이런 정치체계는 자본주의 기업가들의 요구에 완벽하게 들어맞았다. 왜냐하면 끊임없는 자본축적이 목적인 사람들이 목표 실현을 위해 무엇을 원하겠는가? 또는 다른 식으로 질문을 던지면, 왜 자유시장은 그들의 목적에 불충분한가? 그들은 정말 어떤 정치적 권위도 존재하지 않는 세계에서 더 잘해낼 수 있었을까? 이렇게 질문하는 것은 어떤 자본가 또는 자본주의의 변호론자——밀턴 프리드먼이나 아인 랜드(Ayn Rand)*조차——도 전혀 이를 요구한 적이 없음을 발견하는 것이다. 그들은 적어도 이른바 야경국가를 원한다고 주장하였다.

그럼 야경꾼은 무엇을 하는가? 야경꾼은 어스름한 어둠 속에 앉아서 권태롭게 엄지손가락이나 만지작거리다가, 졸지 않으면 때때로 경찰봉이나 권총을 빙빙 돌리면서 기다리고 있다. 그가 맡은 역할은 재산을 훔치려는 침입자를 막는 것이다. 그는 주로 단지 거기에 있음으로써 이 일을 해낸다. 그리하여 우리는 여기서 기초에 와 있는데, 이는 바로 보편적으로 언급되

---

*밀턴 프리드먼은 미국의 경제학자로 러트거스주립대학 · 시카고대학 · 컬럼비아대학에서 공부했으며, 1948~76년 시카고대학 교수를 지내고 스탠퍼드대학의 후버연구소로 옮겼다. 신화폐수량설로 통화정책의 중요성을 주장했으며 케인즈학파의 재정 중시책에 반대하였다. 자유방임주의와 시장제도를 통한 자유로운 경제활동을 주장했으며 1976년 노벨경제학상을 받았다. 저서에 『소비의 경제이론——소비함수』(1957) 『미국과 영국의 통화추세』(*Monetary Trends of United States and the United Kingdom*, 1981) 등이 있다.
랜드는 미국의 여류 소설가로 러시아의 쌍뜨 뻬쩨르부르그에서 태어나 1926년 미국으로 이주했다. 이주 초기에는 시나리오 작가로 활동했다. 낭만적이고 극적인 소설을 썼으며, 근대 복지국가의 집단주의를 비판하는 철학을 견지하였다. 대표작으로 『근원』(*The Fountainhead*, 1943)과 『어깨를 움츠린 애틀러스』(*Altas Shrugged*, 1957)가 있다.

는 재산권 보호에 대한 요구이다. 자본을 지킬 수 없다면 자본을 축적하는 것은 소용없는 일이다.

시장의 작용 외부에서 기업가들이 축적된 자본을 잃을 수 있는 세 가지 주요한 길이 있다. 도둑맞거나 몰수되거나 과세될 수 있는 것이다. 이런저런 형태의 도둑질은 항시적인 문제이다. 근대세계체계 외의 경우, 심각한 도둑질에 대한 기초적인 방어책은 항상 사설 보안체계에 투자하는 것이었다. 자본주의 세계경제 초기에조차 이는 사실이었다. 그러나 대안이 존재하는데, 바로 도둑을 막는 치안역할을 국가에 이전하는 것이다. 일반적으로 이를 경찰기능이라고 부른다. 치안역할을 개인으로부터 공공의 수중에 이전하는 경제적 잇점은 레인(F. Lane)의 『권력으로부터 얻는 이윤』(*Profits from Power*)에 멋지게 분석되어 있다.* 레인은 이 책에서 이런 역사적 이전 때문에 증가한 이윤을 묘사하기 위해 "보호지대"(protection rent)라는 용어를 발명했는데, 어떤 기업가들(강한 국가의 기업가들)은 이 혜택 때문에 다른 기업가들보다 더 많은 이득을 얻는다.

그러나 진짜 부자들에게 도둑질은 아마 몰수보다 역사적으로 더 작은 문제였을 것이다. 비자본주의적 체계들에서 몰수는 항상 통치자, 특히 강력한 통치자가 손에 쥐고 있는 주요한 정치·경제적 무기였다. 확실히 몰수라는 주요한 기제가 있었기 때문에 자본가들은 끊임없는 자본축적의 우위를 우세하게 만들 수 없었다. 바로 이런 이유 때문에 재산권뿐 아니라 '법치'를 확립하여 몰수의 정당성을 제도적으로 없애는 것이 자본주의적인 역사적 체계를 건립하기 위한 필요조건이었다. 근대세계체계 초기에 몰수는, 국가 파산을 통해 직접적이 아니면 간접적으로라도(에스빠냐 합스부르크 왕가의 연이은 네번의 파산을 보라) 광범위하게 남아 있었으며, 사회화를 통한 몰수는 20세기적 현상이었다. 그럼에도 불구하고 놀라운 일은 얼마나 몰수

---

*Frederic, C. Lane, *Profits from Power* (Albany: State University of New York Press 1979).

가 많았는지가 아니라 얼마나 몰수가 적었는지이다. 자본가를 위한 안전수준에서 다른 어떤 세계체계도 비교가 안되며, 몰수에 대항한 이런 안전도는 시간이 지나면서 실제로 높아졌다. 사회화 과정조차 '보상을 통해' 자주 달성되었고, 더군다나 우리가 알고 있듯이 이 과정은 종종 반전되었으며, 따라서 체계의 관점에서 보면 일시적일 뿐이었다. 어쨌든 법치의 편재성 덕분에 미래의 소득수준이 더욱 예측 가능해졌으며, 이 때문에 자본가들은 투자를 더 합리적으로 할 수 있었고, 따라서 궁극적으로는 더 많은 이윤을 얻을 수 있었다.

과세에 관해 말하면, 물론 어느 누구도 세금을 원하지 않을 것이다. 그러나 하나의 계급으로서 자본가들이 합리적 과세라고 여긴 것에 반대한 적은 없었다. 그들의 관점에서 합리적 과세란 국가로부터 써비스를 구매하는 것이다. 여타의 구매처럼 자본가들은 가능한 최저가격을 지불하고 싶어하지만, 공짜로 이 써비스를 얻기를 바라지는 않는다. 게다가 우리가 알고 있듯이, 서류상의 세금은 실제 지불한 세금과 일치하지 않는다. 자본주의 세계경제의 여러 세기 동안 실질 과세율이 증가해온 것은 사실이지만, 이는 써비스가 증가해왔기 때문이다. 자본가들이 이런 필요한 써비스를 직접 떠맡더라도 반드시 비용지출이 더 적었을 것이라고는 생각할 수 없다. 사실 나는 상대적으로 고율의 과세가 대자본가들에게 이득이 된다고 주장하려 하는데, 왜냐하면 많은 돈, 심지어 대부분의 돈이 이런저런 방식으로 그들에게 재순환되기 때문이다. 이는 국가 과세가 잉여가치를 소기업가와 노동계급으로부터 대자본가에게 이전하는 한 방식이 되고 있음을 뜻한다.

자본가들은 국가에 어떤 써비스를 요구하는가? 그들이 요구하는 첫번째이자 최대의 써비스는 자유시장으로부터 보호받는 것이다. 자유시장은 자본축적의 지독한 원수이다. 경제학자들의 작업(elucubrations)에 매우 소중하며, 완벽한 정보를 공유하는 다수의 구매자와 판매자를 갖는 가설적 자유시장은 물론 자본가에게 재앙이 될 것이다. 여기서 누가 돈을 벌 수 있겠는가? 자본가의 소득은 19세기의 가설적 프롤레타리아 수준으로 떨어져 '자유시장의 이윤철칙'이라고 부름직한 정도, 즉 겨우 삶을 유지할 정도가 될 것이다. 우리는 현실이 이렇게 돌아가지 않는다는 것을 알고 있는데, 이는 실제로 존재하는 시장이 결코 자유롭지 않기 때문이다.

생산자가 시장을 더 많이 독점할수록 더 높은 수익을 올릴 수 있다는 점은 명백하다. 그러나 물론 자본가의 대변인들이 늘 말했듯이, 자유시장은 독점을 허물어뜨리는 경향이 있다. 수익성 있는──그리고 독점사업은 정의상 수익성이 있다──사업이 있으면, 다른 기업가들은 그들이 할 수 있는 한 시장에 진입하여 물품의 시장판매가격을 인하할 것이다. '그들이 할 수 있는 한!' 시장 자체는 그 진입에 매우 한정된 제약만을 부과할 뿐이다. 이 제약을 효율성이라고 부른다. 신참자가 기존 생산자들의 효율성에 필적한다면 시장은 환영한다. 진입에 대한 정말로 중요한 제약은 국가, 아니 오히려 국가들의 행위이다.

국가가 시장에서의 경제거래를 변형시키는 데 사용하는 주요기제는 세 가지이다. 가장 분명한 것은 법적 제약이다. 국가는 독점을 선포하거나 금지할 수 있으며, 또는 쿼터를 정할 수 있다. 가장 많이 이용하는 방법은 수입/수출금지이며, 훨씬 더 중요한 것은 특허이다. 그런 독점에 '지적 재산'이라는 새 이름을 붙이는 것은, 이런 생각이 자유시장 개념과 얼마나 양립할 수 없는지 아무도 알아차리지 못하게 하려는 희망의 표현인데, 아마도 우리는 이를 통해 재산 개념이 자유시장 개념과 얼마나 양립할 수 없는지 알게 될 것이다. 요컨대 강도의 고전적 첫마디인 '돈을 내놓든지 아니면 목숨을 내놓아라'라는 말은 자유시장이 제공하는 선택지이다. 'X를 하든가 아니면 다른 것을 하라'라는 테러리스트의 고전적 협박도 마찬가지이다.

기업가에게 금제(prohibitions)가 중요하긴 하지만, 이는 이들의 수사학과 심하게 어긋나 보인다. 그래서 금제를 너무 자주 사용하는 것을 정치적으로 꺼리게 된다. 국가는 독점을 창출하는 데 있어 덜 가시적이기 때문에 아마도 더 중요한, 다른 수단들을 지니고 있다. 국가는 매우 쉽게 시장을 왜곡할 수 있다. 시장은 가장 효율적인 자를 선호한다고 가정되며, 효율성은 유사한 산출물의 비용을 절감하는 문제이기 때문에, 국가는 아주 단순히 기업가의 비용 일부를 부담할 수 있다. 기업가에게 어떤 방식이든 보조금을 지급할 때마다 국가는 비용 일부를 부담하는 것이다. 국가는 특정 생산물에 대해서 직접 그렇게 할 수 있다. 그러나 더 중요한 것은 국가가 다수의 기업가를 대신하여 동시에 두 가지 방식으로 그렇게 할 수 있다는 것이다. 국가는 이른바 하부구조를 만들 수 있는데, 이는 물론 그 나라 기업가들은 그 비용을 떠맡을 필요가 없음을 의미한다. 보통 이것을 정당화하는 논거는, 개별 기업가에게 이 비용은 너무 크며, 이를 국가가 지출하면 집단적으로 비용을 나누어 맡지만 모두 혜택을 본다는 것이다. 그러나 이 설명은 모든 기업가가 동등한 혜택을 받는다고 가정하는데, 그런 경우란 거의 없다. 초민족적으로는 말할 것도 없고, 한 국가의 국경 내에서조차 늘 그렇지 못하다. 어떤 경우에도 하부구조의 비용을 부담하는 것은 보통 수혜자 집합체가 아니라 전체 납세자이며, 심지어 불균형하게 비사용자들도 부담을 한다.

하부구조를 만들어 직접 비용을 부담하는 것이 국가가 떠맡는 단일한 최대 지원도 아니다. 국가는 기업가들이 자신의 소유물이 아닌 것에 끼친 손상의 복구비용을 면제해줄 수도 있다. 만일 어떤 기업가가 하천을 오염시키고도 오염 방지 비용이나 하천 원상복구 비용을 지불하지 않는다면, 국가는 사실상 이 비용을 사회 전체에 이전하도록 허용한 것이다. 흔히 이 청구서는 여러 세대가 지나도록 지불되지 않지만, 결국 누군가 지불하지 않을 수 없다. 그 사이에 기업가에 대한 제약 부재와 그 비용을 '외부화'할 수 있는 기업가의 능력이 상당히 중요한 보조금이 된다.

이것도 과정의 끝은 아니다. 강한 나라의 기업가는 다른 나라 기업가들이 누리지 못하는 특별우위를 갖는다. 그리고 여기서 우리는 기업가의 관점에서 본, 국가간체계 내에서 국가 위치상의 우위를 보게 된다. 강한 국가는 다른 국가들이 특정 기업가들——보통 그 강한 국가의 시민들——에 반하는 독점적 우위를 갖지 못하게 막을 수 있다.

명제는 아주 단순하다. 끊임없는 자본축적을 진정 가능케 하는 실질이윤은 지속기간이 짧든 길든 상대적 독점이 있을 때만 가능하다. 그리고 국가가 없으면 그런 독점은 불가능하다. 더구나 국가간체계 내에서 다수 국가들의 체계에 크게 힘입어, 기업가들은 국가의 역할을 기업가를 돕는 데 한정하고 국가가 그 한도를 넘어 그들에게 피해를 주지 않도록 확실히 해둘 수 있다. 기묘한 국가간체계 덕분에 기업가들, 특히 대기업가들은 다른 후원국을 찾거나 한 국가기제를 제어하기 위해 다른 국가기제를 이용함으로써, 국가가 제 분수를 넘어서는 것을 막을 수 있다.

이로부터 우리는 국가가 자유시장의 자유로운 작동을 막을 수 있는 세번째 방법으로 나아간다. 국가는 국내시장의 주요 구매자이고, 대국들은 세계시장에서 상당한 부분의 구매를 떠맡고 있다. 흔히 이들은 특정 고가품에 대한 독점구매자이거나 준독점구매자인데, 예를 들어 오늘날 군장비나 초전도체가 바로 그런 물품들이다. 국가들은 물론 구매자로서 권력을 이용하여 가격을 낮출 수도 있었겠지만, 그 대신 대부분의 국가들은 이 권력을 이용하여 생산자들에게 대체로 동등한 시장 독점을 허용하고 그들의 가격을 어마어마하게 높일 수 있게 한 것 같다.

그렇다면 도대체 애덤 스미스(Adam Smith)가 무엇 때문에 그렇게 흥분했냐고 생각할지도 모른다. 그는 독점을 창출하는 데 있어 국가의 역할을 통렬히 비난하지 않았던가? 그는 자유방임, 자유통상을 요구하지 않았던가? 그렇다. 어느정도까지는 그랬다. 그러나 그 이유를 잘 살펴보아야 한다. 한사람의 독점은 명백히 다른 사람에게는 독이다. 그리고 무엇보다 기업가들은 항상 서로 경쟁하고 있다. 그래서 밀려난 자들은 자연히 국가가 유발하는 독점에 대해 항상 목청높여 반발한다. 애덤 스미스는 이런 빈곤하고 몰락한 패배자들의 대변인이었다. 물론 패배자들도 자신들이 끼지 못한 독점을 무너뜨리고 나면, 행복하게 자기자신의 새로운 독점을 창출하려 하며, 이 싯점에 이르게 되면 그들은 애덤 스미스 인용을 중단하고 대신 신보수주의적 기반을 다지곤 한다.

그러나 물론 자본가는 국가로부터 독점이라는 이득만 얻는 것은 아니다. 자주 언급되듯이, 질서의 유지도 또다른 중요한 이득이다. 국가 내에서 질서란 무엇보다 노동계급의 봉기를 막는 질서를 말한다. 이는 도둑을 막는 경찰의 기능 이상이며, 노동자들의 투쟁효과를 경감하는 국가의 역할을 말한다. 무력(武力), 기만 그리고 양보를 결합함으로써 이를 달성할 수 있다. 우리가 말하는 자유주의 국가란, 무력의 총량은 줄어들지만 기만과 양보의 총량은 늘어나는 국가를 뜻한다. 확실히 이는 더 잘 작동하지만 언제나 가능한 것은 아니며, 특히 국가가 양보를 통해 나누어줄 가용한 잉여가 너무나 적은 세계경제의 주변부지대에서는 더욱 그러하다. 그러나 가장 자유로운 국가에서조차 노동계급의 행동양식에 대해 엄중한 법적 제약이 부과되며, 전체적으로 이런 제약은 반대로 고용주에게 부과되는 것보다 더, 보통 훨씬 더 강력하다. 어떤 법률체계도 몰계급적이진 않지만, 지난 두 세기에 걸친 노동자들의 정치활동의 결과로 1945년 이후 상황은 그전보다 다소 나아진 경향이 있다. 1970년대 이후 전세계에 걸쳐 부활하고 있는 보수주의적 이데올로기는 바로 이처럼 개선된 노동계급의 지위를 공격하고 있다.

그러면 국가간 질서는 어떠한가? 슘페터(J. Schumpeter)는 그의 얼마 안 되는 어리숙한 시기에 주장하기를, 기업가의 관점에서 보았을 때 국가간의 무질서는 부정적인 것으로, 일종의 사회적 고질병이라고 주장했다. 슘페터가 그런 주장을 펼친 이유는 그가 어리숙했기 때문이 아니라, 단지 그가 레닌의 『제국주의』의 경제적 논리를 절대로 수용하지 않으려 했기 때문이었을 것이다. 어쨌든 내가 보기에 분명한 것은, 일반적으로 자본가들은 그들이 과세에 대해 느끼는 동일한 감정을 전쟁에 대해 느낀다는 점이다. 그들의 태도는 특정상황에 따라 좌우된다. 어떤 자본가들이 보기에 싸담 후쎄인에 반대하는 전쟁은 자본축적의 어떤 가능성을 유지해준다는 점에서 긍정적일 수 있다. 보통 자신들이 전승국 편이면서 포화가 직접 떨어지는 전선에서 다소 비껴나 있거나, 아니면 그들의 생산이 양측의 전시(戰時) 요구와 특별하게 맞물려 있다면 세계대전조차 어떤 자본가들에게는 이득이 될 것이다.

그런데 슘페터가 제기한 일반적인 논점이 있는데, 이는 너무 지나치거나 너무 오래 지속되는 국가간 무질서는 시장상황을 예측하기 어렵게 만들고 변덕스러운 재산 파괴로 귀결된다는 점이다. 이는 또한 어떤 종류의 경제거래를 불가능하게 하거나 적어도 매우 어렵게 만들고, 그전에 형성된 상품사슬의 행로를 교란한다. 간단히 말해서, 세계체계가 늘 '세계대전' 상태에 있다면 자본주의는 아마도 잘 작동하지 못할 것이다. 따라서 이를 막기 위해서는 국가가 필요하다. 또는 좀더 분명히 말하면, 예측성을 높이고 변덕스러운 손실을 최소화하도록 체계에 어느정도 규제를 가할 수 있는 헤게모니 국가를 갖는 것이 유용하다. 그러나 하나의 헤게모니 국가가 부과하는 질서는 또다시 항상 일부 자본가들에게만 더 나은 것이 된다. 이 영역에서 자본가계급의 집단적 단결력은 그다지 강력하지 않다. 이렇게 요약할 수 있다. 항상 그렇지는 않더라도, 여러 싯점에서 어떤 자본가들에게는 전쟁을 일으키는 것이 큰 이득이 된다고. 나는 결코 자본가들이 개별적으로나 집단적으로 전쟁을 일으키고 중단시킨다고 말하려는 것이 아니다. 자본가들이 자본주의 세계경제 내에서 강력하긴 하지만, 모든 것을 통제하고 있는 것은 아니다. 전쟁 결정이라는 형세에는 다른 것들도 끼여든다.

바로 이 지점에서 우리는 이른바 국가의 자율성에 대해 논의해야 한다. 자본가는 자본축적을 추구한다. 대부분의 정치가들은 무엇보다 공직을 얻으려 하고 공직에 남아 있다. 아마도 그들을 자기 자본 이상의 상당한 권력을 행사하는 소기업가들이라고 생각할 수도 있을 것이다. 공직에 남아 있는 것은 지지──물론 자본가계층의 지지이지만, 유권자/시민/대중 계층의 지지도 포함된다──의 함수이다. 후자의 지지는 국가구조의 최소한의 정당성을 가능하게 한다. 이런 최소한의 정당성이 없다면 공직에 남아 있는 비용은 매우 높으며, 국가구조의 장기적 안정성은 제한받게 된다.

자본주의 세계경제 내에서 한 국가에 정당성을 부여하는 것은 무엇인가? 공정한 잉여가치 분배는 확실히 아니며 정당한 법 적용 또한 아니다. 모든 국가가 그 역사나 기원, 또는 특별한 덕목과 관련하여 이용하는 것이 신화라면, 왜 사람들이 이런 신화의 구매자가 되는지 질문할 필요가 있다. 그들이 원한다는 사실은 자명하지 않다. 그리고 어쨌든 우리는 대중의 봉기가 반복해서 일어나며, 이 중 어떤 경우는 이런 기본적 신화를 의문시하는 문화혁명과정을 포함하기까지 한다는 것을 알고 있다.

따라서 정당성은 설명될 필요가 있다. 우리는 사람들이 자기 국가를 정당화하는 상이한 방식을 베버(M. Weber)의 유형학을 이용해서 이해할 수 있다. 베버가 합리적-법적 정당성이라고 부른 것은 물론 자유주의 이데올로기가 설교하는 형태이다. 근대세계의 대부분에서 이런 형태는 항상은 아니더라도 적어도 상당히 오랜 시간 동안 세력을 떨치게 되었다. 그러나 왜 그것이 세력을 떨치는가? 내가 주장하려는 것은 이 질문이 중요하다는 것뿐 아니라 그에 대한 대답이 결코 자명하지 않다는 사실이다. 우리는 매우 불평등한 세계에 살고 있다. 우리가 살고 있는 세계에서 양극화는 끊임없이 증가하고, 중간계층조차──절대적 상황은 다소 그리고 전적으로 향상되었지만──상위계층을 제대로 좇아가지 못하고 있다. 그러면 왜 그리도 많은 사람들이 이 상황을 참아내고, 심지어 기꺼이 수용하기까지 하는가?

내가 보기에 두 가지 종류의 대답이 있을 것이다. 하나는 상대적 박탈감이다. 우리는 궁핍하거나 적어도 잘살지 못할지도 모르지만, 그들은 정말로 궁핍하다. 그러니 배를 뒤집지 말고, 무엇보다 그들이 배를 뒤집지 못하도록 막자. 상당히 큰 중간계급이 민주적 안정성의 기초라고 말하면서 여기에 갈채를 보내든, 아니면 허위의식을 지닌 노동귀족을 말하면서 이를 개탄하든 간에, 그리고 이를 주로 국가 내에서 작동하는 것으로 보든 아니면 세계체계 전체 내에서 작동하는 것으로 보든 간에, 이런 종류의 집단심리가 주요한 역할을 한다는 논지는 매우 광범위하게 수용되어 있는 듯하다. 이런 설명은 구조적인 것이다. 즉 특정한 집단심리가 바로 자본주의 세계경제구조의 산물이라는 주장이다. 이런 구조가 변하지 않는다면, 즉 수많은 지위의 사다리로 이루어진 계서제적 구조 속에 우리가 계속 남아 있다면, 이런 구조가 부여하는 정당성의 정도는 불변할 것이다. 지위가 계서제적 사다리를 이루고 있다는 현실은 지금도 변함이 없는 듯하고, 따라서 구조적 설명은 정당성의 어떤 변종도 설명할 수 없다.

그러나 국가구조의 정당성이 지속되는 이유를 설명하는 매우 중요한 두 번째 요소가 있는 것 같다. 이 요소는 훨씬 더 정세적(conjunctural)이어서 다양하게 나타날 수 있으며, 사실 다양하게 나타났다. 19세기 이전에 자본주의 세계경제의 정당성 정도는 의심할 바 없이 매우 낮았고, 대부분의 주변부지대에서는 20세기 들어서도 여전히 낮았다. 생산거래의 지속적인 상품화가 변화를 가져온 듯한데, 그 상당수 혹은 심지어 대부분이 직접적 생산자의 관점에서는 부정적인 것이었다. 그러나 프랑스혁명 이후 상황은 바뀌기 시작했다. 이 변화가 상품화의 영향이 적어도 대다수에게는 덜 부정적으로 되었다는 것은 아니다. 바뀐 것은 그들이 단지 권위와 합법적 권력에 대한 정의로서는 주권을 논의할 수 없다는 주장을 펴면서 반항한 것이었다. 사람들은 누가 이 권력을 행사하는가, 누가 주권자인가라는 질문을 던져야만 했다. 절대군주가 그 답이 아니라면 어떤 대안이 있었을까? 우리가 알고 있듯이 널리 확산되기 시작한 새로운 대답은 '인민'이었다.

인민이 주권자라고 말하는 것은 어느 것도 정확히 말해주는 것은 아닌데, 왜냐하면 누가 인민인지, 그리고 어떤 방법으로 이들이 집단적으로 권위를 행사할 수 있는지 결정해야 하기 때문이다. 그러나 '인민'이라고 부르는 실체가 있으며 그들이 주권을 행사할 수 있다고 주장하는 것만으로도 사실상의 권위를 행사하고 있는 이들에게는 매우 급진적인 함의를 갖고 있었다. 그 결과, 인민의 주권행사를 어떻게 해석하고 어떻게 길들일 것인가라는 문제를 둘러싸고 19세기와 20세기에 엄청난 정치-문화적 소요가 벌어졌다.

인민주권의 행사를 길들인 이야기는 자유주의 이데올로기에 대한 이야기──그 발명, 19세기 자본주의 세계경제의 지구문화로서 그 승리에 찬 상승, 두 경쟁 이데올로기(한편에서는 보수주의, 다른 한편에서는 급진주의/사회주의)를 자유주의의 화신으로 전환시킨 그 능력──이다. 나는 그 일이 어떻게 전개되었는지를 나의 책 『자유주의 이후』에서 자세하게 논의하였다. 여기서는 그 핵심만 간단히 요약하기로 하자.

자유주의는 자신을 중도파 교리로 내세웠다. 자유주의자들은 다음을 설교하였다. 진보는 바람직하고 필연적이며, 진보를 가장 잘 달성할 수 있을 때는 바로 전문가들이 통제하는 합리적 개혁과정이 제도화될 때인데, 여기서 전문가들이란 많은 정보를 가지고 진행한 분석을 토대로 삼아, 그들의 기초적 정치도구로서 국가 권위를 이용하여 역사적 체계 전체에 걸쳐서 필요한 개혁을 수행할 수 있는 이들이다. 19세기의 '위험계급들'──서유럽과 북아메리카의 도시 프롤레타리아트──의 격렬한 요구에 봉착한 자유주의자들은 삼면 개혁강령을 제시했는데, 그것은 참정권, 복지국가의 개시 그리고 정치적으로는 통합적인 인종주의적 민족주의였다.

이 삼면강령은 이례적인 성공을 거두었고, 1914년이 되면 이전의 위험계급들인 서유럽과 북아메리카의 도시 프롤레타리아트는 더이상 위험하지 않게 되었다. 그러나 바로 그때 자유주의자들은 새로운 '위험계급들'──나머지 세계의 대중세력들──을 만나게 되었다. 20세기에 자유주의자들은 국가간 수준에 유사한 개혁강령을 적용하려 하였다. 민족자결은 보통선거권의 기능적 등가물로 작용하였다. 저발전국가의 경제발전은 민족복지국가의 등가물로 제공되었다. 그러나 세번째 요소는 사용할 수 없었는데, 왜 냐하면 일단 전체 세계를 포함하려고 시도하자, 통합적인 인종주의적 민족 주의 구성에 필요한 외부집단이 없었기 때문이었다.

그럼에도 불구하고 세계적 수준에서 자유주의의 20세기 버전도 당분간 특히 1945년 이후의 '영광의' 시절에는 어느정도까지 성공을 거둔 것 같았 다. 그러나 그 공식은 1968년에 실패하였다. 민족자결은 확실히 별 문제가 없었다. 그러나 세계적 수준의 재분배는 아주 경미한 정도만 진행되더라도 끊임없는 자본축적의 가능성을 크게 제약하는 위협이 되었다. 그리고 세번 째 요소는 완전히 결여되었다. 1970년대가 되면 전지구적 자유주의는 더 이상 존속이 어려워 보였다.

이것이 왜 그토록 체계에 파괴적인지 이해하려면, 자유주의가 무엇을 제 공했고, 따라서 왜 오랫동안 성공적으로 체계에 정치적 안정을 가져다주었 는지를 이해해야만 한다. 자유주의자가 위험계급들을 길들이기 위해 사용 한 삼면강령은 위험계급들이 원하고 본래 요구하던 것——프랑스혁명의 고 전적인 구호로 쉽게 요약될 수 있는 '자유·평등·우애'——을 그들에게 주 지 못했다. 만약 이 요구들이 충족되었다면 더이상 자본주의 세계경제는 살아남을 수 없었을 텐데, 왜냐하면 끊임없는 자본축적이 보장될 수 없었 을 것이기 때문이다. 따라서 자유주의자들이 제공한 것은 파이 반쪽, 좀더 정확히 말하면 파이의 1/7로, 세계인구의 소수(그 유명한 중간계층)에게 적절한 생활수준을 제공한 것이었다. 파이의 조그만 조각은 의심할 바 없 이 과거의 1/7보다는 크지만, 파이의 균등한 분배에는 훨씬 미치지 못한 것 이고, 나머지 6/7에 비하면 거의 아무 것도 아니었다.

이만큼 준다고 해서 대자본가들의 자본축적 가능성이 크게 손상되는 것 은 아니었지만, 중기적으로는 혁명적 소란을 가라앉히는 정치적 목표를 얻 어냈다. 물질적으로 이득을 얻은 1/7은 대부분 아주 고마워했고, 뒤처진 사 람들의 상황을 보았을 때는 더더욱 그러했다. ("동료들이 물에 빠져 죽어간다는 생각에 주저않고 뭍으로 기어나오는" 재주꾼들에 대한 토니(Tawney)의 이미지를 기억해보라.[1]) 훨씬 더 흥미로운 것은 물에 빠져 죽어가는 동료들의 반응이다. 그들은 뭍으로 헤엄쳐갈 수 있는 재주꾼들의 능력을 그들의 희망의 증거로 해석하게 되었다. 이는 분석적으로는 경솔하더라도 심리적으로는 이해할 만한 일이었다.

자유주의는 희망이라는 아편을 제공했고, 이는 통째로 삼켜졌다. 특히 희망을 약속하여 사람들을 모으는 세계 반체계운동의 지도자들이 이를 삼켰다. 그들은 혁명——그러나 물론 이는 사실상 개혁을 의미하였다——을 통해 좋은 사회를 달성할 수 있으며, 일단 그들이 국가권력이라는 칼자루를 잡게 되면, 현 당국이 배출한 사람들을 전문가로 교체하여 그 사회를 관리할 것이라고 주장했다. 당신이 물에 빠져 죽어가고 있는데 누군가 희망을 던져준다면, 그게 무엇이든간에 던져준 구명대를 움켜잡는 것이 합리적이지 않을 이유는 없다고 나는 생각한다. 회고해보았을 때 누구도 세계의 인민대중을 비난하여, 그들이 자신의 불평불만을 표출해준 다종의 반체계운동에 지지와 도덕적 에너지를 제공했다고 탓할 수는 없다.

목소리 크고 활기 넘치고 위협적인 반체계운동에 직면한 당국은 둘 중의 한 방식으로 대응할 수 있었다. 종종 그랬듯이 겁을 집어먹으면, 독사의 머리라고 생각한 것을 잘라버리려고 할 수도 있었다. 그러나 그 짐승은 사실 히드라의 머리를 가지고 있었기 때문에 현 상태의 옹호자들은 사태가 복잡할수록 더 미묘한 대응이 필요하다는 것을 깨달았다. 그들은 반체계운동이 실제로 잘못된 방식으로 체계의 이해에 복무한다는 것을 알게 되었다. 대중을 동원하는 것은 대중을 어떤 방향으로 이끌어가는 것을 뜻하는데, 국가권력은 대중운동의 지도자들을 매우 보수적으로 만드는 영향을 가져왔다. 더구나 그런 운동이 일단 권력에 오르면 그 지도자들은 지지자들의 격

---

1) R. H. Tawney, *Equality*, 4th ed. (London: George Allen and Unwin 1952) 109면.

럴한 요구에 반하는 방향으로 나아가며, 그보다 앞선 이들만큼 또는 그보다 훨씬 더 혹독하게 되는 경향이 있었다. 더군다나 약을 파는 사람이 인정받는 혁명지도자일 때, 희망이라는 진정제는 훨씬 더 효과가 있었다. 인민대중은 만일 미래가 그들의 것이고 특히 그들이 '진보적' 국가를 가지고 있다면, 잠시 기다릴 수 있다고 생각했다. 적어도 그들의 자녀들은 지구를 물려받을 수 있으리라 생각했다.

1968년의 충격은 일시적인 것 이상이었다. 1968년의 충격은 자유주의라는 지구문화 전체가, 특히 반체계운동의 역사적 낙관주의가 변색했고, 아니 사기였고, 인민대중의 자녀들은 지구를 물려받을 수 없으며, 사실 그들보다 훨씬 더 궁핍해질 수도 있을 것이라는 깨달음이었다. 그래서 인민대중은 반체계운동 그리고 그것을 넘어 모든 자유주의 개혁운동을 포기하기 시작했고, 따라서 그들의 집단적 개선수단으로서의 국가구조도 포기했다.

잘 다져진 희망의 길을 포기하기가 즐겁게 진행되지는 않는다. 왜냐하면 6/7의 인류가 억압받고 자아실현도 하지 못하는 인간이라는 자신의 운명을 소리없이 기꺼이 받아들이지는 않기 때문이다. 완전히 그 반대이다. 용인된 희망의 약속을 포기한 사람들은 다른 길을 찾게 된다. 문제는 쉽게 다른 길을 찾기 어렵다는 점이다. 그러나 더 나쁜 일도 있다. 국가는 장기적으로는 세계인구 다수에게 향상된 삶을 가져다주지 못했지만, 단기적으로는 폭력을 막는 어느정도의 안전을 제공하였다. 그러나 주민들이 더이상 국가를 정당화하지 않게 되면, 그들은 경찰에게도 복종하지 않고, 세금징수관에게도 세금을 납부하지 않으려 한다. 그렇게 되면 폭력을 막고 단기적으로 안전을 제공할 수 있는 국가의 능력은 줄어든다. 이 경우 개인들(그리고 기업들)은 고대적 해결책, 즉 자신의 안전을 스스로 지키는 해결책으로 되돌아가야 한다.

사적 안전이 또다시 중요한 사회적 구성요소가 되자마자 법치에 대한 신뢰는 붕괴하기 시작하며, 따라서 시민(또는 공민)의식 또한 붕괴하기 시작한다. 폐쇄집단이 유일한 안전구역으로 등장(또는 재등장)하는데, 폐쇄집단은 관용적이지 못하고 폭력적이며 자기 지역 내의 순수성을 지향하곤 한다. 집단간의 폭력이 증가하면서 지도자는 점점 더 마피아적 성격——조직 내에서 의문을 허용치 않는 강건한 복종을 요구하는 것과 타산적인 이윤추구가 결합되어 있다는 점에서 마피아적인——을 띠게 된다. 현재 우리는 이를 어디서나 발견하고 있으며, 향후 수십년간 훨씬 더 많이 보게 될 것이다.

국가에 대한 적대감은 현재 유행이며 번져가고 있다. 반(反)국가는 보수주의와 자유주의 그리고 급진주의/사회주의의 공통적인 주제인데, 지난 150년간 사실상 무시되어온 이 주제가 이제 모든 진영의 정치행위에서 깊은 반향을 얻고 있다. 자본가계층은 행복하지 않을까? 그들에게는 국가, 그들이 늘상 늘어놓는 공식적 수사어구 이상으로 강한 국가가 필요하기 때문에, 그들이 행복할지는 의문이다.

의심할 바 없이 자본들은 주변부 국가들이 세계경제의 거래흐름에 개입하는 것을 바라지 않으며, 반체계운동이 깊은 어려움에 빠져 있기 때문에 대자본가들은 그들이 바라는 바를 강요하기 위해 현재 IMF나 다른 기구들을 이용할 수 있다. 그러나 러시아 국가가 더이상 외국 투자자들을 쫓아낼 수 없는 것과 모스끄바를 방문하는 기업가들의 개인적 안전을 보장할 수 없는 것은 서로 다른 일이다.

『케팔 리뷰』(*CEPAL Review*) 최근호에서 후안 까를로스 레르다(Juan Carlos Lerda)는 전지구화에 직면한 국가 당국의 자율성 상실을 아주 신중하게 평가했다. 그러나 그는 자신이 믿는 것은 활기가 늘어난 세계 시장력의 밝은 면이라고 강조한다.

전지구화 현상은 국민 정부들의 자유로운 운동을 효과적으로 제약한다. 그러나 적어도 그 과정의 상당부분에 깔려 있는 국제경쟁에 대한 규율력은 그 지역 나라들의 장래 공공정책에 상당한 이익을 줄 수도 있을 것이다. 이처럼 '자율성의 상실'을 이야기할 때, 그것이 오히려 공공정책에서 종종 나타나는

'자의성 수준을 경감하는 것'을 환영하는 문제가 아닐지 주의깊게 살펴보아야만 한다.[2]

우리는 여기서 공식노선이라고 할 만한 것을 발견한다. 시장은 객관적이고, 따라서 '규율을 부과한다.' 시장은 이윤의 극대화라는 토대가 아닌 다른 토대에 서서 사회적 결정을 내리려는 모든 사람들의 괴팍한 본능에 규율을 부과하는 것 같다. 국가가 그런 기반에서 사회적 결정을 내린다면 국가는 자의적이다.

그러나 자본가의 중요한 이익이 문제가 되었을 때, 국가가 '자의적'으로 되지 않으려 한다면 당신은 아우성을 듣게 될 것이다. 1990년에 미국의 주요 금융기관들이 파산위기에 놓였을 때 헨리 코프먼(Henry Kaufman)은 『뉴욕 타임즈』의 칼럼에 다음과 같은 글을 썼다.

금융기관들은 주주이기 때문에 미국인의 예금과 단기펀드의 보호자로서 독특한 공적 책임이 있다. 정말로 시장이 금융체계에 규율을 부과하도록 놓아두는 것은 잠재적 실패의 눈사태에 눈을 감는 것이다.[3]

그래서 우리는 윤곽을 그릴 수 있다. 국가가 자의적일 때 시장이 국가에 규율을 부과하는 것은 환영하지만, 같은 시장이 은행에 규율을 부과하도록

---

2) Juan Carlos Lerda, "Globalization and the Loss of Autonomy by the Fiscal, Banking and Monetary Authorities," *CEPAL Review* 58 (April 1996) 76~77면. 글은 다음과 같이 계속 이어진다. "예를 들어 국제금융시장의 인내력──환율의 자의적 조종이나 계속되는 높은 공공 적자에 대한──이 점점 줄어드는 것이 (정부에 대한 제약을 강화함으로써) 국내 당국의 자율성에 정말 영향을 줄지, 아니면 오히려 미래의 더 큰 악(환율차의 누적이 심해져서 필연적으로 평가절하가 나타났을 때, 실물경제영역에 상당히 부정적 영향을 끼치는 금융적 외상trauma을 발생시키는 것 같은)을 예방할 수 있는 선을 위한 세력이 아닐지 질문해볼 가치가 있다."

3) Henry Kaufman, "After Drexel, Wall Street Is Headed for Darker Days," *International Herald Tribune*, February 24-25, 1990 (reprinted from *New York Times*).

국가가 놓아두는 것은 무책임한 일이다. 사회복지를 유지하려는 사회적 결정은 무책임하지만 은행을 구하려는 사회적 결정은 그렇지 않다.

우리는 항상 한사람의 독점(또는 자의적 결정)은 다른 사람의 독(毒)이라는 사실뿐 아니라, 자본가들은 아주 다양한 방식으로 국가의 개입에 의존하기 때문에 국가권위가 진실로 조금이라도 약화되면, 재난이 된다는 사실도 명확히 인식해야 한다. 우리가 여기서 주장하는 것은, 전지구화는 국가의 작용능력에 그다지 영향을 주지 않았고, 대자본가의 의도 또한 그렇지 않다는 것이다. 그러나 국가는 500년 만에 처음으로 그 주권과 관련하여 대내적으로나 대외적으로 하강국면에 들어섰다. 이는 세계경제구조의 전화 때문이 아니라 지구문화의 전화 때문이며, 무엇보다도 인민대중이 자유주의적 개량주의와 그것의 화신들에 대해 희망을 잃었기 때문이다.

물론 지구문화의 변동은 세계경제의 전화의 결과이며, 이는 주로 체계의 많은 내적 모순들이 너무나 진행되어서, 또다시 문제를 해결하여 자본주의적 과정의 주기적 갱신을 가능케 하는 조정이 더이상 불가능할 정도의 지점에 이르렀다는 사실의 결과이다. 체계의 이러한 중대한 딜레마에는 다른 무엇보다 세계의 탈농화, 생태파괴가 한계점에 도달한 것, 그리고 정치무대의 민주화가 유발한 국가재정의 위기, 그리고 그 결과 교육과 의료써비스에 대한 최저 요구수준의 상승이 포함된다.[4]

국가의 주권——국가간체계의 틀 내에서 국가의 대내적 및 대외적 주권——은 자본주의 세계경제의 주춧돌이다. 그것이 무너지거나 심각하게 약해지면 자본주의는 하나의 체계로서 지속할 수 없다. 나는 그것이 근대세계체계의 역사에서 오늘날 처음으로 약해지고 있다는 데 동의한다. 이는 역사적 체계로서 자본주의가 첨예한 위기에 부딪혔다는 주요한 징조이다. 개인으로서 그리고 하나의 계급으로서 자본가들이 지닌 핵심적 딜레마는

---

4) 자본주의 세계경제 구조의 위기에 대한 자세한 분석으로는 『이행의 시대』를 보라.

국가를 약화시키면서 단기적 이득을 최대로 취할 것인가, 아니면 국가구조의 정당성을 복원하기 위한 단기적 수선에 노력을 기울일 것인가, 아니면 대안적 체계의 구성을 위해 자신들의 에너지를 쏟을 것인가 하는 것이다. 말잔치의 이면을 들여다보면, 현 상태를 옹호하는 분별있는 사람들은 이런 심각한 상황을 잘 인식하고 있다. 그들은 나머지 사람들을 전지구화라는 가짜 쟁점에 대한 토론에 묶어두고서, 자신들 중 일부는 적어도 현 체계를 대체하는 체계가 어떤 것이 될지 그리고 어떻게 하면 그리로 나아갈 수 있을지 알아내려고 노력하고 있다. 미래에 우리가 그들이 추진하고 있는 불평등한 해결책을 받아들이지 않으려면 우리도 같은 질문을 던져야 한다. 나의 입장을 이렇게 요약해보자. 자본주의 세계경제는 주권국가들이 국가 간체계에 연결되어 있는 구조를 필요로 한다. 그런 국가들은 기업가들을 지탱하는 핵심적 역할을 한다. 주역할로는 생산비용의 일부를 떠맡는 것, 이윤비율을 증가시키기 위해 준독점을 보장하는 것, 그리고 자기이익을 옹호하는 노동계급의 역량을 제약하는 동시에 부분적으로는 잉여가치를 재분배함으로써 그들의 불만을 완화하려고 노력하는 것 등이다.

그러나 이 역사적 체계는 다른 역사적 체계들처럼 모순을 지니고 있고, 이 모순이 특정지점에 도달했을 때(달리 말해 궤적이 균형을 벗어났을 때) 체계의 정상적 작동은 불가능해진다. 체계는 분기점에 도달한다. 오늘날 우리가 이 지점에 도달했다는 징조는 많다. 탈농화, 생태파괴 그리고 민주화는 각각 상이한 방식으로 자본축적 능력을 감소시킨다. 국가의 힘이 500년 만에 처음으로 쇠퇴하고 있다는 사실——보통 주장하듯이 결코 초민족기업의 힘이 증가해서가 아니라 사람들이 국가에 부여하는 정당성이 쇠퇴했기 때문이며, 그 결과 점진적 개선을 바라는 믿음 또한 잃게 되었다——또한 그 능력을 감소시킨다. 국가는 아직도——무엇보다 기업가들에게——중요하다. 국가의 힘이 쇠퇴하고 있기 때문에 초민족체들은 심각한 어려움을 겪고 있는데, 최초로 장기적인 이윤압박에 봉착했고, 국가는 더이상 그들에게 구제금융을 제공할 수 없는 위치에 있다.

　우리는 고난의 시대에 들어섰다. 결과는 불확실성(의) 종말하다. 우리가 살고 있는 체계를 대체해 어떤 역사적 체계가 나타날지 우리는 확신할 수 없다. 우리가 확실히 알 수 있는 것은 우리가 살고 있는 이 독특한 체계, 국가가 끊임없는 자본축적 과정을 지원하는 데 핵심적인 역할을 맡는 이 체계는 더이상 유지될 수 없다는 것이다.

제5장

생태론과 자본주의적 생산비용
출구는 없다

오늘날 우리가 몸담고 있는 자연환경이 500년 전과 비교해서는 말할 것
도 없고 100년 전, 아니 30년 전과 비교해서 심각하게 악화되었다는 점에
거의 모두 동의한다. 그리고 과학적 지식의 확대와 중요한 기술적 발명이
결과를 바꾸어놓을 것이라고 기대한 것과는 달리, 환경악화는 진행되었다.
그 결과 30년 전이나 100년 전, 혹은 500년 전과 달리, 오늘날 생태론은 세
계 도처에서 심각한 정치적 이슈가 되었다. 더이상의 악화를 막아 환경을
보호하고 가능한한 상황을 역전시켜보자는 목표를 중심으로 상당히 중요
한 정치적 운동들이 조직되고 있기까지 하다.

물론 당면한 문제의 심각성에 대한 인식은, 종말이 임박했다고 보는 사
람들로부터 기술적으로 이 문제를 조속히 해결할 수 있다고 여기는 사람들

● '전지구적 환경과 세계체계'를 주제로 1997년 4월 3~5일, 쌘터크루즈(Santa Cruz)의 캘리
  포니아대학교에서 개최된 제21차 PEWS(미국사회학회 세계경제의 정치경제 분과) 대회의
  기조연설.

에 이르기까지 다양하다. 내가 보기에 대부분의 사람들은 양극단이 아닌 중간쯤의 입장을 취하고 있는 것 같다. 내게 과학적 관점에서 그 문제를 논할 능력은 없다. 나는 내가 합당하다고 보는 이런 중간적 입장에 서서, 이 문제와 세계체계의 정치경제와의 상관성을 분석해보기로 하겠다.

우주의 전과정이 끊임없는 변화의 과정임은 분명한 사실이며, 따라서 상황이 과거와 같지 않다는 사실 자체는 너무도 진부해서 전혀 주목을 끌지 못한다. 게다가 이런 끊임없는 소란 속에는 우리가 생애라고 부르는 구조적 재생 패턴이 존재한다. 생명현상 또는 유기체현상의 개별적 존재에게는 시작과 끝이 있지만, 생식과정을 통해 종(種)은 지속되는 경향이 있다. 하지만 이러한 순환적 재생은 결코 완벽하지 않은 까닭에 전체 생태계는 결코 정적이지 않다. 게다가 모든 생명현상은 대부분의 경우 어떤 방식으로든 다른 생명현상을 포함해 외부의 생산물을 섭취하며, 약탈자/먹이의 비율은 완벽하지 않기 때문에 생물학적 환경은 끊임없이 진화하고 있다.

더군다나 독(毒) 또한 자연현상이며, 인간이 등장하기 훨씬 이전부터 생태학적 대차대조표에서 하나의 역할을 담당해왔다. 확실히 오늘날 화학이나 생물학에 대한 우리의 지식이 선조들의 것보다 훨씬 더 증가했기 때문에 아마 우리가 환경의 독소들을 더 의식하고 있는지도 모른다. 어쩌면 그렇지 않을 수도 있는데, 요즘 우리는 또한 문자사용 이전의 사람들이 독소와 항독소에 대해 얼마나 정교한 생각을 했는지 배우고 있기 때문이다. 우리는 이 모든 것을 초·중등학교의 교육과 일상생활의 단순한 관찰을 통해 익혔다. 그러나 생태문제의 정치학을 논할 때 우리는 이 명백한 제약들을 종종 간과하곤 한다.

이런 문제들이 논의할 만한 가치가 있는 유일한 이유는 최근 몇년간 무언가 특별하거나 추가적인 일이 발생해서 위험의 수위가 높아졌고, 동시에 이 위험의 증가에 대처해 조치를 취할 수 있다고 믿고 있기 때문이다. 녹색운동과 기타 다른 생태운동들이 일반적으로 개진하는 주장은 바로 위험의 증가(예를 들면 오존층에 생긴 구멍이나 온실효과 또는 원자로의 노심爐心 용해 등)와 잠재적 해결책이라는 이 두 논거를 포함하고 있다.

앞서 이야기한 대로 나는 위험이 증가했다고 볼 만한 합당한 근거가 있으며 이 위험은 시급한 대응을 필요로 한다는 가정 아래 이 논의를 시작하고자 한다. 그런데 위험에 어떻게 대처해야 하는가를 알기 위해서는 두 가지 질문을 던질 필요가 있다. 첫째, 누구에게 위험이 있는가? 둘째, 위험의 증가를 어떻게 설명할 수 있는가? '누구의 위험'이라는 질문은 다시 인류 중 누구이고 생명체 중 누구인가라는 두 요소로 구성된다. 첫째 질문은 생태문제에 대한 남-북의 태도 비교라는 문제를 제기하며, 둘째 질문은 심층생태학의 문제이다. 실제로 두 질문 모두 자본주의 문명의 성격과 자본주의 세계경제의 작동에 관한 문제들을 포함하고 있으므로, '누구에게'라는 문제를 다루려면 우선 위험증가의 원천이 무엇인가를 분석하는 편이 낫다.

이야기는 역사적 자본주의의 두 가지 기본특성에서 시작한다. 첫번째는 잘 알려진 특성인데, 자본주의는 끊임없는 자본축적이라는 자신의 최상의 목적을 달성하기 위해서——총생산이라는 측면과 지리적 측면에서——반드시 팽창해야 하는 체계이다. 두번째 특성은 첫째 것보다 덜 언급되는데, 자본가, 특히 대자본가들이 그들의 셈을 치르지 않는 것이 자본축적의 핵심요소라는 점이다. 이것이 내가 자본주의의 '더러운 비밀'이라고 부르는 것이다.

이 두 특성을 상세히 이야기해보도록 하자. 첫번째 특성, 자본주의 세계경제의 지속적 팽창에 대해서는 모든 사람이 인정하고 있다. 자본주의 옹호자들은 그것을 자본주의의 커다란 미덕 중 하나라고 극구 선전한다. 반면 생태문제를 걱정하는 이들은 그것을 자본주의의 커다란 해악 중 하나라고 지적하며, 특히 이런 팽창의 이데올로기적 버팀목 중의 하나를 자주 문제삼는데, 그것은 바로 인간의 '자연정복'권(사실은 의무)이라는 주장이다. 그런데 분명히 팽창이나 자연정복 모두 16세기 자본주의 세계경제의 시작 이전에 없던 것도 아니었다. 하지만 그 이전 시기의 다른 많은 사회현상들과 마찬가지로, 둘 다 이전의 역사적 체계 내에서는 실존적 우선권을 갖지 않았다. 역사적 자본주의가 해낸 일은 이 두 가지 테마——현실적인 팽창과 그것의 이데올로기적 정당화——를 전면에 부각시킨 것이었고, 자본가들은 이로써 이 가공할 만한 2인조에 대한 사회적 반대를 극복할 수 있었다. 이 점이 역사적 자본주의와 그 이전의 역사적 체계 사이에 존재하는 실제 차이이다. 자본주의 문명의 모든 가치들은 오랜 역사를 갖고 있지만, 그와 모순되는 가치들 또한 마찬가지이다. 우리가 역사적 자본주의라고 했을 때, 그것은 자본주의적 가치들이 우선권을 갖도록 제도들이 구성되어, 끊임없는 자본축적을 위해 세계경제가 만물의 상품화로 나아가는 체계를 의미한다.

물론 이것의 영향이 단 하루만에, 아니 심지어 한 세기만에 나타난 것은 아니었다. 팽창은 누적효과를 발휘했다. 나무를 베는 데는 시간이 걸린다. 아일랜드의 나무는 17세기에 모두 벌목되었다. 하지만 다른 곳에도 나무는 있었다. 오늘날 아마존 열대우림은 마지막 남은 진정한 광활한 대지라 이야기되지만, 이 또한 빠르게 사라져가고 있는 듯하다. 강이나 대기 중에 독소가 퍼져나가는 데도 시간이 걸린다. 고작 50년 전만 해도 '스모그'는 로스앤젤레스의 유별난 상황을 표현하기 위해 새롭게 만들어진 어휘에 불과했다. 하지만 오늘날 스모그는 어디에나 있으며, 아테네와 빠리도 스모그에 시달리고 있다. 그리고 자본주의 세계경제는 여전히 무모한 속도로 팽창하고 있다. 이번 꼰드라띠예프 하강기에조차 동아시아와 동남아시아는 괄목할 만한 성장률을 기록하고 있다는 소식이다. 그렇다면 다음 꼰드라띠예프 상승기에는 어떤 일들이 벌어질 것인가?

게다가 전세계에서 진행된 민주화의 결과, 팽창은 세계 도처에서 엄청난 환영을 받고 있다. 참으로 과거 어느 때보다 팽창에 대한 대중적 지지가 더욱 큰 것 같다. 더욱 많은 사람들이 자신의 권리를 요구하고 있는데, 이에는 핵심적으로 파이조각에 대한 권리가 포함되어 있다. 세계인구의 절대다수가 여전히 증가하고 있는 것은 말할 것도 없고, 세계인구의 다수에게 파이조각이 돌아가려면 필연적으로 더 많이 생산해야 한다. 그래서 자본가뿐 아니라 보통 사람들도 팽창을 원한다. 그렇다고 해서 이 사람들이 세계 환경악화의 속도를 늦추기를 원치 않는 것은 아니다. 이것은 다만 우리가 이 역사적 체계의 또다른 모순에 사로잡혀 있음을 보여주는 것이다. 다시 말해 많은 이들이 자신들을 위해 더 많은 나무와 더 많은 물질적 재화를 둘 다 원하지만, 이들 중 많은 이들은 두 가지 요구를 그저 분리하고 있는 것뿐이다.

우리가 알고 있듯이 자본가의 관점에서 보면 생산 증대의 목적은 이윤획득이다. 내가 보기에 조금도 낡지 않았다고 생각되는 구분법을 이용하자면, 그 목적은 교환을 위한 생산이지 사용을 위한 생산이 아니다. 1회의 거래에서 이윤이란 판매가격에서 총생산비용을 뺀 차액이다. 여기서 총생산비용이란 어떤 생산물이 판매싯점에 이르기까지 소요된 제반 비용을 말한다. 물론 자본가의 총거래에서 실제 이윤은 총판매량에 이 차액을 곱한 것이다. 달리 말하면, '시장'은 판매가격을 제약하는데, 어떤 순간에 가격이 너무 높아지면 판매가격이 더 낮았을 때보다 총판매이윤이 적어진다는 점에서 그렇다.

그렇다면 총비용을 제약하는 것은 무엇인가? 노동가격이 여기서 매우 큰 역할을 담당하는데, 여기에는 물론 모든 투입물의 노동가격이 포함된다. 그런데 노동의 시장가치는 단지 공급과 수요의 관계에 따라 결정되는 것이 아니라 노동의 협상력에 의해서도 결정된다. 노동의 협상력의 크기는 많은 요소에 의해 좌우되므로 이것은 복잡한 문제이다. 여기서 말할 수 있는 것은 자본주의 세계경제의 역사를 통틀어 이 협상력은, 오르내리는 순환적 리듬은 있었지만, 장기적 추세로 보면 증가해왔다는 사실이다. 오늘날 21세기에 들어서면서 세계의 탈농화 때문에 협상력은 눈에 띄게 꾸준히 상승하고 있다.

탈농화는 노동가격에 결정적인 역할을 한다. 협상력의 측면에서 보면, 노동예비군은 다양한 집단으로 구성되어 있다. 언제나 가장 힘이 미약한 집단은 임금고용에 종사하기 위해 도시지역으로 처음 나온 농촌거주민들이다. 일반적으로 이런 사람들이 도시임금을 받는다는 것은, 세계기준이나 심지어 국내 기준에 비추어볼 때 그것이 매우 낮더라도, 농촌지역에 남아 있었을 때에 비하면 경제적으로 나아졌음을 의미한다. 이런 사람들이 자신의 경제적 준거틀을 바꾸고 도시작업장 안에서 자신의 잠재력을 완전히 의식하게 되어, 마침내 더 높은 임금을 받으려는 노동조합활동 같은 것에 참여하기까지는 대개 20, 30년의 시간이 걸린다. 도시지역에 오래 거주한 이들은, 비록 공식경제에 고용되어 있지 않고 끔찍한 빈민가에서 살고 있다 하더라도, 임금고용을 수락하기 전에 보통 더 높은 임금수준을 요구한다. 왜냐하면 그들은 도시로 갓 진입한 농촌이주자들이 받는 소득보다 더 높은 최저수준의 소득을 도시에서 어떻게 다른 출처로부터 얻을 수 있는지를 배웠기 때문이다.

따라서 세계체계 도처에 여전히 막대한 수의 노동예비군이 존재하지만, 체계가 빠르게 탈농화하고 있기 때문에 평균노동가격은 전세계적으로 꾸준히 상승하고 있다. 이것은 또한 시간이 지나면 평균이윤율이 반드시 하락할 수밖에 없음을 의미한다. 이윤율이 이처럼 낮아지고 있기 때문에 노동비용 외의 비용을 감소하는 것이 더욱더 중요해진다. 하지만 당연히 생산에 들어가는 모든 투입물들은 노동비용 증가라는 동일한 문제를 겪고 있다. 기술혁신을 통해 계속해서 몇몇 투입물의 비용을 줄일 수 있고, 정부가 기업에 독점적 지위를 제도화하여 보호함으로써 높은 판매가격을 계속 보장할 수 있다 하더라도, 자본가들에게는 다른 이들로 하여금 자기 비용의 상당부분을 지속적으로 지불하도록 하는 것이 절대적으로 중요하다.

물론 여기서 다른 이들이란 국가이거나, 직접적으로 국가가 아니라면

'사회'이다. 이것이 어떻게 조정되며 어떻게 셈이 치러지는지 살펴보도록 하자. 국가는 다음 두 가지 중 한 방식으로 비용을 지불할 수 있다. 정부는 공식적으로 그 역할을 맡을 수 있는데, 이러저러한 종류의 보조금이 이에 해당한다. 하지만 보조금은 점점 더 남의 눈에 잘 띄기 때문에 갈수록 인기를 잃고 있다. 경쟁기업들과 납세자들이 이에 대해 소리높여 항의하고 있다. 보조금은 정치적 문제들을 야기한다. 이것 말고 더 중요한 또 하나의 방식이 있는데, 그것은 정부의 정치적 부담이 훨씬 적은 것으로, 여기서 정부의 역할이라고는 그저 잠자코 있는 것이다. 정부는 기업에게 비용 내부화를 요구하지 못함으로써, 사실상 자본주의 역사 내내 기업이 자신의 비용 중 많은 부분을 내부화하지 않도록 허용하였다. 정부는 부분적으로 하부구조 건설을 떠맡거나, 훨씬 더 중요하게는, 환경을 '보전'할 수 있는 정도의 환경복구비용을 생산운영에 포함하도록 요구하지 않음으로써 부분적으로 이 역할을 수행해왔다.

환경보전에는 서로 다른 두 종류의 작업이 있다. 첫째는 생산활동의 부작용을 제거하는 것이다. (예를 들어 생산의 부산물인 독성 화학물을 처리하거나, 미생물로 분해되지 않는 쓰레기를 제거하는 것 등이 여기에 해당된다.) 두번째는 사용된 자연자원의 재생에 투자하는 것이다. (예를 들어 나무를 다시 심는 작업이 여기에 해당된다.) 다시 한번 말하지만, 생태운동은 이 문제들에 관한 일련의 수많은 제안들을 주장해왔다. 일반적으로 이런 제안들에 영향을 받는 기업들은 이에 대해 거세게 저항하고 있는데, 그들의 주장은 이 조치들을 시행하려면 너무 많은 비용이 들고, 그 결과 생산이 줄어들게 된다는 것이다.

사실 기업들의 주장은 근본적으로 옳다. 현재의 세계평균이윤율의 유지라는 관점에서 문제를 정의하면, 대체로 이런 조치들을 이행하는 데 너무 많은 비용이 든다. 비용은 정말 엄청나다. 세계의 탈농화로 이미 자본축적에 심각한 영향을 받은 마당에, 만약 주요한 환경적 조치들을 진지하게 수

116

행한다면 이는 자본주의 세계경제의 생존력에 가하는 최후의 일격이 될 것이다. 따라서 이 문제에 대해 각 기업들의 홍보부에서 밝히는 입장이 어떻든지간에 자본가 일반에서는 이 문제의 해결을 계속 지체할 것이라고 예상할 수 있다. 사실 우리에게는 세 가지 대안이 있다. 하나는 정부가 모든 기업들에 모든 비용을 내부화하라고 요구하는 것인데, 만약 그렇게 되면 기업들은 즉각 심각한 이윤압박에 처하게 될 것이다. 두번째로, 정부가 세금을 이용하여 환경적 조치들(청소·복구·예방)을 위한 비용을 지불할 수 있을 것이다. 그런데 세금을 올리려면 기업의 세금을 인상하거나 나머지 사람들 모두의 세금을 인상해야 할 텐데, 전자는 앞의 조치와 마찬가지로 이윤압박이란 문제를 낳을 것이며, 후자는 필시 격렬한 조세반란을 불러일으킬 것이다. 셋째는 실질적으로 아무런 조치도 취하지 않는 것인데, 그럴 경우 생태운동이 경고하고 있는 각종 생태적 파국을 맞게 될 것이다. 지금까지는 세번째 방식이 대세를 이루어왔다. 어쨌든 이것이 내가 '출구가 없다'고 이야기하는 이유이며, 그것은 현존 역사적 체계의 틀 내에서는 출구가 없다는 의미이다.

물론 첫째 대안인 비용 내부화를 요구하지 않으려는 정부들은 시간을 벌려는 노력을 해볼 수도 있다. 사실 이것은 지금까지 많은 정부들이 해온 노력이다. 시간을 버는 주요방법 중 하나는 문제를 정치적 강자의 등에서 정치적 약자의 등으로 떠넘기는 것, 다시 말해 북에서 남으로 떠넘기는 것이다. 여기에는 다시 두 가지 방식이 있다. 하나는 쓰레기를 남에 가져다 버리는 것이다. 이것으로 북은 시간을 조금 벌지도 모르지만, 전지구적인 집적과 그 영향이란 점에서는 효과를 발휘하지 못한다. 다른 하나는 남측 나라들이 공업생산에 대한 엄격한 제약을 수용하도록 강요하거나, 환경적으로는 더 안전하지만 고비용의 생산방법을 쓰도록 강요함으로써 그 나라들의 '발전'을 지연시키고자 하는 것이다. 이 경우 즉각적으로 제기되는 문제는 누가 지구적 억제의 댓가를 지불할 것인가와 어쨌든 부분적인 이 억제가 효과를 발휘할 수 있는가이다. 예를 들어 만약 중국이 화석연료 사용을 줄이는 데 동의한다면, 이것이 세계시장의 지분을 늘려가고 있는 중국의 전망에 어떤 영향을 줄 것이며, 따라서 자본축적의 전망에 어떤 영향을 줄 것인가? 우리는 계속 똑같은 문제로 돌아가고 있다.

솔직히 쓰레기를 남측에 가져다 버리더라도 장기적으로는 딜레마를 제대로 해결할 수 없다는 사실은 아마도 다행스러운 일일 것이다. 그와같은 쓰레기 투기는 과거 500년간 지속되어왔다고도 할 수 있다. 그러나 세계경제가 거대하게 팽창했고 그 결과 환경이 심각하게 악화되었기 때문에, 문제를 주변부로 수출함으로써 상황을 상당히 조정할 수 있는 공간은 더이상 남지 않았다. 따라서 우리는 문제의 근본으로 되돌아갈 것을 강요받고 있다. 이것은 무엇보다 정치경제학의 문제이며, 따라서 도덕적·정치적 선택의 문제이다.

오늘날 직면하게 되는 환경적 딜레마는 우리가 자본주의 세계경제에 살고 있다는 사실의 직접적인 결과이다. 이전의 모든 역사적 체계들이 생태를 변모시켰고, 이전의 몇몇 역사적 체계들이 (국지적으로 존재하는 역사적 체계의 생존을 보장해주던) 특정지역에서 생존 균형을 유지할 가능성을 파괴한 적도 있었지만, 인류 미래의 생존 가능성을 위협해온 것은 역사적 자본주의뿐이다. 왜냐하면 역사적 자본주의는 지구를 하나로 만든 최초의 체계이며 전에는 상상조차 할 수 없을 정도로 생산(과 인구)을 팽창시켰기 때문이다. 이것이 가능했던 핵심적인 이유는, 이 체계 내에서 끊임없는 자본축적이 아닌 다른 가치를 내걸고 자본가의 활동을 규제하려는 다른 모든 세력의 역량을 무력화하는 데 자본가들이 성공했기 때문이다. 문제는 바로 결박에서 풀려난 프로메테우스였다.

그러나 결박에서 풀려난 프로메테우스가 인간사회에 고유한 것은 아니다. 현 체계의 옹호자들이 자랑하고 있는 이 방면(放免)은 어렵게 성취된 것인데, 현재 그것의 장기적 해악이 중기적 이득을 압도하고 있다. 현 상황의 정치경제학을 살펴보면, 사실 역사적 자본주의는 당면한 딜레마들에 대한 적절한 해결책을 찾아내지 못하고 있기 때문에 위기에 처해 있으며, 생태파괴를 억제할 수 없다는 것이 유일하지는 않더라도 주요한 딜레마이다.

나는 이 분석에서 몇가지 결론을 이끌어내려 한다. 첫째는 개량주의적 입법에 내재적 한계가 있다는 점이다. 만일 성공의 척도가 그런 입법을 통해 향후 10~20년에 걸쳐 전지구적 환경악화율을 얼마나 큰 폭으로 감소시키는가라고 한다면, 나는 이런 종류의 입법은 거의 성공하지 못할 것이라고 예측한다. 그런 입법이 자본축적에 미치는 영향을 고려하면, 정치적 반대가 격렬하리라고 예상할 수 있기 때문이다. 그러나 그렇다고 해서 그런 노력을 하는 것이 무의미하다는 것은 아니다. 전혀 그 반대일 것이다. 그런 입법을 위한 정치적 압력은 자본주의 체계에 딜레마를 추가할 수 있다. 그러나 만일 이런 쟁점들이 정확히 제기된다면, 그런 정치적 압력은 관건이 되는 실제의 정치쟁점들을 명확하게 만들 수 있을 것이다.

기업가들은 근본적으로 일자리 대 낭만주의, 혹은 인간 대 자연 중의 하나가 쟁점이라고 주장해왔다. 생태적 쟁점에 관심있는 다수의 사람들은 두가지 상이한 방식으로 응답함으로써 상당한 정도의 함정에 빠졌는데, 내가 보기에 이는 둘 다 부정확한 응답이다. 첫번째 응답은 "제때의 한 땀이 나중에 아홉 땀을 벌어준다"는 주장이다. 즉, 어떤 이들은 나중에 더 많이 지출하지 않으려면 지금 현 체계의 틀 내에서 정부가 X량만큼 지출하는 것이 형식적으로 합리적이라고 주장했다. 이런 노선은 특정한 체계의 틀 내에서만 유의미한 주장이다. 그러나 방금 나는 자본가계층의 관점에서, 그런 "제때의 한 땀"이 손상을 막기에 충분하다 하더라도 결코 합리적이지는 않다고 주장했는데, 왜냐하면 이것은 지속적 자본축적의 가능성을 근본적으로 위협하기 때문이다.

두번째로 제출된 아주 상이한 응답이 있는데, 이것 역시 내 생각에는 정치적으로 현실적이지 못하다. 이는 자연의 미덕과 과학의 패악이라는 주장이다. 이는 실제문제를 대부분의 사람들이 들어본 적도 없고 무관심한, 잘 모르는 어떤 동물군을 보호하자는 주장으로 바꾸며, 이렇게 해서 일자리 파괴의 책임(관련 직장을 폐쇄함으로써 일자리가 없어진다는 뜻이다─옮긴이)을 유약한 중간계급 도시지식인에게 전가한다. 여기서 쟁점은 근저에 놓인 쟁점들에서 다른 것으로 완전히 치환되는데, 바탕에 깔린 쟁점은 다음 두 가지이며, 또 계속 두 가지여야 한다. 첫째는, 자본가들이 자기 셈을 치르지 않고 있다는 것이다. 그리고 둘째는, 끊임없는 자본축적은 실질적으로 비합리적인 목표이며, 집단적인 실질적 합리성이라는 견지에서 서로 반대되는 다양한 혜택(생산의 혜택을 포함해)을 측정한다는 근본적 대안이 존재한다는 것이다.

과학을 적으로 삼거나 기술을 적으로 삼는 불행한 경향이 있었지만, 문제의 포괄적 뿌리는 사실 자본주의이다. 확실히 자본주의는 끝없는 기술진보라는 광영을 자신의 정당화의 하나로 활용해왔다. 그리고 자본주의는 과학의 한 판본──뉴튼적, 결정론적 과학──을 문화적 덮개로 비준하였으며, 이에 따라 인간이 실로 자연을 '정복'할 수 있고 참으로 그래야 하며, 그 결과 경제팽창의 모든 부정적 효과는 필연적인 과학적 진보를 통해 마침내 제어될 것이라는 정치적 주장을 허용했다.

오늘날 우리는 이런 과학관 및 이런 판본의 과학을 보편적으로 적용할 수 있는 가능성이 제한되어 있다는 것을 알고 있다. 이런 판본의 과학은 오늘날 자연과학자들의 공동체 내부에서도 근본적인 도전을 받고 있는데, '복잡성 연구'라고 부르는 것을 추구하는 이제는 아주 커진 집단이 그런 도전을 제기하고 있다. 복잡성 과학은 내재적 예측 가능성의 거부, 균형에서 한참 벗어나 움직이며 불가피하게 분기를 갖게 되는 체계들의 정상성, 시간의 화살의 중심성 등 여러가지 중요한 점에서 뉴튼적 과학과 매우 다르다. 그러나 아마도 현재 우리의 논쟁과 가장 관련 있는 것은 자연과정의 자기형성적 창조를 강조한 것과 인간과 자연의 분리불가능성을 강조한 것 그리고 그 결과로서 과학이 당연히 문화의 핵심적 부분이라는 주장이다. 근저에 깔린 영원한 진리를 열망하는, 뿌리없는 지적 활동관은 사라졌다. 이를 대신해 우리는 발견 가능한 실재세계라는 비전을 갖게 되었으나, 미래의 그 세계를 지금은 발견할 수 없는데, 미래는 아직 창조되지 않았기 때문이다. 미래가 과거에 의해 한정된다 하더라도, 미래는 현재 속에 기입되지 않는다.

내가 보기에 그런 과학관의 정치적 함의는 매우 분명하다. 현재는 항상 선택의 문제이지만, 전에 누군가 말했듯이, 우리는 우리 자신의 역사를 만들긴 하지만 우리가 선택한 대로 만들지는 못한다. 그러나 우리가 그 역사를 만들기는 한다. 현재는 선택의 문제이지만, 체계가 균형으로부터 가장 멀어진 분기 직전의 시기에는 선택의 범위가 상당히 확대된다. 왜냐하면 그 지점에서는 작은 투입이 큰 산출을 낳기 때문이다(큰 투입이 작은 산출을 낳는 균형 부근의 지점과는 반대로).

따라서 생태의 문제로 돌아가보자. 나는 그 문제를 세계체계의 정치경제의 틀 내에서 설정하였다. 나는 생태파괴의 원천이 비용을 외부화하려는 기업가들의 필요성과 그에 따라 생태적으로 민감한 결정을 내리게 하는 동기의 부족 때문이라고 설명했다. 그러나 나는 또한 우리가 체계의 위기의 입구에 들어섰기 때문에 이 문제가 어느 때보다 더욱 심각하다고 주장하기도 했다. 왜냐하면 이 체계의 위기는 여러가지 방식으로 자본축적의 가능성을 좁히면서, 쉽게 이용할 수 있는 주요 버팀목의 하나로 비용의 외부화를 남겨두기 때문이다. 그러므로 나는 이 체계의 역사에서 어느 때보다도 오늘날, 생태악화와 싸우는 조치들에 대해 기업가계층의 진지한 동의를 얻어내기가 더욱 어렵다고 주장하였다.

이 모든 것을 복잡성의 언어로 아주 쉽게 바꿀 수 있다. 우리는 분기 직전의 시기에 있다. 현 역사적 체계는 사실 최종위기에 놓여 있다. 우리 앞에 놓인 쟁점은 무엇이 이를 대체할 것인가이다. 이는 향후 25~50년간의 중심적 정치논쟁이 될 것이다. 생태악화——그러나 물론 이 쟁점만이 아니다——는 이런 논쟁의 중심적 장소이다. 나는 그 논쟁은 실질 합리성에 관한 것이며, 우리는 해결책을 구하거나 실질적으로 합리적인 체계의 달성을 위해 투쟁하고 있다고 우리 모두 말해야 한다고 생각한다.

실질적 합리성 개념의 가정에 따르면, 모든 사회적 결정에는 상이한 집단들 사이에서뿐 아니라 상이한 가치들 사이에도 갈등이 있으며, 이들은 종종 대립하는 가치들을 내걸고 발언하게 된다. 이 가정에 따르면, 우리가 각각의 가치들을 칭찬할 만하다고 느낄지라도 이 모든 일련의 가치들을 동시에 완전하게 실현할 수 있는 체계란 없다. 실질적으로 합리적이 되는 것은 최적의 혼합을 제공할 수 있는 선택을 하는 것이다. 그러나 최적이란 무슨 뜻인가? 부분적으로 우리는 최대다수의 최대선이라는 벤섬(J. Bentham)의 오래된 구호를 이용하여 그것을 규정할 수도 있을 것이다. 문제는 이 구호가 우리를 올바른 길로 이끌어주지만(결과물), 많은 끈들이 느슨하다는 점이다.

예를 들어 최대다수란 누구인가? 생태문제 때문에 우리는 이 쟁점에 아주 민감해졌다. 왜냐하면 생태악화를 이야기할 때 이 쟁점을 한 나라에 한정할 수 없다는 것은 분명하기 때문이다. 심지어 우리는 이를 전지구에도 한정할 수 없다. 또 세대 문제도 있다. 한편으로 현 세대를 위한 최대선이 미래 세대의 이익에는 아주 해로울 수 있다. 다른 한편으로 현 세대 역시 자신의 권리가 있다. 우리는 이미 살아 있는 사람들과 관련된 이런 논쟁——어린이, 일하는 성인 그리고 노인에 대한 사회적 총지출의 비율——의 한가운데에 있다. 여기에 태어나지 않은 사람들을 추가한다면 공정한 할당에 도달하는 것은 결코 쉬운 일이 아니다.

그러나 이는 바로 그런 근본적 쟁점들에 대해 토론하고 평가하고 집단적으로 결정하는, 우리가 목표로 삼아 건립해야 하는 대안적 사회체계가 어떤 종류인가 하는 문제이다. 생산은 중요하다. 우리는 나무를 목재나 연료로 사용할 필요가 있지만, 또한 그늘과 미학적 아름다움으로 사용할 필요도 있다. 그리고 우리는 미래에도 나무를 계속 이렇게 사용하도록 만들 필요가 있다. 기업가들의 전통적 주장은 집단적 결정에 도달할 더 나은 기제가 없다는 근거에서, 개인적 결정이 누적되면 그런 사회적 결정에 가장 잘 도달할 수 있다는 것이다. 이렇게 추론하는 노선이 아무리 그럴 듯해 보일지라도, 다른 사람에게 비용을 부담시키고, 이들의 관점이나 선호도 또는 이해관계는 결정에 개입할 수 없게 만들면서 한 사람이 자신에게만 이득이 되는 결정을 내리는 상황은 정당화하지 못한다. 그러나 이는 바로 비용의 외부화가 하는 일이다.

출구는 없는가? 현존 역사적 체계의 틀 속에서 출구는 없는가? 그러나 우리는 이 체계로부터 벗어나는 과정에 서 있다. 우리 앞에 놓인 진정한 질문은 그 결과 우리가 어디로 갈 것인가라는 것이다. 지금 여기서 우리는 실질적 합리성의 기치를 내걸고 그 주위에 집결해야 한다. 일단 실질적 합리성의 길에 들어서는 것이 중요하다는 점을 인정하고 나면, 이것이 길고 험난한 길이라는 것을 알아둘 필요가 있다. 이를 위해서는 새로운 사회체계가 필요할 뿐 아니라 새로운 지식구조도 필요한데, 이 지식구조에서는 철학과 과학이 더이상 갈라서지 않을 것이며, 우리는 자본주의 세계경제의 탄생 이전에 모든 곳에서 지식이 추구되던 단일한 인식론으로 복귀하게 될 것이다. 이 길에 들어서기 시작하면, 우리는 우리가 살고 있는 사회체계와 이를 해석하려고 우리가 이용하는 지식구조와 관련하여, 우리가 출발점에 있지 절대로 종결점에 있지 않다는 것을 잘 알아둘 필요가 있다. 출발이란 불확실하고 위험이 많고 어렵지만, 우리가 기대할 수 있는 가장 좋은 전망을 제공한다.

제6장

자유주의와 민주주의
적 같은 형제?

자유주의와 민주주의는 둘 다 흡수력이 높은 용어들이었다. 각각 다중적이고, 때로는 모순적인 정의를 부여받아왔다. 나아가 두 용어는 근대 정치 담론에서 처음으로 사용되기 시작한 19세기 전반기 이래로 서로 모호한 관계에 있었다. 어떤 용법들 속에서는 두 용어가 동일하거나, 적어도 심하게 중복된 것처럼 보였다. 다른 용법들 속에서는 두 용어가 사실상 대극적인 것들로 여겨졌다. 나는 사실은 두 용어가 적 같은 형제(frères ennemis)였다고 주장하려 한다. 두 용어는 어떤 의미에서는 같은 가족의 구성원들이지만, 매우 상이한 방향에서 그 힘을 드러냈다. 그리고 형제간의 경합은 말하자면 매우 치열했다. 나는 더 멀리 나아갈 것이다. 나는 오늘날 이 두 가지 추진력이나 개념 혹은 가치 사이에 합리적인 관계를 만들어내는 것이 핵심적인 정치적 과제라고, 즉 내가 21세기의 매우 강력한 사회적 갈등이 되리

● 1997년 3월 15일 Rijksuniversiteit Leiden, Interfacultaire Vakgroep Politieke Wetenschappen에서 행한 네번째 달더(Daalder) 강연.

라고 예상하는 것을 적극적으로 해결하기 위한 필수조건이라고 말하려 한다. 이것은 정의를 내리는 정도의 문제가 아니라 사회적 선택의 최우선적 문제이다.

두 개념 모두 근대세계체계에 대한 대응, 다소 상이한 대응이다. 근대세계체계는 자본주의 세계경제이다. 그 토대는 끊임없는 자본축적의 우위이다. 이 체계는 경제적으로나 사회적으로 모두 필연적으로 불평등주의적이며, 실제로도 양극화하고 있다. 동시에 축적에 대한 강조야말로 심원한 평등화 효과를 갖는다. 그것은 혈연관계를 통해 얻게 된 모든 기준을 포함한 여타의 기준을 근거로 획득되고 유지되는 모든 지위를 의문시한다. 자본주의의 근거원리 자체에 내장된 계서제와 평등 사이의 이런 이데올로기적 모순은 이 체계 내의 특권층에게 처음부터 딜레마가 되었다.

자본주의 세계경제의 전형적인 행위자이며 때로 부르주아지라고 부르는 기업가의 관점에서 이러한 딜레마를 살펴보자. 기업가는 자본을 축적하려고 노력한다. 이를 위해 기업가는 세계시장을 통해 행동하지만, 오직 시장에 의해서만 행동하는 경우는 거의 없다. 성공적인 기업가들은 그들을 돕는 국가기구의 지원에 반드시 의존해서 상대적인 부문적 독점들을 창출하고 유지한다. 그런 독점은 시장에서 실로 거대한 이윤을 얻을 수 있는 유일한 원천이다.[1]

일단 기업가가 거대한 양의 자본을 축적하면, 그는 그것을 유지할 것에 대해——당연히 시장의 변덕에 대응해서 그래야 하지만 또한 그것을 훔치거나 몰수하거나 과세해서 빼앗아가려는 다른 이들의 시도에 대응해서도——걱정해야 한다. 그러나 문제는 거기서 끝나지 않는다. 그는 또한 그것을

---

1) 나는 기업가들이 어떻게 항상 국가에 의존해왔는지 앞의 4장에서 개략적으로 설명했다. 또한 Fernand Braudel, *Civilisation matérielle, économie et capitalisme, XV*ᵉ*-XVIII*ᵉ *siécles* (Paris: Armand Colin 1979). 영역본은 *Capitalism and Civilization, 15th to 18th Century*, 3 vols. (New York: Harper and Row 1981~84). 국역본은 주경철 옮김, 『물질문명과 자본주의』 총6권, 까치 1997.

상속인에게 물려줄 것을 걱정해야 한다. 이것은 경제적 필요성이 아니라 오히려 사회심리적 필요성인데, 이는 중대한 경제적 결과를 낳는 필요성이다. 상속인에게 자본을 유증하는 문제를 확실히 해둘 필요가 있는 이유는 주로 과세 문제(그것은 국가로부터 시장을 방어하는 문제로 취급될 수 있다) 때문이 아니라 기업가로서 상속인의 역량 문제(그것은 시장이 상속의 적이 된다는 것을 의미한다) 때문이다. 장기적인 안목에서 보면, 역량 없는 상속인들이 자본을 상속받아 유지할 수 있도록 보장해주는 유일한 방식은 자본갱신의 원천을 이윤에서 지대로 변환하는 것이다.[2] 그러나 이는 사회심리적 요구는 해결해주지만, 시장에서 역량을 발휘하는 기업가의 축적의 사회적 정당성을 위협한다. 그리고 이것은 이제 지속적인 정치적 딜레마를 만들어낸다.

이제 노동자계급——어떤 진지한 방식으로도 자본을 축적하는 처지에 있지 않은 사람들——의 관점에서 동일한 문제를 살펴보자. 우리가 알고 있듯이, 자본주의 하에서 생산력의 발전은 산업화, 도시화 그리고 부와 고임금 고용의 지리적 집중을 거대하게 늘렸다. 우리는 여기서 왜 그런지 혹은 그것이 어떻게 발생했는지에 관심이 있는 것이 아니라 오직 그 정치적 결과들에만 관심이 있다. 시간이 지나면서 그리고 특히 중심부 혹은 '더 발전한' 나라들에서 이런 과정이 진행된 결과, 국가 수준의 계층화 유형이 재구성되어 중간계층과 고임금 피고용자의 비율이 증가하고, 이에 따라 이 사람들의 정치적 힘이 커졌다. 프랑스혁명과 뒤이은 나뽈레옹 시기의 여파가 낳은 주된 지구문화적 결과는 국가 주권이 '인민'에 있다는 주장을 전개함으로써 이런 사람들의 정치적 요구들을 정당화한 것이었다. 인민적 주권은 시장 축적의 가설적 평등주의와는 양립할 수 있었던 반면, 금리생활자 같

---

2) 여러 세기에 걸쳐 이것이 어떻게 그리고 왜 이루어졌는지에 대해 나는 "The Bourgeois(ie) as Reality and Concept," in Etienne Balibar and Immanuel Wallerstein, *Race, Nation, Class: Ambiguous Identities* (London: Verso 1991) 135~52면에 개괄해두었다.

은 소득원을 창출하려는 시도들과는 전적으로 반목했다.

시장 정당성의 이데올로기와 금리생활자의 소득을 창출하려는 사회심리적 요구를 조화시키는 것은 기업가들에게는 언제나 유창한 언변에 달려 있는 문제였다. 그 결과 중 하나가 자유주의자들의 모순적 언어이다. 바로 이런 말재주를 부리려는 노력이 지난 두 세기 동안 '자유주의'와 '민주주의'의 모호한 관계에 무대를 마련해주었다. 19세기 전반기에 자유주의와 민주주의가 처음으로 일반적으로 사용되는 정치용어가 되기 시작했을 때는 보수주의자와 자유주의자들 사이에, 질서의 당과 운동의 당 사이에 기본적인 정치적 분열이 있던 상황이었다. 어떤 외양——지롱드파, 자꼬뱅파,* 나뽈레옹파——을 했든간에 보수주의자는 프랑스혁명에 근본적으로 반대하는 사람들이었다. 자유주의자는 프랑스혁명을 영국의 의회정부의 진화와 유사하다고 생각되는 긍정적인 것——그 최저선은 지롱드파식 프랑스혁명——이라고 본 사람들이었다. 1815년에 나뽈레옹이 패배했기 때문에 프랑스혁명에 대한 이런 긍정적인 견해는 처음에는 조심스러웠지만, 시간이 지남에 따라 더 대담해졌다.

1815~48년 시기에 보수주의자와 자유주의자 외에, 때로는 민주주의자라 지칭되고, 매우 자주 공화주의자로, 때로는 급진주의자, 심지어 이따금씩 사회주의자라고 지칭되는 사람들이 있었다. 그러나 이러한 사람들은 기

---

* 지롱드파(Girondins)란 프랑스혁명기의 온건공화파를 말한다. 이 가운데 많은 수가 지롱드주(州) 출신으로, 1791년 10월부터 1792년 9월까지 입법의회를 장악했다. 근본적으로 이상주의자였던 젊은 법률가들로 이루어진 지롱드파는 곧 사업가, 상인, 산업가, 금융가의 지지를 얻었다.

자꼬뱅파(Jacobins)란 프랑스혁명기의 급진파 결사(結社)로 특히 국민공회시대에는 산악당 의원의 모체가 되었다. 1791년 7월 입헌왕정파가 탈퇴하고 푀양클럽을 창설하여 남아 있는 로베스삐에르, 뻬띠옹(J.V. de Pétion) 등을 중심으로 소시민·쌍뀔로뜨(과격공화파) 등 저계급층과의 접촉이 긴밀하다. 1792년 8월 10일 빠리 시민의 봉기를 기화로 혁명을 사회혁명으로까지 추진하고자 하는 강령을 수립했다. 동시에 혁명전쟁 수행을 위해 지롱드당의 자유주의 경제, 부르주아 본위의 정책에 대항하여 인민주의의 입장을 강력히 주장하였다.

껏해야 자유주의자 내의 소수의 좌파 부속물에 지나지 않지만, 때때로 적극파 역할을 했으며, 자유주의자 주류파는 이들을 자주 골칫거리로 여겼다. 이러한 좌파 부속물은 나중에 가서야 어엿한 독립된 이데올로기적 추진력으로 등장했는데, 이때 그들은 보통 사회주의자라는 이름을 달고 나타났다. 1848년 이후에 그 이데올로기적 지평은 안정되었다. 우리는 19세기와 20세기의 정치생활의 틀을 짠 이데올로기의 삼위일체——보수주의, 자유주의, 사회주의/급진주의(그렇지 않으면 우파, 중도파, 좌파로 알려진)——에 도달했다. 나는 여기서 자유주의가 1848년 이후에 하나의 이데올로기적 구성물로서 어떻게 그리고 왜 그 경쟁상대들보다 우세해져서, 자유주의를 중심으로 합의를 형성하여 근대세계체계의 지구문화로 축성(祝聖)받고, 이 과정에서 보수주의와 사회주의 모두를 자유주의의 화신으로 전화했는가에 대한 나의 주장은 반복하지 않을 것이다. 나는 이러한 합의가 1968년까지 굳게 지속되었으나, 1968년에 이러한 합의에 또다시 이의가 제기되어 보수주의와 급진주의 모두 나름대로 구별되는 이데올로기들로서 재등장할 수 있게 되었다는 주장 또한 반복하지 않을 것이다.[3]

내가 생각하기에 이 토론의 목적에서 핵심적인 것은 1848년 이후에는 구체제에 대한 반대가 더이상 자유주의자들의 주요 관심사가 아니었다는 사실을 이해하는 것이다. 오히려 그들의 주된 관심사는 정치적 스펙트럼의 다른 쪽 끝으로 옮겨가, 민주주의에 대한 요구의 증대에 어떻게 맞설 것인가라는 것이 되었다. 1848년의 혁명들은 전투적인 좌파세력의 잠재적인 힘, 즉 중심부지대에서 진정한 사회운동의 개시와 더 주변적인 지대에서 민족해방운동의 개시를 최초로 보여주었다. 이렇게 고조된 힘은 중도파 자유주의자들에게 위협적이었고, 비록 모든 1848년의 혁명들이 점차 소멸하거나 진압되었을지라도, 자유주의자들은 그들이 너무 급진적이라고 본 위

3) 나는 『사회과학으로부터의 탈피』 15~34면과 『자유주의 이후』의 제2부에서 이 작업을 수행하였다.

험계급들의 요란한 반체계적 요구들을 감소시키기로 결심하였다.

그들의 대항노력은 세 가지 형태로 나타났다. 첫째, 다음 반세기에 걸쳐 그들은 '양보'(concessions)강령을 제출했는데, 그들이 생각하기에 이 양보는 이런 요구들을 충분히 만족시켜 상황을 진정시키겠지만 그렇다고 해서 체계의 기본구조를 위협하지는 않을 것이었다. 둘째, 그들은 언제 어디서나 좌파가 위협적으로 보일 때는 좌파와 사실상의 정치적 연합(자유주의자들은 좌파가 별볼일 없어 보이고 자신들의 주적을 보수파라고 본 1815∼48년 시기에 이를 추구했다)을 매우 공개적으로 우파와의 연합으로 대체했다. 셋째, 그들은 자유주의와 민주주의를 교묘하게 구분하는 담론을 발전시켰다.

양보강령──참정권, 복지국가의 개시, 통합력 있는 인종주의적 민족주의──은 적어도 지난 20년 정도까지는 유럽/북아메리카 세계에서 엄청나게 성공적이었고 자본주의 체계가 모든 폭풍우를 극복할 수 있는 토대가 되었다. 두번째 조치인 우파와의 정치적 연합은 우파가 1848년을 겪은 후 유사한 결론을 내렸기 때문에 훨씬 더 성취하기 쉬운 것으로 판명되었다. '계몽된 보수주의'가 우파 정치의 결정판이 되었는데, 이것은 본질적으로 자유주의의 화신이었기 때문에 정당들──그들의 현실 정치는 결코 양극으로 치닫지 않고 중도파의 합의 주변에 머문다──간의 형식적 권력의 주기적인 교체를 포함하는 의회제 형태에 대한 실질적 장애물은 더이상 남지 않았다.

문제를 불러일으킨 것은 바로 세번째의 전술, 담론(discourse)이다. 이는 자유주의자들이 양다리 걸치기를 원했기 때문이었다. 그들은 자유주의와 민주주의를 구분하기 원했지만, 동시에 그들은 민주주의라는 테마, 실로 민주주의라는 용어 그 자체를 통합력으로서 영유하고 싶어했다. 나는 이 토론의 촛점을 바로 이 담론과 그것의 문제점들에 맞추어보고 싶다.

종종 지적되듯이 자유주의는 개인에서 분석을 시작하며, 개인을 사회적 행위의 일차적 주체로 여긴다. 자유주의적 은유에 따르면, 세계는 공동선을 위한 공동의 유대를 설립하는 협정(사회계약)을 어떤 싯점에서 어떻게든 맺은 다수의 독립된 개인들로 구성되어 있다. 그들은 또한 이 협정을 상당히 제한된 협정으로 묘사해왔다. 이런 강조의 원천은 분명하다. 자유주의는 자유주의자들이 '유능하다'(competent)고 정의내린 사람들을 그들이 본질적으로 덜 유능한 사람들의 수중에 있다고 보는 제도들(교회, 군주제, 귀족제 그리고 따라서 국가)의 자의적 통제로부터 떼어놓으려는 시도에서 기원하였다. 제한된 사회계약의 개념은 그러한 유능한 사람들의 해방이라고 추정되는 것에 꼭 알맞은 근거원리를 제공하였다.

물론 이로서 프랑스혁명을 "재능있는 사람들에게 개방된 경력"(la carrière ouverte aux talent)과 동일시하는 전통적 슬로건들이 해명된다. '개방'이라는 단어와 '재능'이라는 단어가 결합하여 핵심적인 메씨지를 던져주었다. 그러나 아주 정확한 이 언어는 곧 '인민 주권'이라는 훨씬 더 모호하고 유동적인 언어 속으로 빨려들어갔다. 프랑스혁명 이후 정당성을 널리 얻은 이 후자의 구절이 지닌 문제점은 '인민'(people)이 "재능있는 사람들"보다 경계짓기가 훨씬 더 어려운 집단이라는 점이었다. 재능있는 사람들이란 측정 가능한 집단으로 그 논리적인 경계가 분명하다. 우리는 그럴듯하든 허구적이든 간에 단지 재능에 대한 몇가지 지표들을 정하면 될 뿐이며, 이를 통해 어떤 사람이 여기에 속할지 확인해볼 수 있다. 그러나 누가 '인민'을 구성하는가는 실제로는 결코 측정의 문제가 아니라, 공적이고 집단적인 정의(定義)의 문제이다. 즉 이는 정치적 결정이며 그렇다고 인정된다.

물론 우리가 '인민'을 실제로 만인으로 단순히 정의하려 한다면, 아무 문제가 없을 것이다. 그러나 정치적 개념으로서 '인민'은 주로 한 국가 내의 권리를 지칭하는 데 사용되며, 그 때문에 논란거리가 된다. 분명한 것은 사실상 어느 누구도 '인민'이 만인이라고, 즉 실로 만인이 완전한 정치적 권리를 가져야 한다고 말할 준비가 되어 있지 않았고 혹은 되어 있지 않다는 점이다. 광범한 동의를 얻은 몇몇 배제가 있다. 어린이, 정신이상자, 범죄자, 외국인 방문자는 아니다. 거의 모든 이들은 이런 모든 제외의 사례들이 다소 명백하다고 여긴다. 그러나 그 다음에 제외된 다른 범주들——이민온 사람들, 무산자, 빈민, 무지한 사람, 여성은 아니다——을 이 목록에 추가하는 것은 많은 사람들, 특히 이민온 사람들, 무산자, 빈민, 무지한 사람들, 여성이 아닌 사람들에게는 마찬가지로 명백한 것처럼 보였다. 누가 '인민'인가는 오늘날까지 모든 곳에서 정치적 논쟁의 지속적이고도 주요한 원천이다.

지난 200년 동안 전세계에 걸쳐 권리가 없는 사람들과 남들보다 권리가 적은 사람들이 끊임없이 그 문을 두드려왔고, 밀쳐 열어왔으며, 언제나 더 많은 것을 요구해왔다. 누군가를 들어오게 하면, 자신들도 들여보내 달라고 요구하면서 다른 이들이 바로 그 뒤를 따랐다. 모든 사람들에게 분명한 이러한 정치적 현실을 직면했을 때, 반응은 다양했다. 특히 자유주의와 결합된 반응과 민주주의와 결합된 반응의 음조는 매우 달랐고, 거의 정반대였다.

자유주의자들은 그 흐름을 봉쇄하려는 경향이 있었다. 민주주의자들은 거기에 박수를 보내고 그것을 촉진하는 경향이 있었다. 자유주의자들은 주로 절차(나쁜 절차는 나쁜 결과를 낳는다)에 관심이 있다고 주장하였다. 민주주의자들은 주로 결과(나쁜 결과는 나쁜 절차를 보여준다)에 관심이 있다고 주장하였다. 자유주의자들은 과거를 가리키며 얼마나 많은 것을 성취했는지 강조했다. 민주주의자들은 미래를 바라보며 아직도 얼마나 많이 실현되어야 할지를 이야기했다. 절반이 차 있는 컵? 절반이 비어 있는 컵? 그러나 아마도 목표상에서는 또다른 한 가지 차이점이 있었다.

자유주의자들의 주문(呪文)은 합리성이다. 자유주의자들은 계몽주의의 가장 충실한 자손들이다. 그들에게는 모든 사람들의 **잠재적인 합리성**, 즉 귀속된 것이 아니라 교육, 인격형성(Bildung)을 통해 성취된 합리성에 대한 신념이 있다. 그러나 교육이 만들어낼 수 있는 것은 단지 시민적 덕성을 갖춘 지성적 시민들만이 아니다. 근대세계의 자유주의자들은 그리스의 도시국가에서 유래한 민주주의의 소도시 회합 모델이 근대국가처럼 물리적으로 거대한 실체들에서는 제어하기 어렵다는 점을 잘 알고 있었다. 더군다나 근대국가들은 다방면의 복잡한 문제들에 대한 결정을 내려야만 한다. 자유주의자들은 뉴튼 과학의 은유를 공유한다. 복잡성은 더 작은 부분으로 분해된 분화와 전문화에 의해서 가장 잘 다루어진다. 그 결과, 개인들은 시민적 덕성을 갖춘 지성적 시민으로서의 역할을 수행하기 위해 자신들을 인도하여 대안의 범위를 정하고 정치적 대안에 대한 판단기준을 제안할 수 있는 전문가의 자문을 필요로 하게 된다.

만일 합리성이 발휘되기 위해서 전문가의 의견이 필요하다면, 전문가에게 지위에 대한 자긍심을 심어주는 시민문화도 필요하다. 인문학 형식이든 과학 형식이든 간에 근대 교육체계는 시민들을 사회화하여 전문가의 칙령을 수용하도록 만드는 것을 목적으로 삼아왔다. 이런 연관관계를 둘러싸고 참정권과 정치참여의 다른 형태들에 관한 모든 논쟁들——누가 필요한 전문가적 의견을 지니고 있는가, 누가 이런 전문가들의 의견을 받아들일 문화적 심성틀을 갖추고 있는가——이 진행되었다. 요컨대 모든 사람들이 잠재적으로 합리적이기는 하지만, 모든 사람들이 실제로 합리적이지는 않다는 것이다. 자유주의는 비합리적인 사람들이 중요한 사회적 결정을 내리는 자리를 맡지 않도록 하기 위해서 합리적인 사람들에게 권리를 부여하라는 요청이다. 그리고 만일 압력 때문에 아직 합리적이지 않은 다수에게 정치적으로 형식적인 권리를 부여해야 한다면, 우리는 어떠한 성급한 어리석음도 생겨나지 않도록 형식적인 권리를 제한해야 한다. 이것이 절차에 대한 관심의 원천이다. 절차란 결정을 충분히 늦추고, 전문가들이 우세한 지위를 얻을 수 있는 좋은 기회를 잡도록 결정을 늦추라는 뜻이다.

현재 비합리적인 사람들의 배제는 언제나 효력을 거두고 있다. 그러나 배제된 사람들은 일단 그들이 배우고, 시험들을 통과하여 현재 **포섭되어 있는 사람들**과 동일한 방식으로 합리적이 되면, 미래에는 포섭될 것이라는 약속을 항상 받는다. 자유주의자들에게 근거 없는 차별은 저주인 반면, 자유주의자들은 근거 없는 차별과 근거 있는 차별 사이에서 차이의 세계를 찾아낸다.

그러므로 자유주의자들의 담론은 다수를 두려워하고, 하층민과 무지한 사람들 그리고 대중을 두려워하는 경향이 있다. 자유주의자들의 담론은 의심할 여지 없이 언제나 배제된 사람들의 잠재적 통합에 대한 찬미로 가득하지만, 그것은 자유주의자들이 언제나 말하는 통제된 통합, 즉 이미 포섭된 사람들의 가치와 구조 속으로의 통합이다. 자유주의자들은 다수에 대항하여 끊임없이 소수를 변호하고 있다. 그러나 자유주의자가 변호하는 것은 집단적 소수가 아니라 상징적 소수, 즉 군중에 대항하는 영웅적인 합리적 개인, 즉 자기자신이다.

이러한 영웅적 개인은 유능한데다가 문명화되어 있다. 유능한 사람이라는 개념은 사실상 문명인(the civilized)이라는 개념과 그리 다르지 않다. 문명인이란 어떻게 시민(civis)의 사회적 욕구에 적응하는지, 어떻게 시민적(civil)인 동시에 공민적(civic)일 수 있는지, 어떻게 사회계약을 맺어 그들에게 부여되는 의무들을 책임지는지를 익힌 사람들이다. 늘 문명인이 우리이고 비문명인이 그들이다. 그 개념은 그에 포함된 가치들이 보편적으로 타당하다고 주장된다는 의미에서 거의 필연적으로 보편주의적인 개념이지만, 또한 발전주의적인 개념이기도 하다. 누구나 배워서 문명화되지, 문명화된 채로 태어나지는 않는다. 그리고 개인들, 집단들, 민족들은 문명화될 수 있다. 유능함은 더욱 도구주의적인 관념이다. 그것은 특히 일할 때 사회적으로 역할을 다할 수 있는 능력을 지칭한다. 그것은 직업(métier), 전문적인 직업과 관련된다. 그것은 문명화——무엇보다 먼저 가족 내에서의 아동기 사회화의 문제인——의 사례라기보다는 교육, 공적 교육의 결과이다. 그렇지만 둘 사이에는 높은 상관관계가 있으며, 유능한 사람이 또한 문명인이고 그 역 또한 같다고 늘 가정된다. 그것의 불일치는 놀랍고 변칙적인 것이며 특히 불안한 것이다. 자유주의는 무엇보다 예절의 규약이라고 할 수 있다. 형식적으로 아무리 추상적이라 하더라도, 내가 보기에 분명히 그런 정의들은 늘 계급에 기반하며 계급적 편향을 지니고 있다.

그러나 우리가 문명과 유능함을 논의할 때, 어쨌든 모든 사람들에 대해 말하고 있는 것이 아니라는 점——모든 개인, 모든 집단, 모든 민족들에 대해서가 아니다——은 분명하다. '문명인들'과 '유능한 사람들'은 본래부터 비교 개념이며, 그것은 사람들의 계서제를 묘사한다. 즉 어떤 사람들은 다른 사람들보다 더 그렇다는 것이다. 동시에 그것들은 보편적인 개념이다. 즉 이론상으로는 누구든 궁극적으로 그렇게 될 수 있다. 실로 보편주의는 자유주의의 다른 내재적 함의들——약자, 비문명인, 무능한 사람들에 대한 온정주의——과 밀접히 연관되어 있다. 자유주의는 확실히 개인적 노력을 통해서, 그러나 무엇보다 사회와 국가의 집합적 노력을 통해서 다른 사람을 개선한다는 사회적 의무를 함축한다. 따라서 그것은 더 많은 교육, 더 많은 인격형성, 더 많은 사회적 개혁에 대한 영원한 요청이다.

'자유주의적'이라는 용어 속에는 정치적 의미뿐 아니라 관대한 시혜의 용법, 즉 고귀한 신분에 따르는 도의상의 의무(noblesse oblige)라는 용법도 내장되어 있다. 유력한 개인들은 물질적 가치와 사회적 가치를 나누어줄 때 자유주의적이 될 수 있다. 그리고 여기서 우리는 자유주의자들이 반대한다고 주장하는 귀족제 개념과의 연관성을 아주 공공연하게 발견하게 된다. 실제로 자유주의자들이 반대한 것은 귀족제 개념 그 자체가 아니라, 조상의 과거 성취물에서 유래한 지위나 특권을 부여해주는 작위 같은 어떤 외적 기호에 의해 정의되는 사람들을 귀족으로 보는 생각이었다. 그런 의미에서 자유주의자들은 이론작업에서 극히 현재지향적이다. 자유주의자들이 적어도 이론적으로 관심 있는 것은 바로 현재 개인의 성취물이다. 가장 뛰어난 자들인 귀족은 그들이 가장 유능하다는 것을 실제로 지금 입증한 사람들이며, 그런 사람들만이 실제로 그렇게 될 수 있다. 이는 20세기에 '능력주의'(meritocracy)가 사회적 위계질서를 뚜렷하게 정당화해주는 용법으로 이용된다는 점에서 잘 드러난다.

귀족과 달리 능력주의는 실력을 부여하거나 실력을 정의하는 시험을 볼수 있도록 형식적으로는 누구에게나 개방될 수 있기 때문에, 평등주의적개념으로서 제시된다. 실력을 물려받지는 못할 것이다. 그러나 물론 시험에 필요한 기술들을 익힐 가능성을 상당히 높여주는 우위는 자녀가 물려받을 수 있다. 그리고 이것이 사실이기 때문에 결코 그 결과는 실제로 평등주의적이지 않다. 형식적 시험에서 좋지 않은 성적을 받고, 그 결과 지위와신분에서 좋지 않은 배정을 받은 사람들은 이에 대해 되풀이해서 불평한다. 다음으로 민주주의자들과 '소수자' 모두 이에 대해 불평한다. 여기서'소수자'란 끊임없이 그리고 역사적으로 사회적 열등집단으로 취급받아왔고, 현재 사회적 위계질서의 최하위층에 있는 모든 집단(규모와 무관하게)을 뜻한다.

유능한 사람들은 보편주의적인 형식적 규칙들의 토대 위에서 자신들의우위를 방어한다. 따라서 그들은 정치적 논쟁을 벌일 때 형식적 규칙들의중요성을 옹호한다. 그들은 '극단적'이라고 부를 수 있거나 간주될 수 있는것은 무엇이든 본성적으로 두려워한다. 그러나 근대 정치에서 어떤 것이'극단적'인가? '인민주의적'(populist)이라는 명칭이 붙을 수 있는 것은 무엇이든 그렇다. 인민주의는 결과──입법상의 결과, 역할의 사회적 분배에서의 결과, 부(富)에서의 결과──라는 견지에서 사람들에게 호소한다. 자유주의 중도파는 파시즘의 위협이 임박했을 때처럼 드문 경우에 짧은 기간동안 대중시위운동의 정당성을 수용한 적이 있긴 하지만, 대부분 본능적으로 반인민주의적이었다.

인민주의는 보통 좌파의 게임이었다. 한 수준에서, 정치적 좌파는 전통적으로 인민주의자였거나 적어도 전통적으로 인민주의자 행세를 해왔다. 인민의 이름으로, 다수의 이름으로, 약자와 배제된 자들의 이름으로 발언한 것은 바로 좌파였다. 대중적인 감상을 동원하여 이를 정치적 압력의 형태로 이용하려고 반복적으로 노력해온 것도 바로 정치적 좌파였다. 그리고 자생적으로 이런 대중적 압력이 나타났을 때, 보통 정치적 좌파의 지도부는 달려들어 그것을 움켜잡았다. 민주주의자들은 배제된 자들을 포함하는 것을 우선해왔으며, 특히 유능한 사람들이 우세한 사회가 좋은 사회라는 자유주의자의 관념에 반대하였다.

또한 우익 인민주의도 있었다. 그러나 좌파가 행한 인민주의와 우파가 행한 인민주의는 완전히 동일한 게임이 아니다. 우익 인민주의는 결코 진정하게 인민주의적인 적이 없었는데, 그것은 우익이기 때문이며, 또한 인민이 추종자일 때를 제외하고는 인민을 전혀 신뢰하지 않는다는 우파의 개념적 특징 때문이기도 하다. 우익 인민주의는 실제로 전문가들에 대한 적대감을 사회복지에 대한 다소의 관심과 결합했지만, 언제나 그 토대는 거대한 배제주의——즉 종족체적으로 한정된 집단에게만 이 혜택을 주고 종종 전문가를 외부 집단의 구성원으로 정의하는 것——였다. 따라서 우리가 배제된 사람들을 포섭하는 것을 우선시하는 개념으로 민주주의 개념을 사용하고 있다는 의미에서 우익 인민주의는 전혀 민주주의적이지 않다.

우리가 뜻하는 민주주의는 사실 우익 인민주의와 상당히 대립하지만, 또한 우리가 뜻하는 자유주의와도 상당히 대립한다. 민주주의란 바로 전문가를 의심하는 것, 유능한 자들을 의심하는 것——그들의 객관성, 그들의 공평무사함, 그들의 공민적 덕성을 의심하는 것——을 뜻한다. 민주주의자들은 자유주의의 담론에서 새로운 귀족제를 위한 가면을 발견했으며, 이 새로운 귀족제가 어떻게든 기존 계서제의 패턴들을 대체로 항상 유지하게 되곤 하는 보편주의적 토대를 주장해왔다는 점에서 더욱더 유해하다고 보았다. 이렇게 자유주의와 민주주의는 서로 반목해왔으며, 철저히 상이한 경향들을 나타낸다.

이는 때때로 공개적으로 인정된다. 우리는 프랑스혁명의 유명한 슬로건에 관한 담론에서 그것을 발견한다. 이 담론에 대해 흔히들 자유주의자는 자유——개인의 자유를 의미한다——에, 민주주의자(또는 사회주의자)는 평등에 우선권을 둔다고 말한다. 내가 보기에 이는 그 차이를 설명하는 매우 잘못된 방식인 것 같다. 자유주의자는 단지 자유에 우선권을 두기만 하는 것이 아니다. 자유주의자는 평등에 반대하는데, 왜냐하면 그들은 평등 개념이 유의미할 수 있는 유일한 방식인 결과를 통해 측정된 어떠한 개념에도 강하게 반대하기 때문이다. 자유주의가 가장 유능한 자들의 박식한 판단에 기반을 둔 합리적인 정부를 옹호하는 한, 평등은 평준화하고 반지성적인, 불가피하게 극단주의적인 개념으로 나타난다.

그러나 민주주의자들이 비슷한 방식으로 자유에 반대한다는 것은 사실이 아니다. 결코 그렇지 않다! 민주주의자들이 거부해온 것은 둘 사이의 구분이다. 한편으로 민주주의자들은 평등에 기반한 체계 내에서가 아니라면 어떠한 자유도 있을 수 없다고 전통적으로 주장해왔는데, 왜냐하면 불평등한 사람들은 집단적인 결정에 참여할 수 있는 평등한 능력을 가질 수 없기 때문이다. 민주주의자들은 또한 자유롭지 못한 사람들은 평등할 수 없다고 주장해왔는데, 왜냐하면 이는 다시 사회적 불평등으로 번역되는 정치적 계서제를 뜻하기 때문이다. 최근 여기에 단일한 과정으로서 평등-자유(egaliberty 혹은 equaliberty)라는 개념적 명칭이 붙었다.[4] 다른 한편으로 오늘날 자칭 좌파 중 평등-자유를 기꺼이 자신들의 대중 동원의 주제로 삼

---

4) égaliberté에 대한 이론화로는 Etienne Balibar, "Trois concepts de la politique: Émancipation, transformation, civilité," in *La crainte des masses* (Paris: Galile 1997), 17~53면을 보라. (국내에 소개된 것으로는 에띠엔느 발리바르 「"인간의 권리"와 "시민의 권리": 평등과 자유의 근대적 변증법」, 『맑스주의의 역사』, 윤소영 엮음, 민맥 1991, 213~43면을 참고하라——옮긴이).

은 사람이 거의 없었다는 것은 사실이다. 멋대로 놓아두면 민중은 비합리적으로, 파시즘적이거나 인종주의적인 방식으로 행동할 것이라는 두려움 때문에 그랬는데, 자유주의자들이 절차와 능력을 주장하게 된 것도 완전히 똑같은 두려움 때문이었다. 우리가 말할 수 있는 것은, 좌파 정당의 형식적 위치가 어떻든간에 민주주의에 대한 대중적 요구는 끊임없다는 점이다. 실로 장기적으로 볼 때, 평등-자유의 수용을 거부해온 좌파 정당들은 자신들의 대중적 지지기반이 침식되었다는 것, 그리고 그들의 예전 토대에 따르면 이런 이유 때문에 그들이 '민주주의자'라기보다는 '자유주의자'로 분류된다는 것을 발견하였다.

자유주의와 민주주의의 긴장은 추상적인 쟁점이 아니다. 그것은 일련의 정치적 딜레마와 정치적 선택으로서 우리에게 끊임없이 되돌아온다. 두 차례의 세계대전 사이에 세계체계는 이런 긴장과 딜레마에 휩싸였고, 수많은 나라들에서 파시즘 운동이 부상했다. 우리는 이 시기의 중도파와 좌파 정치의 특징이던 망설임과 우유부단을 기억할 수 있다. 민족주의로 가장한 다양하고 파괴적인 인종주의가 부상하고, 서구세계 내에서 반이민, 반외부자의 수사학을 토대로 새로운 배제적 정치를 형성하려는 시도들이 나타나면서, 이러한 망설임은 1990년대에 또다시 눈에 띄게 심각해졌다.

동시에 포스트-1968년 시대에 배제된 사람들——이들은 집단 권리라는 견지에서 정치적 권리에 대한 자신들의 요구를 구상하고 있었다——의 운동이 크게 고조되면서 등장한 매우 다른 두번째 쟁점이 있다. 그것은 '다문화주의'에 대한 요청이라는 형태를 띠었다. 본래 그것은 주로 미국에서 쟁점이 되었지만, 이제는 오랫동안 자유주의 국가인 척해온 대부분의 다른 나라들에서도 논의하게 되었다. 이 쟁점은 프랑스인들이 사회의 르뼁화 (lepénisation, 프랑스의 우익 정당인 국민전선의 당수 르 뼁의 이름을 따서 만든 명사—옮긴이)라고 부르는 것에 반대한다는 쟁점과 종종 혼동되는데, 이 둘은 동일한 쟁점이 아니다.

이처럼 적 같은 형제의 관계는 오늘날 또다시 정치전술 논쟁의 한가운데 놓여 있다. 나는 우리가 그 수사학을 헤쳐나가지 못하면, 이 쟁점에 대한 어떤 유의미한 진보도 이룰 수 없을 것이라고 생각한다.

몇가지 당대의 현실들에서 시작해보자. 나는 1989년 이후의 상황에 네가지 기본요소——이것들이 필연적으로 그 안에서 정치적 결정들이 내려지는 한정요소들(parameters)을 형성한다는 의미에서 기본적인——가 있다고 생각한다. 첫째는 역사적 구좌파에 대한 세계적 규모의 깊은 환멸인데, 나는 이 구좌파에 공산당뿐만 아니라 사회민주당과 민족해방운동까지도 함께 포함한다. 둘째는 자본 및 상품운동에 대한 제약들을 탈규제화하는 동시에 복지국가를 해체하려는 대대적인 공세이다. 때때로 이러한 공세를 '신자유주의'라고 부른다. 셋째는 끊임없이 증가하고 있는 세계체계의 경제적·사회적·인구학적 양극화인데, 신자유주의적 공세는 이를 더 심화하겠다고 약속하고 있다. 넷째는 이 모든 것에도 불구하고 혹은 이 모든 것 때문에, 민주주의——자유주의가 아니라 민주주의——에 대한 요구가 근대 세계체계의 역사에서 그 어느 때보다도 더욱 강력하다는 사실이다.

내가 보기에 구좌파에 대한 환멸이라는 첫번째 현실은 시간이 경과하면서 구좌파가 민주주의를 위한 투쟁을 포기하고, 사실상 자유주의 강령을 추진했다는——유능한 사람들의 중대한 역할을 중심으로 자신들의 강령을 수립했다는 매우 단순한 의미에서——사실의 주된 결과이다. 확실히 그들은 누가 유능한 사람인지에 대해 최소한 이론적으로는 중도파 정당들과 다소 상이한 정의를 내렸다. 그러나 실제로 그들이 자신들의 유능한 사람들을 자유주의 담론상의 특권층과 매우 다른 사회적 배경으로부터 충원했는지는 확실하지 않다. 어쨌든 그들의 대중적 토대를 비교해볼 때 현실은 충분히 상이하지 않다고 판명되었고, 그 결과 이런 대중적 토대는 그들을 포기해왔다.[5]

신자유주의적 공세는 아마도 구좌파에 대한 이런 광범한 대중적 환멸 때문에 가능해졌을 것이다. 그것은 전지구화에 대해 본질적으로 틀린 수사학으로 자신을 위장했다. 경제적 현실은 결코 새롭지 않지만(자본주의 기업들이 세계시장에서 경쟁력을 갖추도록 하는 압력은 확실히 새로운 것이 아니다), 이 새롭다는 주장이 복지국가라는 역사적인 자유주의적 양보를 포기하기 위한 정당화로서 이용되었다는 점에서 그 수사학은 틀린 것이다. 바로 이런 이유 때문에 신자유주의는 사실 신판 자유주의로 간주될 수 없다. 그것은 자유주의에서 이름을 따왔지만 사실상 보수주의의 판본이며, 결국 보수주의는 자유주의와 다르다. 역사적 자유주의는 구좌파의 붕괴 이후 살아남을 수 없었다. 구좌파는 결코 역사적 자유주의의 지독한 원수가 아니라, 역사적 자유주의의 가장 중요한 사회적 지주였다. 구좌파가 필연적 진보라는 희망(과 환상)을 공급함으로써 오랫동안 위험계급들의 민주주의 압력을 봉쇄하는 결정적인 역할을 해왔다는 점에서 그렇다. 확실히 구좌파는 대부분 자신의 노력을 통해 진보가 달성될 것이라고 주장했지만, 이러한 주장은 점진주의적인 자유주의 테마의 변종일 뿐인 정책과 실천을 사실상 승인하였다.

구좌파가 몰락한 것은 특히 세계적 수준에서 그것이 실제로는 세계체계의 양극화를 억제할 수 없음이 드러났기 때문이었다. 이 기회를 이용하여 신자유주의는 신자유주의 강령이 이를 성취할 수 있다고 주장하면서 공세를 폈다. 사실상 신자유주의 강령이 놀라운 속도로 세계체계의 경제적·사회적·인구학적 양극화를 강화하고 있기 때문에 이는 신뢰할 수 없는 주장이다. 더군다나 이러한 최근의 공세는 더 부유한 국가들 내부에서의 양극

5) 이는 내가 주로 『자유주의 이후』의 제4부에서 자세히 다룬 주제이다. 나의 "Marx, Marxism-Leninism, and Socilaist Experiences in the Modern World-System," in *Geopolitics and Geoculture* (Cambridge: Cambridge University Press 1991) 84~97면과 이 책의 제1장도 참고하라.

화과정을 실제로 재생했는데, 복지국가는 상대적으로 오랜기간 동안 그리고 가장 현저하게는 1945~70년의 시기에 이 양극화과정을 묶어둘 수 있었다. 늘어난 양극화와 상관관계에 있는 것은 합법적 이민에 대한 입법상·행정상의 장벽이 늘 강화되어왔음에도 불구하고, 남으로부터 (오래된 이른바 동방을 포함해) 북으로 이민이 증가한 것이었다.

아마도 가장 중요한 것은 이 모든 것에도 불구하고라기보다는 이 모든 것 때문에, 민주주의적 감정의 힘이 전례 없이 거대하다는 점이다. 지구를 가로질러 작용하는 것으로 볼 수 있는 세 가지 특정한 요구에서 이런 힘을 관찰할 수 있다. 더 많은 교육시설, 더 많은 보건시설, 더 높은 최저소득이 그것이다. 나아가 수용할 수 있는 최소한의 임계점은 끊임없이 상승하지 결코 낮아지지 않는다. 이는 물론 복지국가를 해체한다는 강령과 심각하게 충돌해서 첨예한 사회적 갈등이 생길 가능성을 높인다——한편에서는 상대적으로 자생적인 노동자 동원의 형태로(예를 들어 프랑스에서 일어난 것과 같이), 혹은 다른 한편에서는 더 폭력적인 시민봉기의 형태로(폰지계획 파문에 뒤이어 최저임금이 심각하게 줄어든 결과 알바니아에서 일어난 것과 같이).

1848년에서 1968년까지 우리는 자유주의적 합의에 기반한 지구문화 속에서 살았고, 따라서 자유주의자들이 '민주주의'라는 용어를 영유하여 민주주의 제안자들의 유효성을 손상시킬 수 있었던 반면, 지금 우리는 예이츠(W. B. Yeats)의 세계——"중심이 지탱할 수 없다"——에 들어섰다.* 우리 앞에 놓인 문제는 더욱 양극적이다. 즉 평등-자유든지 아니면 자유도 아니

---

*이 싯구는 영국의 시인 예이츠(1865~1939)의 「재림」(The Second Coming)의 한 구절이다. 이 싯구가 포함된 시의 첫 연은 다음과 같다. "점점 넓어지는 소용돌이로 돌고 돌기에/매는 매부리를 들 수 없다;/만물이 떨어져나가, 중심이 지탱할 수 없다;/완전한 무질서 상태가 세상에 풀어진다/피로 흐려진 조수가 풀어져, 사방에서/순결의 의식이 익사한다;/선한 자는 모든 신념을 잃고, 반면 악한 자는/정열적 강렬함으로 넘쳐 있다."(『20세기 영시』, 이재호 옮김, 탐구당 1988, 138면).

고 평등도 아니든지. 모든 사람을 포함하려는 진정한 노력이든지 아니면 전지구적 인종차별 체계의 일종인 철저하게 분할된 세계로의 후퇴든지. 1848년부터 1968년까지 자유주의가 힘이 있었기 때문에 민주주의자들은 대체로 자유주의적인 전제들을 받아들이거나 아니면 정치적 부적실성을 선고받거나 사이에서 선택해야만 했다. 그들은 전자를 선택했고, 이것이 구좌파의 역사적 궤적을 묘사해준다. 그러나 오늘날에는 살아 남은 자유주의자들이 선택해야 한다. 대체로 민주주의적인 전제를 받아들이든가 아니면 정치적인 부적실성을 선고받든가. 우리는 오늘날 자유주의자와 민주주의자 사이의 두 가지 대논쟁——다문화주의와 르뻰화——을 좀더 자세히 고찰함으로써 이것을 살펴볼 수 있다.

다문화주의 논쟁에서 쟁점은 무엇인가? 국가 수준에서 그리고 세계 수준에서 정치적 참여, 경제적 보상, 사회적 인정, 문화적 정당성으로부터 현저하게 배제되어온 집단들——가장 두드러지게는 여성과 유색인종이지만 물론 다른 많은 집단들 또한——은 다음의 상이한 세 가지 방식으로 요구들을 제기해왔다. (1)그들은 역사적 결과물을 수량화해보고 나서, 그 수치가 치욕스러울 정도라고 말했다. (2)그들은 연구의 대상과 평판의 대상 그리고 '역사의 주체들'이라고 추정된 것을 검토하고 나서, 지금까지의 선택들이 심각하게 편향되었다고 말했다. (3)그들은 이런 현실을 정당화하는 데 이용된 객관성의 기준 자체가 틀린 지표이며 그런 현실을 낳은 주된 발생 요인이 아닐까 의심했다.

이런 요구에 대한 자유주의의 반응은, 결과물에 대한 요구란 할당을 두라는 요구이며, 이는 다시 만연한 평범함과 새로운 계서제로 귀결할 수 있을 뿐이라는 것이었다. 그들은 평판과 역사적 적실성이 선포되는 것이 아니라 객관적인 기준들로부터 추론된다고 주장했다. 그들은 객관성의 기준에 간섭하게 되면 완전한 주관성에 빠려들게 되어, 이로써 완전한 사회적 비합리성에도 빠려들게 된다고 말했다. 이것은 취약한 주장이긴 하지만,

더 모호하고 덜 자의식적인 정식들(formulations)로 다문화주의가 지니고 있는 실질적인 문제점들을 지적하기도 한다.

모든 다문화주의의 주장들이 안고 있는 문제점은 그러한 주장들이 자기 한정적이지 않다는 점이다. 첫째로, 집단들의 수가 자체적으로 한정되지 않아서 실로 무한히 확대될 수 있다. 둘째로, 그 주장들은 역사적 부정(不正)의 계서제에 대한 해결할 수 없는 논쟁을 낳는다. 셋째로, 한 세대 내에서 조정이 이루어지더라도, 그것이 그 다음 세대에도 지속될 것이라는 어떠한 보증도 없다. 그렇다면 매 X년마다 재조정이 이루어져야만 하는가? 넷째, 그러한 주장들은 부족한 자원들, 특히 분할 불가능한 자원들을 어떻게 할당해야 하는가에 대한 어떠한 실마리도 주지 않는다. 다섯째, 다문화주의적 할당이 결국 평등주의적으로 될 것이라는 어떤 보증도 없는데, 왜냐하면 그러한 주장들은 사실 특권을 얻게 될 유능한 사람들의 집단에 속할 수 있는 구성원의 자격에 대한 새로운 기준들을 지정하는 결과만 초래할 수도 있기 때문이다.

이렇게 말하고 나면, 우리가 현재 살고 있는 심각하게 불평등한 세계에서 그런 반다문화주의적 주장들이 얼마나 자기이익을 도모하고 있는지 어렵지 않게 알 수 있다. 반-PC* 평론가들의 과대선전과 아우성에도 불구하고, 결코 우리는 이미 다문화주의적 현실들이 지배하는 세계에 살고 있지 않다. 우리는 역사적 불공정에 대해 간신히 조금 손대기 시작하고 있을 뿐이다. 여기저기에서 주변적인 개선이 있었다 하더라도, 흑인, 여성, 그외 많은 타자들은 아직도 불리한 상태에 있다. 진자를 반대쪽으로 돌리라는 요구는 확실히 너무 이른 것이다.

실제로 더 적절한 것은 우리를 막다른 골목에 몰아넣지 않고서 올바른 방향으로 끊임없이 진전시켜줄 구조와 과정을 어떻게 건설할 수 있을지 진

---

*PC란 정치적 올바름(Political Correctness)의 약어이다. PC운동은 다문화주의를 주창하는 운동으로, 성차별이나 인종차별에 기반한 발언이나 활동에 저항하는 활동이다.

지하게 탐구하기 시작하는 것이다. (이렇게 하면 막다른 골목에 몰릴지도 모른다고 자유주의자들이 두려워하는 것은 당연한 일이다.) 분명히 지금은 자유주의자들이 아무리 강건한 지적 전통을 지니고 있더라도 사멸해가는 종(種)으로서, 바깥에서 트집을 잡거나 비난을 퍼붓는 대신에 팀의 일부로서 그들의 지혜를 이용해야 할 때이다. 간단한 예를 하나 들면, 앨런 쏘칼 (Alan Sokal) 같은 사람이 어리석은 과도한 행동을 폄하함으로써 근원적인 쟁점들에 대한 논의를 더 어렵게──덜 어렵게가 아니라──만드는 대신, 지식의 구조들에 대해 실질적인 질문들을 제기한 사람들과 협력적 논의를 시작했더라면 참으로 더 유용하지 않았을까?

명심해야 할 것은 배제라는 문제이며, 이 문제가 근대세계체계의 이른바 진전에 의해 전혀 해결되지 못했다는 사실이다. 달라진 것이 있다면 오늘날이 어느 때보다 더 나쁘다는 것이다. 그리고 민주주의자들은 배제와 싸우는 것을 우선시하는 사람들이다. 포섭이 어려운 일이라면, 배제는 비도덕적인 일이다. 그리고 좋은 사회를 추구하고, 합리적 세계의 실현을 추구하는 자유주의자들은 베버의 형식적 합리성과 실질적 합리성 간의 구분을 명심해야 한다. 형식적 합리성은 문제해결적이지만 영혼을 결여하고 있고, 따라서 궁극적으로 자기파괴적이다. 실질적 합리성은 대단히 정의하기 어렵고 자의적 왜곡으로 기울기 쉽지만, 궁극적으로 좋은 사회란 도대체 무엇인가를 묻는다.

우리가 불평등한 세계에 살고 있는 한, 즉 우리가 자본주의 세계경제 속에서 살고 있는 한, 다문화주의는 사라지지 않을 쟁점이다. 나는 이 세계의 수명이 다른 것들보다 훨씬 짧을 것이라고 생각하지만, 심지어 내 견해로도 우리의 현 역사적 체계가 완전히 붕괴하려면 앞으로 50년 정도 걸릴 것이다.[6] 이 50년 동안의 쟁점은 바로 현재의 역사적 체계를 대체해 우리가

6) 자세한 논의로는 『이행의 시대』 중 내가 집필한 8장과 9장을 보라.

어떤 종류의 역사적 체계를 건설할 것인가 하는 점이다. 그리고 바로 여기서 르뻥화의 쟁점이 등장한다. 왜냐하면 평등-자유를 극대화하려는 관점에서 볼 때, 인종주의적이고 배제적인 운동들이 점점 그 역할을 확대하여 공적인 정치적 논쟁에 의제를 제시할 수 있는 세계는 결국 우리의 현재 구조보다 훨씬 더 나쁜 구조를 갖게 될 수도 있는 세계이기 때문이다.

프랑스의 국민전선(FN)*의 구체적인 사례를 들어보자. 이것은 유능함과 포섭 모두에 반대하는 운동이다. 따라서 그것은 자유주의자와 민주주의자 양자 모두의 원칙과 목표를 거스른다. 문제는 그것에 대해서 무엇을 해야 하는가이다. 그 힘의 연원은, 상대적으로 권력을 지니지 못했지만 상이한 계급적 지위에 걸쳐 있는 사람들 사이에 널리 퍼져서 나타나는 그들의 개인적·신체적·물질적 안전에 대한 불안감이다. 이 사람들에게는 이런 공포에 대한 현실적 토대가 있다. 그런 운동들이 다 그렇듯이 국민전선은 세 가지를 제공한다. 억압적인 국가를 통해 더 많은 신체적 안전을 약속하고, 신자유주의와 복지국가를 결합하는 애매한 프로그램을 통해 더 많은 물질적 안전을 약속하고, 그리고 무엇보다도 사람들이 겪는 곤경에 대한 가시적인 희생양을 설명해준다. 국민전선의 사례에서 희생양은 무엇보다 '이주자들'——모든 비서구 유럽인들(모두 백인이 아닌 사람들로 규정된다)을 의미하는 데 사용하는 용어——이며, 여기에 여성의 고유한 역할이라는 주

---

*국민전선(Front National)이란 프랑스의 극우민족주의 정당을 말한다. 주요정책은 이민의 중지, 노동조합의 권리 축소, 경찰 지원, 테러리즘과 마약 부정거래자에 대한 사형 실시, 해외영토에 대한 프랑스의 지위 유지, 국가의 경제제한 폐지 등이다. 1972년 르뻥(J.-M. Le Pen)의 주도하에 다양한 우익 분파들이 통합됨으로써 창설되었다. 초기에는 지지율도 낮았고, 르뻥의 대통령 출마가 좌절되는 등 세력이 크게 확장되지 못했다. 그러나 좌파가 승리한 1981년 선거 이후 당의 위상을 우파 야당으로 정립하고, 1983년 지방선거에서 프랑스 공화국연합(RPR)과 협력함으로써 시련기를 벗어나기 시작했다. 1984년 유럽의회선거에서 10.9%의 득표율과 10석의 의석을 차지함으로써 처음으로 성공을 거두었고, 1986년 선거에서는 35석의 의석과 9.7%의 득표율을 획득했다. 이후 1994년 유럽의회선거에서도 10%가 넘는 지지율을 얻었다.

장이 덧붙는다. 가끔씩 조심스럽게 끼여들지만 프랑스의 반인종주의 법들을 피해가기 위해 눈에 잘 띄지 않게 나타나는 두번째 희생양은 똑똑하고 부유한 유대인들, 코즈모폴리턴 지식인들, 기성 정치엘리뜨들이다. 간단히 말해 희생양은 배제된 자들과 유능한 자들이다.

오랫동안 국민전선에 대한 반응은 피해가려는 것이었다. 보수주의자들은 배제라는 테마를 희석하여 채택함으로써 국민전선의 유권자들을 되찾으려 노력했다. 프랑스공화국연합(RPR) 내에 있거나 프랑스민주동맹(UDF)* 내에 있거나, 아니면 사회당 내에 있는 중도파 자유주의자들은 국민전선을 무시하면 그것이 점차 사라질 것이라는 희망을 품고서 처음에는 국민전선을 무시하려 했다. 배제주의에 반대하는 동원은 (SOS-인종주의 같은) 한줌의 운동들과 몇몇 지식인들 그리고 물론 공격받고 있는 공동체 구성원들에게 남겨졌다. 1997년에 국민전선이 비트롤르(Vitrolles)의 지방선거에서 처음으로 압도적 다수를 차지하자, 비상벨이 울렸고 전국적 동원이 일어났다. 정통 보수주의자와 중도 자유주의자로 분열되어 있던 정부는 제안된 반이민 입법에서 악명높은 한 가지 조항만을 삭제하고 나머지는 채택했다. 간단히 말해 국민전선의 유권자들을 되찾으려는 정책이 대체로 우세하였다.

민주주의자들의 강령은 무엇이었는가? 기본적으로 이미 프랑스에 살고 있는 모든 사람에게 권리를 부여함으로써 이들을 프랑스사회로 어떻게든 '통합해야' 한다고 주장한 것과 모든 억압적인 입법에 반대한다는 것이었

*프랑스공화국연합(RPR)은 프랑스의 드골파 정치집단을 말한다. 드골파는 1976년 12월 임시대회에서 종래의 조직명칭인 '공화국민주연합'(UDR)을 '공화국연합'(RPR)으로 개칭하고 자끄 시라끄를 초대 총재로 선출하였다. '프랑스민주동맹'(UDF)의 지스까르데스땡이 대통령이 되면서 중도개혁노선을 추진함에 따라 강경보수세력인 드골파는 퇴조경향을 나타냈다. 당시의 총리 시라끄는 사회당과 공산당의 좌파연합과 대결할 것을 주장하고, 지스까르데스땡의 보수체제로부터의 이탈을 비난하며 1976년 8월 총리직을 사임하였다. 1981년 사회당의 대통령 미떼랑이 취임한 이후 1986~88년의 좌우동거 정부에서는 시라끄가, 1992년부터 시작된 제2차 좌우동거 정부에서는 공화국연합의 발라뒤르가 총리를 지냈다.

다. 그러나 이것이 이미 프랑스에 살고 있는 모든 사람들과 아마도 선의의 난민에만 적용된다는 핵심적 맥락은 숨어 있다. 실제로 북의 나라들 사이에서는 개인이 국경을 넘어 이동하는 데 대한 제한이 이미 사라지고 있으며, 역사적으로도 20세기까지 세계의 대부분에서 그런 제한이 없어지고 있었음에도 불구하고, 개인이 국경을 건너 이동하는 데 대한 **모든** 제한을 제거해야 한다고 감히 제안하는 사람은 아무도 없었다. 물론 그렇게 침묵한 이유는 프랑스 민주주의자들조차 그런 입장을 취하면, 노동자계급 성원들에 대한 국민전선의 장악력이 높아질까 두려워했기 때문이었다.

그러나 내가 이런 '극단적인' 가능성을 제기하는 이유는 바로 이것이 쟁점을 잘 보여주기 때문이다. 만일 배제가 쟁점이라면, 왜 배제에 대한 투쟁이 국경 내에 머물러야만 하고 전세계에 걸치면 안되는가? 만일 유능함이 쟁점이라면, 왜 유능함이 국경 내에서만 규정되고 전세계에 걸치면 안되는가? 그리고 만일 우리가 탈규제의 미덕을 주장하는 보수주의, 이른바 신자유주의의 관점을 취한다면, 왜 민중의 운동 또한 탈규제의 대상이 되어서는 안되는가? 그런 쟁점들이 분명히 그리고 전면에 제기되지 않는다면, 프랑스에서도 다른 어떤 곳에서도 인종주의적이고 배제주의적인 운동들이 억제되지는 못할 것 같다.

자유주의자와 민주주의자의 관계로 돌아가보자. 나는 자유주의자들이 유능함을 변호했다고 말했다. 나는 민주주의자들이 배제와 싸우는 데 우선순위를 두었다고 말했다. 왜 둘 다 하지 않느냐고 말하기는 쉬울 것이다. 그러나 둘 다 똑같이 강조하기는 쉽지 않다. 유능함은 정의상 배제를 거의 핵심적으로 포함한다. 유능함이 있다면 무능함도 있다. 포섭의 핵심은 모든 사람의 참여에 똑같은 무게를 두는 것이다. 정부와 모든 정치적 의사결정 수준에서 두 테마는 거의 불가피하게 모순에 이르게 된다. 형제는 적이 되는 것이다.

자유주의자들에게는 전성기가 있었다. 오늘날 유능함도, 포섭도 원하지 않는 사람들의 귀환, 간단히 말해 모든 세계들 중에서 최악의 세계가 우리를 위협하고 있다. 우리가 그들의 출현을 막는 장벽을 세우고 새로운 역사적 체계를 구성하려면, 그것은 포섭의 토대 위에서만 가능하다. 이제 자유주의자들이 민주주의자들을 따라야 할 때이다. 만일 그들이 이렇게 한다면, 여전히 유익한 역할을 맡을 수 있다. 자유주의자들은 민주주의자들에게 어리석고 조급한 다수의 위험들을 계속해서 상기시킬 수 있겠지만, 집단적 결정을 내릴 때 다수의 근본적 우위를 인정하는 맥락 속에서만 그럴 수 있을 뿐이다. 게다가 자유주의자들은 물론 개인의 선택과 변이에 최선으로 남겨놓아야 할 문제들을 집단적 결정의 영역에서 떼어내자고 끊임없이 요구할 수 있으며, 그런 문제들은 굉장히 많다. 이러한 종류의 자유론(libertarianism)은 민주적인 세계에서 매우 유익할 것이다. 그리고 물론 우리는 유능함보다는 포섭을 앞에 놓고서 주로 정치적 싸움터에 대해 이야기할 것이다. 우리는 유능함이 작업장이나 지식의 세계에서 쓸모없다고 주장하고 있는 것이 아니다.

부자와 지식인의 관계에 대한 오래된 농담이 있다. 이런 식이다. 부자가 지식인에게 말한다. 당신이 그렇게 똑똑하다면, 당신은 왜 부자가 아닙니까? 대답은 다음과 같다. 당신이 그렇게 부자라면, 당신은 왜 똑똑하지 않습니까? 이 농담을 약간 바꿔보자. 자유주의자가 민주주의자에게 말한다. 당신이 다수를 대표한다면, 당신은 왜 유능하게 지배하지 못합니까? 그 대답은 다음과 같다. 만일 당신이 그렇게 유능하다면, 당신은 왜 다수가 당신의 제안에 동의하도록 만들 수 없습니까?

제7장

무엇으로의 통합인가? 무엇으로부터의 주변화인가?

요즘 '통합'과 '주변화'는 둘 다 현대사회구조에 대한 공개토론에서 널리 사용되는 단어이다. 두 단어 모두 '사회'라는 개념에 암묵적으로 전거하고 있는 한, 이는 사회과학 기획에 핵심적인 개념이기도 하다. 사회과학 내에서 그 논의가 지닌 문제점은 사회라는 개념이 우리 분석의 토대에 있음에도 불구하고 동시에 이것이 대단히 모호한 용어라는 점인데, 이 때문에 통합과 주변화에 대한 논의에 혼동을 유발한다.

나는 사회라는 개념이 아주 오래되었다고 가정하는데, 이는 아마 적어도 1만년 동안——그 이상은 아니라 해도——사람들이 자신이 살고 있는 세계에 대해 두 가지를 알고 있었다는 점에서 그렇다. 사람들은 보통 인근에 살고 있는 다른 사람들과 일상적으로 상호작용을 한다. 그리고 이 '집단'은 이런 사람들이 고려하는 규칙들을 지니고 있으며, 이는 사실 여러가지 방

●1997년 6월 13~15일 코펜하겐(Copenhagen)에서 개최된 '통합과 주변화'라는 제목의 제9회 북유럽 사회학대회의 기조연설.

식으로 세계에 대한 사람들의 의식을 형성한다. 그러나 그런 집단들의 구성원은 항상 지구상에 살고 있는 인간 전체에는 미치지 못하며, 따라서 그 구성원들은 항상 '우리'와 '타자들'을 구분한다.

인간들이 그들 자신의 '사회'에 대해 창조해내곤 하는 고전적 신화는 먼 옛날에 신들이 아무튼 그들의 특정한 사회를 창조해냈고——보통 특별히 창조해냈고——현재 사회구성원들은 이렇게 선택된 원집단의 후손이라는 내용을 담고 있다. 그런 신화의 이기적인 특성을 제외하면, 이 신화는 혈족적 연속성을 함의한다.

물론 우리는 어떤 집단도 그런 방식으로 완벽하게 작동한 적이 없다는 의미에서 혈족적 연속성이란 완전히 글자 그대로의 신화라는 것을 알고 있다. 그리고 우리는 특히 근대세계가 그렇다는 것을 알고 있다. 그래서 집단 외부의 사람들이 이런저런 방식으로 집단 내로 진입하려고 끊임없이 시도하고 있거나 집단 내로 끌려들어오고 있기 때문에 우리는 통합에 대해 이야기하고 있는 것이다. 그리고 또다른 사람들은 집단으로부터 철수하려고 끊임없이 시도하고 있거나 집단 밖으로 밀려나고 있기 때문에 우리는 주변화에 대해 이야기하고 있는 것이다.

근본적인 지적 문제점은 우리가 우리의 '사회'라고 동일시할 수 있는 것에 대해, 따라서 그런 사회로의 통합과 그런 사회로부터의 주변화가 무슨 의미일 수 있는지에 대해 세계체계가 상당한 혼동을 빚어냈다는 점이다. 실제로 적어도 지금까지 두 세기 동안 주권국가의 경계 안에, 또는——기존의 것이든 아니면 창조되어야 하는 것이든——어떤 주권국가의 경계여야 한다고 때때로 생각하고 있는 것 안에 자리잡고 있는 집단을 가리켜 우리가 '사회'라는 단어를 사용해왔다는 것은 매우 분명하다. 이제 그런 국가경계에 따른 집단들의 선조가 누구든간에, 그런 집단들은 연속성 있는 혈족집단과 유사성이 거의 없다.

실로 지난 두 세기 동안 대부분의 주권국가들의 원칙 중 하나는 이 국가들이 민족집단(ethnos)이 아니라 일반민중(demos)인 '시민들'로 구성되며, 따라서 특성상 문화적이라기보다는 법적인 범주를 표상한다는 점이었다. 더구나 '시민'이라는 범주의 지리적 윤곽은 결코 자명하지 않다. 즉, 이 범주는 어떤 특정한 싯점에 정해진 주권국가의 거주민과 완벽하게 일치하지는 않는다. 국가 안에 있는 어떤 사람들은 시민이 아니며, 국가 밖에 있는 어떤 사람들은 시민이다. 게다가 국가들은 시민권의 획득(과 상실)에 대한 아주 다양한 법규들을 갖고 있는 반면, 모든 국가는 비시민의 영토 내 진입(이민)과 비시민 거주자의 법적 권리들을 관리하는 법규들을 지니고 있다. 더구나 이민(입국과 출국)은 근대세계체계에서 예외적 현상이 아니라 지속적(그리고 비교적 규모가 큰) 현상이다.

시초에서부터 시작해보자. 근대세계체계는 장기 16세기에 건립되었고, 그 최초의 지리적 경계에는 유럽 대륙 대부분과 아메리카 대륙 일부가 포함되었다. 이 지리적 지대 내에서 자본주의 세계경제 형태를 띤 기축적 분업이 성장하였다. 이와 더불어 이런 종류의 역사적 체계를 지탱하는 제도적 틀이 성장하였다. 그런 제도적 요소 중 하나로서 아주 핵심적인 것이 이른바 주권국가의 탄생이었는데, 이 주권국가는 국가간체계 내에 자리잡고 있었다. 물론 이는 사건이 아니라 과정이었다. 역사가들은 이 과정을 15세기 말에 신군주와 더불어 진행된 유럽 내의 국가 형성, 르네쌍스 시기 이딸리아 도시국가에서 비롯된 외교의 등장과 그 규칙들, 아메리카 대륙 및 여타 지역에서의 식민지체제 수립, 1557년 합스부르크 세계제국의 붕괴, 그리고 베스트팔렌 평화조약에서 정점에 이른 30년전쟁과 국가통합 및 국가간체계 질서를 위한 새로운 기반의 형성 등을 논의하면서 서술하고 있다.

그러나 이런 국가 건설과정은 역사적 자본주의의 발전과 분리된 과정이 아니라 그 이야기의 핵심부분이다. 자본가들은 그런 주권국가 수립의 덕을 많이 보았고, 주권국가로부터 다양한 써비스를 얻어냈다. 재산권의 보호, 보호지대의 공여,[1] 상당한 이윤을 남기는 데 필요한 의사-독점의 창출, 다른 나라에 자리잡은 경쟁 기업가들의 이익보다 자신들의 이익을 상위에 두는 것 그리고 안전을 보장하기 위한 충분한 질서의 제공 등이 그것이다.[2] 물론 이런 국가들은 동등한 힘을 지니지 않았는데, 바로 이런 불평등 때문에 더 강한 국가가 그들의 기업가들에게 더 잘 봉사할 수 있었다. 그러나 이런 분업이 포괄하는 경계 내에 국가가 관할하지 않는 땅은 없었으며, 따라서 어떤 제1의 국가 권위에 복속되지 않은 개인 또한 없었다.

16~18세기에 이르는 시기는 이런 체계의 제도화로 특징지어졌다. 이 시기에 주권행사에 대한 최초의 주장은 이른바 절대군주의 이름으로——나중에 몇몇 국가에서는 통치자가 주권적 권력의 행사를 입법부나 행정부와 공유하라는 압력을 받기는 했지만——제기되었다. 그러나 우리는 아직 극소수 인구보다는 많은 사람들에게 유의미한 투표의 특권이 돌아가는 시대나 여권과 비자의 시대, 또는 이민통제의 시대에는 들어서지 않았다. 주민 대중은 '신민'(subjects)이었으며, 어떤 종류의 세습권을 지닌 신민과 그렇지 못한 신민 사이의 구분은 거의 제기되지 않았고 그다지 의미도 없었다. 17세기에는 말하자면 브르똥(Breton)에서 빠리로 이주한 사람과 라인란트(Rhineland)*에서 라이덴(Leyden)*으로 이주한 사람(후자는 눈에 잘 띄지 않는 국경을 넘은 사람들이며 전자는 그렇지 않다) 사이에 일상생활상의 법적·사회적 차이를 구분하기 힘들었다.

프랑스혁명은 신민을 시민으로 전화함으로써 이 상황을 변환시켰다. 프

1) Frederic Lane, *Profits from Power* (Albany: State University of New York Press 1979)를 보라.
2) 나는 국가와 기업가 사이의 역사적 관계를 앞의 4장에서 서술하였다.
*라인란트는 독일 라인강 연변의 지명으로 좁은 뜻으로는 라인강 중류의 좌안에 전개된 옛 프로이쎈령(領) 라인주를 가리키나, 넓은 뜻으로는 라인강을 중심으로 양쪽에 널리 펼쳐져 있는 지역 일대를 말한다.
*라이덴은 네덜란드 서부 조이트홀란트주의 도시로 면적은 84km², 인구는 약 19만 5천명(1995)에 이른다. 헤이그 북동쪽 약 16km지점에 있다. 네덜란드에서 가장 오래된 도시이며, 문화중심지의 하나이다.

랑스로서나 자본주의 세계체계 전체로서나 이제 되돌아갈 수는 없다. 국가는 정치적 주장을 형성한 대집단에 대해 이론적으로 그리고 어느정도는 실제적으로 책임지게 되었다. 19세기와 20세기에 이런 정치적 주장의 실행 속도는 매우 느렸고 사실 매우 불균등했지만, 수사학적으로는 분명한 승리였다. 그리고 수사학은 중요했다. 그러나 시민이 생겨나자 비시민 또한 생겨났다.

신민을 시민으로 전화한 것은 위와 아래로부터 동시에 압력이 행사된 결과였다. 민주화에 대한 요구라고도 부를 수 있는, 통치에 참여하겠다는 대중의 요구는 끊임없이 그리고 가능한 모든 방식으로 표출되었다. 이것이 저력으로 작용하여 인민주의와 혁명적 고조가 나타났다. 이런 주장을 편 사람들은 정기적으로 억압받았다. 그러나 그 개념은 즉각 모습을 드러내기에는 자주 취약했을지라도, 항상 성장 잠재력을 지니고 있는 유충의 형태로 살아남았다.

이른바 위험계급들의 이런 요구에 대해 장기간의 성공을 거둔 대응은 19세기에 자본주의 세계체계의 승리에 찬 이데올로기인 자유주의의 정치강령이었다. 자유주의자들은 합리적 개혁, 신중한 양보, 점진적인 제도변화라는 강령을 제안했다. 19세기 자유주의의 강령은 주요한 세 구성요소를 포함했는데, 참정권, 재분배 그리고 민족주의(nationalism)가 그것이었다.[3] 참정권의 핵심은 그 국가의 더욱더 많은 거주자에게 투표권을 주는 것이었다. 20세기가 되면 성인남녀(범죄자와 정신병자 같은 특정범주의 예외가 있다)의 보통선거권은 규범이 되었다. 재분배의 핵심은 국가가 선포하고 국가가 강제하는 최저임금선과 국가가 관리하는 사회보장 및 복지 급부였는데, 이른바 복지국가라는 이 강령은 적어도 부국에서는 20세기 중반에 이르러 규범으로 자리잡았다. 강령의 세번째 요소인 민족주의의 핵심은 자

---

3) 이 강령의 역사적 진화와 그 사회적 토대에 대해서는 나의 『자유주의 이후』 제2부에 자세히 분석되어 있다.

기 국가에 대한 애국적 일체감의 창출이었는데, 일차적으로 다음 두 제도가 이를 체계적으로 전달해주었다. 초등학교(이것도 20세기 중반에 이르러 사실상 보편적으로 되었다)와 병역(대부분의 나라에서 적어도 남성의 병역참여는 평화시에조차 규범이 되었다)이 그것이었다. 집단적인 민족주의적 의례들 또한 도처에서 아주 흔한 일이 되었다.

이 세 가지 주요한 정치제도—참정권, 복지국가 그리고 민족주의적 의례/감정—각각을 살펴보면, 우리는 즉각 20여년 전까지 작동해오던 시민/비시민 구분에 적실성이 있음을 발견하게 될 것이다. 시민들만이 투표권을 지녔다. 아무리 오랫동안 그 나라에 살았더라도 비시민에게 투표권을 허용하는 것은 생각할 수도 없는 일이었다. 국가가 관리하는 복지급부는 모든 경우에 그렇지는 않더라도 보통은 시민과 비시민을 구분했다. 그리고 물론 민족주의적 의례/감정은 시민들의 영역이었고 비시민은 이로부터 배제되었으며, 그 결과 특히 국가간 긴장이 고조되는 시기에 이들은 도덕적으로 수상한 사람으로 취급받았다.

이 세 제도가 개별 국가의 제도로 발전했을 뿐 아니라—비록 병행적인 방식이긴 했지만—그에 따라 시민들은 그들 자신의 국가를 형성하고 강화하는 과정에서 중심적 위치에 서는 특권을 갖게 되었다. 국가들이 '국부'를 위한 국가간 경쟁에 연루되어 있었고 시민의 특권은 국가의 성취에 의존하는 듯이 보였기 때문에, 시민권은 적어도 모든 GNP 계서제 중 상위 1/4 국가들에서는 확실히 예외적 특권으로 간주되었다. 더욱이 이들 국가는 그 시민들에게 아주 특별한 것으로 보였는데, 이는 시민권의 혜택을 입은 사람들에게는 있을 법한 일이었다.

이렇게 시민권은 아주 귀중한 것, 결과적으로 타자들과 적극적으로 공유하고 싶지 않은 것이 되었다. 한 국가의 시민권을 몇몇 애타는 지원자들에게 분배할 수도 있었겠지만, 일반적으로 저장해두는 편이 이득이었다. 이는 시민들이 이 특권을 얻기 위해 내부적으로(그리고 대외적으로) 투쟁해왔으며, 이 특권이 그들에게 제공된 단순한 시혜가 아니라고 믿는 한 더욱 사실이었다. 시민들은 그들이 도덕적으로 시민권을 얻을 만하다고 느꼈다. 이처럼 하나의 개념으로서 시민권이 아래로부터 위로의 요구를 구성했다는 사실 때문에 시민권은 위험계급을 위로부터 아래로 길들이는 기제로서 훨씬 더 효과적일 수 있었다. 모든 국가의례가 한데 뭉쳐서 '민족'이란 어떤 사람이 소속된 유일한 사회라는, 또는 유일한 사회가 아니라면 가장 중요한 사회라는 믿음을 강화했다.

시민권은 다른 모든 종류의 갈등들——계급갈등; 인종·종족체·성차·종교·언어 등에 따라 정의된 집단이나 계층과 '민족/사회' 외의 다른 사회적 범주에 따라 정의된 집단이나 계층 사이의 갈등——을 지워버리거나 적어도 모호하게 만들었다. 시민권은 민족적 갈등을 전면에 부상시켰다. 시민권은 국가 내에서 통합되도록 계획되었고 실제로 이 목적을 잘 수행했는데, 이는 무엇보다 시민권이 특권을 부여했거나 적어도 그렇게 보였기 때문이었다. 시민 개념은 일반적으로 근대세계체계 내에서 대단한 안정화 요소였다. 그것은 국가 내 혼란을 감소시켰으며, 국가간 혼란의 수준을 그것이 없었을 때 있었을 법한 수준보다 상당히 높였다고는 할 수 없다. 그것은 안정화 개념이었을 뿐 아니라 핵심적인 것이기도 했다. 국가의 입법과 행정이 시민의 범주에 얼마나 의존하고 있는지 알려면 근대국가의 법률적 버팀목을 살펴보기만 하면 된다.

그럼에도 불구하고 시민 개념 때문에 난점이 발생했는데, 왜냐하면 끊임없는 노동력의 물리적 이동, 즉 이민이라는 필수요건이 자본주의 세계경제의 사회경제적 토대 중 하나였기 때문이다. 이민은 무엇보다 경제적 이유 때문에 필요하다. 경제활동의 입지가 계속 교체되고 인구학적 규준이 불균등하게 분포되어 있기 때문에 특정 노동자들에 대한 국지적 공급과 수요가 일치하지 않는 것은 불가피하다. 이런 일이 생길 때마다 특정한 유형의 노동이민이 일부 노동자와 일부 고용주의 이익을 분명히 만족시킨다. 따라서 그것이 발생할 개연성은 높은데, 그 빈도는 법률적 제약(과 이 제약을 피할 수 있는 실질적 가능성)에 따라 달라진다. 국지적인 노동력 공급과 수요 사이의 불일치를 단순히 절대적인 노동력 총량으로 계산할 수는 없다. 동일한 작업에 대해 상이한 집단의 노동자들이 매기는 자신의 가격수준은 상이한 경향이 있다. 이것이 바로 '역사적 임금'이 의미하는 바이다. 따라서 어떤 국지적 지역에서 임금을 받는 일자리를 찾는 사람들이 어떤 종류의 저임금 작업을 거부하기 때문에 고용주들이 자신의 요구를 채우기 위해 잠재적 또는 현재적 이민들에게 눈을 돌리는 일이 일어날 가능성은 매우 높다.

그래서 시민권이 소중한 것이며 '보호주의적' 감정을 유발한다는 사실에도 불구하고, 이민은 근대세계에서 끊임없이 되풀이되는 현상이다. 이는 근대세계체계의 시초부터 줄곧 사실이다. 나는 어떻게 정의하든 오늘날 전체 인구에서 차지하는 이민의 비율이 이전 세기들에 비해 실제로 양적으로 더 큰지—수송설비의 개선에도 불구하고—확신하지 못한다. 그러나 확실히 이는 정치적으로 더 잘 눈에 띄고 논란거리가 되고 있는 현상이다.

'이민'이라는 용어의 의미를 변화시킨 것은 바로 시민 개념이다. 농촌지역이나 작은 소읍을 떠나 50km 떨어진 대도시에 이주한 사람은 5천 km 떨어진 대도시에 이주한 사람만큼의 거대한 사회적 변환을 거치게 될 것이다. 또는 이 이야기가 더이상 20세기말의 많은 나라에 해당되지 않는다 하더라도, 적어도 1950년까지는 아마 거의 모든 곳에 해당되는 이야기였을 것이다. 차이점이 있다면 5천 km 이민은 국경을 넘어서게 되겠지만, 50km 이민은 그렇지 않을 것이라는 점이다. 그리하여 전자는 법적으로 이민(고로 비시민)으로 규정되지만, 후자는 그렇지 않다.

상당수의 이민들은 그들이 이주한 장소(또는 적어도 국가)에 체류하는 경향이 있다. 그들은 새로운 장소에서 태어난 자녀들을 둘 텐데, 흔히 이들은 그들 부모의 출생지의 문화적 산물이 아니라 그들 자신의 출생지의 문화적 산물이다. 통합이라는 문제를 논의할 때, 보통 이야기하는 것은 바로 이런 장기적 이민들과 그들 자녀의 통합이다. 그 나라에서 태어난 사람의 시민권에 대해 수용국들은 다양한 법규를 갖추고 있는데, 여기에는 미국과 캐나다의 속지법(jus soli)에서 일본의 속인법(jus sanguinis)과 독일의 수정된 형태까지가 있고, 그 사이에 상이한 가능성들이 연속적으로 놓여 있다.

통합이란 문화적 개념이지 법적 개념은 아니다. 통합이라는 개념은 사람들이 받아들여 거기로 통합되어야 하는 어떤 문화적 규범이 있다는 것을 가정한다. 대체로 단일언어 국가와 단일종교 국가에서는 이런 규범이 상대적으로 명백하고 지나치게 강요적이지는 않은 것 같다——비록 그런 국가에서도 이런 규범적 패턴에서 일탈하는 '소수자들'이 늘 발견되지만 말이다. 그럼에도 불구하고 더욱 '잡색의' 인구구성을 지닌 국가들에는 지배적인 규범이 존재하는데, 이는 더욱 오만하고 파괴적인 듯하다. 미국을 예로 들어보자. 공화국을 건립할 당시 시민권의 문화적 규범은 영어를 말하는 신교도로서 네 가지 교파(성공회·장로교·감리교·조합교회파) 중 하나에 속하는 사람이라는 것이었다. 물론 이런 정의는 상위계층에 해당하는 것이었지만, 중간계층과 하위계층의 일부도 포함했다. 서서히 이 정의가 확장되어 신교의 다른 교파들까지 포함하게 되었다. 로마 가톨릭과 유대인이 문화적 정의 속에 완전히 포함된 것은 겨우 1950년대의 일이었으며, 이 싯점에서 정치인들은 '유대-기독교 유산'에 대해 이야기하기 시작했다. 아프리카계 미국인(African-Americans, 혹인이라는 폄하적 지칭 대신 사용되는 용어—옮긴이)은 결코 여기에 포함된 적이 없던 반면, 라틴계와 아시아계 미국인들은 미래에 수용되기를 기다리는 일시정지 패턴 속에 있는 것처럼 보인다. 이제 처음으로 유의미한 소수인종이 된 회교도는 아직도 배제되어 있다.

미국의 사례는 어떤 특정한 국가의 문화적인 규범 패턴을 정의할 때 얼마나 유연할 수 있는가를 보여준다. 미국 내의 의사-공식적인 이데올로기적 해석에 따르면, 이런 유연성은 국외자를 시민 범주 속에 포섭함으로써 이들을 민족 속에 '통합'해내는 미국 정치체계의 역량을 보여준다. 물론 그렇다. 그러나 이런 유연성은 결코 모든 이민들이 통합되지 못했음을 보여주는 것이기도 하다. 만약 모든 이민들이 통합되리라는 것이 사실일 수 없다면 그 과정에 내재적인 무엇인가가 있는 것은 아니라고 당신은 생각할 수도 있다. 에밀 뒤르켐(Émile Durkheim)*은 편의(偏倚, deviance)가 사실상 사라질 때마다 사회체계는 자기 규범을 재정의하여 통계적 편의를 재창조한다고 말한 적이 있다. 아마 시민 개념에 관해서도 같은 말을 할 수 있을 것이다. 모든 거주자가 사실상 통합되었을 때, '민족'은 자기자신을 재정의하여 '주변인'을 재창조하는가?

이런 난폭한 생각은 주변인을 창조해내는 것에 사회적 효용이 있음을 가정하고 있는데, 사실 사회과학자들은 종종 이런저런 방식으로 이를 주장해왔다. 우리의 집단적 죄를 떠안을 희생양의 가치, 현재보다 생활이 더 나빠질 수 있고, 따라서 그들이 요구수준을 억제해야 한다는 영원한 두려움을 위험계급들 사이에서 만들어낼 수 있는 바닥계층의 실존, 가시적이고 바람직하지 않은 비교계층을 보여줌으로써 집단 내 충성도를 강화하는 것 등이 그것이다. 이는 모두 그럴 듯한 제안들이다. 그러나 이는 또한 매우 개괄적이고 일반적인 것이기도 하다.

*프랑스의 사회학자·교육자로서 에삐날에서 태어났다. 유대계 집안에서 태어나, 고등사범학교를 졸업하고, 중·고등학교에서 교편을 잡은 후 독일에 유학, 1887년 보르도대학을 거쳐 빠리대학에서 사회학과 교육학을 강의했다. 1898년에 『사회학연보』(L'Année Sociologique)를 창간하여, 뜻을 같이하는 사회학자들의 결집과 학설의 완성에 이바지함으로써 뒤르켐학파로 불리는 거대한 사회학의 한 학파를 형성하여 세계의 사회학계를 이끌었다. 그의 학설은 사회적 사실에서 대상을 구하는 입장에 선 것으로, 심리학적 사회학을 극복하여 사회학 고유의 대상과 영역을 확정한 점에서 중요한 의미를 가진다. 그의 이론적 입장은 『사회학적 방법의 규준』(1895)에 잘 나타나 있다. 주요저서에 『사회분업론』(De la division du travail social, 1893) 『자살론』(Le Suicide, 1897) 『종교생활의 원초형태』(Les Formes élémentaires de la vie religieuse, 1912) 등이 있다.

나는 예전에 이런 패턴이 대략 1800년에서 1970년대 사이에 거의 변함없었다는 것을 보여주면서, 그 이후에 사태가 다소 변화했다고 암시하였다. 나는 이것이 사실이라고 생각한다. 1968년의 혁명은 우리 근대세계체계의 역사에서 여러가지 방식으로 전환점이었다. 주목하지 못했던 것은 프랑스혁명 이후 처음으로 시민권 개념을 의문시한 것이 이 혁명의 귀결 중 하나라는 점이었다. 1968년이 정신적으로 단지 '국제주의적'이기만 한 것은 아니었다. 요컨대 19세기와 20세기 전체에 걸쳐 이미 우리에게는 국제주의운동이 있었다. 한편에는 각종 노동자 국제주의자들이 있었고, 다른 한편에는 각종 평화운동이 있었다. 우리가 알고 있듯이, 국가간체계에서 긴장이 첨예하게 증폭되었을 때 이런 국제주의운동은 그 구성원들 사이에서 민족주의적 감정의 분출을 아주 효과적으로 가로막지는 못했다. 자주 이야기되는 가장 두드러진 사례는 1차대전의 발발에 대한 사회주의 정당들의 대응이었다.[4] 끄리겔(A. Kriegel)과 베께르(J. J. Becker)는 1914년 1차대전 발발 직전에 프랑스 사회주의 논쟁을 다룬 책에서 그 이유를 잘 설명해주었다.

이처럼 특정한 사회주의는 단지 자꼬뱅주의의 현대적 형태에 불과해 보였고, 자신의 나라가 위험에 직면하자 "위대한 선조들"의 목소리는 사회주의 이론의 목소리를 압도해서 현 상황에 대한 사회주의 이론의 적실성을 인식하기가 어려웠다. 그 나라를 뒤덮은 거대한 애국주의적 회오리바람 속에서 전쟁은 또다시 오랜 열망——평화를 통한 인류 우애 대신 전쟁과 승리를 통한 인류 우애——을 달성할 수 있는 것으로 간주되었다.[5]

노동자운동과 평화운동의 국제주의적 지향은 민족적 수준에서 그들의

4) Georges Haupt, *Le congrés manqué: L'internationale à la veille de la première guerre mondiale* (Paris: Francois Maspéro 1965)를 보라.
5) A. Kriegel and J.-J. Becker, *1914: La guerre et le mouvement ouvrier français* (Paris: Armand Colin 1964) 123면.

조직을 형성했다는 사실 때문에 심각하게 제약되었다. 그러나 훨씬 더 중요한 것은, 그들이 민족적 수준에서 자신들의 목표를 가장 잘, 그리고 아마도 이를 통해서만 실현할 수 있다고 간주했기 때문에 민족적 수준에서 조직들을 형성했다는 점이었다. 즉, 그들은 주로 시민으로서 행동했으며, 그들의 국가에 영향을 미치고 심지어 그 국가를 전화하려는 정치적 노력에 함께 동참하였다. 그들은 자신의 국가를 변화시킴으로써 그들이 국제주의적 연대──자신들이 그 열성적 지지자인──의 형성에 이바지할 것이라고 가정하였다. 그럼에도 불구하고 정치활동은 무엇보다 그리고 매우 자주 배타적으로 민족적이었다.

1968년의 세계혁명에 대해 다른 점은 이것이 완전히 그 반대라는 것, 즉 국가 수준의 개량주의의 가능성에 대한 환멸의 표현이라는 점이었다. 실제로 그 참여자들은 더 나아갔다. 그들은 사실 민족적 개량주의에 대한 지향 자체가 그들이 거부하길 원하는 세계체계를 유지하는 제1수단이라고 주장했다. 혁명가들은 대중의 행동에 반대한 것이 아니라 시민의 행동에 반대했는데, 시민의 행동이 '혁명적'이라고 주장했을 때조차 그러했다. 1968년 반란으로 번민한 사람들, 특히 구좌파가 가장 크게 격앙했던 것은 바로 이런 자세 때문이었다.

1968년 혁명가들의 이런 태도는 근대세계체계의 역사에 대한 그들의 두 가지 분석에 기인하였다. 첫번째는 그들이 보기에 세계 반체계운동의 역사적인 2단계 전략──먼저 국가권력을 획득한 다음에 세계를 변혁한다──이 역사적 오류라는 것이었다. 1968년의 혁명가들은 사실 19세기와 20세기에 탄생한 반체계운동들──사회민주당, 공산당, 그리고 민족해방운동──모두가 사실 이미 2차대전 이후에 대체로 모두 국가권력을 잡았다고 말했다. 그러나 그렇게 되고 나서 그들은 세계를 바꾸지 않았다.

분석의 두번째 요소는 첫번째 관찰을 훨씬 더 비판적으로 만들어준다. 반체계운동이 권력을 획득한 한, 그들이 혁명적이지는 않더라도 진보적으로 보이는 특정한 개혁들을 실행했다는 것은 실제로 사실이었다. 그러나, 그러나…… 이 개혁은 하위계층의 특정 소수분파——각국의 지배적인 종족집단의 사람들, 주로 남성, 더 많은 민족문화교육을 받은(더욱 '통합된'이라고 말할까?) 사람들——를 체계적으로 선호했다고 한다. 다른 많은 이들이 배제되고 잊혀지고 '주변화'되었으며, 실제로 이들은 제도화한 한정된 개혁에서조차 혜택을 받지 못했다. 그들은 여성, '소수자' 그리고 온갖 비주류 집단이었다.

1968년 이후에는 '잊혀진 사람들'이 사회운동으로 그리고 지식운동으로 조직되어 지배계층에 대항할 뿐 아니라 시민 개념에 대항하여 자신들의 주장을 개진하기 시작했다. 포스트-1968년 운동들의 가장 중요한 테마 중 하나는 이들이 단지 인종주의와 성차별주의에 반대한 데 그친 것이 아니라는 점이었다. 요컨대 오랫동안 인종주의와 성차별주의에 맞서 싸워온 운동들이 있었다. 그러나 포스트-1968년 운동은 무엇인가 새로운 것을 덧붙였다. 그들은 인종주의와 성차별주의가 단지 개인적 편견과 차별의 문제가 아니라 '제도적' 형태를 띠기도 한다고 주장했다. 아마 이들 운동이 말하던 것은 드러난 법적인 차별이 아니라 '시민'——시민이 재능과 상속된 권리의 결합을 지칭하는 한——개념 속에 숨겨진 은폐된 형태의 차별이었던 것 같다.

물론 권리의 은폐된 부정에 대항하는 어떤 투쟁도 개연성, 증거 그리고 궁극적 증명이라는 문제로 괴롭힘을 당한다. 운동들이 지적한 것은 결과물이었다. 사실을 말하자면, 그들은 다수 집단의 계서제적 지위 속에 거대한 차별이 계속 존재했으며, 이 결과물은 제도적 주변화의 결과일 수 있을 뿐이라고 주장하였다. 사회과학적 논의로서 제도적 주변화가 현대세계체계에 체계적이고 근본적이라는 주장은 기본적으로 단지 두 가지 가능한 대응만을 불러온다.

하나는 보수적 대응으로 전제들을 부정하는 것이다. 집단의 계서제화 속에서 결과물에서의 차별을 명백히 관찰할 수 있을지도 모르지만, 그렇다고 그 원인이 제도적 주변화인 것은 아니다. 다른 요소들, 즉 집단들 사이의 문화적 차별들과 관련된 요소들이 차별적 결과물을 설명해준다고 주장할 수도 있다. 이런 노선에 선 추론은 단순한 논리적 문제에 직면한다. 우리가 살펴보는 집단들 사이에서 이른바 문화적 차별을 발견한다고 하더라도, 이 차별을 어떻게 설명할 것인가, 다른 문화적 차별에 의해서? 결국 우리는 사회-구조적 설명(제도적 인종주의/성차별주의라는 가정을 제출하는 사람들의 경우)으로 되돌아가거나, 아니면 사회생물학적 설명(고전적 인종주의-성차별주의로 재빨리 미끄러져 들어가는)으로 되돌아가야만 할 것이다.

만일 우리가 보수적 자세를 거부하고 사회-구조적 설명을 받아들이려 한다면, 쟁점은 차별을 설명하는 것에서 차별을 줄이는 것——후자를 도덕적 선이라고 가정하면서——으로 옮겨가게 된다. 그리고 실로 이것이야말로 지난 20년간 핵심적인 정치적 논쟁 중의 하나——유일한 것은 아니라 해도——였다. 이 논쟁에서 제기된 다양한 입장들을 살펴보기로 하자. 가장 단순한 입장——자유주의 이데올로기의 전통적 주장과 가장 잘 일치하기 때문에 가장 단순한——은 은폐된 것을 드러나게 만듦으로써 제도적 인종주의와 성차별주의를 극복할 수 있다는 것이었다. 그리고 많은 이들이 여기에 덧붙이기를, 이 과정이 제대로 작동하려면 시간이 걸리기 때문에, 역사적으로 제도적 주변화의 대상이던 사람들에게 일시적으로 체계적인 지원을 해줌으로써 과정을 가속화할 수 있다고 하였다. 그 핵심적 사례는 이런 종류의 최초 계획인 "차별시정조치"(affirmative action)*라 불리는 미국의 계획이었다.

사실 차별시정조치 계획들은 오래 전부터 이론적으로 통합되어야 했던 사람들을 '통합'하려는 것이었다. 이 계획은 완전한 민주주의나 시민권 실

---

*흑인·소수민족·여성의 고용과 고등교육 등을 적극적으로 추진하는 계획.

현에 반대하는 세력들 때문에 다소 파괴되어왔다고 논의되는 시민권 개념의 본래적 의도를 실현하려는 것이다. 차별시정조치 계획은 '체계'에 대한 좋은 신뢰와 개별 참가자에 대한 나쁜 신뢰를 가정하는 경향이 있었다. 따라서 이 계획은 마땅히 이론적 시민권을 적용받아야 하는 범주의 사람들에게조차 이론적 시민권이 결코 완전히 실현된 적이 없다는 사실 속에 무엇인가 체계적인 것이 없었느냐는 선행 질문도 제기한 적이 거의──설사 있었다 해도──없었다.

차별시정조치 계획들──엄청난 (정치적·재정적) 노력이 있었음에도 불구하고 이는 한정된 성과만 얻었다──에는 세 가지 결점이 있었다. 우선 이에 대해 은폐된 저항이 많이 있었고, 이런 저항은 많은 출구를 찾아냈다. 예를 들어 거주지 분리가 사실상 존재하는 한, 초집단적 학교 통합은 극히 어려웠다. 그러나 사실상 거주지 분리에 도전한다는 것은 일반적으로 개인적 선택의 영역으로 간주되는 분야에 침입하는 것을 뜻하는 동시에 계급에 기반한 사실상의 거주지 분리라는 쟁점과 씨름하는 것(왜냐하면 계급과 인종/종족체 범주는 상당히 연관되어 있었기 때문이다)을 뜻했다.

두번째로 어떤 점에서 차별시정조치는 이론적으로 시민권이 있는 사람만을 고려하였다. 그러나 그 범주의 정의 자체가 문제의 일부였다. 이민온 사람의 자녀들(재독 터키인, 재일 조선인 등등)은 이민해오지 않은 사람의 자녀들이 누리는 권리로부터 배제되어야 하는가? 이민온 사람들 자신은 배제되어야 하는가? 이 때문에 시민권을 법적인 비시민들로 확장하라는 많은 요구들이 제기되었다──시민권 획득 기제를 쉽게 하는 것에 의해 그리고 역사적으로 시민들에게만 한정되었던 어떤 권리들을 공식적으로 비시민에까지 확대하는 것에 의해(예를 들어 적어도 이른바 지방선거에서의 투표권).

세번째로 차별시정조치의 논리는 주장을 펴는 집단들의 종류를 늘렸고 주장을 펴는 집단들의 하위분할을 낳았다. 그리고 불가피하게 이것은 아무

목적도 없어 보이는 사실상의 할당체계를 낳게 되었다. 이런 일시적 조정을 통해 언제쯤이 되면 이른바 개혁된 또는 완전히 실현된 시민권이 시민들의 하위집단에 준거하지 않고도 작동할 공간이 마련될 수 있을지 또는 마련될 는지도 불투명했다. 이는 불가피하게 '역(逆) 인종주의'라는 비난——즉 예전에 주변화한 집단들이 이제는 사실 법률적 우대를 받고 있으며, 이는 특히 역사적으로 더욱 통합되었던 여타 하위층 집단들(즉, 남성 노동계급 구성원과 지배적 종족집단의 구성원)을 희생함으로써 가능했다는 비난——을 낳았다. 그런 까닭에 차별시정조치는 관리하기 어렵고 혜택이 불확실해졌을 뿐 아니라, 정치적으로도 지탱하기가 매우 힘들어졌다. 정치적 구조로서 국가 내에서 그랬을 뿐만 아니라, 지식구조로서 대학 내에서도 그랬다.

물론 찾으려고만 한다면 전통적 시민권 개념의 한계——불평등한 결과물이라는 견지에서의 한계——를 극복할 수 있는 또다른 길이 있었다. 주변화한 집단들의 구조 속으로 더욱 '통합'되는 것을 추구하는 대신, 집단들의 평등이라는 길을 추구할 수도 있었다. 차별시정조치가 모든 시민의 완벽한 평등이라는 자유주의적 개념 속에서 자신의 정당화 근거를 찾아낸 데 비해, 집단평등의 개념은 민족자결이라는 자유주의적 개념 속에서 자신의 정당화 근거를 찾아냈다. 확실히 민족자결 개념은 국가들 서로서로의 관계에만, 따라서 주권국가가 될 수 있는 '식민지'의 권리에만 적용하도록 만들어진 것이었지만, 그 개념을 조금만 확대하면 국가 내 집단에도 적용할 수 있었다.

이것이 집단 '동일성'의 길이며, 이는 우리가 알고 있듯이 여성집단 내에서, 인종이나 종족체에 기반한 집단 내에서, 섹슈얼리티에 기반한 집단 내에서 그리고 실로 더욱더 많은 여타의 집단 내에서 강력한 지지를 얻었다. 집단 동일성의 길은 통합이라는 개념을 전적으로 거부하였다. 그 주창자들은 왜 주변집단들이 지배적 집단 속으로 통합되길 원해야 하느냐고 말했다. 그들의 주장에 따르면, 통합이라는 바로 그 개념은 생물학적이거나 적어도 생문화적(biocultural) 계서제를 필수적으로 가정한다. 그 개념은 사람들에게 그 속으로 통합하라고 요구하는 집단이 주변화한 집단보다 여러가지 점에서 우월하다는 것을 가정하고 있다. 집단 동일성의 주창자들은 그와 반대로 우리의 역사적 동일성이 적어도 그 속으로 통합될 것을 요구하는 동일성만큼 타당하다고——완전히 우월한 것은 아니라 해도—— 말했다.

집단들이 그들의 동일성이 타당하다고 주장하는 길, 따라서 그들의 동일성에 대한 집단의식을 강화할 필요성을 주장하는 길은 일반적으로 '문화민족주의'의 길이다. 이는 본질적으로 분리주의의 길이지만, 국가통합에 반드시 반대되는 길은 아니다(라고 판명된다). 말하자면 개별 시민들이 아니라 집합적 시민들에 기초한 국가통합의 이름으로 이를 옹호할 수도 있다.

이 길의 난점은 집합적 시민들이 될 수 있는 집단의 정의에 있다. 이것이 반드시 해결 불가능한 것은 아니다. 역사적으로 스위스는 특정한 방식으로 집합적인 언어적 시민을 인정하였다. 퀘벡에 사는 어떤 사람들은 캐나다 국가 내에 두 개의 역사적 '민족들'을 용인하라고 요구하였다. 벨기에는 이 길을 따라갔다. 이들 각 사례의 특정한 정치상황을 논의할 필요도 없이, 집합적 시민들이라는 생각을 제기할 때마다 항상 풀리지 않고 아마 풀 수도 없는 결절점인 불포함(캐나다의 이른바 타언어 사용자들allophones)이나 중복(벨기에의 브뤼셀)이라는 하나의 정치적 딜레마가 생긴다는 것은 분명하다.

그러나 이것이 문화민족주의의 최대 난점은 아니다. 요컨대 많은 경우 사람들은 정치적 타협에 도달할 수 있다. 차별시정조치의 경우처럼 최대 문제는 집단 자체에 대해 집단 스스로가 정의를 내리는 경우이다. 왜냐하면 우리가 알고 있듯이, 우리가 문화집단을 어떻게 규정하든간에, 이 집단들에는 하위집단이나 횡단적 집단들이 내재하기 때문이다. 여성운동 내부에서 백인 여성이 유색 여성의 이익(민족적 수준에서)이나 제3세계 여성의 이익(세계적 수준에서)을 무시한다는 논의는 국가 내부에서 남성이 여성의 이익을 무시한다는 논의가 촉발한 것과 유사한 분할을 낳았다.

또다시 이를 정치적으로 처리할 수 있는 길들이 있다. 이 모두는 다소 '무지개' 연합——즉 국가 내의 주변화한 모든 집단을 연합하여 그들의 공통이익의 전환을 추구하는 것——을 제안하는 형태를 띤다. 그러나 무지개 연합 또한 두 가지 문제에 부딪힌다. 상대적인 희생자의 문제와 어떤 집단들을 주변화된 것으로 간주하여 연합에 포함할 것인가라는 문제가 그것이다. 그리고 무지개 연합은 차별시정조치와 마찬가지로 배제라는 비난을 받는다. 의식화를 위해 흑인이나 여성을 위한 별도의 학교가 있을 수 있다면, 백인이나 남성을 위한 별도의 학교도 있을 수 있지 않겠는가? 본질주의는 양날의 칼이다.

제안된 각각의 해결책이 난점에 부딪혔음을 고려하면, 주변화한 집단들이 그 전략을 두고 심각하게 분열되었고 전술상에서도 동요해왔다는 것은 놀라운 일이 아니다. 심지어 포스트-1968년의 집단에서조차 그 밑바닥을 살펴보면, 그들의 회의적 수사학에도 불구하고 어려움은 통합과 주변화에 관한 논쟁 전체의 토대에 시민권 개념이라는 가정이 놓여 있었다는 사실, 그리고 시민권 개념은 그 본질상 항상 포섭적인 동시에 배제적이라는 사실에 있었던 것은 아닌지 질문해볼 수도 있을 것이다.

누군가가 시민으로부터 배제되지 않는다면 시민 개념은 아무런 의미가 없다. 그리고 배제되는 사람들은 결국 자의적으로 선택된 집단임에 틀림없다. 배제 범주의 경계에는 어떤 완벽한 근거도 없다. 더군다나 시민 개념은 자본주의 세계경제의 근본적 구조와 맞물려 있다. 이 개념은 계서제적이고 양극화하고 있는 국가들체계(a states-system)의 구성으로부터 도출되는데, 이것이 뜻하는 바는 시민권(적어도 더 부유하고 더 강력한 국가들의)이란 불가피하게 하나의 특권으로 규정되며, 그 구성원들은 이를 나눠갖지 않으려는 이해관계를 갖는다는 것이다. 이 개념은 위험계급을 제어하려는 요구와 맞물려 있고, 위험계급은 어떤 이들을 포섭하는 동시에 다른 이들을 배제함으로써 가장 잘 제어할 수 있다.

　간단히 말해 나는 통합과 주변화에 관한 논의 전체가 우리를 막다른 골목으로 몰고 왔으며 그로부터 벗어날 출구는 없다고 주장하고 있다. 거기에 들어서지 말고 대신 시민 개념을 어떻게 넘어설 수 있을지 생각해보기 시작하는 편이 나을 것이다. 물론 이는 우리의 근대세계체계의 구조를 넘어서 나아간다는 뜻이다. 그러나 나는 우리 근대세계체계가 최종위기 속에 있다고 믿기 때문에(여기서 이에 대해 상술할 시간은 없다),[6] 우리는 적어도 우리가 세우고 싶어하는 역사적 체계의 종류에 대해 숙고하고 그것이 시민권 개념 없이도 유지될 수 있을지 숙고해보아야 한다. 그리고 그 개념 없이 유지될 수 있을 것 같다면, 무엇이 이 개념을 대체할 것인가?

6) 이에 대해서는 『이행의 시대』에 자세히 설명되어 있다.

제8장

사회변동?

변동은 끊임없다. 어떤 것도 변동하지 않는다.

나는 『근대세계체계』의 첫 문장인 "변동은 끊임없다. 어떤 것도 변동하지 않는다"를 이 글의 제목에 포함시켰다. 내가 보기에 그것은 우리 근대의 지적 노력의 중심에 있는 테마이다. 변동이 끊임없다는 것은 근대세계를 특징짓는 믿음이다. 어떤 것도 변동하지 않는다는 것은 근대 시기의 이른바 진보라는 미몽에서 깨어난 모든 사람들이 되풀이하는 한탄이다. 그러나 그것은 또한 보편화하는 과학적 에토스의 되풀이되는 주제이기도 하다. 어쨌든 두 진술 모두 경험적 실재에 대한 주장으로 의도된 것이다. 그리고 물론 둘 다 종종, 심지어 보통은 규범적인 선호를 반영한다.

경험적인 증거는 매우 불완전하며 궁극적으로는 설득력이 없다. 첫째로, 제시할 수 있는 증거의 종류와 그 증거로부터 이끌어낼 수 있는 결론은 측정되는 시간대에 따라 달라지는 것 같다. 여러가지 점에서 단기간에 측정

●1996년 2월 7일 리스본에서 개최된 제3회 포르투갈 사회학대회의 개회연설. 이 대회의 주제는 '사회변동의 실천과 과정들'이었다.

할 때 사회변동의 거대함이 제일 잘 포착된다. 1996년의 세계가 1966년의 세계와 달라 보인다고 생각하지 않을 사람이 있을까? 그리고 1936년의 세계와는 훨씬 더 달라 보인다고 생각하지 않을 사람이 있을까? 1906년은 말할 것도 없지 않은가? 포르투갈의 정치체계, 경제활동, 문화규범을 보기만 하면 된다. 그럼에도 불구하고 물론 여러가지 점에서 포르투갈은 거의 변하지 않았다. 그 문화적 종별성(specificity)은 여전히 알아볼 수 있다. 그 사회적 계서제는 조금만 다를 뿐이다. 그 지구정치적 동맹들은 동일한 근본적인 전략적 관심들을 여전히 반영한다. 세계의 경제 네트워크에서 포르투갈의 상대적인 등급은 20세기에도 두드러지게 변하지 않았다. 그리고 물론 포르투갈인은 여전히 포르투갈어를 말한다——이는 작은 문제가 아니다. 그렇다면 변동이 끊임없다는 것인가, 아니면 어떤 것도 변동하지 않는다는 것인가?

우리가 더 긴 시간인 500년——근대 세계체계의 존속기간인——을 채택한다고 가정해보자. 여러가지 점에서 변동은 훨씬 더 놀라워 보인다. 이 시기에 우리는 세계적인 자본주의체계의 출현을 보았고, 그와 더불어 엄청난 기술적 변동들을 보았다. 오늘날 비행기들이 지구를 날아다니고 있고, 우리 중 많은 사람들이 자기집에 앉아서 인터넷을 통해 지구의 다른쪽 끝에 있는 사람들과 즉시 접촉할 수 있고, 문서와 그림을 다운로드받을 수 있다. 1996년 1월에 천문학자들은 그들이 예전 어느때보다 훨씬 더 멀리 '볼' 수 있게 되어 우주 규모의 추정치를 다섯 배나 확대했다고 발표했다. 우리는 지금 수십억개의 은하계들이 있고 그 각각에는 수십억개의 별들이 있으며 그것들은 내가 몇 광년인지 상상하지도 못할 엄청난 거리를 뒤덮고 있다고 이야기하고들 있다. 그리고 동시에 이들 천문학자들은 바로 얼마 전에 이 별들 중에서 지구와 유사한 행성을 두어 곳 발견해냈는데, 이는 그들이 발견한 행성들 중 복잡한 생물학적 구조들이 살 수 있는, 간단히 말해 생명이 있음직한 기후조건을 지니고 있는 최초의 것들이었다. 조만간 우리는 얼마나 더 많이 발견할 것인가? 5백년 전에는 오랜 항해를 통해 인도양에 도착한 바르톨로메우 디아스(Bartolemeu Dias)를 대단하다고 생각했지만, 심지어 그조차 지금 우리 앞에 있는 것과 같은 색다른 가능성들을 꿈꾸어본 적은 없었을 것이다. 그렇지만 이와 동시에 우리는 많은 사회과학자들을 포함해 많은 이들이 우리가 근대성의 종점에 이르렀으며, 근대세계는 최종위기에 빠졌고, 머지않아 우리가 20세기보다는 14세기와 훨씬 더 유사한 세계 속에 놓일 수도 있다고 말하는 것을 듣고 있다. 우리 중에서 더 비관적인 사람들은 5세기 동안 우리가 노동과 자본을 쏟아부은 세계경제의 하부구조가 로마의 도수관(導水管)과 같은 운명을 겪게 될지도 모른다고 예견한다.

  이번에는 우리의 지평선을 1만년 정도의 시기까지 연장해보자. 그러면 우리는 포르투갈도, 다른 어떤 현대 정치문화적 실체도 존재하지 않는 순간으로, 역사적으로 재구성할 수 있는 우리의 능력을 거의 넘어서는 순간으로, 농업이 주요한 인간활동이 되기 이전의 순간으로 돌아가게 된다. 어떤 사람들은 그 당시에 수렵하고 채집하는 다수의 무리들이 있었으며, 이들은 오늘날과 비교해 인간이 삶을 유지하기 위해 일평균 그리고 연평균 매우 적은 시간을 일하며 사회관계가 훨씬 더 평등주의적이던 구조 속에서 번성하였고, 오염이 훨씬 덜하고 덜 위험한 환경 속에서 활동했다고 회상한다. 따라서 어떤 분석가들은 지난 1만년간의 진보가 오히려 장기적인 퇴보라고 말할지도 모른다. 그리고 나아가 어떤 이들은 이러한 장기적인 순환의 종말이 가까워졌으며, 우리는 지난날의 '더 건강한' 조건들로 되돌아가고 있는지도 모른다고 기대하고 희망하고 있다.

  그런 대조적인 관점들을 어떻게 평가할 수 있을까? 논쟁중인 쟁점들을 과학적이고 철학적으로 어떻게 다룰 수 있을까? 내가 보기에, 이는 일반적으로 사회과학자들 그리고 실로 모든 지식의 담지자 및 창조자들에게 당면한 핵심적인 문제들인 것 같다. 그러나 그것은 경험적 연구——설사 아무리

야심적인 연구일지라도——를 하나 더 추가한다고 해결될 질문들이 아니다. 그럼에도 불구하고 우리의 분석들을 더 큰 지적 틀 속에 배치할 수 있게 해주는 지적 틀의 견고한 기반을 스스로 만들어내지 않고서는, 어떤 구체적 쟁점에 대해서도 경험적 연구를 지적으로 정식화하기는 매우 힘들다고 말할 수 있다. 너무 오랫동안, 지금까지 두 세기 동안 우리는 이런 더 큰 틀은 '합리적 과학자들'이 진지하게 수용해서는 안되는 '철학적 사색'의 유혹이라는 이유로 이 작업을 거부해왔다. 우리는 더이상 이런 오류에 빠져 있을 수 없다.

오늘날 우리가 알고 있듯이, 사회과학은 계몽주의의 자녀이다. 실로 여러가지 점에서 사회과학은 계몽주의의 가장 뛰어난 생산물이다. 즉, 사회과학은 인간사회란 이해할 수 있는 구조물이며 우리가 그 작동을 이해할 수 있다는 믿음을 표상한다. 인간들이 좋은 사회를 합리적으로 성취할 수 있는 능력을 사용함으로써 그들 자신의 세계에 결정적인 영향을 미칠 수 있다는 결론은 이러한 전제로부터 나온다고 생각되었다. 물론 사회과학은 세계가 필연적으로 좋은 사회로 진화하고 있다는, 다시 말해 진보가 우리의 자연유산이라는, 계몽주의보다 더 나아간 전제를 사실상 아무런 이의없이 받아들였다.

진보의 확실성과 합리성에 대한 신념을 가지고 있는 사람에게, 사회변동 연구는 단지 사회과학의 하나의 특정영역이라고 생각될 수 없다. 오히려 모든 사회과학은 필연적으로 사회변동 연구이다. 다른 주제는 없다. 그럴 경우, 비록 특정한 방향 속에서이긴 하지만 "변동이 끊임없다"는 것은 분명한 사실이다. 실로 주제 전체가 무척이나 목적론적이다——야만에서 문명으로, 동물적 행동에서 신과 같은 행동으로, 무지에서 지식으로.

그리고 나서 우리가 사회변동의 실천과 과정들에 대한 토론을 요청받는다면, 우리는 우리 자신을 아주 분명하고 단순한 틀에 끼워맞추게 된다. 그것은 사실상 기술관료적인 연습이 된다. 우리는 우리가 인지하는 현재의 변동들을 분석한 다음, 그것들이 다소 합리적인지 혹은——당신이 이런 말을 좋아한다면——기능적인지 그 여부를 판단하도록 요청받는다. 핵심적으로 우리는 그것들이 어떻게 지금의 모습을 하고 있는지 설명할 것이다. 그리고 나서 그런 배열을 조정하여 좋은 사회를 향해 집단적으로 더욱 빨리 나아가려면 무슨 일을 할 수 있을지 (만일 우리가 원한다면) 처방할 수 있다. 우리는 이로써 유용하거나 정책지향적이거나 실천적이라고 여겨진다. 물론 우리는 그런 연습에 사용하는 시간과 공간의 한정요소들을 다양하게 바꾸어서, 극히 짧은 시간대에 있는 극소수 집단의 경우에 우리의 지식을 적용해보거나, 아니면 예를 들어 '민족경제를 발전시키기' 위해 무엇을 할 수 있는지 물어볼 때처럼 중간정도의 시간대에 있는 더 큰 집단들(말하자면 주권국가들)에 우리의 지식을 적용해볼 수도 있다.

온갖 사회과학자들이 적어도 한 세기 동안 드러내놓든 아니면 은밀하게 든 이런 분석에 종사해왔다. 여기에 은밀하게라는 단어를 추가하면서 내가 의미하는 바는, 많은 사회과학자들이 자신의 활동을 공적인 합리성의 행사와 직접적으로 연관된 것으로 규정하지 않으려 한다는 것이다. 그들은 차라리 그것을 추상 속에서 더 완벽한 지식을 추구하는 것으로 규정했는지도 모른다. 그러나 이런 일을 할 때조차, 그들은 자신들이 산출하는 지식이 더욱 완벽한 사회를 성취하는 것을 돕기 위해 타자들에 의해 이용되고 있음을 알고 있다. 그리고 최소한 좀더 긴 안목에서 보면, 그들은 자신들의 과학적 연구의 경제적 토대가 그 작업이 사회적으로 이익임을 보여줄 수 있는 자신들의 능력에 따라 제약된다는 것을 알고 있다.

그러나 우리는 동일한 계몽주의 가정들로부터 상이한, 심지어 정반대의 방향으로 나아갈 수 있다. 사회적 세계에 대해 추정된 합리성은 물리적 세계에 대해 추정된 합리성과 마찬가지로 법칙처럼 보이는 명제들을 정식화하여 사회세계를 완전히 묘사할 수 있다는 것, 그리고 그런 명제들은 시간과 공간을 가로질러 참이라는 것을 의미한다. 다시 말해 그것은 정확하고 정밀하게 진술될 수 있는 보편적인 것이 가능함을 암시하며, 우리의 과학적 활동의 목표는 바로 그러한 보편적인 것의 타당성을 정식화하고 시험하는 것이라고 결론내렸다. 물론 이는 뉴튼과학을 사회적 실재들의 연구에 적용하는 것에 지나지 않는다. 바로 그렇기 때문에 어떤 논자들이 그런 활동을 묘사하기 위해서 이미 19세기 초반에 "사회물리학"이라는 명칭을 사용했다는 것은 우연이 아니다.[*]

이렇게 법칙처럼 보이는 명제들을 추구하는 것은 사실 좋은 사회라는 목적론적 목표의 성취에 중심을 두는 정책지향적인 실천적 연구와 전적으로 양립할 수 있다. 어느 누구도 이 두 목표를 동시에 추구하는 데 대해 곤란함을 느낄 필요가 없다. 그렇지만 이러한 이중적인 추구에는 작은 장애물이 하나 있는데, 그것은 사회변동과 관련이 있다. 만일 인간의 상호작용 패턴들이 시공을 가로질러 참인 보편법칙을 따른다면 "변동은 끊임없다"는 말은 참일 수 없다. 사실 완전히 그 반대로 "아무 것도 변하지 않거"나 적어도 근본적인 것은 어떤 것도 변하지 않는다는 결론이 나온다. 바로 이 지점에서 모든 사회과학이 사회변동을 연구하는 것이라는 말은 참이 아닐 뿐 아니라, 전적으로 그 반대이다. 사회변동 연구는 단순히 균형으로부터의 일탈에 대한 연구로 규정된다. 이 경우 설사 허버트 스펜서(Herbert Spencer)[*]처럼

---

[*] 1822년에 오귀스뜨 꽁뜨(August Comte)가, 1835년에 아돌프 께뜰레(Adolphe Quételet)가 이 용어를 사용한 바 있다.

[*] 영국의 철학자·사회학자로 더비에서 출생했다. 교사의 아들로 태어났으나 학교교육 제도에 의문을 품고 독학으로 공부했다. 평생을 독신으로 지냈고, 대학 강단에 서지 않고 민간학자로 시종했으며, 대학·학회에서 주는 명예칭호도 모두 거절했다고 한다. 『종합철학체계』(The Synthetic Philosophy, 전10권)는 1860년 그 개요를 공표한 이래 1896년까지 36년에 걸쳐 순차적으로 간행된 대저로서, 성운(星雲)의 생성에서부터 인간사회의 도덕원리 전개에 이르기까지 모든 것을 진화의 원리에 따라 조직적으로 서술하였다. 이것은 당시 자연과학 만능주의 풍조를 배경으로 하고, 특히 다윈의 『종의 기원』(1859)의 생물진화론을 중심으로 하는 다윈주의 운동과 결합하여 1870년대 이후 놀라울 정도로 보급되었다. 그밖의 저서로『교육론』(Education, 1861) 『사회학 연구』(The Study of Sociology, 1873) 『자서전』(An Autobiography, 1904) 등이 있다.

사회변동 연구에 50%의 공간을 배정하면서——사회정학(精學) 연구의 부속물로서의 사회동학 연구——출발한다 하더라도, 우리는 하나의 주제로서의 사회변동을 사회과학의 불거져나온 부록으로 보는 관행에 도달할 것이다——이는 사회개혁에 대한 초기 취향(penchant)으로부터 물려받은 낡은 찌꺼기에 불과하다. 우리의 수많은 학생용 개론서들을 보면 이런 일들이 실제로 일어났음을 알 수 있다. 그런 교과서들은 마지막 장을 '사회변동'이라는 주제를 위해 남겨 두는데, 이는 사회구조에 대한 정학적인 기술이 다소 사소한 문제들을 지니고 있다는 것을 뒤늦게 인정한 것이다.

오늘날 계몽주의 세계관은 다방면에 걸쳐 많은 공격을 받고 있다. 조건을 달지 않고 그 공격을 그대로 받아들일 사람은 거의 없을 것이다. 그런 사람들은 세상물정을 잘 모르는 것처럼 보일 것이다. 그럼에도 불구하고 계몽주의 세계관은 여전히 사회과학의 실천과 이론화에 깊이 뿌리내리고 있다. 그리고 그 뿌리를 뽑으려면 포스트모더니스트들의 과장된 비난 이상의 것이 필요하다. 사회과학자들은 우선 사회과학의 존재이유를 상실하지 않을 것이라는 확신이 서지 않으면 그들의 사회변동관의 기본적 재지향을 기꺼이 수용하지 않을 것이다. 그러므로 나는 진보라는 신념에 토대를 둔 사회과학이 아니라 그에 대한 대안적 논리를 지닌 사회과학을 위한 근거원리(rationale)를 제시해보고 싶다. 나는 우리가 더이상 개별기술적(idiographic) 지식형태와 법칙정립적(nomothetic) 지식형태 사이의 **방법론논쟁**(Methodenstreit)의 죄수가 될 필요는 없다고 생각한다. 나는 '두 문화'——과학 대 철학/문학——사이의 근본적 분열이라고 추정되는 것이 유혹이자 기만이며, 틀림없이 극복된다고 믿는다. 나는 사회변동에 대한 두 진술——변동은 끊임없다, 어떤 것도 변동하지 않는다——모두가 진술된 것처럼 타당한 것으로 수용될 수는 없다고 생각한다. 간단히 말해 나는 사회적 실재를 묘사할 다른 더 좋은 언어를 찾아낼 필요가 있다고 생각한다.

사회학의 가장 전통적인 개념인 사회라는 개념을 토론하면서 시작해보자. 우리는 사회의 일부로서 사회 속에 산다는 이야기를 듣는다. 많은 사회들이 있지만, (그 용어의 용법대로) 우리 각자는 그 중 단 한 사회의 성원이며 다른 사회에서는 기껏해야 방문자일 뿐이라고 가정된다. 그러나 그런 사회들의 경계는 무엇인가? 이것은 사회과학자들이 여러가지 방식으로 열심히, 의도적으로 무시해온 질문이다. 그러나 정치가들은 그렇지 않았다. 왜냐하면 우리가 사용하는 현재의 '사회' 개념의 기원은 그리 먼 과거 속에 있지 않기 때문이다. 그것은 프랑스혁명 후 50년 동안 사용되었는데, 그 시기에는 근대세계의 사회생활이 상이한 세 영역——국가·시장·시민사회——으로 분할된다고 주장하는 (또는 적어도 그렇게 가정하는) 것이 유럽세계의 공통관행이 되었다. 국가의 경계는 법률적으로 규정되었다. 그리고 바로 국가가 그렇다고 주장하기만 하면 다른 두 영역의 경계가 국가의 경계를 공유한다고 명시적으로는 아니더라도 암묵적으로 가정되었다. 프랑스나 대영제국 또는 포르투갈은 각각 하나의 민족국가, 하나의 민족시장이나 민족경제 그리고 하나의 민족사회를 갖는다고 가정되었다. 이것들은 초험적인 주장이었으며, 그에 대한 증거가 제시된 적은 거의 없었다.

이런 세 구성물이 동일한 경계 속에 존재했다 하더라도, 그것들은 서로 구분된다——각자 자신의 고유한 일련의 규칙들을 따르기 때문에 자율적이라는 의미에서 구분되는 동시에 각자 다른 실체와 반목할 수 있는 방식으로 작동한다는 의미에서도 구분된다——고 주장되었다. 예를 들어 국가는 '사회'를 대표하지 않을 수도 있다. 이것이 바로 **법적인 국가**(le pays légal)와 **현실 국가**(le pays réel)를 구별할 때 프랑스인들이 의미한 바였다. 실로 사회과학은 본래 이러한 구별에 따라 구성되었다. 이러한 가설적 실재 각각에 하나의 '학문분과'가 조응했다. 경제학자들은 시장을 연구했고, 정치학자들은 국가를, 사회학자들은 시민사회를 연구했다.

사회적 실재를 이렇게 분할하는 것은 확실히 계몽주의 철학에서 직접적

으로 파생한 것이었다. 이는 인간의 사회구조들이 '진화해' 왔다는 신념과
——근대적 사회구조인——고등사회구조들의 결정적 특징이 '분화'하여 자
율적 영역들이 되었다는 신념을 구현하였다. 이것은 지난 두 세기 동안의
지배 이데올로기였으며 근대세계체계의 지구문화로서 작동해온 자유주의
이데올로기의 아주 두드러진 교리였다. 덧붙여 말하면, 포스트모더니즘이
모더니즘과의 단절이기보다는 모더니즘의 최신판에 불과하다는 증거는 포
스트모더니스트들이 이러한 도식적 모델로부터 전혀 벗어나지 않았다는
사실에서 드러난다. 그들이 객관적인 구조들의 억압에 대해 통렬히 비난하
고 주관적 행위자를 체현한 '문화'의 미덕들을 설파할 때, 본질적으로 그들
은 국가영역과 시장영역에 대한 시민사회영역의 수위(首位)를 호소하고 있
는 것이다. 그러나 그 과정에서 그들은 자율적인 세 영역들로의 분화가 실
재하며 이는 원초적인(primordial) 분석요소라는 테제를 받아들이고 있다.

  나 자신은 이런 세 가지 행위의 싸움터가 실제로 자율적이며 별개의 원칙
들을 따른다고는 생각지 않는다. 완전히 정반대이다! 나는 그것들이 서로
너무나 철저히 얽혀 있기 때문에 그 싸움터 중 한곳에서의 행위는 항상 전
체의 효과를 결정적으로 고려하는 선택지로서 추구되며, 행위의 연속적 사
슬의 묘사를 분리하려는 시도는 현실세계의 분석을 명백하게 하기보다는
불투명하게 한다고 믿는다. 이런 의미에서 나는 근대세계가 세계사의 이전
시기들과 조금도 다르지 않다고 생각한다. 즉, 나는 '분화'가 근대성을 구별
짓는 특징이라고 생각하지 않는다. 나는 우리가 근대세계 내에 있는 다수
의, 구별되는 '사회들' 속에서 살고 있다고 생각지 않으며, 각각의 국가가
하나 그리고 오직 하나의 '사회'만을 포함한다고도 생각지 않고, 우리 각자
가 본질적으로 오직 그러한 '사회'의 성원이라고도 생각하지 않는다.

  왜 그런지 그 이유를 설명해보자. 내가 보기에 사회적 실재에 대한 적절
한 분석 단위는 내가 '역사적 체계들'이라고 부르는 것이다. 역사적 체계라
는 이름 자체가 그것이 뜻하는 바를 암시한다. 자신을 유지하고 재생산할

수 있게 해주는 계속적 분업을 중심으로 건립되는 한, 그것은 하나의 체계이다. 그 체계의 경계들은 경험적인 문제이며, 이 문제는 효과적인 분업의 경계들을 결정함으로써 해결된다. 확실히 모든 사회체계는 사회적 행위를 사실상 지배하거나 제약하는 다양한 제도들을 필연적으로 지니고 있어서 체계의 기본원리들이 가능한 만큼 실현될 수 있으며, 그 사회체계에서 개인이나 집단들은 또다시 가능한 만큼 그 체계와 조화를 이루는 행위로 사회화된다. 우리가 원한다면 이런 다양한 제도들을 경제적 제도, 정치적 제도, 사회문화적 제도라고 지칭할 수 있겠지만, 그런 지칭들은 사실상 부정확하다. 왜냐하면 모든 제도들은 동시에 정치적이고 경제적이며 사회문화적인 방식으로 작동하기 때문이며, 만일 그렇지 않으면 효과를 발휘할 수 없다.

그러나 동시에 모든 체계는 필연적으로 역사적이다. 즉, 체계는 우리가 분석할 수 있는 과정들의 결과로서 어떤 순간에 존재하게 되었다. 또 그것은 시간이 지나면서 우리가 분석할 수 있는 과정을 통해 진화했다. 그리고 (모든 체계들처럼) 체계의 모순들을 봉쇄할 수 있는 방식들을 소진해버렸거나 소진해버릴 순간이 오기 때문에 그 체계는 끝나게 된다(혹은 끝나게 될 것이다). 이렇게 해서 하나의 체계로서 그것은 존재하지 않게 된다.

즉각 당신은 이것이 사회변동에 대해 뜻하는 바가 무엇인지 알아차릴 것이다. 우리가 하나의 체계에 대해 말하고 있는 만큼, 우리는 "어떤 것도 변동하지 않는다"고 말하고 있다. 만일 구조들이 여전히 본질적으로 동일하게 유지되지 않는다면, 우리가 하나의 체계에 대해 말하는 것이 무슨 의미가 있겠는가? 그러나 체계가 '역사적'이라고 주장하는만큼, 우리는 "변동은 영원하다"고 말하고 있는 것이다. 역사 개념이란 통시적 과정을 말한다. 우리는 같은 물에 두 번 발을 담글 수 없다고 헤라클레이토스(Herakleitos)*가

*헤라클레이토스는 그리스의 철학자로 에페소스 왕가 출신이다. 그가 '만물은 유전한다'고 말한 것은, 우주에는 서로 상반되는 것의 다툼이 있고, 만물은 이와같은 다툼에서 생겨나

말했을 때 그 의미는 바로 이런 것이었다. 오늘날 몇몇 자연과학자들이 "시간의 화살"에 대해 말할 때도 그 의미는 바로 이런 것이다. 그러므로 사회변동에 대한 두 진술 모두 특정한 역사적 체계의 틀 속에서는 참이다.

다양한 역사적 체계들이 있다. 우리가 현재 살고 있는 자본주의 세계경제도 그 중 하나이다. 로마제국은 또 하나의 역사적 체계였다. 중앙아메리카의 마야 구조들도 또다른 역사적 체계를 구성했다. 그리고 헤아릴 수 없이 많은 아주 작은 역사적 체계들이 있었다. 이 중 어떤 것이 언제 성립해서 언제 없어졌는지 어떻게 결정해야 하는가는 어렵고도 논쟁적인 경험적 질문이지만, 이론적으로는 전혀 문제가 없다. 정의상 통합된 생산구조를 갖춘 분업이 있고, 일련의 조직화 원칙과 제도들이 있으며, 한정할 수 있는 수명을 가지고 있는 실체들(entities)은 역사적 체계라는 명칭을 부여받는다. 사회과학자로서 우리의 임무는 그런 사회체계들을 분석하는 것인데, 다시 말해 그 분업의 속성을 밝히고, 그 조직원칙들을 드러내고, 그 제도들의 작용을 기술하며, 그 체계들의 역사적 궤적을——그 기원과 쇠락을 포함하여——설명하는 것이다. 물론 우리 각자가 모든 일을 다할 필요는 없다. 다른 모든 과학적 활동처럼 이것도 분할하여 분담할 수 있는 임무이다. 그러나 우리의 분석의 틀(역사적 체계)을 분명히해두지 않는다면, 우리의 작업이 아주 통찰력 있거나 풍성해지지는 않을 것이다. 내가 방금 말한 것은 어떤 특수한 역사적 체계에나 적용된다. 그리고 우리 각자는 이런저런 특수한 역사적 체계의 분석에 힘을 쏟을 수도 있다. 과거에 스스로 사회학자라고 칭한 대부분의 사람들이 근대세계체계 분석에 그들의 관심을 제한했지만, 이렇게 하는 것이 합당하다고 할 만한 지적인 이유는 없다.

그러나 사회과학에는 그 이상의 임무가 있다. 만일 세계사에 다수의 역

는 것이라는 뜻이었다. 따라서 '싸움은 만물의 아버지요 만물의 왕'이다. 그러나 그러한 다툼 중에서도 그는 그 속에 숨겨진 조화를 발견했고, 그것을 '반발조화(反撥調和)'라 하였다. 이것이 세계를 지배하는 로고스[理法]이며 그는 그러한 이법의 상징으로서 불[火]을 내세웠다.

사적 체계가 있었다면, 우리는 그 상호관계가 어떠했는지 궁금해할 것이다. 그것들은 존재론적으로 서로 연결되어 있는가? 만일 그렇다면 어떤 방식으로 연결되어 있는가? 이것은 크시슈토프 포미안(Krzysztof Pomian)이 시간학(chronosophy)이라고 부른 질문이다. 계몽주의 세계관은 그 질문에 대해 특별한 대답을 가지고 있었다. 그것은 내가 역사적 체계들이라고 부르는 것들의 관계, 즉 어떤 역사적 체계에 대한 또다른 역사적 체계의 관계가 연속적이고 누적적이라고 보았다. 즉, 시간이 지나면서 연속적인 체계들은 더 복잡해지고 더 합리적이 되며 '근대성'에서 절정에 달한다는 것이다. 이것이 그들의 관계를 기술하는 유일한 방식일까? 나는 그렇지 않다고 생각한다. 사실 나는 이것이 그들의 관계를 기술하는 명백히 잘못된 방식이라고 생각한다. 이 수준에서 사회변동의 기본적인 질문은 되풀이된다. 우리는 변동 또는 반복이 각 역사적 체계의 내부적 삶에 대해서뿐 아니라 지구상의 인간생활의 종합사(composite history)에 대해서도 규범인지 물어보아야만 한다. 그리고 여기서도 나는 두 진술——변동은 끊임없다, 어떤 것도 변동하지 않는다——모두 만족스럽지 않다고 주장하고자 한다.

그러나 우리가 지구상의 인간생활의 종합사를 논의하기 전에, 어떤 정해진 역사적 체계 내에서의 사회변동이라는 쟁점으로 돌아가보자. 그리고 우리가 그 일부를 이루고 있고 내가 자본주의 세계경제라고 규정하는, 역사적 체계를 살펴봄으로써 이 일을 해보도록 하자. 세 개의 상당히 분리된 지적인 질문들이 있는데, 이 질문들을 서로 혼동해서는 안된다. 첫째는 발생(genesis)에 관한 질문이다. 이 역사적 체계는 왜 그때 그곳에서 그리고 그런 방식으로 존재하게 되었는가? 둘째는 체계의 구조(structure)에 관한 질문이다. 이 특수한 역사적 체계, 혹은 아마 더욱 일반적으로 말해, 이런 유형의 역사적 체계를 작동시키는 규칙들은 무엇인가? 이러한 규칙들이 실행되는 제도들은 무엇인가? 서로 갈등을 일으키는 사회적 행위자들은 누구인가? 그 체계의 장기추세는 무엇인가? 셋째는 쇠락(demise)에 관한 질문이다. 그 역사적 체계의 모순들은 무엇인가, 그리고 그것들이 어떤 지점에서 제어하기 어렵게 되어 분기점에 이르러 그 체계의 쇠락을 낳으며, 하나의 (혹은 그 이상의) 대체 체계(들)가 출현하게 되는가? 이 세 질문들은 별개일 뿐 아니라, 이들 질문에 대응해 이용할 수 있는 방법론(가능한 탐구양식들) 또한 전혀 동일하지 않다.

나는 이 세 질문을 혼동하지 말아야 한다는 점을 다시 한번 강조해두고 싶다. 사회변동에 대한 대부분의 분석들이 촛점을 맞추는 것은 역사적 체계의 작동이라는 두번째 쟁점군뿐이다. 분석가들은 매우 자주 기능주의적 목적론을 가정한다. 즉, 그들은 자신들이 묘사하는 종류의 체계가 잘 작동한다고 증명할 수 있으면 그 발생은 적절하게 설명된다고 추정하며, 이로써 그들은 그 체계가 그에 선행하는 체계들보다 작동양식에서 '우월'하다고 주장할 수 있다. 이런 의미에서 발생은 특정한 체계를 작동시키는 의사-필연적 성격을 띠고서 역사의 논리 속에 자리잡게 된다. 쇠락에 대해 말하면, (모든 체계가 모순을 갖고 있기 때문에) 사멸한 체계들의 경우 쇠락을 설명해주는 것은 그 체계의 내재적 모순들이 아니라 그 기능양식의 열등성이라고 주장되었는데, 이런 열등성은 더 우월하다고 추정되는 기능양식들에게 불가피하게 길을 내주었다. 그리고 그 우월성이 너무나 명백해 보이는 현재의 역사적 체계에 대해서는 이런 질문이 거의 제기되지 않는다는 점에 주목해야 한다. 당신은 근대서구세계의 출현을 논리적 진화과정의 종점으로 설명하려는 수많은 책들에서 이런 종류의 추론을 관찰할 수 있을 것이다. 그런 책들의 핵심논지는 보통 현재——영광스러운 현재——에 이르게 한 씨앗을 오랜 역사 속에서 찾아내는 것을 포함한다.

이런 동일한 역사를 논의하는 대안적인 방식이 있다. 근대세계체계를 논의함으로써 이를 제시해보자. 우리는 그 발생기를 A.D. 1450년 무렵의 언제쯤으로, 그 장소는 서유럽으로 잡을 수 있다. 이 시기의 그 지역에는 우리가 르네쌍스, 구텐베르크혁명, 신대륙 발견(Descobrimentos) 그리고 프로테스탄트 종교개혁이라고 부르는 다소 거대한 운동들이 동시에 일어났다. 이 순간은 동일한 이 지역에서 흑사병, 폐촌(the Wüstungen) 그리고 이른바 봉건제의 위기(혹은 영주 수입의 위기)가 나타나던 우울한 시기에 뒤이어 도래하였다. 거의 동일한 지리권 내에서 봉건체계가 끝나고 다른 체계가 이를 대체한 것을 우리는 어떻게 설명할 수 있을까?[1]

첫째 우리는 왜 앞서 존재하던 체계가 그 체계의 규칙에 따라 계속 작동하는 데 필요한 조정들을 더이상 수행해낼 수 없었는지 설명할 필요가 있다. 나는 이 경우에 봉건체계를 지탱한 핵심적인 세 제도인 영주제, 국가, 교회의 동시적 붕괴가 그것을 설명해준다고 본다. 엄청난 인구학적 붕괴가 뜻하는 바는 토지를 경작할 사람들이 더 적어지고 수입이 줄어들고, 지대가 하락하고 상업은 위축되며, 따라서 제도로서의 농노제가 쇠퇴하거나 소멸한다는 것이었다. 일반적으로 농민들은 대지주들에게서 훨씬 더 좋은 경제적 협상조건을 얻어낼 수 있었다. 그 결과 영주들의 권력과 수입은 심각하게 하락했다. 이번에는 국가가 붕괴했는데, 국가 자체의 수입이 급락한데다가 어려운 시기에 영주들이 자신의 개인적 상황을 구제하기 위해 서로를 공격했기 때문이었다(이는 귀족을 격감시켰기 때문에 농민들에 대한 그들의 힘은 훨씬 더 약해졌다). 그리고 교회는 내부로부터 공격받았는데, 교회의 경제적 상황이 나빠졌기 때문이기도 하고 영주들이 몰락하여 일반적으로 권위가 쇠퇴했기 때문이기도 하다.

역사적 체계가 이런 식으로 무너질 때, 통상적으로 일어나는 일은 주로 지배층의 갱신인데, 흔히 이는 외부로부터의 정복을 통해 진행된다. 만일 15세기 서유럽의 운명이 그러했다면, 우리는 중국에서 만주족이 명왕조를 역사적으로 대체한 것(이는 본질적으로 내가 바로 기술한 것, 즉 외부로부

1) 이하의 주장은 내가 "The West, Capitalism, and the Modern World-System," *Review* 15, no. 4 (fall 1992) 561~619면에서 상세하게 분석한 설명을 간추려 요약한 것이다.

터의 정복에 의한 지배층의 갱신이었다)보다 이런 전화에 더 많이 주목하지는 않았을 것이다. 그러나 서유럽에서는 이런 일이 일어나지 않았다. 대신 우리가 알고 있듯이, 봉건체계는 사실상 근본적으로 다른 어떤 것, 즉 자본주의 체계로 대체되었다.

우리가 첫번째로 주목해야 할 점은, 이것이 결코 불가피했던 것이 아니라 놀랍고도 예상치 못한 발전이었다는 사실이다. 그리고 두번째로 주목할 점은 그것이 반드시 행복한 해결책은 아니었다는 사실이다. 여하튼 어떻게 이 일이 발생했는가, 혹은 왜 발생했는가? 나는 그것이 발생한 주요한 이유는, 당시 지배층을 전형적인 외부적 방식을 통해 갱신하는 것이 우연히 그리고 이례적으로 가능하지 않았기 때문이라고 주장하려 한다. 가장 가능성 있던 정복계층인 몽골족은 서유럽에서 진행되던 일과는 상당히 무관한 이유들 때문에 그 전에 몰락했으며, 마침 그외에 즉각 이용할 수 있던 다른 정복세력은 없었다. 터키족이 왔을 때는 꽤 늦었는데, 그들이 유럽을 정복하려고 했을 때 새로운 유럽체계는 그들을 발칸반도 너머로 진출하지 못하도록 막을 수 있을 만큼 이미 충분히 강력해진 상태였다.

그렇다면 왜 봉건제가 자본주의로 대체되었는가? 여기서 우리는 자본주의적 기업가 계층이 지구의 다른 많은 지역들처럼 서유럽에도 오랫동안 존재해왔음을 기억해야 한다. 실로 그런 집단들은 수천년 동안은 아니더라도 수세기 동안 존재해왔다. 그러나 선행하는 모든 역사적 체계들에는 아주 강력한 제한력이 있어서, 이 계층이 자유롭게 날뛸 수 있는 능력과 이 계층의 동기를 그 체계의 규정적 특징으로 만들려는 능력을 억제했다. 이것은 가톨릭 교회의 강력한 제도들이 '고리대금'에 대해 부단한 투쟁을 전개해온 기독교 유럽에서는 아주 분명한 사실이었다. 세계의 다른 곳들처럼 기독교 유럽에서 자본주의는 정당성 없는 개념이었고, 거기에 종사하는 사람들은 사회라는 우주의 상대적으로 작은 구석들에서만 용인되었다. 대다수의 사람들이 보기에 자본주의 세력들은 갑자기 더 강력해지거나 더 정당해진 것이 아니었다. 어떤 경우에도 결정적 요인은 주로 자본주의 세력들이 가진 힘이 아니라 자본주의에 대한 사회적 반대의 힘이었다. 이러한 사회적 대립을 지탱했던 제도들이 갑자기 매우 취약해졌다. 그리고 외부적 정복을 통해 통치계층을 갱신함으로써 그 제도들을 재수립하거나 유사한 구조를 창조할 수 없었기 때문에, 일시적으로(그리고 아마도 전례없이) 이런 자본주의 세력들에게 공간이 열렸고, 이 세력들은 신속하게 틈새를 비집고 들어가 자기자신을 공고화하였다. 우리는 이런 일의 발생이 드물고 예기치 못한 것이며, 결정되어 있지 않은 것이었다고 생각해야 한다(우리는 이 개념으로 되돌아갈 것이다).

그럼에도 불구하고 그 일은 발생했다. 사회변동이란 점에서 이것은 한번만 일어난 사건이었고, 우리는 확실히 그것을 "어떤 것도 변동하지 않는다"라는 제목 아래 둘 수 없다. 이 경우에 변동은 근본적이었다. 흔히 이기적인 생각에서 그렇듯이 이 근본적인 변동을 '서구의 등장'이라고 부르는 대신에, 나 자신은 이것을 '서구의 도덕적 붕괴'라고 지칭하려 한다. 그러나 자본주의는 실로 매우 역동적인 체계이기 때문에, 일단 머리를 내밀자 순식간에 지배력을 장악했고 결국 전지구를 그 궤도 속에 쓸어넣었다. 나는 우리가 살고 있는 근대세계체계의 발생을 이렇게 인식하고 있다. 그것은 지극히 우연적인 것이다.

우리는 그로부터 역사적 체계에 대한 두번째 질문으로 나아간다. 역사적 체계를 작동시키는 규칙들은 무엇인가? 그 제도들의 속성은 무엇인가? 그 중심적 갈등은 무엇인가? 나는 여기서 근대세계체계와 관련해 이 문제를 상세히 다루지는 않을 것이다.[2] 단지 본질적인 요소들을 간략히 요약하고자 한다. 무엇이 이 체계를 자본주의적이라고 규정하는가? 내가 보기에 종

---

[2] 나는 이 작업을 *The Modern World-System* (vols.1 and 2: New York: Academic Press 1974, 1980; vol. 3: San Diego: Academic Press 1989, 나종일 외 옮김, 『근대세계체제』 I-III, 까치 1999) 세 권과 여타의 글들에서 수행했다.

차(種差, differentia specifica)는 자본축적이 아니라 끊임없는 자본축적에 우위가 부여된다는 점인 것 같다. 다시 말해 그것은 자본축적에 우위를 부여하는 모든 사람들에게는 중기적으로 보상을 하고, 다른 것에 우위를 두려고 하는 모든 사람들은 중기적으로 처벌하도록 만들어진 제도들의 체계이다. 이것이 가능하도록 일련의 제도들이 수립되었는데, 여기에는 지리적으로 떨어져 있는 생산활동을 함께 연결하여 전체 체계 속에서 이윤율을 최대화하도록 작동하는 상품사슬의 정교화, 국가간체계 속에 함께 연결되어 있는 근대국가구조들의 네트워크, 사회적 재생산의 기초단위들로서 소득을 공유하는 가계의 창출, 그리고 마지막으로 그 구조들을 정당화하고 피착취계급들의 불만을 봉쇄하려는 통합된 지구문화 등이 포함된다.

　우리가 이 체계 내의 사회변동에 대해 거론할 수 있을까? 그렇기도 하고 그렇지 않기도 하다. 어떤 체계에서나 사회적 과정들은 우리가 설명할 수 있는 방식으로 끊임없이 변동한다. 그 결과 그 체계는 관찰할 수 있고 측정할 수 있는 순환적 리듬을 지니고 있다. 그같은 리듬은 정의상 항상 두 국면을 포함하기 때문에, 만일 우리가 원한다면 그 곡선이 굴곡부를 돌 때마다 변동이 있다고 주장할 수도 있다. 그러나 사실 우리가 여기서 다루고 있는 과정들은 폭넓은 그림 속에서는 본질적으로 반복적이며 이를 통해 체계의 윤곽을 규정짓는다. 그러나 어느 것도 정확히 똑같이 반복되지는 않는다. 그리고 훨씬 더 중요한 것은 '균형으로의 복귀' 메커니즘들이 체계적인 한정요소들에서의 끊임없는 변동을 수반한다는 점인데, 이 한정요소들은 그 자체로 기록될 수 있으며 오랜 시간에 걸친 체계의 장기추세들을 묘사해줄 수도 있다. 근대세계체계의 경우 한 가지 예는 프롤레타리아화 과정인데, 그것은 5세기 동안 장기적인 완만한 상승추세를 따랐다. 그같은 추세들은 측정할 수 있는 끊임없는 양적 증식을 만들어내지만, (오래된 질문) 여전히 우리는 그같은 양적 증식이 누적되어 어느 지점에서 질적인 변동을 일으키는지 물어볼 필요가 있다. 그 대답은 틀림없이 다음과 같을 것이다.

그 체계가 동일한 기본규칙들에 의해 계속 작동하는 동안은 아니라고. 그러나 물론 조만간 이것은 사실이기를 그치고, 그 지점에서 우리는 장기추세가 세번째 국면, 즉 쇠락의 국면을 마련했다고 말할 수 있을 것이다.

우리가 장기추세라고 묘사해온 것은 본질적으로 체계를 기본적인 균형으로부터 벗어나게 하는 벡터들이다. 백분율로 양화해보면, 모든 추세들은 점근선을 향해 움직인다. 모든 추세들이 점근선에 접근할 때, 그 백분율을 의미있게 증가시키는 것은 더이상 불가능하며, 따라서 이제 그 과정은 균형을 확립하는 기능을 더이상 수행할 수 없다. 체계가 균형으로부터 점점 더 벗어남에 따라 파동의 폭은 훨씬 더 커져서 마침내 분기가 일어난다. 당신은 이러한 비선형적 과정들을 통해 비누적적이고, 비결정적인 근본적 전화들을 설명해내는 프리고진 및 여타 사람들의 모델을 내가 여기에 적용하고 있음을 알아차릴 것이다. 우주의 과정들이 설명 가능하며 궁극적으로 결정되지 않은 채로 정돈되어 있다는 발상은 지난 수십년간 자연과학들의 지식에 대한 가장 흥미로운 기여이며, 예전에 근대세계에서 우세하던 지배적인 과학관들을 근본적으로 수정하는 것이다. 나로서는 그것이 우주 속에서 창조성——물론 인간의 창조성을 포함하여——의 가능성을 가장 희망적으로 재확언하는 것이기도 하다고 말하겠다.

나는 바로 지금 우리가 우리의 근대세계체계 속에서 내가 묘사해온 식의 변혁의 시기에 들어서 있다고 생각한다.[3] 우리는 자본주의 세계경제의 기본구조들을 위태롭게 해서 위기상황을 탄생시킨 일련의 발전들이 있었고 주장할 수 있다. 첫번째는 세계의 탈농화이다. 틀림없이 이것은 보통 근대성의 승리로 환영받아왔다. 우리의 기본생계를 충족하기 위해 더이상 그렇게 많은 사람들이 필요하지는 않다. 우리는 맑스가 '농촌생활의 어리석음'이라고 경멸한 것, 맑스주의자들 외에도 널리 공유된 가치판단을 넘어

---

3) 나는 여기서 내가 『자유주의 이후』와 『이행의 시대』에서 개진한 주장들을 요약할 것이다.

서, 나아갈 수 있다. 그러나 끊임없는 자본축적이라는 관점에서 볼 때, 이러한 발전은 예전에는 소진되지 않을 것처럼 보이던 사람들, 그 일부가 (조합활동을 통해 자신들의 역사적 임금수준을 올린 전임자의 더 많은 소득을 벌충함으로써 전지구적 이윤수준을 회복해주는) 극히 낮은 보수를 받고서도 주기적으로 시장지향적 생산에 동원될 수 있던 사람들의 저수지가 말라버렸다는 것을 뜻한다. 이처럼 이곳저곳에서 한계액을 받는 최하층 노동자들의 저수지를 찾아낼 수 있었다는 것이 지난 5세기 동안 전세계적 이윤수준을 유지할 수 있었던 주요소이다. 그러나 어떤 특정한 노동자집단도 그 범주 속에 그다지 오래 남아 있지 못했고, 정기적으로 새로운 저수지를 찾아내야 했다. 세계의 탈농화 때문에 사실상 이는 불가능해진다. 이것이 점근선에 도달하고 있는 추세의 좋은 예이다.

두번째 그런 추세는 기업의 비용 외부화를 허용하는 사회적 비용이 급격히 상승하고 있다는 것이다. 비용을 외부화하는 것(즉, 어떤 회사의 생산비용의 상당부분을 사실상 집합적인 세계사회가 떠맡도록 하는 것)은 고수준의 이윤을 유지하고, 그 결과 끊임없는 자본축적을 보장해주는 데 있어 두번째로 주된 요소였다. 누적된 비용이 매우 낮아 보이는 한 아무도 관심을 기울이지 않았다. 그러나 갑자기 그 비용이 너무 높아졌고, 그 결과 나타난 것이 생태에 대한 세계적인 관심이다. 너무나 많은 나무들을 베어버렸다는 것은 사실이다. 생태 손상의 복구비용은 어마어마하다. 누가 그 비용을 지불할 것인가? 비록 복구비용이 모든 사람들에게 분산된다고 하더라도(이것이 아무리 불공평하다 하더라도), 기업들이 모든 비용을 내부화하도록 정부가 지시하지 않는다면 그 문제는 즉시 재발할 것이다. 그러나 정부가 이렇게 한다면, 이윤마진은 곤두박질할 것이다.

세번째 추세는 세계체계의 민주화에 따른 귀결인데, 이는 이 압력을 정치적 안정화의 본질적인 요소로서 정당화하는 지구문화의 결과물이다. 이제 이런 대중적 요구가 비용이 매우 많이 드는 지점에 이르렀다. 인류 다수의 적절한 교육 및 보건지출에 대한 현재의 사회적 기대들을 충족하는 것이 세계 총잉여가치 중에서 큰 몫을 차지하기 시작하고 있다. 그런 지출은 사실상 일종의 사회적 임금이며, 생산계급에게 잉여가치의 상당한 몫을 되돌려주는 것이다. 이것은 사회복지 프로그램으로서 대체로 국가조직들이 매개해왔다. 오늘날 우리는 청구액을 둘러싼 주요한 정치전을 목격한다. 청구액이 삭감되든지 (그러나 이것이 정치적 안정과 양립할 수 있는가?) 아니면 또다시 적지 않게 이윤마진이 떨어지게 될 것이다.

마지막으로 내가 전통적 반체계운동이라고 부르는 구좌파의 붕괴가 있다. 이 붕괴는 사실상 자본주의 체계에 이익이 아니라 최대의 위험이다. 사실상 전통적인 운동들은 세계의 위험계급들에게 (그들에게가 아니면 그들의 자녀들에게) 미래가 그들의 것이며 좀더 평등한 사회가 지평선에 떠오르고 있다는 확신을 주었고, 이로써 이 운동들이 낙관주의와 인내 양자를 정당화했다는 점에서 현존 체계를 보증하는 역할을 해왔다. 지난 20년 동안 (각종) 이런 운동들에 대한 대중적 신념이 해체되었는데, 그것은 그와 더불어 분노의 배출구를 만들 수 있는 능력도 사라졌음을 뜻한다. 사실상 이 모든 운동들이 (그 체계를 전화하기 위해) 국가구조를 강화하는 것이 미덕이라고 설파해왔기 때문에, 그런 개량주의 국가에 대한 신념도 급격히 쇠퇴하였다. 그들의 반국가적 수사학에도 불구하고, 현 체계의 옹호자들은 실제로 이를 결코 원하지 않는다. 자본축적자들은 경제적 독점을 보장받고 위험계급들의 '무정부주의적' 경향을 억누르기 위해 국가에 의존한다. 오늘날 우리는 세계 도처에서 국가구조의 힘이 쇠퇴하는 것을 보는데, 이는 불안정성이 늘어나고 특별방위조직들이 등장한다는 것을 뜻한다. 분석적으로 이것은 봉건제로 되돌아가는 길이다.

그같은 시나리오에서 우리는 사회변동에 대해 무슨 말을 할 수 있을까? 우리는 5,6백년 전에 있었던 유럽 봉건체계의 쇠락과 유사한, 하나의 역사적 체계의 쇠락을 다시 한번 보고 있다고 말할 수 있다. 따라서 어떤 일이 발생할 것인가? 그 대답은 우리는 확실히 알 수 없다는 것이다. 우리는 체계의 분기점에 서 있는데, 이는 이곳저곳의 집단들의 아주 작은 행위라도 벡터 및 제도적 형태들의 방향을 근본적으로 상이하게 전환시킬 수 있다는 뜻이다. 구조적으로 우리가 근본적 변동의 한가운데에 있다고 말할 수 있는가? 그렇게 말할 수도 없다. 우리는 현재의 역사적 체계가 그다지 오래 지속되지는 않을 것이라고 (아마도 기껏해야 50년이라고) 주장할 수 있다. 그러나 무엇이 그것을 대체할 것인가? 그것은 기본적으로 유사한 또 하나의 구조일 수도 있고, 아니면 근본적으로 상이한 구조일 수도 있다. 그것은 동일한 지리적 지역 전체에 걸친 단일구조일 수도 있다. 아니면 그것은 지구상의 상이한 지대들로 나누어진 다수의 구조들일 수도 있다. 분석가로서 우리는 그것이 종료될 때까지 확신하지 못할 것이다. 물론 우리는 현실 세계의 참여자로서 좋은 사회를 성취하기 위해 현명하다고 생각하는 것은 무엇이든 할 수 있다.

여기서 내가 제시한 것은 어떤 모델로, 이를 가지고 근대세계체계를 분석함으로써, 사회변동이라는 견지에서 특정한 역사적 체계를 분석하고 쟁점들을 설명할 수 있다. 하나의 역사적 체계가 발생이나 쇠락의 상태에 있을 때 (하나의 역사적 체계의 쇠락은 언제나 하나 혹은 그 이상의 역사적 체계들의 발생이다), 만일 존재하던 역사적 체계의 범주가 상이한 역사적 체계의 범주로 대체된다면 우리는 그것을 사회변동이라고 지칭할 수 있다. 이것이 자본주의가 봉건제를 대체했을 때 서유럽에서 벌어진 일이다. 그러나 만일 동일한 종류의 역사적 체계에 의해 대체된다면 그것은 사회변동이 아니다. 이것이 중국의 만주제국이 명나라를 대체했을 때 발생한 일이다. 그 둘은 여러가지 점에서 달랐지만, 본질적 형태에서는 다르지 않았다. 우리는 근대의 세계적인 세계체계에서 바로 지금 그런 체계의 전화과정을 겪고 있으며, 이것이 근본적인 사회변동인지 아닌지 아직 모른다.

사회변동 개념을 분석하는 이러한 대안적 모델을 검토하다 보면, 우리는 계속 작동중인 역사적 체계를 분석할 때 사회변동이라는 언어가 매우 기만적일 수 있다는 것을 발견하게 된다. 그 세부사항들은 계속 진화하고 있지만 그 체계를 규정짓는 성질들은 여전히 동일하다. 근본적인 사회변동에 관심이 있다면, 우리는 장기추세와 순환적 리듬을 분간·구분하려 노력해야 하고, 장기추세가 근원적 균형을 위태롭게 하지 않으면서도 얼마나 오랫동안 양적으로 계속 누적될 수 있는지 평가해보려고 노력해야 한다.

　나아가 우리가 특정한 역사적 체계들의 분석으로부터 지구상의 집합적 인류사로 관심을 전환할 때, 선형적 추세를 가정해야 할 아무런 이유도 없다. 지금까지 알려진 인류사에서 그러한 추정은 아주 모호한 결과를 낳을 것이며, 모든 진보이론에 대한 거대한 회의주의를 정당화한다. 아마도 훨씬 더 심오한 전망을 갖게 된다면, A.D. 20,000년에 사회과학자들은 모든 순환적 리듬들──역사적 체계들의 하나의 조합에서 다른 조합들로의 끊임없는 교체는 이것이 허구임을 보여주는 것 같다──에도 불구하고 지구의 장기추세들이 언제나 존재했다고 주장할 수 있을지도 모른다. 아마도 그럴 것이다. 내가 보기에는 진보가 가능할 수 있다는 지적·도덕적 입장을 당분간 견지하는 편이 훨씬 더 안전해 보이지만, 그것이 결코 필연적인 것은 아니다. 지난 500년을 독해한 결과 나는 우리 근대세계체계가 실질적인 도덕적 진보의 예라기보다는 차라리 도덕적 퇴행의 예라고 믿게 되었다. 그렇다고 내가 천성적으로 미래에 대해 비관적이 되는 것은 아니며, 다만 냉정해질 뿐이다.

　다른 역사적 체계들의 쇠락의 싯점에 그랬듯이, 오늘날 우리는 개인 및 집단적인 투입들이 그 결과의 견지에서 보면 실질적 차이를 낳게 될 역사적 선택들에 직면해 있다. 그러나 오늘의 선택의 순간은 한가지 방식에서 예전의 그런 순간들과 상이하다. 현 싯점은 전지구가 연루된 최초의 선택의 순간인데, 왜냐하면 우리가 살고 있는 역사적 체계는 전지구를 포괄하는 최초의 역사적 체계이기 때문이다. 역사적 선택은 도덕적 선택이지만, 그것은 사회과학자들의 합리적 분석을 통해 조명될 수 있으며, 이렇게 해서 이것이 바로 우리의 지적이고 도덕적인 책임감에 대한 정의(定義)가 된다. 나는 꽤 낙관적이기 때문에 우리가 그런 도전을 해볼 수 있다고 생각한다.

제 II 부

지식 세계

제9장

사회과학과 현대사회
합리성에 대한 보증의 소멸

> 생산계급에게 '정치'인 것이 지식계급에게는 '합리성'이 된다.
> 이상한 점은 몇몇 맑스주의자들이 '합리성'이 '정치'보다 우월하
> 고, 이데올로기적 추상성이 경제적 구체성보다 우월하다고 믿는
> 다는 점이다.
>
> ──안또니오 그람시, 『옥중수고』

　지식인들이 정치를 합리성으로 변환시켰을 뿐 아니라, 합리성의 미덕에 대한 이런 선언은 그들에게서 낙관주의의 표현이었고, 다른 모든 사람들의 낙관주의를 부추기는 작용을 하기도 하였다. 지식인들의 신조는 다음과 같다. 즉, 우리가 실재 세계를 더 진실하게 이해할수록 실재 세계를 더 잘 지배할 수 있고, 따라서 인간의 잠재력을 좀더 완전하게 실현할 수 있다는 것이다. 지식을 구성하는 한 양식으로서 사회과학은 단지 이러한 전제 위에서 구축된 것만이 아니라, 합리적 추구를 실현하는 가장 확실한 방법으로 제시되었다.

　늘 그렇지는 않았다. 한때는 널리 퍼져 있던 평범한 비관주의가 사회사상을 지배하였다. 사회세계는 불평등하고 불완전해 보였고, 언제나 그럴 것이라는 믿음이 있었다. 우리 모두에게는 치유할 수 없는 원죄의 자국이

● 1995년 10월 26~28일 빨레르모(Palermo)에서 열린 이딸리아 사회학회의 국제토론회 개회연설. 회의주제는 '대학과 사회과학: 공적 합리성으로 가는 새로운 길'이었다.

남아 있다는 아우구스티누스의 침울한 견해가 기독교 유럽 대부분의 역사를 지배했다. 세계의 기준에 따르면, 확실히 이것은 이례적으로 가혹한 시간학이었다. 그러나 훨씬 더 스토아적인 다른 시각들조차, 실로 더욱 디오니소스적인 시각들조차 미래를 거의 보증해주지 못했다. 불교에서 열반이라는 목표는 기독교에서 성인이라는 목표를 달성한 사람 수에 비견할 만큼 극소수의 사람만이 도달할 수 있는 매우 멀고 어려운 길인 것 같다.

근대세계가 그렇게 오랫동안 자신을 찬양하고 그 세계관(Weltanschauung)의 '근대성' 위에서 자신을 격찬했다면, 그것은 근대세계가 현세적이고 보편적이며 낙관적인 시간학을 선언했기 때문이다. 아무리 나쁜 사회세계라도 좀더 좋아질 수 있었고, 모든 이들을 위해 좀더 좋아질 수 있었다. 사회적 개선의 가능성에 대한 신념은 근대성의 근본원리였다. 강조할 필요가 있는 것은, 개인이 도덕적으로 반드시 더 좋아질 것이라고 주장한 것은 아니었다는 점이다. 고대종교의 목표인 원죄의 개인적 극복은 여전히 신의 판단(과 은총)에 맡겨져 있었다. 그 정당화와 보상은 내세적이었다. 근대세계는 단호히 현세적이었다. 무엇이든 그것이 약속한 것은 지금 여기서, 또는 즉시 여기서 정당화되어야 했다. 근대세계의 목표는 궁극적으로 만인을 위한 경제적 향상을 또다시 약속했다는 점에서 사실상 단연코 물질주의적이었다. 자유 개념 속에 각인된 근대세계의 비물질적 약속들은 궁극적으로 모두 물질적 혜택으로 해석될 수 있었으며, 이런 식으로 해석될 수 없다고 상정된 자유는 보통 거짓 자유라고 비난받았다.

마지막으로 우리는 근대성의 전망이 얼마나 집단주의적이었는지 주목해야 한다. 근대의 철학자들과 사회과학자들이 이 근대세계 속에서 개인의 중심성에 대해 너무나 끝없이 떠들어왔기 때문에, 우리는 근대세계가 역사상 얼마나 최초로 진정한 집단주의적 지구문화를 창출——근대 세계가 진실로 처음으로 평범한 평등주의적 사회전망을 창출해냈다는 점에서——해냈는지 알아내지 못했다. 우리 모두는 언젠가 우리의 역사적 체계가 도달하게 될 사회적 질서에서는 누구나, 적절하기 때문에 대체로 평등한 물질적 안락함을 누릴 것이며, 타인이 갖지 않은 특권은 누구도 갖지 않게 될 것이라는 약속을 들어왔다. 나는 물론 현실이 아니라 약속만을 이야기하고 있는 것이다. 그러나 중세 유럽이나 중국 당나라나 압바스 왕조 칼리프의 어떤 철학자도 지구상의 만인이 물질적으로 풍족해지고, 특권이 사라질 날이 언젠가 올 것이라고 예언하지는 않았다. 이전의 모든 철학자들은 계서제가 불가피하다고 가정했고, 이로써 지상의 집단주의를 거부했다.

그러므로 만일 우리의 역사적 체계인 자본주의 세계경제가 현재 직면하는 딜레마들을 이해하고, 왜 합리성 개념이——내가 보기에——그토록 시큼한 맛이 나는지 이해하려면, 나는 근대성이 어느 정도로 물질주의적이고 집단주의적인 전제들 위에서 정당화되었는지 인식하는 데서부터 출발해야 한다고 생각한다. 물론 이러한 작업을 한다는 것은 완전히 자기모순적이다. 자본주의 세계경제의 존재 이유, 즉 그것의 동력은 끊임없는 자본축적이었다. 그리고 끊임없는 자본축적은 이러한 물질주의적이고 집단주의적인 약속들과 전적으로 양립 불가능한데, 왜냐하면 그런 자본축적의 토대는 일부 사람들이 다른 사람들로부터 잉여가치를 전유하는 것이기 때문이다. 자본주의는 어떤 사람들에게는 물질적 보상이겠지만, 그러기 위해서 자본주의는 만인을 위한 물질적 보상이 될 수 없다.

사회과학자로서 우리는 중요하고 설명력 있는 변칙적 사례에 촛점을 맞추어 그것이 왜 존재하는지——어떻게 그것을 설명하고 그 결과는 무엇인지——질문하는 것이 사회적 실재를 분석하는 가장 효과적인 방법 중의 하나라는 점을 알고 있다. 내가 여기서 해보자는 것이 바로 그 일이다. 나는 근대세계의 철학자들이 그 참가자들에게 왜 실현할 수 없는 약속을 해왔는지, 이러한 약속이 오랫동안 신뢰받았으나 왜 이제는 더이상 신뢰받지 못하는지, 그리고 이러한 환멸의 결과가 무엇인지 논의할 것이다. 그리고 마지막으로 나는 이 모든 것이 사회과학자로서, 즉 인간 합리성의 지지자(꼭 실천가는 아닐지라도)로서 우리에게 어떤 함의를 던져주는지 평가해보려 한다.

근대성과 합리성

자본주의 세계체계의 등장과 과학기술의 발전 사이의 연관성을 발견하는 것은 사회과학에서 흔한 일이다. 그러나 역사적으로 이 둘은 왜 연결되어 있는가? 이 질문에 대해 맑스와 베버(그리고 실로 대부분의 다른 이들) 모두 자본가들이 이윤의 극대화라는 그들의 주된 목표를 성취하기 위해 '합리적'이 되어야 했기 때문이라고 대답했다. 자본가가 그들의 모든 에너지를 다른 것에 앞서 이 목표에 집중하는 정도만큼, 그들은 생산비용을 줄이고 구매자를 유인할 생산물을 만들기 위해 할 수 있는 모든 일을 할 텐데, 이는 생산과정뿐만 아니라 기업관리에도 합리적인 방법들을 적용한다는 것을 의미한다. 그러므로 그들은 모든 기술진보가 대단히 유용하다고 보고, 과학의 기초적 발전을 열심히 고무하고 있다.

이것은 분명한 사실이지만, 별로 설명해주는 것은 없어 보인다. 우리는 이윤창출 기업에서 일하고 싶어하는 사람과 과학적 진전을 이루어낼 능력이 있는 사람들이 적어도 수천년간 인간이 사는 모든 주요한 지역에 거의 비슷한 비율로 존재해왔다고 추측할 수 있다. 조지프 니덤(Joseph Needham)*의

---

* 영국의 생화학자·과학사가로 케임브리지대학교에서 홉킨즈(F. G. Hopkins)의 지도를 받고, 졸업 후 동대학의 실험조수를 거쳐 1933년 강사가 되었다. 1942~46년 영국과학사절단의 단장 겸 영국대사관 고문으로 중국에 체류했고, 2차대전 후에는 유네스코 자연과학부장을 역임하였다. 1951년 캘리포니아대학교 교수와 리옹대학교 객원교수를 거쳐 중국 국립 뻬이징연구소 연구원을 역임하였다. 발생생화학의 선구자이며 생물학사에도 관심을 기울이고 있다. 주요저서로 『화학발생학』(*Chemical Embryology*, 3권, 1931), 『중국의 과학과 문명』 등 다수가 있다.

불후의 대작 『중국의 과학과 문명』(Science and Civilization in China)은 중국 문화권에서 과학적 노력이 거둔 엄청난 성과들을 보여준다. 그리고 우리는 중국의 경제활동이 얼마나 집약적이고 상업화되었는지 아주 자세히 알고 있다.

그렇다면 그 다음은 물론 고전적인 질문인 왜 서구인가이다. 이 질문을 한번 더 논의하자는 것은 아니다. 많은 사람들의 논의가 있었으며, 나 자신도 이에 대해 논의한 바 있다.[1] 여기서는 단지 내가 보기에 명백하다고 생각하는 다음과 같은 사실, 즉 근대세계체계에서는 기술진보에 대한 분명한 보상이 있었다는 점, 그리고 이 차이를 설명해주는 것은 기업가들——발명가와 혁신가들에게 보상을 제공할 명백한 동기를 늘 지니고 있던——의 태도가 아니라 정치지도자들의 태도——그들의 동기는 항상 훨씬 더 혼합적이었으며, 주로 기술변동에 대한 그들의 주기적인 반감 때문에 17세기에 서유럽이 착수한 것 같은 종류의 과학혁명이 다른 지역과 다른 시대에서는 가로막혔다——라는 점이 핵심적 차이임을 지적해두고 싶다.

내가 이끌어내는 분명한 결론은 기술혁신이 중심적으로 되려면 다른 무엇보다 먼저 자본주의가 있어야 한다는 점이다. 이는 권력관계의 현실에 대한 실마리를 제공해주기 때문에 매우 중요하다. 근대과학은 자본주의의 자식이며 거기에 의존해왔다. 과학자들은 실재 세계에서 구체적인 개선의 전망—— 생산성을 촉진하고 시간과 공간상의 제약이라고 생각되는 것을 줄여줄 굉장한 기계——을 내놓았고 모든 이에게 더욱더 많은 안락함을 주었기 때문에 사회적 재가와 지지를 얻었다. 과학은 성공을 거두었다.

이러한 과학활동을 둘러싸고 하나의 온선한 세계관이 탄생했다. 과학자들은 '공평무사하다'고 이야기되었고, 또한 그렇게 되도록 요청받았다. 과학자들은 '경험적'이라고 이야기되었고, 또한 그렇게 되도록 요청받았다.

1) 나의 "The West, Capitalism, and the Modern World-System," *Review* 15, no. 4 (fall 1992) 561~619면을 보라.

과학자들은 '보편적' 진리를 추구한다고 이야기되었고, 또한 그렇게 되도록 요청받았다. 과학자들은 '간단한 것'의 발견자라고 이야기되었고, 또한 그렇게 되도록 요청받았다. 그들은 복잡한 현실을 분석하여 이 현실을 지배하고 있는 간단한, 가장 간단한 기초규칙들을 밝혀내도록 요청받았다. 그리고 마지막으로 아마도 가장 중요한 것으로, 과학자들은 목적인(final causes)*이 아니라 작용인(efficient causes)의 규명자라고 이야기되었고, 또한 그렇게 되도록 요청받았다. 나아가 이러한 묘사와 부속이 하나의 꾸러미를 이룬다고 이야기되었는데, 다시 말해 이것들은 모두 함께 수용되어야만 했다.

과학자들이 실제로 하는 일을 완전히 진실되게 묘사하는 척하는 한, 과학적인 에토스는 물론 신화적이었다. 17세기에 영국학사원의 신망과 과학적 신뢰성을 수립할 때 사회적 위광과 과학 외적 권위가 얼마나 중심적이었는지 이해하려면, 스티븐 셰이핀(Steven Shapin)의 훌륭한 연구서인 『진리의 사회사』[2]를 한번 보기만 하면 된다. 그가 이야기하듯이 중요한 것은 신의·예의·명예·성실에 기반한 신사들의 신뢰성이었다. 그럼에도 불구하고 과학, 경험과학, 참으로──그것을 이론화한──뉴튼 역학은 사회세계 분석가들이 의지하려는 지적 활동의 모델이 되었고, 그후 이들은 대체로

---

*아리스토텔레스는 운동·변화하는 감각적 사물의 원인을 연구하는 자연학을 탐구하면서 네 종류의 원인을 들었다. 첫째, 질료인(質料因)으로 사물이 '그것'에서 되어 있는 소재이다. 둘째, 형상인(形相因)으로 사물이 '그것'으로 형상되는 것인데, 사물의 정의가 되는 것이다. 셋째, 작용인(作用因)으로 '그것'에 '의하여' 사물이 형성되는 원인이 되는 힘을 말한다. 넷째, 목적인(目的因)으로 그 사물 형성의 운동이 '그것'을 지향하여 이루어지는 목적을 말한다. 이 가운데 둘째, 셋째, 넷째는 자연물에서 하나이므로, 결국 자연물은 질료와 형상으로 이루어지고, 자연의 존재는 질료 내에서 형상이 자기를 실현해가는 생성·발전의 과정으로 파악된다. 질료는 거기서 형상을 수용할 수 있는 능력인 디나미스[可能態]로, 최종목적에 따라 파악되므로, 최종목적(텔로스)인 엔텔레케이아[完成態], 에네르게이아[現實態]야말로 자연 존재의 우월론적 원인이라고 한다. 이것이 목적론적 자연관이다.

2) Steven Shapin, *A Social History of Truth: Civility and Science in Seventeenth-Century England* (Chicago: University of Chicago Press 1994).

이 모델을 본뜨기를 열망했다.[3] 그리고 근대세계는 바로 이런 신사적 과학의 에토스가 합리성의 유일하게 가능한 의미라고 주장하게 되었고, 이것이 그 지식계급의 주동기가 되어왔다.

그러면 합리성이란 무엇을 뜻하는가? 이 쟁점과 관련해서는 모든 사회학자들이 잘 알고 있는 주요한 논의가 있다. 그것은 베버의 『경제와 사회』[4]에서 발견되는 논의이다. 베버는 합리성에 대해 두 쌍의 정의를 내린다. 첫번째 정의는 사회적 행위를 네 유형으로 분류하는 그의 유형학에서 발견된다. 이러한 네 유형 중에서 두 유형이 합리적인 것으로 간주된다. 즉 "도구적으로 합리적"(zweckrational, 목적합리적이라고도 부른다—옮긴이)인 것과 "가치-합리적"(wertrational)인 것이다. 두번째 정의는 경제적 행위에 대한 그의 논의에서 발견되는데, 거기서 그는 "형식적"(formal) 합리성과 "실질적"(substantive) 합리성을 구분한다. 두 가지 이율배반은 거의 동일하긴 하지만 완전히 동일한 것은 아니며, (내가 보기에) 적어도 그 내포에서는 동일하지 않다.

이 질문을 논하기 위해 내가 베버를 상당히 길게 인용하는 것을 허락하기 바란다. 도구적으로 합리적인 사회적 행위에 대한 베버의 정의는 "환경속에 있는 대상들의 행위 및 여타 인간들의 행위에 대한 기대에 따라 결정된" 행위이며, "이러한 기대는 행위자 자신이 합리적으로 추구하고 계산한 목적들을 달성하기 위한 '조건'이나 '수단'으로 이용된다"(1:24). 가치-합리적 행위에 대한 베버의 정의는 "성공하리라는 기대와 무관하게 윤리적, 미학적, 종교적 또는 그밖의 형태의 행위의 가치 그 자체에 대한 신념에 의해 결정된" 행위이다 (1:24~25).

3) Richard Olson, *The Emergence of the Social Sciences, 1642~1792* (New York: Twayne Publishers 1993)을 보라.
4) Max Weber, *Economy and Society* (New York: Bedminster Press 1968). 이 저작의 인용은 앞으로 본문에 그 권수와 면수를 표시할 것이다. 박성환 옮김, 『경제와 사회 1』, 문학과 지성사 1997.

그 다음에 베버는 좀더 구체적인 예들을 통해 이러한 정의를 더욱 정교화한다.

순전히 가치-합리적으로 행위한다는 것은 예견할 수 있는 결과를 고려하지 않고서 의무나 품위, 미의 추구, 종교적 지시, 공순(恭順) 또는 그것이 어떤 종류의 것이 되었든 어느 '대의'의 중요성이 그에게 명하고 요청하는 것처럼 보이는, 그 무엇에 대한 자기의 확신을 실천에 옮기려고 행위하는 경우를 일컫는다. 우리가 사용하는 용어의 의미에서 가치-합리적 행위란 언제나 행위자가 스스로에게 부과되어 있는 것으로 믿고 있는 '계명'이나 '요구'에 따라서 이루어지는 행위이다. 인간의 행위가 그와같은 요구를 지향하는 한에서만, 우리는 가치-합리성이라는 말을 쓰고자 한다. 이와같이 행위를 지향하는 경우는 매우 다양하지만, 대개는 극히 적은 정도에 불과하다. 그렇지만 앞으로 보게 되는 바와 같이, 가치-합리성은 별도의 유형으로 강조될 만한 충분한 의미를 지니고 있다. 그렇다고 해서 여기서 행위 유형에 관하여 어떤 완벽한 분류를 제시하고자 하는 것은 아니다.

도구적으로 합리적인 행위를 한다는 것은 목적, 수단 그리고 부차적인 결과 모두를 합리적으로 고려하고 저울질하는 것이며, 이때 목적에 대한 대안적 수단뿐만 아니라 목적과 부차적 결과와의 관계, 그리고 마지막으로는 여러가지 가능한 목적들의 상대적 중요성을 합리적으로 저울질하는 경우를 일컫는다. 그러니까 어쨌든 감성적으로도(그리고 특히 감정적으로도) 행위하지 않고, 전통적으로도 행위하지 않는 경우를 일컫는다. 이때 상호 경쟁적이고 충돌하는 여러 목적과 결과들 사이에서 내리게 되는 결단은 그 자체로서 가치-합리적으로 지향될 수 있다. 그럴 경우에 행위는 그 수단의 선택에 있어서만 도구적으로 합리적이다. 또한 행위자는 '계명'과 '요구'를 가치-합리적으로 지향하지 않고, 상호 경쟁적이고 충돌하는 여러 목적을 단순히 주어진 주관적인 욕구활동으로서 의식적으로 저울질하여 그 긴급성에 서열을 매긴 다음, 가능한한 이 순서에 따라 목적들이 만족되도록 그러한 서열에 따라 자신의 행위를 지향할 수 있다('한계효용'의 원칙). 이처럼 가치-합리적 행위와 도구적으로 합리적인 행위의 관계는 다양할 수 있다. 그러나 도구적 합리성의 입장에서 볼 때 가치-합리성은 언제나 비합리적이며, 그것도 행위가 지향하는 가치가 절대적인 가치로 승격될수록 이에 상응하는 행위는 그만큼 더 비합리적이다. 왜냐하면 가치-합리성에 있어서 행위의 고유가치(순수신념이나 순수미, 절대선 또는 의무 준수)가 무조건적으로 고려될수록, 사실 가치-합리성은 그만큼 더 행위의 결과를 성찰하지 않기 때문이다. 그러나 근본적 가치와 관련없이 행위가 전적으로 목적의 합리적 달성만을 지향하는 것은 극단적 경우일 따름이다. (1:25-26, 국역본 148~49면. 일부 수정—옮긴이)

이제 베버의 다른 구분으로 가보자. 이것도 전문을 인용하겠다.

여기서 '경제행위의 형식적 합리성'이란 그 경제행위에 기술적으로 가능한 계산의 정도와 그 경제행위에 의해 실제로 적용된 계산의 정도를 나타낸다고 하겠다. 이와 달리 '실질적 합리성'이란 경제적으로 지향된 사회적 행위의 방식을 통해 일정한 인간집단(이것이 어떤 방식으로 구획되든 상관없이)에게 그때그때마다 재화를 공급하는 일이, 궁극적인 가치[wertende Postulate]──그 목적의 성격과는 무관하게──의 어떤 기준(과거나 현재나 잠재적인)하에 경제-지향적인 사회적 행위에 의해 이루어지는 정도를 나타낸다고 하겠다. 이는 극히 다의적이다.

1. 여기서 합리성을 위와 같은 의미로 나타내자고 제안한 것은 단지 이 영역에서 '합리적'이라는 단어를 사용할 때 더욱 큰 일관성을 갖기 위해서일 따름이다. 이는 사실상 '합리화'와 화폐, 현물 형태로의 경제적 계산에 대한 논의에서 계속 문제거리가 되고 있는 의미를 더욱 정확한 형태로 규정한 것일 뿐이다.

2. 어떤 경제활동의 체계가 '형식적'으로 합리직이라는 것은, 모든 합리적인 경제에서 본질적인 수요 예비(豫備)가 수적인 계산방식으로 표현될 수 있고 또한 그렇게 표현되는 정도를 뜻한다. 첫번째 예로, 이는 이런 계산의 기술적 형태가 어떠할지, 특히 추정치가 화폐로 표현될지 아니면 현물로 표현될지와 무관하다. 이처럼 이 개념은 적어도 화폐적 방식의 표현이 형식적 계산성의 최대치를 나타낸다는 의미에서는 명확하다. 당연히 이것도 다른 사정

이 같은 한에서만 상대적으로 사실일 뿐이다.

3. 그와 달리 '실질적 합리성'이라는 개념은 아주 다의적이다. 이 개념은 다만 모든 '실질적' 고찰에 대한 다음과 같은 공통점을 갖고 있을 뿐이다. 즉, 기술적으로 가장 적합한 사용수단을 지닌 '목표-지향적인' 합리적 계산이 행위의 토대를 이루고 있다는 순전히 형식적이고 (상대적으로) 명확한 사실을 확인하는 데 고찰을 한정하는 것이 아니라, 윤리적·정치적·공리주의적·쾌락주의적·신분적·평등주의적이거나 또는 다른 무엇이든간에 근본적인 목적의 어떤 기준을 적용하여, 이런 '가치-합리성'이나 '합리성의 실질적 목표'라는 척도를 고려하여 경제행위의 결과——이것이 정확한 계산이라는 의미에서 아무리 형식적으로 '합리적'이더라도——를 측정하는 것이다. 이런 의미의 합리성을 위한 가능한 가치척도는 원칙적으로 무수히 많다. 사회주의와 공산주의적 기준은 그 중 한 집단을 구성할 뿐인데, 그 자체가 모호하지 않은 것은 아니지만 보통 그 핵심요소는 사회정의와 평등이다. 그밖에 신분적 등급, 정치적 단위의 권력 능력, 특히 전쟁 수행능력 등이 있는데, 이 모든 것과 다른 많은 것들이 이러한 의미에서 잠재적으로 '실질적'이다. 그러나 이런 관점들은 경제행위의 결과물을 판단하는 토대로서만 유의미하다. 게다가, 이와 독립적으로 윤리적·금욕적·미학적 관점에서 경제활동의 도구뿐 아니라 경제활동의 의향(Wirtschaftsgesinnung)도 판단할 수 있다. 이 모든 접근법에서는 화폐 용어에서 계산의 '순수하게 형식적인' 합리성이 매우 부차적인 중요성만을 지니는 것으로 간주되거나, 또는 그들이 존중하는 궁극적인 목적에 적대적인 것으로조차 간주될 수도 있다(종별적으로 근대적인 계산 태도의 결과에 대해 이야기하기 전에조차). 여기서는 결단이 가능한 것이 아니라, 다만 '형식적'이라고 부르는 것의 의미를 확인하고 구획하는 일만이 가능하다. 그러니까 여기서는 '실질적'이란 개념조차 어떤 의미에서는 '형식적인' 개념이다. 즉, 추상적인 유(類)적 개념이다. (1:85-86, 국역본 227~29면. 일부 수정—옮긴이)

내가 두 쌍의 구분이 내포하는 것이 완전히 동일하지는 않다고 말할 때, 나는 이것이 꽤 주관적인 해석이라는 점을 인정한다. 내가 보기에 도구적으로 합리적인 사회적 행위와 가치-합리적인 사회적 행위를 구분할 때 베버는 후자에 대해 상당히 유보적인 태도를 보이는 것 같다. 그는 "무조건적인 요구들"에 대해 이야기한다. 그는 도구적으로 합리적인 행위의 관점에서 보면 "가치-합리성은 언제나 비합리적"이라는 것을 우리에게 상기시킨다. 그러나 형식적 합리성과 실질적 합리성을 구분할 때 그는 논조를 바꾸는 것 같다. 실질적으로 합리적인 분석은 "'목적 지향적인' 합리적 계산에 행위의 토대가 있다는 순수하게 형식적이고 (상대적으로) 명백한 사실을 밝히는 데 자신을 한정하지 않고" 그것을 어떤 가치척도에 비추어 평가한다.

우리는 이런 불일치를 근대세계에서 지식인 역할에 대한 베버의 입장의 양면성이라는 쟁점으로 논의할 수 있었다. 그러나 이것이 지금 나의 관심은 아니다. 나는 오히려 그 구분의 양면성 혹은 모호성이 우리 근대세계의 지구문화 속에 건립되어 있다고 믿는다. 그것은 내가 이 논의의 제사(題詞)로 인용한 그람시의 말로 되돌아간다. 그람시가 생산계급이 정치적이라고 부르는 것을 지식계급이 합리적이라고 재명명한다고 할 때, 그는 정확히 이러한 근본적 모호성을 지적하고 있는 것이다. '정치적'인 것을 '합리적'이라고 부름으로써, 우리는 형식적 합리성의 쟁점들만이 논의될 수 있도록 실질적 합리성의 쟁점들을 배경으로 밀어내야 한다고 넌지시 말하고 있는 것은 아닐까? 그리고 만일 그렇다면, 그 이유는 형식적 합리성의 쟁점들이 사실상 특별한 종류——베버의 말을 빌리면 상충되는 목적들을 "주어진 주관적 희구로 간주하고 그것들을 의식적으로 평가된 상대적 긴급성의 척도 속에 배열하는" 종류—— 의 가치-합리적인 사회적 행위에 대한, 인정되지는 않았지만 아주 분명한 신념들을 담고 있기 때문이 아닐까? 베버가 지적하듯이, 이것은 한계효용원리에 대한 것이다. 그러나 무엇이 한계효용이 되는지 결정하려면 척도를 고안해야 한다. 그 척도를 고안한 사람이 결과물을 결정한다.

합리성과 위험계급들

합리성을 이야기하는 것은 정치적인 것, 가치-합리적인 선택들을 불투명하게 만드는 것이고, 실질적 합리성의 요구에 반하는 과정에 치우치는 것이다. 16세기부터 18세기까지 합리성의 요구들을 강조할 때 지식계급들은 중세 성직자의 반계몽주의가 그들의 주된 적이라는 믿음을 여전히 유지할 수 있었다. 그들의 슬로건은 볼떼르가 크고 분명하게 외친 "치욕을 분쇄하라"(Ecrasez l'infâme)였다. 프랑스혁명은 세계문화논쟁의 용어들을 전화하고 분명히했기 때문에 그 모든 것을 변화시켰다. 나는 프랑스혁명이 프랑스를 변화시켰다기보다 세계체계를 변화시켰다고 오랫동안 주장해왔다.[5] 프랑스혁명은 생존 가능하고 지속성 있는 지구문화를 세계체계 내에 확립시킨 직접적인 원인이었고, 그 결과 중 하나(그리고 중요한 결과)가 사회과학이라 부르는 어떤 것을 제도화했다는 점이었다. 따라서 우리는 논의의 핵심에 이르렀다.

프랑스혁명과 이의 나뽈레옹적 여파 때문에 아주 강력한 세력들의 격렬한 반대에도 불구하고 두 가지 믿음이 세계체계 모든 곳에 퍼졌고, 이는 그 후 심성(mentalities)을 지배하였다. 이 믿음이란 (1) 정치적 변화가 지속적이며 정상적이라는, 다시 말해 규범이라는 점 그리고 (2) 주권은 '인민'에게 있다는 점이다. 이 믿음 중 어떤 것도 1789년 이전에는 널리 퍼지지 않았고, 양자 모두 그 이래로 번성하여 많은 모호성과 불운에도 불구하고 오늘날까지 지속되었다. 이 두 믿음이 지닌 문제점은 그것들이 권력, 권위 그리고/혹은 사회적 위광을 지닌 사람들에 대해서만이 아니라 만인에 대한

---

5) 나의 글 "The French Revolution as a World-Historical Event," in *Unthinking Social Science* (Cambridge: Polity Press 1991) 7~22면을 보라. 『사회과학으로부터의 탈피』 15~34면.

주장으로 이용될 수 있다는 점이다. 실로 이 두 믿음은 '위험계급들'——정확히 19세기초에 권력도, 권위도, 사회적 위광도 없는 사람과 집단들을 묘사하기 위해 등장한 개념——에 의해 이용될 수 있다. 이들은 성장하고 있던 서유럽의 도시 프롤레타리아트, 토지에서 쫓겨난 농민들, 기계생산의 확대로 위협받는 장인들 그리고 다른 문화권에서 이주해온 주변부의 이민들이었다.

그런 집단들을 사회적으로 조정하는 문제와 그 결과 발생한 사회적 혼란이라는 문제는 사회학자들과 다른 사회역사가들에게는 익숙한 것이며, 우리는 이 문제를 우리의 문헌 속에서 오랫동안 다루어왔다. 그러나 이것이 합리성 개념과 무슨 관계가 있는가? 사실 가장 중요한 것이다! 우리가 알고 있듯이 위험계급들이 제기한 정치적 문제는 사소한 것이 아니다. 생산성이 확대되고 급속한 자본축적에 부과된 시간과 공간상의 장애가 주요하게 축소되었다는 점에서(마치 그것이 그때 막 시작된 것처럼 우리가 산업 "혁명"이라는 잘못된 이름을 붙인 현상) 자본주의 세계경제가 활짝 나래를 펴던 바로 그때, 그리고 자본주의 세계경제가 확장되어 전지구의 영토를 포괄하게 된(마치 그 시대에 특별한 현상인 것처럼 우리가 제국주의의 개시라고 잘못 부른 현상) 바로 그때, 위험계급들이 세계체계의 정치적 안정성을 가장 심각하게 위협(우리가 더이상 계급투쟁이라고 부르고 싶어하지 않지만, 그럼에도 계급투쟁인 현상)하기 시작했던 것이다. 우리는 특권층이 자신들의 이익을 옹호하는 데 상당히 명민하고 경계를 늦추지 않으며, 당연히 정교한 도구를 가지고 새로운 도전들에 맞설 것이라고 추정할 수 있다. 이 시기에 그런 도구는 세 가지였다. 사회적 이데올로기들, 사회과학들, 사회운동들이 그것이다. 모두 다 논의할 만한 것들이지만, 나는 두번째에 나의 관심을 집중할 것이다.

정치적 변동이 규범으로 간주되고 주권이 인민에게 있다는 믿음이 널리 유포된다면, 어떻게 호랑이 등에 올라탈 것인가, 혹은 이를 좀더 학술적으

로 말하면, 혼란과 분열을 최소화하고 사실 그 자체를 변화시키기 위해서
사회적 압력을 어떻게 관리할 것인가라는 질문이 제기된다. 바로 여기서
이데올로기들이 등장한다. 이데올로기는 변동을 관리하기 위한 정치적 프
로그램이다. 19세기와 20세기의 주요한 세 이데올로기들은 변동을 최소화
하기 위해 변동을 관리할 수 있는 세 가지 가능한 방식을 표상한다. 가능한
한 변동을 더디게 만들 수 있거나, 아주 적절한 속도를 찾을 수 있거나, 속
도를 높일 수 있다. 우리는 이러한 세 프로그램들을 위해 다양한 명패를 만
들어냈다. 첫째는 우파, 중도파, 좌파이다. 두번째는 (좀더 의미가 잘 드러
나는) 보수주의, 자유주의, 급진주의/사회주의이다. 우리는 이것들을 잘 알
고 있다.

  보수주의 프로그램은 인간 지혜의 샘으로서 따라서 개인 행동의 규약일
뿐 아니라 정치적 판단에 대한 지침으로서, 장기간 지속되어온 제도——가
족, 공동체, 교회, 군주제——의 가치에 호소했다. 이런 '전통적' 구조들이
권고한 방식에 따라 제안된 변동들을 위해서는 각별한 정당화가 필요했으
며, 이에 대한 접근은 아주 신중해야 한다고 논의되었다. 반대로 급진주의
자들은 정치적 판단의 샘으로서, 기본적으로 인민주권을 구현하는 루쏘(J.
-J. Rousseau)의 일반의지에 대한 신념이 있었다. 그들의 주장에 따르면,
정치적 판단은 그같은 일반의지를 반영해야 하고 그리고 가능한한 빨리 반
영해야 했다. 자유주의자들이 걸어간 중간길에는 두 가지 의심이 깔려 있
었는데, 기존 특권의 유지라는 요구에 너무나 복속되어 있는, 기존의 전통
적 제도의 영구적 장점을 의심했을 뿐 아니라, 다수를 위한 충동적이고 단
기적인 이득의 변덕스러움에 너무나 복속되어 있는, 일반의지라는 표현의
타당성도 마찬가지로 의심하였다. 그들은 전문가들에게 판단을 넘기라고
권고했는데, 전문가들이 기존 제도들의 합리성과 새롭게 제안된 제도들의
합리성을 주의깊게 평가할 것이며 신중하고 적절한 개혁, 즉 정확히 제 속
도에 맞는 정치적 변동을 내놓을 것이라는 것이었다.

나는 여기서 19세기 유럽의 정치사나 20세기의 세계사로 다시 거슬러올라가지는 않을 것이다. 그보다는 이 역사를 몇 문장으로 요약할 것이다. 중도 자유주의가 정치적으로 우세했다. 자유주의적 신념이 세계체계의 지구문화가 되었다. 자유주의는 세계체계의 지배국가들 속에 국가구조의 형태를 수립했고, 다른 국가들은 이 모델을 열망하도록 요구되었으며 실로 아직도 그러하다. 가장 중요한 결과는 자유주의가 보수주의와 급진주의 양자를 길들여, 이것들을 이데올로기적 대안으로부터 자유주의의 사소한 변종, 화신으로 (적어도 1848년에서 1968년 사이에) 전화시켰다는 점이었다. 보통선거권, 복지국가, (대외지향적 인종주의와 결합된) 민족동일성의 창조라는 그 삼면 정치강령을 통해 19세기 자유주의자들은 유럽에서 위험계급들의 협박을 효과적으로 종식시켰다. 20세기 자유주의자들은 제3세계의 위험계급들을 길들이기 위해 유사한 프로그램들을 시도했으며, 거기서도 오랫동안 성공적이었던 것 같다.[6]

정치적 이데올로기로서 자유주의의 전략은 변화를 관리하는 것이었으며, 그러려면 적절한 사람이 적절한 방식으로 이를 수행해야 했다. 그래서 우선 자유주의자들은 유능한 자들이 이런 관리를 맡을 것임을 보증해야 했다. 그들은 유산에 의한 선택(보수주의적 편향)도, 대중성에 의한 선택(급진적 편향)도 유능함을 보증할 수 없다고 생각했기 때문에 공적(merit)에 의한 선택이라는 단 하나 남은 가능성으로 나아갔는데, 이는 물론 지식계급에 의존하거나, 또는 적어도 '실제적인' 문제에 집중하려는 지식계급의 일부에 의존한다는 것을 뜻한다. 두번째 요구사항은 이러한 유능한 사람들이 습득한 편견의 토대 위에서가 아니라 제안된 개혁이 낳을 수 있는 결과에 대한 사전 정보의 토대 위에서 행동해야 한다는 것이었다. 그렇게 행동

---

6) 나의 *After Liberalism* 중 "Liberalism and the Legitimation of Nation-States: An Historical Interpretation," 93~107면과 "The Concept of National Development: Elegy and Requiem," 108~22면 두 장을 보라. 『자유주의 이후』 133~73면.

하려면 사회질서가 실제로 어떻게 작용하는지에 대한 지식이 필요했는데, 이는 그들에게 연구와 연구자가 필요했음을 뜻했다. 사회과학은 자유주의의 기획에서 절대적으로 중요했다.

자유주의 이데올로기와 사회과학 기획 사이의 고리는 단지 실존적인 것만이 아니라 핵심적인 것이었다. 나는 단순히 대부분의 사회과학자들이 자유주의적 개량주의의 신봉자였다고 말하려는 것이 아니다. 내가 말하려는 것은 자유주의와 사회과학이 동일한 전제——과학적으로 (즉 합리적으로) 수행된다면 (인간에게—옮긴이) 사회적 관계를 조종할 수 있는 능력이 있다는 근거를 토대로 인간 완전성이 확실하다는 것——에 기반하고 있었다는 점이다. 둘 다 이 전제를 공유했을 뿐 아니라 그것 없이 존재할 수 없었으며, 양자는 그 전제를 그들의 제도적 구조의 일부로 내장했다. 실존적 동맹은 본질적 동일성의 자연스러운 귀결이었다. 확실히 나는 보수주의 사회과학자나 급진적 사회과학자들이 있었다는 것을 부정하려는 것이 아니다. 물론 그런 사회과학자들은 많이 있었다. 그러나 그들 중 추구하는 핵심적 목표가 합리성이며 합리성이 자기자신을 정당화한다는 중심적 전제로부터 멀리 벗어난 사람은 거의 없었다.

대체로 사회과학은 형식적 합리성과 실질적 합리성 사이의 구분이 낳은 결과물을 수용하려고 하지 않았으며, 따라서 그 사회적 역할을 분명하게 성찰적으로 인식하려 하지 않았다. 그러나 자유주의 이데올로기의 견지에서 사회세계가 꽤 제대로 돌아가는 한, 즉 불균등하더라도 꾸준한 진보가 실재한다는 낙관주의가 우세한 한, 이런 쟁점들을 지적 싸움터의 주변부로 밀어낼 수 있었다. 나는 파시즘이라는 괴물이 거대한 권력을 손에 넣은 암흑기에조차 이것이 사실이었다고 믿는다. 파시즘이라는 괴물의 힘은 진보에 대한 이런 간편한 신념을 뒤흔들어 놓기는 했지만 결코 그것을 무너뜨리지는 못했다.

합리성과 그 불만들

나는 이 절의 제목을 프로이트(S. Freud)의 중요한 저작인 『문명과 그 불만들』에 빗대어 선택했다.[7] 이 저작은 비록 프로이트가 제안한 핵심적 설명이 정신분석학 이론의 관점에서 진술되긴 했지만, 중요한 사회학적 진술이기도 하다. 프로이트는 근원적 문제를 다음과 같이 간단하게 진술한다.

우리가 아는 인생은 너무나 힘들다. 거기에는 너무 많은 고통, 너무 많은 실망, 불가능한 과업이 수반된다. 우리는 진통제 없이 지낼 수 없다. 테오도르 폰타네(Theodor Fontane)가 말했듯이, 우리는 보조구성물들 없이 견딜 수 없다. 이런 수단에는 세 가지가 있다. 강력한 관심의 전환 덕에 우리는 우리의 불행에 거의 신경쓰지 않게 된다. 대리만족은 우리의 불행을 경감한다. 도취물 덕에 우리는 우리의 불행에 무감각해진다. 이 중 어떤 것도 없어서는 안 될 것들이다. (25)

그러나 인간이 행복해지는 것이 왜 그토록 어려운가? 프로이트는 인간 고통의 세 가지 원천을 발견한다.

즉, 우월한 자연력, 우리 육체의 쇠퇴 경향 그리고 가족, 공동체, 국가에서 인간관계를 조정하는 우리의 방법상의 부적절함. 처음 두 가지 원천에 관하여 우리는 이런 고통의 원천을 인정하고 그것이 불가피하다고 생각하지 않을 수 없다고 망설임 없이 판단한다. 우리는 결코 자연을 완전히 정복하지는 못할 것이다. 우리의 육체 또한 하나의 유기체로 그 자체가 자연의 일부이고, 언제나 소멸의 씨앗을 담고 있으며, 적응과 성취의 능력은 제한적이다. 이렇게 인정한다고 해서 결코 낙담하게 되는 것은 아니다. 반대로 그것은 우리가 노력해야 할

---

7) Sigmund Freud, *Civilization and Its Discontents* (London: Hogarth Press 1951). 이 책의 인용은 본문에 면수를 표시하겠다.

방향을 지시해준다. 우리는 모든 고통을 제거할 수 없지만, 그래도 상당량을 제거할 수 있고 더 많은 양을 완화할 수 있다. 몇천년의 경험을 통해 우리는 이를 확신한다. 우리 고통의 세번째 원천인 사회적 원천에 대하여 우리는 상이한 태도를 취한다. 우리는 결코 그것을 하나의 고통의 원천이라고 생각하고 싶어 하지 않는다. 우리는 우리 자신이 창조해온 체계들이 왜 우리 모두의 보호와 안녕을 확보해주어서는 안되는지 이해할 수 없다. (43~44)

이렇게 말하고 나서 프로이트는 역사적으로 말한다. 1920년대에 집필하던 당시 그는 우리 고통의 사회적 원천들에 대한 태도를 성찰하면서, 실망의 한 요소가 무대에 등장한 것을 주목한다.

최근 세대들에서 인간은 자연과학의 지식과 기술적 적용에 놀라운 발걸음을 내딛었고, 이전에는 결코 상상하지 못한 방식으로 자연에 대한 인간의 지배를 확립하였다. 이러한 전향적 진보의 세부사항은 보편적으로 알려져 있다. 그것들을 열거하는 것은 불필요하다. 인류는 자신의 위업을 자랑스럽게 여기며, 그럴 권리가 있다. 그러나 이렇게 공간과 시간에 대해 새로운 권력을 획득하고, 자연력을 정복하고, 오랜 열망이 실현되었다고 해서 인생에서 얻을 수 있는 쾌락의 양이 증가하지도 않았고 조금도 더 행복해지지 않았다는 것을 인간은 알아차리기 시작하고 있다. (46)

프로이트가 우리에게 말하고 있는 것을 살펴보도록 하자. 사람들은 자기 불행의 사회적 원천들을 없애려고 노력하는데, 왜냐하면 그들이 보기에 그것은 진정으로 손댈 수 있는 유일한 원천, 완전히 제거할 수 있다고 사람들이 믿고 있는 유일한 원천이기 때문이다. 프로이트는 이러한 인식이 옳은지 그 여부를 우리에게 말해주지 않으며, 단지 그것이 이해할 수 있는 인식이라고 말해줄 뿐이다. 나는 마침내 자유주의가 위험계급들에게 이제는 불행의 사회적 원천들을 제거할 수 있을 것이라는 희망을 주었다고 말했다. 이러한 주장에 대해 그처럼 적극적인 반응이 나온 것도 놀랄 일은 아니다.

보수주의자와 급진주의자가 자유주의 테마의 주변에 집결해야 했다는 것도 놀랄 일은 아니다. 더군다나 자유주의자들은 합리성을 퍼뜨림으로써 이런 성공을 보증할 수 있다고 말했다. 그들은 자연과학에서 합리성이 분명히 성공했음을 보여주면서 그것이 사회과학에서도 성공할 것이라고 말했다. 이를 보증한 사람은 바로 우리들, 즉 사회과학자들이었다.

프로이트는 또한 인간이 고통으로부터 자기자신을 보호하는 세 가지 방식이 있다고 말했다. 관심의 전환, 대리만족, 도취가 그것이다. 우리는 합리성의 보증, 즉 확실하다고 이야기되는 진보의 약속들이 사실 도취──맑스는 대중의 아편이라고 말했고, 이를 반박해 레몽 아롱(Raymond Aron)*은 지식인 계급 자체의 아편이라고 했다──의 한 형태가 아니었는지 최소한 자문해보아야 한다. 아마 맑스와 아롱 둘 다 옳았을 것이다. 그리고 마지막으로 프로이트는 아마도 그의 시대에 진통제에 대한 실망이 시작되고 있는 것 같다고 말했다. 결국 도취물들은 소진된다. 동일한 효과를 얻기 위해 중독자들은 복용량을 더욱더 늘려야 한다. 그러면 부작용이 너무나 커지게 된다. 어떤 사람들은 이 때문에 죽고, 다른 사람들은 그 습관을 끊어버린다.

프로이트는 그의 시대에 이러한 단초를 보았다. 나는 이것이 1970, 80년대에 훨씬 더 거대하게 일어났다는 것을 알고 있다. 그 결과 생존자들은 대대적으로 그 습관을 끊어버리고 있다. 이를 이해하려면, 우리는 권력을 쥔 자들이 위험계급들의 도전에 대처할 때 사용하는 도구라는 질문으로 되돌

---

*프랑스의 정치·사회학자로 1924년 고등사범학교를 졸업하고, 2차대전 중에 런던에서 드 골의 자유프랑스(La France Libre)운동에 참가, 같은 이름의 기관지 주필이 되었다. 전후 싸르트르(J.-P. Sartre) 등과 함께 잡지 『현대』(Les Temps modernes, 1945)를 창간하고, 『꽁바』(Combar) 『피가로』(Le Figaro) 등의 잡지에서 논설기자로 활약하였으나, 후에 싸르트르와 결별하고 반맑스주의로 일관하였다. 1957년 꼴레주 드 프랑스의 교수가 되어 사회학을 강의하면서 맑스주의적 경제사관의 비판, 공업화사회의 분석 등에 관한 저서를 발표하였다. 주요저서에 『현대독일사회학』(La Sociologie allemande contemporaine, 1935) 『지식인들의 아편』(L'Opium des intellectuels, 1955) 『민주주의와 전체주의』(Democratie et totalitarisme, 1965) 『회고록』(1983) 등이 있다.

아가야 한다. 나는 그런 도구에 세 가지가 있다고 말했다. 사회적 이데올로 기들, 사회과학들 그리고 사회운동들이 그것이다. 내가 어떻게 감히 사회 운동을 권력을 쥔 자들의 도구라고 주장하는지 당신으로서는 의아할지도 모르겠다. 왜냐하면 보통 우리가 지칭하는 사회운동이란 권력을 쥔 자들에 반대하는 구조, 때로는 심지어 권력을 쥔 자들을 지탱해주는 기본구조를 완전히 뒤집어엎으려는 구조를 말하기 때문이다.

물론 사회운동에 대한 이러한 표준적 정의는 기본적으로 옳다. 두 가지 주된 형태——노동/사회주의운동과 민족주의운동——로 19세기에 등장한 반체계운동은 권력을 쥔 자들에 반대했고, 많은 경우에 권력을 쥔 자들을 지탱해준 기본구조를 완전히 뒤집어엎으려 했다. 그럼에도 불구하고 시간 이 경과하자 이러한 운동들은 사실상 권력구조를 지탱하는 핵심기제 중의 하나가 되었다. 어떻게 그처럼 역설적인 결과가 발생했는가? 음모가 정답 은 아니다. 일반적으로 권력을 쥔 자들은 이런 식의 계획을 세우지 않았고 이 운동들의 지도부를 매수하지도 않았다. 의심할 여지 없이 그런 음모가 때때로 발생하기도 했지만, 그것이 기본기제는 아니었고 심지어 아주 중요 한 기제도 아니었다. 대부분의 사회학자들이 모든 일에 대해 주장하듯이, 구조적 설명이 올바른 것이다.

권력을 쥔 자들에 대한 대중적인 반대는 도처에서 그리고 세계사 전체에 걸쳐 반복적으로 분열이라는 형태를 띠었다. 폭동, 파업, 반란이 있었다. 당면 상황에 대한 도발이 다소 있었지만 사전의 조직적 기반이 없었다는 점에서 그 대부분은 자생적이었다. 그 결과 그와같은 분란들이 당면 문제 는 개선했을지도 모르지만, 어떤 지속적인 사회적 변혁은 낳지 못했다. 때 때로 그런 반대는 종교운동의 형태 또는 좀더 정확히 말해, 종파나 교단이 나 여타 지속적인 조직구조를 만들어내는 반대파적 종교관의 형태를 취했 다. 세계 주요 종교공동체들의 오랜 역사는 더 큰 종교공동체 내에서 주변 적이지만 안정적으로 구조화된 역할 속으로 그런 반대파 운동들을 사실상 흡수해온 역사 중의 하나였으며, 그 때문에 이 운동들은 정치적 반대의 표현으로서 그들의 동력 대부분을 상실하기도 했다.

특히 19세기 유럽의 포스트-1789년 분위기 속에서, 반대운동은 더욱 세속적인 외형을 띠었다. 1848년의 세계체계 혁명은 주요한 전환점이었다. 음모파들이 그다지 세력을 펼치지 못하게 될 것이라는 점은 인민세력들이 고배를 마신 패배 속에서 분명해졌다. 주요한 사회적 혁신들이 이어졌다. 반체계세력들은 만일 사회변혁이 일어나려면 그것을 계획하고 따라서 조직해야 한다는 결정을 처음으로 내렸다. 사회주의/노동운동 내에서 맑스주의자가 무정부주의자를 누르고 승리한 것과 다양한 민족주의운동 내에서 정치민족주의자가 문화민족주의자를 누르고 승리한 것은 혁명의 관료화를 대표하는 사람들의 승리, 즉 지속적인 조직을 창조하여 다양한 방식으로 정치권력을 획득하기 위한 기반을 준비하려는 사람들의 승리였다.

내가 혁명의 관료화라고 부르고 있는 것에는 강력한 지지 논거가 있었다. 그것은 핵심적으로 세 가지였다. 첫째, 권력을 쥔 자들은 더 나빠질 수 있다는 위협이 있어야만 중대한 양보를 했을 것이다. 둘째, 사회적·정치적 약자들은 규율잡힌 조직 속으로 자기 세력을 모아야만 효과적인 정치세력이 될 수 있었다. 셋째, 핵심적인 정치제도는 국가구조였는데, 국가구조는 나날이 더욱 강력해지고 있었고, 국가구조의 속성과 인적구성상의 변화를 통해 매개되지 않는다면 어떤 의미있는 권력이전도 발생할 수 없었을 것이다. 나로서는 세 가지 가정 중 어떤 것도 지지하기 어렵다고 생각하지만, 1848년 당시 반체계운동에게 혁명의 관료화 외에 어떤 다른 대안이 있었다고 보기 어렵다.

그럼에도 불구하고 이 약에는 치명적인 부작용이 있었다. 한편으로 이 약은 효험이 있었다. 그후 100~125년 동안 이런 운동들의 정치적 힘은 꾸준히 성장했고, 이에 따라 이 운동들이 얻어낸 정치적 특권도 증가했다. 그들은 단기적 목표들의 많은 부분, 심지어 대부분을 성취했다. 다른 한편으로 이 과정의 끝——논의의 편의를 위해 1968년이라고 해두자——에서 상황은 대중세력의 관점에서 볼 때 불만족스러운 것이었다. 세계체계의 불평등은 결코 일소된 것 같지 않았다. 실로 많은 불평등이 이전보다 더 심해진 것 같았다. 주민 대중이 정치적 의사결정에 형식적으로 참여하는 것이 눈에 띄게 늘어난 듯이 보였지만, 실제로 권력을 갖고 있다고 느낀 사람은 그들 중 소수였다. 프로이트가 말했듯이 그들은 실망했다.

왜 그랬어야만 했을까? 혁명의 관료화에는 어두운 면이 있다. 그 중 하나는 아주 오래 전에 이딸리아 사회학자인 로베르토 미헬스(Roberto Michels)* 가 혁명의 관료화 과정이 어떻게 운동의 지도부를 변질시키고 사실상 그들을 타락시키고 이빨을 뽑아버리게 되는지 보여주면서 제시한 것이었다. 이 발견은 이제 평범한 사회학적 원리로 간주되고 있다. 미헬스의 분석에 빠져있는 것은 혁명의 관료화가 그 추종자들에게 미친 영향이었다. 내게는 이것이 훨씬 더 중요해 보인다.

나는 여기서 도취에 대한 프로이트의 논의가 등장한다고 생각한다. 기본적으로 반체계운동들은 그들의 구성원과 추종자들을 도취시켰다. 반체계운동은 이들을 조직했고 이들의 에너지를 동원했으며, 이들의 생활에 규율을 부과했고 이들의 사고과정을 구조화했다. 그 도취물은 바로 희망이었는데, 이는 그들 앞에서 손짓하고 있는 합리적 미래에 대한 희망, 이 운동들이 권력을 쥐게 되면 건설할 새로운 세계에 대한 희망이었다. 이것은 단지

---

*독일의 정치가·사회학자로 귀족가문에서 태어나 영국·프랑스에 유학했으며, 마르부르크 대학 강사로서 독일 및 이딸리아의 사회주의운동에 관여하였다. 1913년 베버에게 학문적 재능을 인정받아 『사회과학 및 사회정책 잡지』(*Archiv für Sozialwissenschaft und Sozialpolitik*)의 공동편집자가 되었다. 1914년에 스위스의 바젤대학 교수가 되었고, 1928∼ 36년에 이딸리아의 뻬루지아대학 교수로 재직하였다. 그의 학문영역은 정당·조합·대중사회·내셔널리즘에서 우생학·성문제에 이르기까지 광범위하다. 그 중에서도 특히 그의 저서 『정당사회학』(*Zur Soziologie des Parteiwesen in der modernen Demokratie*, 1912)은 독일과 이딸리아의 사회민주당의 실태를 분석하여 '과두제의 철칙'(Iron Law of Oligarchy)을 실증적으로 밝혀낸 것으로 유명하다. 사상적으로 초기에는 쌩디깔리스트에 가까웠으나, 만년에는 모스나 빠레또에 접근하여 파시즘의 경향을 보였다.

소박한 희망이 아니라 오히려 불가피한 희망이었다. 역사, 즉 신은 피억압자의 편——내세가 아니라 지금 여기서, 그들이 사는 세계가 아니라면 적어도 그들의 자녀들이 살게 될 세계에서——이었다. 우리는 권력을 쥔 자들의 관점에서 왜 사회운동들이 변동을 관리하는 도구로 기술될 수 있었는지를 이해할 수 있다. 사회운동이 대중적 분노에 길을 뚫어주는 한, 이런 분노는 제한될 수 있었다. 관료화된 운동은 특권옹호자들의 훌륭한 상대(interlocuteurs valables)가 되었다. 사실 이런 운동들은 그 추종자들에게 어떤 종류의 양보——지도부의 사회이동과 그 자녀들의 사회이동을 포함해——도 하지 않을 수 있게 해주는 확실한 억제수단이었다. 실제로 20세기가 되면 혁명을 효과적으로 가로막고 있는 유일한 장애물은 혁명운동 자체라는 이야기를 할 수 있었다. 이 운동들이 주요한 개혁들을 성취하지 않았다는 것이 아니다. 이 운동들은 주요한 개혁들을 성취했다. 그들이 하지 못한 것은 체계를 변혁하는 것이었다. 그런 변혁을 머나먼 미래로 지연시킴으로써 그들은 체계 안정성의 보증자가 되었다.

1968년 세계혁명은 이런 인민대중이 그 습관을 내버리기 시작했을 때 발생하였다. 처음에 대중적인 반체계적 메씨지의 공격대상은 세계의 주요 반체계운동들 그 자체——서유럽 세계의 사회민주주의운동, 오데르강에서 압록강까지의 공산주의운동권, 아시아와 아프리카의 민족해방운동, 라틴아메리카의 인민주의운동——였다. 그 습관을 내버리는 것은 결코 쉬운 일이 아니었다. 1968년의 혁명이 1989년에 그 절정에 달하여[8] 반체계세력에 대한 인민의 환멸이 과거의 교조화가 야기한 충성의 유산을 극복하기까지 20년이 걸렸지만, 그것은 결국 탯줄을 끊는 데 성공했다. 1945~70년 시기에 진행된 사회적 개선이 한때의 망상이었으며, 자본주의 세계경제는 중심부와 주변부 사이에 계속 커지는 격차를 극복할 수 있는 보편적인 번영에 대

8) Giovanni Arrighi et al., "1989, Continuation of 1968," *Review* 15, no. 2 (Spring 1992) 221~24면.

한 실질적 전망을 결코 제공할 수 없다는 사실——1970, 80년대에 분명해진 사실——이 이 과정을 조장하고 부추겼다.[9]

이런 환멸의 결과, 국가에 대항하는 방향으로 전환이 생겼고 이는 1990년대에 이르러 세계적 차원에서 너무나 뚜렷해졌다. 그것은 신자유주의로의 전환이라고 과도하게 선전되고 있다. 그러나 사실 그것은 자유주의에 대항하고, 국가가 수행하는 사회개량주의를 통해 구원을 얻는다는 자유주의의 약속에 대항하는 전환이다. 그것은 개인주의로의 복귀라고 과도하게 선전되고 있다. 사실 그것은 깊은 비관주의로의 전환이다. 어떤 일이 발생했는지 이해하는 데 프로이트의 에쎄이가 다시 한번 도움이 된다.

많은 사람들이 어떤 개인보다 우월한 힘으로 강력하게 뭉쳐서 모든 개인들에 대해 단결을 유지하고 있을 때에만 공동체 속에서의 인간생활이 가능해진다. '야수적 힘'이라고 비난받는 개인들의 힘에 대립해 이처럼 단결된 집단의 힘은 '올바른' 것이 된다. 단결된 수의 권력이 한 개인의 권력을 대체한 것은 문명을 향해 내딛은 결정적인 한 걸음이다. 그 본질은 공동체 성원들이 만족에 대한 그들의 가능성을 제한해온 반면 개인은 그같은 제약을 인정하지 않던 환경 속에 있다. 그러므로 문화의 첫번째 필요조건은 정의(justice)——즉 제정된 법률이 어떤 개인의 기호 때문에 깨지지 않을 것이라는 보증——이다. 이는 법률의 윤리적 가치에 대해서는 아무 것도 의미하지 않는다. 좀더 진전된 문화 발전의 경로는 어떤 소수——카스트, 부족, 주민의 한 분파——가 아마 더 많은 사람들을 포함하는 집단에 대해 약탈적 개인처럼 행동할 수도 있을 때, 법이 더이상 어떤 소수의 의지도 대표하지 않을 것임을 보증하는 방향으로 나아가는 것이라고 보인다. 최종 결과는 모두——즉 단결할 수 있는 모든 사람——가 자신의 욕망을 다소 희생함으로써 기여하는, 그리고 어느 누구도——또다시 똑같은 예외가 있다——야만적 힘 아래 내버려두지 않는 법의 상태일 것이다.

9) 나의 글 "Peace, Stability, and Legitimacy: 1990-2025/2050," in *After Liberalism*, 25~45면을 보라. 『자유주의 이후』 42~69면.

개인의 자유는 문화의 혜택이 아니다. 개인의 자유가 가장 컸던 것은 모든 문화 이전이었는데, 비록 그 당시에는 개인이 자유를 방어할 지위에 있지 않았기 때문에 개인의 자유에 별다른 가치가 없었더라도 이는 사실이다. 문명이 진화하면서 자유는 제약되었고, 정의는 이런 제약이 모두에게 적용되어야 한다고 요구한다. 인간공동체 속에서 발견되는 해방의 욕망은 기존의 어떤 부정(injustice)에 대한 반란일 수 있으며, 그래서 문명이 한층 더 발전하는 데 유리할 수 있고 계속 그 문명과 양립할 수 있다. 그러나 그런 해방의 욕망은 여전히 문명화의 영향을 받지 않은 채로도 인성의 원초적 뿌리에 그 기원을 둘 수 있어서, 문화에 대한 적대의 원천이 될 수 있다. 이처럼 해방을 향한 절규는 문화의 특정한 요구에 맞서든지 아니면 문화 자체에 맞선다. (59~60)

사회과학과 실질적 합리성

오늘날 합리성이 한때 제공한 것처럼 보이던 보증들——권력을 쥔 자들에 대한 보증들, 그러나 피억압자에 대한 다른 보증들 또한——은 모두 사라지고 있는 것 같다. 우리는 '해방을 향한 절규'에 직면해 있다. 그것은 실질적 합리성을 은폐하는 형식적 합리성에 무자비하게 종속되는 것으로부터 해방되려는 절규이다. 해방을 향한 절규는 너무나 강력하게 성장하고 있어서, 프로이트가 말했듯이, 우리의 본질적 선택은 주로 그것을 문화의 특정한 요구들에 맞서게 할 것인가, 아니면 좀더 근본적으로 문화 그 자체에 맞서게 할 것인가이다. 우리는 암흑기에 들어서고 있으며, 보스니아와 로스엔젤레스의 공포는 확대되어 도처에서 발생할 것이다. 우리는 지식계급으로서의 책임에 직면해 있다. 그리고 특정한 정치를 합리적인 것이라고 명시하고 그 장점을 직접 논하기를 거부함으로써 정치적인 것을 부정하는 것은 결코 도움이 되지 않을 것이다.

사회과학은 자유주의 이데올로기의 지적인 부속물로 태어났다. 만일 사회과학이 계속 그런 상태라면 자유주의가 사망할 때 사회과학도 사망할 것이다. 사회과학은 사회적 낙관주의의 전제 위에 자신을 건립하였다. 사회적 비관주의라고 표기될 시대에 그것은 무엇인가 말할거리를 찾아낼 수 있을까? 나는 우리 사회과학자들이 우리 자신을 완전히 전화해야 하며, 그렇지 못하면 사회적으로 적실성을 잃고 하찮은 학회의 하찮은 구석으로 밀려나서, 잊혀진 신의 마지막 수도자로서 우리 시대와 괴리된 채로, 무의미한 예식을 치르면서 비난받게 될 것이라고 생각한다. 나는 우리가 생존하기 위한 핵심요소는 실질적 합리성의 개념을 우리의 지적 관심의 중앙으로 되돌려놓는 것이라고 생각한다.

18세기말과 19세기초에 과학과 철학 사이의 단절이 결정적으로 되었을 때, 사회과학은 자신이 과학이지 철학은 아니라고 선언했다. 이처럼 통탄스럽게도 지식을 적대적인 두 진영으로 분리한 것을 정당화한 논거는, 과학이 진리를 추구함에 있어 경험적이라고 생각된 반면 철학은 형이상학적, 즉 사변적이라는 것이었다. 이것은 터무니없는 구분이었는데, 왜냐하면 모든 경험적 지식에는 피할 수 없는 형이상학적 토대가 있으며, 어떤 형이상학도 현세의 실재에 대해 논의하고 있다고 입증되지 못하면——그것이 경험적 표지를 지녀야만 한다는 의미이다——고려할 만한 가치가 없기 때문이다. 지식계급은 부과되고 계시된 진리의 프라이팬에서 벗어나려고 노력하다가 형식적 합리성이라는 신비주의의 불 속에 뛰어들었다. 그람시가 상기하듯이, 우리 모두가 그랬고 맑스주의자조차 그랬다.

오늘날 우리는 다른 방향으로 돌아가자는 유혹을 받고 있으며, 또다시 달아오르고 있다. 환멸은 큰 목소리로 떠들어대는 지적 비판가들을 낳고 있다. 이들은 과학적 기획의 비합리성에 대해 매우 강력한 비판을 제기하고 있다. 그들이 말하는 것의 상당부분은 매우 유익하지만, 그 주장은 너무 멀리 나가버려서 우리를 아무데도 이를 수 없게 하고, 가장 열렬한 지지자마저도 곧 싫증나게 할 허무주의적 유아론으로 끝나버릴 우려가 있다. 그럼에도 불구하고 우리가 그들의 약점을 폭로함으로써 그들의 비판을 물리칠 수 있는 것도 아니다. 우리가 그 길을 따라간다면, 우리는 모두 함께 붕괴해버릴 것이다. 그 대신 사회과학은 자기자신을 재창조해야 한다.

사회과학은 과학이 공평무사하지 않으며 그럴 수도 없다는 점을 인정해야 하는데, 왜냐하면 과학자들은 사회에 뿌리박고 있으며, 자신의 정신에서 벗어날 수 없는 것처럼 자신의 육체에서도 벗어날 수 없기 때문이다. 사회과학은 경험주의가 순진무구하지 않으며, 언제나 어떤 초험적 신념을 가정한다는 점을 인정해야 한다. 사회과학은 우리의 진리가 보편적 진리가 아니며, 만약 보편적 진리가 존재한다면 그것은 복잡하고 모순적이며, 다원적이라는 점을 인정해야 한다. 사회과학은 과학이 단순한 것을 추구하는 것이 아니라 복잡한 것에 대한 가장 그럴 듯한 해석을 추구하는 것이라는 점을 인정해야 한다. 사회과학은 우리가 작용인에 관심을 갖는 이유가 목적인을 이해하는 길 위에서 표지판으로 삼기 위해서라는 점을 인정해야 한다. 마지막으로 사회과학은 합리성이 도덕정치학의 선택을 필수적으로 요구한다는 것과 지식계급의 역할은 우리가 집단적으로 내리는 역사적 선택들을 밝혀내는 것이라는 점을 받아들여야 한다.

우리는 200년 동안 잘못된 길을 헤매었다. 우리는 다른 사람들을 잘못 이끌었지만, 무엇보다 우리 자신을 잘못 이끌었다. 우리는 인간의 해방과 집단적 복지를 달성하기 위한 투쟁이라는 진짜 게임 밖에 우리 자신을 두고 있다. 우리가 세계를 돌려놓으려는 다른 모든 사람들을(또는 실제로 누구라도) 돕겠다는 희망을 가지려면, 우리 자신이 돌아서야 한다. 무엇보다 우리는 우리 오만함의 정도를 낮추어야 한다. 우리는 이 모든 일을 해야만 하는데, 왜냐하면 사회과학은 세계에 제공할 무엇인가를 참으로 지니고 있기 때문이다. 사회과학은 인간의 지성을 인간의 문제에, 그리고 이를 통해 인간 잠재력의 달성에 적용할 수 있는 가능성을 제공해야 하는데, 이는 완벽하다고 할 수는 없겠지만 지금까지 인간이 성취해온 것 이상임은 확실하다.

제 10장

사회과학에서 분화와 재구성

분화는 사회학의 무기고에 있는 기본개념 중 하나이다. 분화란 한 싯점에 단수로 보였거나 단 한사람 그리고/또는 단일 집단에 의해 수행된 과제들이 분할된 결과, 그 과제들이 다수로 보이고 한 명 이상의 행위자에 의해 수행된다고 추정되는 과정을 말한다. 이는 형태학적 개념이고, 따라서 어떤 활동영역에도 적용될 수 있다. 이는 분업을 낳는 과정이다.

한편에서는 근대세계의 뚜렷한 특징 중 하나가 분화의 범위라는 주장이 줄곧 제기되었다. 정의상 분업은 더 효율적이며, 따라서 집합적 생산성의 증가로 귀결된다고 이야기되었다. 더 많은 분화가 이루어지면 행위자들이 맡는 역할이 더 전문화되고, 따라서 개별화를 위한 더 많은 여지가 생기며, 궁극적으로 (세계적) 이질성이 더 커진다는 것은 분명하다.

다른 한편에서는 근대세계에서 우리는 게마인샤프트(Gemeinschaft, 공동

● 1997년 8월 6일 몬트리올(Montreal)에서 개최된 세계사회학회 연구협의회의 발표문.

사회)*에서 게젤샤프트(Gesellschaft, 이익사회)로 옮겨가고 있으며, 따라서 우리는 점점 더 공통의 개념어를 사용하고, 점점 더 합리적이라고 주장되는 단일한 일련의 가치들에 따라 활동하며, 만물은 점점 더 통합되고, 궁극적으로 (세계적) 동질성이 커진다는 주장이 줄곧 제기되었다.

그래서 우리는 둘 다 근본적이며, 직접적으로 반대방향으로 움직이는 두 과정 속에 있다고 한다. 우리가 동질성과 이질성에 어떤 실질적 가치를 부여해야 하는지 이 주장에서 완전히 분명해지지는 않는다. 어떤 것이 선호되어야 하고, 그 목적은 무엇이며, 왜 그런가? 이질성이나 동질성이나 어느 것이 내적으로 더 효율적인지 분명하지 않다. 우리는 우리가 걸어온 방향에 대한 경험적 증거에 대해서도 동의하지 못하고 있다. 많은 분석가들이 근대세계는 수렴(따라서 은연중에 조화)이 증가해온 세계라고 주장해온 반면에, 다른 분석가들은 양극화(따라서 은연중에 깊은 갈등)가 증가해온 세계라고 주장했다. 이 논쟁에서 양측 모두 동질성이 더 좋은 것이라고 주장하지만, 한쪽은 동질성이 발생한다고 보고, 다른 쪽은 그렇지 않다고 보는 것 같다. 그러나 또한 개인들이 전보다 사회적 통제에서 좀더 자유로워졌다고 보는 분석가들이 많은 반면에, 어떤 분석가들은 사회적 통제가 이보다 더 강력한 적은 없었다고 주장해왔다(오웰G. Orwell의 『1984』 형태이든, 마르쿠제H. Marcuse의 "억압적 관용"의 형태이든). 이 논쟁에서 양측 모두 동질성이 아니라 이질성이 더 좋은 것이라고 주장하지만, 한쪽

---

*독일의 사회학자 퇴니스(F. Tönnies)가 게젤샤프트(이익사회)에 대치하여 사용한 사회의 범주개념이다. 그의 주장에 의하면 게마인샤프트란, 선택의지(Kürwille)와 상대되는 본질의지(Wesenwille)에 입각한 사람들의 목적적·전인격적 결합체를 의미한다. 본질의지란 사고작용보다 의지의 작용이 지배적인 것으로, 구체적으로는 공감(共感)·습관·요해(了解) 등으로 나타나고, 또 그 복합적·사회적 형태는 일체성·관습·종교 등으로 구체화된다. 이와같은 본질의지에 따른 사람들의 결합관계는 감정적이고, 매우 긴밀하다. 전통이나 관습·종교가 강력히 지배하고, 정서적 일체감 속에서 사람들이 융합하여 생활하고 있는 게마인샤프트는 폐쇄적인 작은 사회에서 성립되고 지속될 수 있으며, 사회가 확대되고 개방됨에 따라 게젤샤프트 시대로 이행하게 된다.

은 그것이 발생하고 있다고 보고 다른 쪽은 그렇지 않다고 보는 것 같다.

우리가 지식구조의 분석으로 눈을 돌리면, 우리는 세계체계의 정치경제에 대한 분석과 그다지 다르지 않은 상황을 발견하게 된다. 우리는 이질성이 더욱 거대하다는 주장들을 만난다. 오늘날 지식은 다중의 학문분과들로 분할되었고 각 학문분과의 관심영역, 즉 전공의 목록은 계속 늘어나고 있다. 그러나 우리의 지식구조는 공간과 시간상의 많은 차이들을 초월하는 것처럼 보이고, 근대적 지식구조의 규정적 특징은 보편적 지식이 존재한다는 주장이 두드러졌다는, 사실상 지배적이었다는 점인데, 이 주장은 지식의 구성에서 어떤 이론적 변이의 가능성도 인정하지 않는다. 여기서도 우리는 동질성과 이질성 중 어떤 것이 선호되는 결과물인지에 대한 진정한 합의를 발견하지 못한다. 실로 현대의 이른바 과학전쟁과 문화전쟁이 강렬하다는 것은 이 평가에 대해서 학계 내부에 깊은 분열이 있음을 명확히 증언해준다.

세계사회학회(ISA)를 살펴보자. 이 자체가 여러 세기 동안 지속된 분화과정의 산물이다. 마끼아벨리(N. Machiavelli)나 스피노자(B. de Spinoza), 몽떼스끼외(Montesquieu)가 책을 쓰던 당시에 그들은 자기자신을 사회학자라고 부르지 않았다. 실로 '사회학자'라는 개념은 없었다. 더구나 '철학자'와 '과학자'처럼 폭넓은 범주 사이의 명확한 구분도 아직 없었다. 지난 200년 사이에 탄생한 대학체계에 근본적인, 철학자와 과학자의 구분은 처음에는 인간과 자연의 데까르뜨적 이율배반에 근거한 창안물이었으며, 그것이 완전히 구체화된 것은 18세기말이었다. 과학과 철학, 또는 대학의 용어로 표현하자면, 자연과학부(the faculty of natural sciences)와 어떤 언어로는 인문학부(the faculty of humanities)라고 불리는 것 중간의 제3의 학문영역인 사회과학이라는 추가적 개념 범주가 등장한 것은 겨우 19세기였다. 그리고 다양한 사회과학들 내에서 구분되는 각각의 대학 학과들은 겨우 1880년대와 1945년 사이에 존재하게 되었고, 1950, 60년대에 이르러서야 세계 대부분의 지역에서 그 제도화가 완전히 정점에 이르게 되었다.

1950년대 말까지도 각국의 사회학자들의 모임이나 세계사회학회의 모임은 아직 소수의 학자들이 모이는 지적으로 통일된 이벤트였다. 세계사회학회는 그 작업을 심화하기 위해 처음에는 단일한 포괄적 연구위원회를 만들었고, 그 다음에는 특정한 이름을 지닌 몇개의 위원회를 만들었다. 오늘날 우리는 그런 위원회를 50개 가지고 있으며, 다른 많은 지원자들이 문을 두드리고 있다. 대부분의 국내학회들, 적어도 규모가 큰 학회들에서도 같은 이야기가 반복되고 있다. 이런 전문화한 구조를 만들라는 압력이 지속될 것이고 심지어 가속화할 것이라고 믿을 만한 충분한 이유가 있다. 나는 이런 연구위원회 구조나 전공별 분류 자체가 다시 더 세분된다고 해도 전혀 놀라지 않을 것이다. 이는 건강한 분업의 증거인가, 아니면 암세포가 증식하고 있다는 증거인가? 생물학으로부터 우리가 알게 되는 것은 이런 두 모델 사이의 벽이 아주 얇다는 것인데, 의학연구자들은 아직 어떻게 이 사이에서 전환이 발생하는지 정확히 설명할 수 없다. 우리라고 할 수 있겠는가?

좀더 큰 문제가 있다. 우리가 하위분할되어 있기 때문에 하위집단들이 모두 이른바 분리주의자가 되어 자신들만 똘똘 뭉친다면, 아마 지적으로는 발육부진이라고 비난받겠지만, 적어도 조직적으로는 매우 활력이 있을 것이다. 그러나 이게 전부는 아니다. 우리가 더 분할될수록, 각 하부단위는 더욱더 제국주의적으로 되는 것 같다. 한때는 경제학자가 한 모퉁이에 있었고, 사회학자가 다른 쪽 모퉁이에, 그리고 역사학자가 세번째 모퉁이에 있었다. 이들은 자신들이 상이한 학문분과를 구성하고 있으며, 각각에는 분명히 정의되고 구분되는 연구대상과 그에 따른 연구양식이 있다고 보았다. 그러나 오늘날 경제학자는 가족이 어떻게 기능하는지 설명하려 하고, 사회학자는 역사적 변혁을 설명하며, 역사학자는 기업전략을 설명한다. 나는 간단한 실험을 제안한다. 대여섯개의 상이한 단체가 개최하는 국제사회과학대회의 프로그램에 수록된 논문 제목들을 뽑아보라. 이 제목들을 뒤섞은 다음 일군의 사회과학자들에게 이 논문들이 어떤 대회에서 발표된 것인지 맞춰보라고 해보라. 내가 이 실험을 해보지는 않았지만, 추측컨대 50% 정도 정확히 맞추면 아주 잘 맞춘 것이라 할 것이다. 이렇게 우리는 엄청난 이른바 중복을 경험하고 있고, 이는 때때로 '학제성'(interdisciplinarity)의 보급이라고 포장된다. 이는 효율의 사례인가, 아니면 비효율의 사례인가? 나는 세계사회학회에 각 연구위원회가 제출한 논문들을 이용해 동일한 실험을 해보아도 그 논문이 제출된 위원회를 찾아내는 데 비슷한 어려움을 겪을 것이라고——아마도 이른바 학문분과를 맞추는 첫 실험만큼 힘들지는 않겠지만——생각한다. 그럼에도 불구하고 열 개 이상은 아니더라도 대여섯 개의 서로 다른 연구위원회 아무데나 제출될 수 있는 제목들이 분명히 있을 것이다.

이질성 속의 이런 동질성의 원천은 무엇인가? 하나의 단순하고 구조적인 답변은 크기이다. 오늘날 세계의 연구자 수는 지난 500년 동안 엄청나게 불어났고, 지난 50년간 기하학적으로 증가했다. 이는 두 가지 조직적 표현으로 나타난다. 첫째로, 각 개별 연구자는 그/그녀의 독창성을 입증하라는 요구를 여전히 받고 있다. 따라서 각자 틈새나 접근법 또는 남아 있는 구석 또는 무엇인가를 찾아내야 한다. 그런데 이런 갈 만한 곳은 많이 남아 있지 않다. 따라서 표절은 널리 퍼진 생존전략이 되었다. 그러나 누구도 자신이 표절하고 있다고 인정하지 않는데, 왜냐하면 이는 독창성이 없음을 입증하는 것이기 때문이다. 따라서 모든 이들은 자신의 특수한 변종이 다른 모든 사람들의 변종과 상당히 다르다고 주장한다. 둘째로, 연구자 수가 증가함에 따라 그 모임의 규모가 커지면서 운영은 더 어려워졌으며, 이는 연구자들의 지적 교환에 덜 기여하게 되었다. 따라서 규모가 작은 집단들을 찾게 되었다. 다음 두 방법을 번갈아 사용하여 이를 달성할 수 있다. 하나는 엘리뜨 선발이다. 그리고 두번째는 민주적 하위분할이다. 둘 다 발생하고 있다. 세계사회학회 연구위원회들은 후자의 사례를 추구했지만, 규모가 커지면서 그 내부에서 엘리뜨 선발을 위한 새로운 압력이 등장하여 연구위원회 외부에 더 작은 엘리뜨 집단들을 만들게 되었다.

당신은 내가 지금까지 지식의 전반적 축적을 통해 하위분할을 설명하지 않았다는 것을 눈치챌 것이다. 그것은 통상적인 설명방식이다. (아마도 이전 시대와 달리) 한 사람이 다루기에는 지식이 너무나 커졌기 때문에 전공이 필요하다고들 한다. 물론 축적된 지식은 팽창하였다. 그러나 많은 사람들이 주장하듯이 지식이 그렇게 크게 증가했는지에 대해 나는 다소 회의를 표시해두고 싶다. 이는 너무나 경솔하고 이기적이며, 자기모순적인 설명이다. x영역의 기존 지식이 아주 거대하여 x_1과 x_2로 전문화할 필요가 있다면, 아무도 모든 x를 다룰 수 없는데, 누가 이것을 알 수 있겠는가? 또는 만약 아주 뛰어난 사람이 이를 알 수 있다면, 우리는 이 사람이 타당하다고 선언한 것들이 바로 그 하위분할이 될 것이라고 이야기할 것인가? 분명히 사태가 이렇게 진행되지는 않는다. 사람들은 전문분야를 나눈 이후에야 어떤 증거도 없이, 지식 전체의 성장 때문에 그것이 필요했노라고 주장하곤 한다.

우리의 수많은 이른바 전문화에 대해 얄팍한 지적 정당화가 제시되자, 다양한 반응들이 나타났다. 첫째는 방어적인 것으로, 전공(사회학 전체든, 아니면 일부 하위영역이든)의 자율성을 확보하기 위해 성가신 이론적·방법론적 정당화를 제공하려는 노력이다. 두번째 반응은 반대방향으로 나아가 '횡단적' 테마들을 찾아내려는 것이다. 어떤 이들은 이렇게 말한다. 그래, 상이한 질문영역들(보건, 교육, 종교 등과 같은)이 있을 수 있어. 하지만 이 영역을 분석하는 공통의 길이 있지(합리적 선택이론이나 갈등이론 같은). 횡단적 테마들은 보편화하려 하고, 따라서 동질화하려 한다. 그러나 조직이라는 측면을 놓고 볼 때, 횡단적 테마들은 결코 하위영역의 다양한 명칭들을 줄이지 않고, 대체적으로 오히려 전문화한 단위의 수와 중복을 늘리곤 한다. 세번째 반응은 횡단적 테마 이상의 어떤 것을 요구하는 것,

종합을 요구하는 것이다. 종합의 지지자들은 학문분과들 내부에서뿐 아니라 사회과학 내부에서, 그리고 심지어 지식세계 전체 속에서 전문분야가 실재한다는 그리고/또는 그것이 중요하다는 주장을 종종 조롱한다. 그러나 지적 의도가 무엇이든간에, 이는 횡단적 테마의 경우처럼 종종 단순히 또 하나의 전문분야를 만들어내는 조직적 결과를 낳을 뿐이다. 이미 1920년대에 스콧 피츠제럴드(F. Scott Fitzgerald)는 『위대한 개츠비』(*The Great Gatsby*)에서 모든 전문가 중 가장 편협한 사람인 만능인을 조롱했다.

그럼 우리는 손들고 말 것인가? 우리는 조직적 이유와 지적 이유 양자 때문에 그러지 않으려 한다. 조직적으로 하위분할을 향한 충동은 감당할 수 없게 되었다. 세계사회학회의 연구위원회는 다른 국제 및 국내조직들처럼 기존 집단들과 '중복'되어 보이는 새로운 집단들의 요구에 매우 자주 포위되었다. 새로운 집단들은 항상 그들이 다르다고 주장하며, 이에 대해 기존 집단들은 기존 집단의 테마가 새로운 신청자의 관심사를 포괄한다는 반응을 종종 보이곤 한다. 조직적으로 우리는 세력권 다툼을 겪고 있고, 여기서 결정을 내리는 자에게는 최대한의 명민함과 외교적 수완이 필요하다. 이는 시간이 지나면 단지 더 나빠질 수 있을 뿐이다. 물론 우리는 자유방임에 의탁하여, 정해진 수의 인원을 갖춘 집단에게 연구위원회를 구성하도록 허용하고, 그들이 여기에 어떤 이름이라도 붙이도록 할 수 있다. 또는 화학원소 표처럼 형태학을 만들어, 비어 있는 상자를 채우는 집단들만 허용될 수 있다는 포고를 내릴 수도 있다. 실제로 우리는 이 두 가지 가능한 실천 중 지적으로 불명확한 중간장소를 따르려 했지만, 이는 다시 관료적 자의성이라는 비난을 불러일으켰다. 이런 비난은 설사 부당하더라도, 조직적인 이의를 낳는다.

그러나 근본적 쟁점은 조직적인 것이 아니라 지적인 것이다. 가능한 또는 유망한 지적 결과라는 견지에서, 우리는 제대로 된 조직적 길에 들어서 있는가? 이 질문은 교육 개념만큼 오래된 것이다. 누구도 우리 각자가 지적 세계의 한 모퉁이만을 연구한다는 것을 의심하지 않는다. 그리고 누구도 우리가 같은 모퉁이나 인근 모퉁이를 연구하는 다른 이들의 것을 읽고/읽거나 그들에게 말을 건네는 것이 유용하다는 데 의심을 갖지 않는다. 그러나 우리는 즉각 다음 두 가지에 주목해야 한다. 첫째로, 모퉁이들은 조사의 노력을 기울이는 장소라는 점에서 서로 닮았다. 거시를 연구하는 것은 미시를 연구하는 것보다 더 어렵거나 덜 어렵지 않다. '빅뱅'으로부터 현재까지 전우주의 우주론을 연구하는 것은 경찰 응급전화의 의사교환 패턴을 연구하는 것만큼 작거나 또는 그만큼 큰 하나의 모퉁이이다. 즉, 거시-미시라는 구분은 시간과 에너지 그리고 사전훈련의 총량에 어떤 영향도 미치지 않으며, 자신의 특정한 모퉁이를 잘 연구하는 것을 요구한다. 연구기획으로서 거시는 미시보다 더 크지 않다. 연구하고 있는 모퉁이의 경계를 시공간적으로 정의할 때만 거시가 더 클 따름이다. 둘째로, 지적 우주의 한 모퉁이를 어떻게 한정할 것인지 정해주는 단순한 설계도는 없다. 아니 그렇다기보다, 그런 설계도는 수없이 많지만, 어느 것도 다른 것에 대해 분명한 지적 헤게모니를 획득하지 못했다.

셋째로, 그리고 아마 가장 중요한 것으로, 이런 설계도들은 지적 쟁점들을 개방하는 것만큼이나 지적 쟁점들을 폐쇄한다. 어떤 설계도는 악하고 다른 설계도는 고결하기 때문에 그런 것이 아니다. 어떤 의미에서 모든 학문활동은 설계도를 형성하는 과정이고, 따라서 대안을 차단하는 것은 어떤 점에서 모든 지식의 목표이다. 우리는 사물들이 이렇게 작동하지, 저렇게는 작동하지 않는다는 것을 증명하려 한다. 우리는 지식을 획득하는 이 방식이 저 방식보다 낫다는 것을 증명하려 한다. 우리는 이런 종류의 지식이 저런 종류의 지식보다 낫다는 것을 증명하려 한다. 우리는 모두 이런 일들을 한다. 그리고 남들이 우리의 상대적이고 일시적인 성공을 인식했을 때 그들은 우리가 패러다임을 개발했다고 말한다.

우리가 경쟁하는 패러다임들 사이에 있을 때, 더 강력한 패러다임의 지지자는 그것이 유일하게 가능한 패러다임이라고 주장하는 경향이 있으며, 더 약한 패러다임의 지지자는 그들이 억압받고 있다고 주장한다. 후자는 자주 패러다임의 상대주의라는 주장——모든 패러다임은 똑같이 타당하다——을 이용한다. 이것이 약함에서 기인한 주장이라는 사실을 차치하고라도 누구도 이 주장을 믿지 않으며, 누구보다 그 주장을 펴는 사람들이 이를 믿지 않는다. 포스트모더니스트들은 정말 실증주의가 무한한 전망들의 세계 속에서 단지 또 하나의 관점에 불과하다고 믿고 있는가? 만일 그렇다면, 그들이 그 주장을 그처럼 분명히 제기하지는 못했을 것이다.

나 자신은 다수의 가능한 패러다임들이 있지만, 어떤 것은 다른 것보다 더 타당하다고, 즉 더 유용하다고 믿고 있다. 그러나 패러다임의 타당성과 유용성은 영구적이지 않으며, 따라서 지배적 패러다임은 결코 과거의 월계관에만 기대어 있을 수 없다. 이 패러다임들은 지적 도전을 항상 진지하게 받아들여야 하며, 진지한 비평에 비추어 기본전제들을 재검토하는 데 시간을 쏟을 필요가 있다. 물론 핵심어는 '진지한'이며, 대부분의 현상옹호론자들은 비평가들이 진지하지 않다고 주장할 것이다. 그러나 많은 경우 비평가들이 진지하지 않다는 주장 자체가 진지하지 않다는 것은 분명하다. 단지 과거의 학문사를 살펴보기만 해도 이를 알 수 있다. 통념적 지혜가 얼마 후 전복되어 매우 불합리한 것으로 간주되는 일이 너무나 잦기 때문에, 이를 보여줄 필요도 없다. 그러나 만일 일련의 통념적 진리들이 허위로 거부되기 직전의 시기에 씌어진 글들을 살펴보면, 우리는 사실상 붕괴 직전인 이런 진리들을 지적으로 옹호하려는, 강렬한 열망을 지닌 신념의 파수꾼들을 거의 항상 발견할 수 있을 것이다. 이들은 실로 강렬한 열망을 지닌 정도를 넘어, 폭력적이고 매우 불관용적이다. 역사는 우리에게 생각을 돌릴 기회를 주어야 한다.

그 다음에 우리 앞에 놓인 문제는 경쟁적 패러다임들이 지식구조 속에 반영될 때, 이 패러다임들이 제기하는 지속적인 쟁점과 관련하여 현 시기에 대해 어떤 특별함이 있는가의 여부이다. 나는 그런 것이 있다고 믿는다. 나는 우리가 특별한 것을 볼 수 있으려면, 우리의 하위영역들을 뛰어넘어야 할 뿐 아니라 사회학을 뛰어넘고, 정말로 사회과학을 뛰어넘어야만 한다고 생각한다. 나는 우리가 18세기말 이후 처음으로 우리 대학의 전체계, 따라서 우리 전문분야의 전체 건물을 지탱해온 데까르뜨적 설계도가 심각하게 도전받는 시기에 살고 있다고 믿는다. 나는 이런 도전 때문에 앞으로 50년 동안 우리가 사실상 상당한 제도적 구조조정을 겪게 될 것이라고 생각한다. 그리고 나는 우리 모두 목하 논쟁중인 기초적인 인식론적 질문들을 살펴보는 것──즉, 우리 각자의 전문화된 관심으로부터 모든 학자들의 공통관심사로 나아가 조사하는 것──이 상대적으로 긴급하다고 믿는다. 확실히 우리는 보통 이런 인식론적 질문들에 시간을 쏟으려 하지 않으며, 이런 질문들을 단지 또다른 전문가집단의 영역으로 간주할 뿐이다. 그러나 이는 그다지 논란이 없을 때, 그리고 말하자면 우리가 정상적으로 활동하고 있을 때에만 사실이다. 그러나 오늘날 숙고되지 않은 전제들에 대한 논란은 첨예하고 중요해졌으며, 이런 점에서 우리는 정상적인 시대에 살고 있지 않다.

　대부분의 사회학자들 그리고 확실히 대부분의 다른 사회과학자들(사실 모든 학자들)의 작업의 근저에 놓여 있는 기초 문화에 대한 가장 근본적이고 독창적인 도전은 대체로 사회학자들이 무시해왔거나, 아니면 적어도 사상의 통념적 전제들에 대한 사소하고 주변적인 수정인 것처럼 취급받아온 도전이다. 이는 과학을 구성하는 베이컨적-뉴튼적 개념들의 정당성에 대한 도전이다. 적어도 17세기 이후에 뉴튼적 모델은 신성한 과학 모델이었는데, 자연과학 학문공동체 내에서 그 모델을 공개적 질문거리로, 과학 내적인 질문으로 만들려는 주요한 도전이 처음으로 충분한 조직적 힘을 갖추게 된 1970년대까지는 적어도 그랬다.

　나는 어떻게 이 싯점에 이런 도전이 제기되는가라는 과학의 사회학에 대한 질문들을 당장은 무시할 것이다. 그리고 나는 하나의 기획으로서의 과학의 정당성에 대한 수많은 도전들도 당장은 무시할 것인데, 내가 보기에 이 도전들이 새로운 것을 보여주는 것은 아니기 때문이다. 이 도전들은 이른바 과학과 철학의 이혼에 뒤이어 나타난, 과학에 대한 '낭만적' 거부의 지속으로 특수성과 행위자를 긍정하고 있다. 이는 현재의 형태에서 이런 도전들이 강력하지 않다거나 심지어 유의미하지 않다는 것이 아니라, 그것들이 내부로부터 분해되고 있는 모델을 공격하고 있다는 것이다. 우리가 지식구조 속에서 과학에 어느 자리를 부여할 것인지 재평가하려면, 먼저 자연과학이 어느 방향으로 나아가고 있는지 잘 알아두어야 할 필요가 있다.

우리 모두 뉴튼적 모델과 친숙하다. 그럼에도 불구하고 그 주요소를 살펴보기로 하자. 이 모델은 진정한 물질적 우주가 있다고 주장한다. 이 모델은 우주 속에 존재하는 만물이 보편적 자연법칙의 지배를 받으며, 과학은 이 보편적 자연법칙이 무엇인지 밝혀내는 활동이라고 주장한다. 이 모델은 이 법칙이 무엇인지 알 수 있는, 유일하게 신뢰할 만하고 유용한 방법은 경험적 조사를 통한 것이며, 특히 경험적으로 확인되지 않은 권위체(성직자이거나 일반인이거나)가 주장하는 지식은 지식으로서의 근거가 없다고 주장한다. 이 모델은 경험적 조사에 측정이 핵심적이며, 측정이 정확할수록 자료의 질이 좋아진다고 주장한다. 이 모델은 측정도구가 고안될 수 있고 항상 개선될 수 있으며, 언젠가 우리가 그 정밀성에서 거의 완벽한 측정에 도달할 수 없는 본질적인 이유는 없다고 주장한다.

이것이 전부는 아니다. 이 모델은 자연법칙에 대한 가장 적절한 진술은 가장 단순하면서도 최대한의 자연현상을 포함하는 진술이라고 주장한다. 궁극적으로 우리는 모든 지식을 하나의 단일한 방정식으로 진술할 수 있어야 한다. 이 모델은 모든 자연현상의 궤적은 선형적이며, 그런 궤적은 항상 균형으로 복귀하는 경향이 있다고 주장한다. 그 모델의 주장에 따르면 (그리고 이것이 언뜻 보아서는 가장 이해하기 힘든 것인데) 모든 법칙은 수학적으로 '가역적'인데, 그 의미는 자연과정을 이해할 때 시간이 적실성을 갖지 않는다는 것이다. 따라서 우리가 하나의 법칙을 알고 이른바 초기의 전제들을 알고 있다면, 우리는 어떤 과정의 위치와 측정치가 미래에는 어떨 것이고 과거에는 어땠는지 예견하거나 되돌아볼 수 있을 것이다. 마지막으로 이 모델은 다른 방식으로 작동하는 것처럼 보이는 어떤 과정도 실제로는 그렇지 않다고 주장한다. 우리는 실제로 과정이 어떻게 작동하고 있는지에 대한 우리의 무지의 결과를 관찰하고 있는데, 더 나은 측정도구를 고안하게 되면 이런 교의에 부합하는 과정에 대한 지식을 얻게 될 것이다.

이제 종종 복잡성 과학이라 불리는 일련의 대안적 가정들에 대해 일리야 프리고진이 아주 최근에 요약한 것을 살펴보기로 하자.[1] 그는 두 가지 기본적인 것을 주장한다. 과학은 복잡성에 기초한 새로운 형태의 합리성으로 옮겨가고 있는데, 이는 결정론의 합리성을 넘어서며, 따라서 기정(旣定)의 미래를 넘어서는 것이다. 그리고 미래가 주어지지 않았다는 사실은 기초적 희망의 원천이다.

고전과학의 전망인 반복, 안정성 그리고 균형의 편재성을 대신해, 복잡성 과학은 모든 곳에서 불안정성, 진화 그리고 파동을 발견하는데, 사회적 장소에서 그럴 뿐 아니라 자연적 장소의 가장 근본적인 과정에서도 이들을 발견한다. 프리고진은 이를 기하학적 우주로부터 서술적 우주로 옮겨가는 것이라고 부르는데, 여기서 시간의 문제가 핵심적이다. 그러므로 자연과 인간은 분리되지 않고, 서로에게 전혀 이방인이 아니다. 그러나 이는 고전과학

1) 이 진술들은 모두 Ilya Prigogine, "La fin de la certitude," in *Représentation et complexité*, ed. E. R. Larreta (Rio de Janeiro: Edumcam/UNESCO/ISSC 1997) 61~84면에서 인용하였다. 이 책에서 인용한 곳은 앞으로 본문에 표시할 것이다. 이 논문은 국제사회과학협의회 선임회의가 프리고진의 작업이 사회과학에 주는 함의를 토론하기 위해 그와 다른 사람들을 함께 초청하여 주최한 회의에 제출된 것이다.

이 자연에 대해 묘사한 대로 인간이 움직이기 때문이 아니라, 바로 반대이유, 즉 우리가 보통 인간에 대해 사용하는 묘사처럼 자연이 움직이기 때문이다.

그는 이로부터 과학에 대한 거부를 도출하는 것이 아니라 과학이 좀더 보편적인 메씨지를 선언할 필요성을 도출한다. 그것은 균형이 부재하다는 것이 아니라 균형이란 예외적이고 일시적인 현상이라는 것이다. 모든 구조들은 시간이 흐르면서 균형을 벗어나 움직인다. "주관적인 것은 만물로부터 출현하지만 그 만물의 일부분이다"(68면). 시간의 화살은 우주의 공통요소이다. 시간은 만물을 같은 방향 속에서 늙게 만들지만, 동시에 만물을 분화시킨다. 진화는 다중적이다. 확률은 우리가 무지하기 때문에 사용하는 편법(pis aller)인 진리의 열등한 형태가 아니다. 확률은 존재하는 유일한 과학적 진리이다. 확률은 동적 방정식들의 새로운 통계적 해(解)가 항상 존재한다는 사실로부터 도출된다. 체계 내의 상호작용은 지속적이며, 이런 교통은 과정의 불가역성을 형성하고, 무수히 많은 상관관계를 창조해낸다. 인간뿐 아니라 물질도 기억을 지닌다.

따라서 반복의 경험과 더불어 인간은 두번째 경험인 창조의 경험을 지닌다. 이 두 경험은 양립 불가능하지 않고 선택의 문제도 아니다. 우리에게는 두 경험이 모두 있으며, 두 경험 모두 실재의 일부이다. 과학은 더욱 보편적인 형태로 결정된 것과 자의적인 것 사이에서 '좁은 길'을 향한 탐구이어야 한다.

내가 보기에 사회과학을 위한 함의는 분명한 것 같다. 거대한 **방법론논쟁**인 법칙정립적 인식론과 개별기술적 인식론 사이의 구분은 없어진다. 아니 그렇다기보다, 과학에 대한 이런 독해 때문에 법칙정립적 관점을 유지하는 것이 어려워질 뿐 아니라(그도 당연한 것이, 법칙정립적 관점은 뉴튼적 전제들에 기초하기 때문이다) 개별기술적 관점도 유지하기 어려워지는데, 왜냐하면 그것을 정당화하기 위해 개별기술적 인식론이 분리시킨 바로 그 특징들이 이제는 과학활동 자체 속에, 심지어 물리학이라는 성역 속에까지 존재하기 때문이다. 과학에 대한 이런 독해는 우리가 질서, 따라서 합리성이라는 말을 통해 무엇을 의미하는지에 대한 질문을 제기하지만, 그렇다고 해서 우리가 무정부적이고 무의미한 우주 속에 살고 있다고 주장하는 것은 아니다. 그것은 정밀성의 목표 자체, 그리고 정밀성과 타당성(또는 심지어 신뢰성) 사이에 추정된 상관관계에 대해 질문을 제기한다. 그것은 어떤 것이 가치중립적일 수 있거나 그럴 수 있던 적이 있었느냐는 질문을 제기하지만, 동시에 교통은 진정 존재하며, 따라서 어떤 진술은 다른 진술보다 더 타당하다는 원칙을 고수한다.

이는 마치 우리가 지금까지 지난 400년간 살아온 건물을 부수는 동시에, 우리 머리 위에 어떤 지붕, 비유적으로 말하면 낡은 것보다 더 잘 빛을 받아들이는 지붕을 지탱할 새로운 기둥을 만들려고 노력하는 것과 같다. 프리고진이 과학은 그 첫 출발에 있다고 주장하는 것은 놀랄 일이 아니다. 가장 복잡한 체계를 연구하려고 노력하는 사회과학은 과학의 여왕이 될 뿐 아니라, 가장 난해한 과학이 된다. 그러나 이제 사회과학은 또한 과학(심지어 자연과학)의 인식론적 진리들을 도출해낼 장소가 되기도 한다.

우리가 그런 중심적 역할을 할 준비가 되어 있는가? 나는 결코 그렇지 못하다고 말하고 싶다. 왜냐하면 우리 대다수가 밖으로 뛰쳐나가기보다는 안으로만 파고들고 있기 때문이다. 새로운 전문분야——전에 비해 다른 횡단적 접목들과 더욱 중복되는——로 계속 접목하는 '위기'는 기능이나 생존력이 상실되었다는 조짐이 아니라, 우리가 뉴튼 시대는 끝이 났음을 인정할 준비가 되어있지 않음에 따라, 우리가 만들어온 주전원(epicycle)의 무게 때문에 낡은 구조들이 무너지고 있다는 조짐일 것이다. 또한 우리는 낡은 사회과학 구조를 부수면서 다른 지붕을 지탱할 새 기둥을 만들어낼 수 있을 것인가? 그리고 이런 지붕은 단지 사회과학에 한정될 것인가, 아니면 오히려 인간과 자연 사이의 분할도, 철학과 과학 사이의 이혼도, 진리의 추구와 선의 추구의 분리도 모르는, 재통합된 단일한 지식세계를 포괄할 것인가? 우리는 지식구조를 재구성하면서 사회과학으로부터 탈피(unthink)할 수 있을 것인가?

　나는 모르겠다. 사실 복잡성 과학은 우리에게 누구도 알 수 없다고 말한다. 그러나 우리는 시도해볼 수 있다. 우리가 우리 자신에게 그런 지적 과제를 부여하는 한, 이는 우리의 조직적 구조를 위해 무엇을 함의하는가? 적어도 이는 우리가 탁월한 유연성을 가지고 조직적 경계와 관료적 경계를 해석해야 하며, 모든 곳에서 지적인 협력을 고무해야 한다는 것을 함의한다. 우리가 문을 활짝 열고 지식세계를 충분히 재구성한 어느날엔가 우리는 아마도 당분간 다시 문을 닫고 '학문분과들'과 전문분야들을 이야기할 수 있을 것이다. 그러나 지금이 그때는 아니다. 혼자든 함께든 우리 자신을 개방하는 것은 선택이 아니다. 그것은 지적 생존과 적실성을 위한 최소한의 전략이다.

제11장

유럽중심주의와 그 화신들
사회과학의 딜레마들

사회과학은 그 제도적 역사를 통틀어, 다시 말해 대학제도 내에 사회과학을 가르치는 학과들이 생겨난 이래로 줄곧 유럽중심적이었다. 이 점은 조금도 놀라운 일이 아니다. 사회과학은 근대세계체계의 산물이며, 유럽중심주의는 근대세계 지구문화의 구성요소이다. 더구나 하나의 제도적 구조로서의 사회과학은 대체로 유럽에서 생겨났다. 여기서 우리는 유럽이란 단어를 지도상의 위치보다는 문화를 가리키는 표현으로 사용할 것이며, 그러한 의미에서 지난 두 세기에 대한 논의에서 주로 서유럽과 북아메리카를 묶어 다루게 될 것이다. 사회과학 학문분과들은 사실 적어도 1945년까지는 프랑스, 영국, 독일, 이딸리아 그리고 미국이라는 단 5개국에 압도적으

● 1996년 11월 22~23일 서울에서 개최된 국제사회학회의 동아시아지역 토론회인 '동아시아에서 사회학의 미래'의 기조발제.
● 李景德 옮김, 『창작과비평』 95호(1997년 봄)의 번역글에서 일부 용어를 수정, 재수록했다. 본문중의 옮긴이 주는 그 글의 것이다.

로 집중되어 있었다. 하나의 활동으로서의 사회과학이 전지구적으로 확산되었음에도 불구하고, 오늘날에조차 대다수의 사회과학자들은 유럽인이다. 사회과학은 유럽이 전 세계체계를 지배하던 역사적 싯점에 유럽의 문제들에 대한 대응으로 출현했다. 사회과학이 그 주제 선택이나 이론작업, 방법론 그리고 인식론 모두에 있어서 그것을 빚어낸 용광로의 구속요건들을 반영하는 것은 사실상 불가피한 일이다.

그러나 1945년 이후 아시아와 아프리카의 탈식민화 및 비유럽권 전역에서 첨예해진 정치의식은 세계체계의 정치 못지않게 지식세계에도 영향을 미쳤다. 오늘날 드러나고 있는, 그리고 사실 최소한 30년 전부터 등장한 중요한 차이점은 사회과학의 '유럽중심주의'가 심각한 공격을 받고 있다는 것이다. 물론 그 공격은 기본적으로 정당한 것이며, 사회과학이 21세기에 뭔가 진전을 이루려면 현재의 세계를 분석하고 대처하는 능력을 왜곡해온 유럽중심주의 유산을 극복해야 한다는 점에는 의문의 여지가 없다. 그러나 이 일을 하기 위해서는 유럽중심주의를 구성하고 있는 것이 무엇인지를 주의깊게 살펴보아야 한다. 왜냐하면 앞으로 보게 되겠지만 그것은 머리가 여럿 달린 괴물로 많은 화신들을 가지고 있기 때문이다. 이 괴물을 단시일에 퇴치하는 것은 어려울 것이다. 사실 조심하지 않으면, 겉으로는 그 괴물과 싸운다고 하면서 유럽중심주의 비판에 유럽중심적 가설들을 사용하기 십상이며, 그렇게 해서 학자 공동체에 대한 유럽중심주의의 장악을 한층 강화할지도 모른다.

사회과학이 유럽중심적이라는 주장에는 적어도 다섯 가지가 있다. 이들은 불분명한 방식으로 서로 겹치기 때문에 논리적으로 엄밀한 범주들로는 나뉘지 않는다. 그럼에도 이 주장들을 각 항목별로 살펴보는 것은 유용할 것이다. 사회과학은 유럽중심주의를 (1)사회과학의 역사기술 (2)사회과학의 보편주의의 편협성 (3)(서구)문명에 대한 사회과학의 가정들 (4)사회과학의 동양학(Orientalism, 일반적으로 '오리엔탈리즘'은 서구가 비서구지역에 대해 갖는 그릇된 상이나 개념, 이데올로기를 의미한다. 이 글에서는 비서구지역에 대한 학문적 연구를 주로 지칭하므로 '동양학'이라고 옮긴다—옮긴이) (5) 진보이론을 강요하려는 사회과학의 시도로 표현한다고 주장되어왔다.

역사기술 이는 유럽의 근대세계지배를 유럽의 특정한 역사적 성취 덕분인 것으로 설명하는 것이다. 이러한 역사기술은 아마도 다른 설명들에 근본이 되는 것이지만, 또한 그것은 가장 고지식한, 그래서 가장 쉽게 그 타당성을 의심받는 분야이기도 하다. 지난 두 세기 동안 유럽인들은 그야말로 세계의 꼭대기에 올라앉아 있었다. 집합적으로 그들은 경제적으로 가장 부유하고 군사적으로 가장 강력한 나라들을 다스렸다. 그들은 가장 발전된 기술을 향유했으며 이 기술의 주된 창조자였다. 이와같은 사실들은 대체로 논박의 대상이 되지 않고 있고, 실제로도 그럴 듯하게 논박하기 어렵다. 문제는 힘과 생활수준에서 비유럽권과의 차이가 무엇 때문에 생겨났는가를 설명하는 일이다. 한가지 답변은 유럽인들은 비유럽권 사람들과는 다른 뭔가 가치있는 일을 했다는 것이다. 이것이 '유럽의 기적'[1]에 대해 말하는 학자들이 의미하는 바이다. 산업혁명이나 지속적 성장, 혹은 근대성, 혹은 자본주의, 혹은 관료화, 혹은 개인의 자유를 유럽인들이 처음으로 출발시켰다는 것 등이다. 물론 이 경우 이 용어들을 좀더 신중하게 정의할 필요가 있고, 이 새로운 것들이 무엇으로 상정되든간에 정말로 유럽인들이 시작한 것인지, 그렇다면 정확히 언제 그런 것인지를 알아낼 필요가 있을 것이다.

그러나 설사 우리가 정의와 싯점에 대하여 동의하고, 또 그렇게 해서 그런 현상이 실제로 있었다는 데 동의하더라도, 정작 설명된 것은 매우 적다. 왜냐하면 그 다음 우리는 왜 다른 사람들이 아닌 유럽인들이 그 특정한 현

---

1) E. J. Jones, *The European Miracle: Environment, Economics, and Geopolitics in the History of Europe and Asia* (Cambridge: Cambridge Univ. Press 1981).

상을 만들어냈는지, 그리고 왜 그들은 역사상 어떤 특정한 순간에 그렇게 했는지를 설명해야 하기 때문이다. 대부분의 학자들은 거의 본능처럼 과거로 거슬러올라가 선조들로 추정된 사람들에게서 그 설명을 찾아내려 한다. 유럽인들이 18세기 혹은 16세기에 x를 행했다면, 그것은 아마도 그들의 선조들(혹은 추정된 선조들, 왜냐하면 이때의 가계家系란 생물학적이라기보다는 문화적인, 혹은 문화적이라고 주장되는 것이기 때문이다)이 11세기에, 혹은 B.C. 5세기에, 혹은 그보다 더 전에 y를 행했든가, 혹은 y였기 때문이라는 것이다. 16~19세기에 일어난 어떤 현상을 일단 확립해놓고──혹은 적어도 주장해놓고──나서는 유럽 가계상 그보다 앞선 이런저런 과거로 거슬러올라가 거기서 진정한 결정변수를 설명하는 방식들이야 누구든 여러가지를 생각할 수 있을 것이다.

여기에는 실제로 은폐되었다기보다는 오랫동안 논의되지 않은 하나의 가정이 존재한다. 그 가정은 16~19세기에 유럽이 이룬 새로움이 무엇이든간에 그 새로움은 좋은 것이고, 유럽은 이에 자부심을 느껴 마땅하며, 다른 사람들은 이를 부러워하거나 적어도 알아줘야는 한다는 것이다. 이 새로운 것은 업적으로 인식되며, 많은 책제목들을 보아도 이런 평가가 일반적임을 알 수 있다.

내가 보건대 전세계 사회과학이 해온 실제 역사기술이 이러한 현실인식을 상당히 표현하고 있음에는 별다른 의문의 여지가 없는 것 같다. 이러한 인식은 물론 여러가지 근거에서 도전을 받을 수 있으며, 이러한 도전은 최근 수십년간 증가하고 있다. 가령 16~19세기에 유럽 및 전세계에서 일어난 사태를 그려낸 그림이 정확한지 이의를 제기할 수 있다. 이 시기에 일어난 것에 문화적 선조라고 추정된 것이 그럴 법한지에 대해서도 분명 도전할 수 있다. 16~19세기에 대한 이야기를 좀더 장기의 지속기간, 즉 수백년 더 긴 시기부터 수만년의 시기 속에 옮겨넣을 수도 있다. 그렇게 하면 16~19세기의 유럽의 '성취들'은 덜 두드러져 보이거나, 좀더 순환적인 변종

같은 것으로 보이거나, 혹은 그에 대한 유럽의 기여도가 한결 적어 보일 것이다. 마지막으로 그 새로운 것들이 정말 새롭다고 인정할 수는 있지만, 그것들이 긍정적이라기보다는 부정적인 성과였다고도 주장할 수 있다.

이러한 종류의 수정주의적 역사기술은 세부적인 면에서 종종 설득력이 있으며, 분명 점차 축적되어가고 있다. 어느 싯점에 이르면 이런 폭로나 해체가 전면화되고 확산되어 대항이론이 자리잡게 될지도 모른다. 이것은 예컨대 프랑스혁명에 대한 역사기술에서 일어나고 있는 (혹은 이미 일어난) 일인 듯한데, 적어도 150년간 이 분야의 문헌을 지배하던 이른바 사회적 해석은 지난 30년 사이에 도전을 받고 어느정도는 무너져내렸다. 우리는 바로 지금 근대성에 대한 기본적인 역사기술에 있어서 이른바 패러다임의 전환기에 진입하고 있는지도 모른다.

그러나 이러한 전환이 일어날 때마다 우리는 심호흡을 하고 한걸음 물러서서 그 대안적 가설들이 진정으로 그럴 법한지, 그리고 무엇보다도 이전의 지배적 가설들 밑에 놓여 있는 주요한 전제들과 진정으로 단절하고 있는지를 따져보아야 한다. 이것이 근대세계에서 유럽이 이룩했다고 추정되는 성과들에 대한 역사기술과 관련하여 내가 제기하고자 하는 질문이다. 그런 역사기술은 지금 공격받고 있다. 그 대안으로 어떤 것이 제시되고 있는가? 그리고 이 대안은 얼마나 다른가? 그러나 이러한 큰 문제와 씨름하기 전에 우리는 유럽중심주의에 대한 다른 비판들을 검토해보아야 한다.

보편주의 보편주의는 모든 시공간에 걸쳐 타당한 과학적 진리가 존재한다고 보는 관점이다. 과거 수세기 동안 유럽사상은 대부분 강력하게 보편주의적이었다. 이 시기는 지식활동으로서의 과학이 문화적 승리를 거둔 때였다. 과학은 특권적 권위를 누리는 앎의 양식으로서 그리고 사회적 담론의 조정자로서 철학을 대신했다. 여기서 말하는 과학은 뉴튼적-데까르뜨적 과학이다. 그 전제들은 세계가 선형적인 균형과정들의 형식을 취하는 결정론적 법칙들에 의해 지배되며, 보편적인 가역적 방정식들 같은 이런 법칙들을 진술함으로써, 미래 혹은 과거의 세계상태를 예측할 수 있기 위해 일련의 초기 전제 외에 우리에게 필요한 것이라곤 지식뿐이라는 것이다.

이것이 사회적 지식에 대해 갖는 의미는 분명한 것 같다. 사회과학자들은 인간행동을 설명해내는 보편적 과정들을 발견할 수 있으며, 그들이 입증해내는 가설들은 모두 시간과 공간을 관통하여 유효한 것으로 여겨지거나 타당한 방식으로 진술되어야 했다. 학자의 개성은 아무런 관련이 없었는데, 이는 학자들이 가치중립적인 분석가들로서 작동하고 있었기 때문이다. 그리고 과정들이 불변하는 것으로 생각되었기 때문에 자료들이 올바로 다뤄지기만 한다면 경험적 증거의 출처는 본질적으로 무시될 수 있었다. 그런데 좀더 역사적이고 개별기술적인 접근방식을 취하는 학자들의 경우에도 역사발전의 근본 모델이 존재한다고 가정하고 있는 한 결과는 크게 다르지 않았다. 모든 단계론들(긴 목록에서 몇개의 이름만 골라본다면 꽁뜨, 스펜서 혹은 맑스의)은 결국 역사에 대한 휘그(Whig)적 해석이라 불린 이론작업들이었으며, 그 가정은 현재가 그 어느 때보다도 최상이며 과거는 현재를 낳게끔 되어 있다는 것이었다. 그리고 가장 경험주의적인 역사서술조차 이론화를 혐오한다고 아무리 선언해도, 그 바닥에 깔린 단계론을 무의식적으로 반영하는 경향이 있었다.

법칙정립적인 사회과학자들의 역사와 무관한 시간-가역적 형태로든 아니면 역사가들의 통시적 단계론의 형태로든, 유럽의 사회과학은 16~19세기에 유럽에서 일어난 일이 무엇이든 그것이 어디서나 적용 가능한 패턴을 나타낸다고 주장한다는 점에서 단연코 보편주의적이었는데, 그렇게 주장하는 이유는 그 패턴이 불가역적인 인류의 진보적 성취이기 때문에, 또는 그 패턴이 그것의 실현을 가로막는 인위적인 장애물들을 제거하는 경로를 통해 인류의 기본적인 욕구가 충족되는 과정을 보여주기 때문이라는 것이었다. 지금 우리가 유럽에서 보는 것은 좋은 것일 뿐만 아니라 모든 곳의 미래의 모습이기도 했다.

보편화이론들은 특정한 시공간의 특정상황이 모델과 들어맞지 않아 보인다는 이유로 언제나 공격받아왔다. 또한 보편적 일반화는 본래부터 불가능하다고 주장하는 학자들도 언제나 있었다. 그러나 지난 30년간 근대사회과학의 보편화이론들에 대하여 세번째 종류의 공격이 가해졌다. 보편적 이론들로 주장된 것은 사실 보편적인 것이 아니라 서구의 역사 패턴을 마치 보편적인 양 제시한 것이라는 주장이 나온 것이다. 조지프 니덤은 꽤 오래 전에 "유럽 르네쌍스에 사실상 뿌리를 둔 근대과학과 기술이 보편적인 것이며 따라서 모든 유럽적인 것은 보편적인 것이라는 무언의 가정은 … 유럽중심주의의 근본적인 오류"[2]라고 지적하였다.

이처럼 사회과학은 그것이 특수주의적인만큼 유럽중심적이라는 비난을 받아왔다. 단순히 유럽중심적일 뿐더러 매우 편협하다는 것이다. 이는 결정적인 치명타였는데, 왜냐하면 근대의 사회과학은 다른 무엇보다 편협성을 벗어났다는 점을 스스로 내세워왔기 때문이다. 이러한 비난이 타당해 보이는 한, 그것은 단순히 보편적 명제들이 아직 모든 경우를 설명할 수 있는 방식으로 정식화되지 못했다고 주장하는 것보다 훨씬 더 파급력이 컸다.

문명 문명은 원시 혹은 야만과 대비되는 일련의 사회적 특질들을 지칭한다. 근대 유럽은 스스로를 여러 문명 중 단지 하나의 '문명' 이상으로 여겼다. 즉 유럽은 스스로를(유일하게 혹은 적어도 특별나게) '문명화된' 것으로 여겼다. 이러한 문명화된 상태가 어떤 성격의 것인지에 대해서는 심지어 유럽인들 사이에서도 분명한 합의가 없었다. 어떤 이들에게 문명이란 '근대성'으로 포괄되는 것, 즉 기술발전과 생산성 향상 및 역사발전과 진보의 존재에 대한 문화적 신념으로 포괄되는 것이었다. 다른 이들에게 문명이란 다른 모든 사회적 행위체들인 가족, 공동체, 국가, 종교제도에 대해

---

2) Anouar Abdel-Malek, *La dialectigue sociale* (Paris: Seuil 1972) 89면에서 재인용. 영어본은 *Social Dialectics* (London: Macmillan 1981).

'개인'이 한층 자율성을 갖게 된 상태를 의미하였다. 다른 이들에게는 문명이란 일상생활에서의 비야만적 행위, 넓은 의미에서의 사회적 예의범절을 의미했다. 또다른 사람들에게 문명은 합법적 폭력영역의 쇠퇴나 축소, 잔인성 개념의 확장을 의미했다. 그리고 물론 많은 사람들에게 있어서 문명은 이 특질들 중 여럿 혹은 전부를 조합한 것이었다.

19세기에 프랑스 식민주의자들이 **문명화의 사명**(la mission civilisatrice) 운운했을 때, 그 뜻은 프랑스(혹은 좀더 일반적으로 유럽)가 식민지 정복의 방법으로 비유럽 민중들에게 앞서와 같은 정의들로 포괄되는 문명의 가치와 규범들을 부과한다는 것이었다. 1990년대에 서구국가들에서 다양한 집단들이 세계 여러지역(거의 언제나 비서구지역)의 정치상황에 '개입할 권리'를 들고 나왔을 때, 그들은 다름아닌 문명의 그런 가치들의 이름으로 그 권리를 주장한 것이었다.

문명화한 가치들, 세속적-인문주의적 가치들, 근대적 가치들 등 어떤 이름으로 부르든 이런 일련의 가치들은 예상대로 사회과학에 스며 있다. 왜냐하면 사회과학은 이러한 가치들을 최고 위치에 올려놓은 바로 그 역사체계의 산물이기 때문이다. 사회과학자들은 추구할 가치가 있다고 여기는 문제들(사회적, 지적 문제들)을 규정할 때 이러한 가치들을 반영했다. 문제를 분석하기 위해 고안한 개념들과 그 개념들을 측정하기 위해 활용하는 지수에도 이러한 가치들을 끌어들였다. 사회과학자들은 사회정치적 편견 때문에 의도적으로 자료를 오독하거나 왜곡하지는 않는다고 주장하는 한에서 대부분 분명히 가치중립성을 표방해왔다. 그러나 이런 의미의 가치중립성이 관찰된 현상들의 역사적 중요성에 대한 결정이란 뜻에서의 가치들까지 배제하는 것은 아니다. 이것은 물론 하인리히 리케르트(1913)[3]가 "문화과학들"(cultural sciences, 인문사회과학에 대한 그의 총칭—옮긴이)의 논리적 특

3) Heinrich Rickert, *The Limits of Concept Formation in the Physical Sciences* (Cambridge: Cambridge University Press 1986[1913]).

수성에 대해서 펼친 중심논의이다. 문화과학은 사회적 중요성을 가늠하는 의미에서의 '가치들'을 무시할 수 없다는 것이다.

물론 '문명'에 대한 서구적이며 사회과학적인 가정들이 '문명들'의 다양성이라는 개념을 전혀 받아들이지 않은 것은 아니다. 문명화된 가치들의 기원 문제, 즉 원래 어떻게 해서 그 가치들이 근대서구세계에 출현했는가(혹은 그렇다고 논의되었는가)하는 문제가 제기될 때마다, 대답은 거의 한결같이 그것들이 과거 서구세계의 오랜 독특한 경향들의 산물이라는 것이었다. 이 경향들은 때에 따라 고대 그리고(혹은)기독교적 중세의 유산이나 히브리세계의 유산, 혹은 그 양자가 결합된 유산으로 다양하게 서술되었는데, 이 양자의 결합은 때때로 유대-기독교적 유산으로 재명명되고 재지정되었다.

이같은 일련의 가정들에 대해 많은 이의가 제기될 수 있고 또 제기되어 왔다. 근대세계, 혹은 근대의 유럽세계가 과연 유럽의 담론에서 사용하는 의미 그대로 문명화된 것인지에 대한 의문이 제기되었다. 마하트마 간디의 유명한 재담이 있는데, 그는 "간디 선생, 서구문명에 대해 어떻게 생각하십니까?"라는 물음에, "그런 것이 있다면 참 좋겠지요"라고 대답했다. 또한 고대그리스와 로마 혹은 고대이스라엘의 가치들이 이른바 근대적 가치들의 기초를 놓는 데에 다른 고대문명들보다 더 도움이 되었다는 주장 역시 논박되었다. 그리고 마지막으로 근대 유럽인들이 그리스와 로마, 또는 고대이스라엘을 자기 문명의 전경(前景)이라 주장하는 타당성도 자명하지 않다. 사실 문화의 원천을 그리스로 보는 사람들과 이스라엘로 보는 사람들 사이에는 오랫동안 논쟁이 있어왔다. 그들은 상대편 주장의 개연성을 부정했다. 이 논쟁 자체가 기원의 개연성에 대하여 의문을 던지는 것이다.

아무튼 고대인도문명이 일본문화사의 핵심적 일부가 된 불교의 발상지라는 이유로 일본이 그 문명을 일본문화의 선구자로 주장할 수 있다고 누가 논하겠는가? 현재의 미국과 고대그리스, 로마 또는 이스라엘 사이의 문화적 거리가 일본과 인도문명의 거리보다 더 가까운 것인가? 요컨대 기독교가 그리스, 로마 그리고 이스라엘과 연속성을 드러내기는커녕 결정적인 단절을 이루고 있다는 주장도 펼 수 있을 것이다. 사실 르네쌍스 시기에 이르기까지 기독교인들은 바로 이러한 주장을 했다. 그리고 오늘날까지도 여전히 고대와의 단절은 기독교 교리의 일부가 아닌가?

그러나 오늘날 가치에 대한 논의가 전면으로 부각되는 영역은 정치영역이다. 말레이시아의 마하티르(Mahathir) 수상은 매우 분명한 태도로 아시아 국가들은 유럽문명의 가치들 중 어떤 것 혹은 전부를 받아들이지 않고서도 '근대화할' 수 있고 또 해야 한다고 주장했다. 그리고 아시아의 다른 정치지도자들도 그의 견해를 널리 되풀이하여 표명하고 있다. '가치들'에 관한 논쟁은 바로 유럽국가들 내에서 핵심적인 문제가 되기도 했고, 특히 미국에서는(그러나 미국에서만은 아닌데) '다문화주의'에 관한 논쟁으로 부각되었다. 사실 대학 내에 문명이라는 것의 단수성에 대한 전제를 부정하는 학자들을 모으는 구조들이 생겨나면서 최근 이런 종류의 논쟁은 제도화한 사회과학에 주요한 충격을 가해왔다.

동양학 동양학은 비서구문명의 특징들에 대한 양식화되고 추상화된 진술을 지칭한다. 그것은 '문명'이라는 개념의 이면이며 아누아 압델-말렉(A. Abdel-Malek)과 에드워드 싸이드(Edward Said)의 저작들[4] 이후로 대중적인 논의의 주요한 주제가 되어왔다. 동양학은 얼마 전까지도 영예의 표지였다.[5] 동양학은 유럽의 중세에서 뿌리를 찾을 수 있는 지식의 한 양태로서, 당시 몇몇 지적인 기독교 수도사들은 언어를 배우고 종교적 문헌들을 주의깊게 읽어냄으로써 비기독교 종교들을 더 잘 이해하고자 하는 과제를

---

4) A. Abdel-Malek, *La dialectique sociale*; Edward Said, *Orientalism* (New York: Pantheon Books 1978).
5) Wilfred Cantwell Smith, "The Place of Oriental Studies in a University," *Diogenes*, No. 16 (1956) 106~11면을 보라.

스스로 떠맡았다. 물론 그들은 기독교 신앙이 진리이며 이교도를 개종시키는 일이 바람직하다는 전제에 기초를 두고 있었으나, 그럼에도 그들은 이 문헌들을 인류문화의 표현들——왜곡된 표현이기는 하지만——로서 진지하게 다루었다.

19세기에 동양학이 세속화되었을 때도 활동형태는 그다지 다르지 않았다. 동양학자들은 여전히 언어들을 배우고 문헌을 해독하였다. 또한 그 과정에서 여전히 사회세계에 대한 이분법적인 관점에 의지하였다. 단 기독교/이교라는 구분은 부분적으로 서양/동양, 혹은 근대/비근대라는 구분으로 대치되었다. 사회과학에서 유명한 양극들로 이루어진 긴 대열이 출현하였다. 즉 군대사회와 산업사회, 공동사회와 이익사회, 기계적 연대와 유기적 연대, 전통적 정당성과 합리적-법적 정당성, 정학과 동학 등. 이러한 양극들이 보통 동양학 문헌과 직접 관련되지는 않았다 해도, 우리는 이러한 양극들의 최초의 것들 중 하나가 헨리 메인(Henry Maine, 19세기 영국의 법률가·법사학자. 비교법학 분야의 선구자. 인도총독부위원회의 일원으로 인도법 제정에 중요한 역할을 담당했음—옮긴이)의 신분과 계약이었으며, 그것은 명백히 힌두교와 영국의 법체계 비교에 기초한 것이었음을 잊어서는 안된다.

동양학자들은 문화를 이해(verstehen)하기 위해 문헌에 대한 해박한 연구에 생애를 바침으로써, 비서구문명에 대한 공감적 인식을 열심히 표현해내는 사람들로 스스로를 인식하였다. 그들이 이런 방식으로 이해한 문화란 물론 하나의 구성물, 다른 문화 출신의 사람들이 구축한 사회적 구성물이었다. 이러한 구성물들의 타당성은 세 가지 다른 수준에서 공격받았다. 즉 개념들이 경험적 실재에 들어맞지 않는다는 점, 개념들이 지나치게 추상화된 나머지 경험적 다양성을 지워버린다는 점, 그리고 개념들이 유럽적 편견들을 외삽(外挿)한 결과라는 점이다.

그러나 동양학에 대한 공격은 학문상의 부실함에 대한 공격 이상이었다. 그것은 또한 그러한 사회과학 개념들이 초래한 정치적 결과들에 대한 비판이었다. 동양학은 유럽의 지배적인 권력위치를 정당화하며, 사실 근대세계체계의 틀 내에서 유럽이 행한 제국주의적 역할에 대해 이데올로기적 보호막 역할을 중추적으로 했다는 것이다. 동양학에 대한 공격은 사물화에 대한 총공격과 결부되었고 사회과학의 서사들을 해체하려는 다층적인 노력들과 동맹하였다. 그런데 사실 '서구학'(Occidentalism)이라는 대항담론을 창조하려는 비서구의 몇몇 노력들, 예컨대 "5·4운동에서부터 1989년 천안문 학생시위에 이르기까지 근대 중국의 반전통주의에 대한 모든 엘리뜨 담론들은 광범위하게 동양화한 것이었으며,"[6] 그런 가운데 동양학을 침식하기보다는 오히려 온존해왔다는 주장이 제기된 바 있다.

진보 진보, 그 실재성과 불가피성이 유럽 계몽주의의 기본적 주제였다. 어떤 이들은 그것을 서구철학 전체를 통해 추적하고자 했다.[7] 여하튼 진보는 19세기 유럽의 합의된 관점이 되었다(그리고 사실상 거의 20세기 내내 그러했다). 사회과학은 구성될 때부터 진보이론의 자국이 깊이 찍혀 있었다.

진보는 세계역사를 설명하는 기본틀이 되었으며, 거의 모든 단계론들의 이론적 근거가 되었다. 더욱이 그것은 모든 응용사회과학의 동력이 되었다. 우리는 사회세계를 더 잘 이해하기 위해, 그리고 모든 곳에서 좀더 현명하고 확실하게 진보를 가속화하기 위해(혹은 적어도 그 도정에서 장애물들을 제거하는 것을 돕기 위해) 사회과학을 공부한다고들 했다. 진화 혹은 발전이라는 비유들은 서술하려는 시도들만이 아니라 처방을 이끌어내려는 유인이기도 했다. 사회과학은 벤섬의 원형감옥에서부터 사회정책학회(Verein für Sozialpolitik), 베버리지(W. H. Beveridge, 영국의 경제학자이자 법학자. 1941년에 광범위한 사회보장제도를 제창했음—옮긴이) 보고서와 수많은

---

6) Xiaomei Chen, "Occidentalism as Counterdiscourse: 'He Shang' in Post-Mao China," *Critical Inquiry* 18, no. 4 (Summer 1992) 687면.
7) J. B. Bury, *The Idea of Progress* (London: Macmillan 1920); Robert A. Nisbet, *History of the Idea of Progress* (New York: Basic Books 1980).

정부의 위원회들, 인종차별에 대한 유네스코의 전후 총서, 미국의 교육체계에 관한 제임스 콜먼(James Coleman)의 일련의 연구들에 이르기까지 정책입안자들의 조언자(시녀?)가 되었다. 2차대전 이후 '저발전국의 발전'은 모든 정파의 사회과학자들이 비서구세계의 사회적·정치적 재조직화에 개입하는 것을 정당화해주는 기치가 되었다.

진보는 단순히 가정되고 분석되는 것만이 아니라 강요되기도 했다. 이는 아마도 우리가 '문명'이라는 제목하에 논의한 태도들과 크게 다르지 않다. 여기서 강조해야 할 것은 문명이 그 순수함을 잃고 의심받는 범주가 되기 시작했을 때(주로 1945년 이후) 진보라는 범주는 살아남았고, 좀더 근사해 보인만큼 문명을 대체하는 데 더없이 적합했다는 점이다. 진보이념은 유럽중심주의의 마지막 보루이자 후방 진지의 역할을 하는 것처럼 보였다.

비록 그 저항의 기세가 1850~1950년 사이에 극적으로 쇠퇴했다고 볼 수 있지만, 진보이념에 대해서는 물론 보수주의 비판자들이 항상 존재해왔다. 그러나 적어도 1968년 이후부터 진보이념에 대한 비판자들이 갑자기 새롭게 분출했는데, 보수주의자들은 새로운 기세로, 좌파는 새로 찾아낸 신념을 갖고 그렇게 했다. 그러나 여러 다른 방식으로 진보이념을 공격할 수 있다. 유럽식의 진보가 기만 혹은 기만하려는 시도였기 때문에 이제껏 진보라고 불린 것은 가짜 진보지만 진정한 진보가 존재한다고 주장할 수 있다. 혹은 '원죄'라든가 인류의 영원한 순환 때문에 진보라는 것은 있을 수 없다고 내세울 수도 있다. 혹은 몇몇 비서구의 생태운동 출신 비판자들이 주장하듯, 유럽은 사실 진보를 알아냈지만 이제 와서는 진보의 열매를 다른 지역에 나누어주지 않으려 한다는 비판도 가능하다.

그러나 분명한 것은 많은 사람들이 진보이념을 유럽적 이념으로 여기게 되었고, 따라서 유럽중심주의라는 공격을 가하게 되었다는 점이다. 그러나 유럽을 그림 밖으로 몰아내되 진보는 몰아내지 않은 채, 비서구세계의 일부 혹은 전부가 진보를 전유하도록 만들려고 노력하는 또다른 비서구인들이 있기 때문에 이러한 공격은 종종 매우 모순적인 것이 된다.

유럽중심주의의 다양한 형태들과 유럽중심주의 비판의 다양한 형태들을 모아본다 해도 반드시 일관된 상이 나오는 것은 아니다. 다만 우리는 핵심적 논쟁을 평가하고자 노력해볼 수 있다. 앞서 언급했듯이 제도화한 사회과학은 유럽에서 그 활동을 시작했다. 제도화한 사회과학은 유럽의 역사적 역할, 특히 근대세계에서의 역사적 역할을 오독하고 크게 과장하고 (혹은) 왜곡함으로써 사회적 실재에 대해 그릇된 상을 만들어냈다고 비난받아왔다.

그러나 비판자들은 근본적으로 서로 다른(그리고 다소 상호 모순되는) 세 주장을 펼치고 있다. 첫번째는 다른 문명들도 유럽이 했던 것을 하고 있는 중이었는데 어느 싯점에선가 유럽이 지정학적 권력을 사용하여 다른 지역의 그 과정을 중지시켰다는 것이다. 두번째는 유럽이 행한 것은 다른 곳에서 오랫동안 해온 것의 지속에 불과하며, 일시적으로 유럽인들이 전면에 나서게 되었을 뿐이라는 것이다. 세번째는 유럽이 행한 것들은 잘못 분석되고 부당한 잣대가 되어버려서 과학과 정치세계 모두에 위험한 결과를 가져왔다는 것이다. 광범위하게 제시된 처음 두 논의들은 내가 보기에는 내가 '반유럽중심적 유럽중심주의'라 부르는 어려움을 겪고 있는 것 같다. 내가 보기에 세번째 논의는 분명 옳고, 충분히 주의를 기울일 가치가 있다. '반유럽중심적 유럽중심주의'라는 별난 짐승은 과연 어떤 것인가? 위의 주장들을 차례로 살펴보기로 하자.

예컨대 중국, 인도 혹은 아랍-이슬람 '문명'의 틀 속에는 온전한 근대자본주의로 나아갈 수 있는 문화적 기초와 사회역사적 발전 패턴 모두가 존재했거나 사실 그런 방향으로 가는 중이었다고 논하는 사람들이 20세기 내내 있어왔다. 일본의 경우 이러한 주장이 한층 강해서, 근대자본주의가 일본에서 실제로 발전했으며 유럽에서의 발전과는 별도로 그러나 시간적으로는 동시에 발전했다는 주장까지 제기되고 있다. 이러한 대부분의 논의들의 핵심은 발전의 단계론(많은 경우 그 맑스주의적 변형)으로서, 그 논리적 귀결은 세계의 상이한 지역들이 모두 근대성 혹은 자본주의로 가는 평행선의 길들을 가고 있었다는 것이다. 이러한 형태의 논의는 한편으로는 세계의 다양한 문명권의 독특함과 사회적 자율성을 가정하면서 동시에 그것들이 어떤 포괄적인 패턴을 따른다고 가정하기도 했다.

이런 종류의 다양한 논의들은 대부분 특정한 문화지역과 그 역사적 발전의 특수성을 다루고 있는 것인만큼, 논의중인 문명권 각각의 경우에 대한 역사적 개연성을 토론하는 것은 방대한 작업이 될 것이다. 여기서 그런 일을 하려는 것은 아니다. 내가 지적하고자 하는 것은 다루는 지역이 어디든 이런 노선의 논의가 갖는 한 가지 논리적 한계와 한 가지 일반적 지식상의 결과이다. 논리적 한계는 매우 분명하다. 다양한 비서구지역들이 설사 근대성/자본주의로 향한 길에 들어섰고 어쩌면 꽤 멀리까지 간 것이 사실이라 해도, 거기에 최초로 도착하고 결과적으로 '세계를 정복'할 수 있었던 것은 서양 혹은 유럽이었다는 사실을 설명해내야 한다는 문제가 여전히 남는다. 이 지점에서 우리는 원래 제기되었던 문제, 왜 서구에서 근대성/자본주의가 생겨났는가라는 문제로 되돌아간다.

물론 요즘에는 저항이 언제나 있어왔다는 점을 들면서 깊은 의미에서 유럽이 세계를 정복했다는 사실을 거부하는 사람들도 있지만, 그러나 이는 우리의 현실읽기를 왜곡하는 것이다. 어쨌든 지구의 대부분에 걸친 식민정복은 있었던 것이다. 유럽의 힘을 보여주는 군사적 지표들도 실재한다. 능동적이든 수동적이든 다양한 형태의 저항은 물론 항상 있었지만, 그러한 저항이 정말로 강력했다면 오늘날 우리가 논의할 거리는 없었을 것이다. 비유럽의 행위자라는 주제를 지나치게 강조하면 우리는 결국 유럽이 저지른 죄의 전부, 혹은 적어도 그 대부분에 회칠을 해 덮어주는 꼴이 될 것이다. 내가 보기에 이것은 비판자들이 의도한 바가 아닌 것 같다.

아무튼 유럽의 지배를 아무리 한시적인 것으로 본다 해도 우리는 여전히 그것을 설명할 필요가 있다. 이런 노선을 좇는 비판자들 대부분은 유럽이 세계의 자기 지역에서 토착적인 과정을 어떻게 중지시켰는가를 설명하는 데만 관심을 두고, 어떻게 유럽이 이 일을 할 수 있었는가를 설명하는 데는 관심을 덜 가진다. 더 중요한 점은 그들이 이러한 행위, 즉 이 추정된 '성취'에 대한 유럽의 영예를 깎아내리려는 시도를 함으로써, 그것이 하나의 성취였다라는 주장을 한층 보강해준다는 점이다. 이 이론은 유럽을 '사악한 영웅'으로 만드는데, 분명 사악하긴 하지만, 극적인 의미 그대로 영웅임은 여전하다. 왜냐하면 경주에서 마지막 역주를 하여 결승선을 제일 먼저 넘은 것은 유럽이기 때문이다. 그리고 더 나쁜 것은 기회가 반만 주어졌던들 중국 혹은 인도 혹은 아랍이 동일한 일, 즉 근대성/자본주의를 출범시키고 세계를 정복하고 자원과 민중을 착취하여 그들 자신이 사악한 영웅 역할을 할 수도 있었고, 또 하려 했을 것이라는 함의가 그다지 숨겨져 있다고 할 것도 없이 담겨 있다는 점이다.

　근대사에 대한 이러한 관점은 그것이 반유럽중심주의라고 하지만 오히려 더욱 유럽중심주의적인 것 같다. 왜냐하면 이는 유럽의 '업적'의 의미(즉, 가치)를 유럽이 정한 그대로 받아들인 채, 단지 다른 곳도 그것을 이룰 수 있었고 혹은 이루는 중이었다고 주장하는 것에 불과하기 때문이다. 어쩌면 우연적인 어떤 이유 때문에, 유럽이 다른 지역에 대해 일시적인 우위를 점했고 그들의 발전에 강제로 개입했다는 것이다. 우리도 유럽인처럼 될 수 있었다는 주장은 유럽중심주의에 대항하기에는 너무나 미약한 방식으로 보이며, 사회과학적 지식에 대해 유럽중심적인 사고가 가져온 최악의 결과들을 사실상 강화하는 것이다.

　유럽중심적 분석들에 대한 두번째 반대노선은 유럽이 이룬 것에 진정으로 새로운 점이 있다는 사실을 부인하는 것이다. 이것의 논지는, 중세 후기에 그리고 실상은 더 오래 전부터 서유럽은 유라시아 대륙에서 주변적인 지역이었고, 그 역사적 역할과 문화적 업적들은 다른 많은 지역들(아랍세계나 중국)의 수준 이하에 있었다는 점을 지적하면서 시작한다. 이는 적어도 일차적인 일반화로서는 의심할 여지 없이 사실이다. 그러나 그 다음에 수천년에 걸쳐 형성된 단일세계(ecumene)나 세계구조의 구성과정 내에 근대세계를 집어넣는 비약이 만들어진다.[8] 이는 개연성이 없는 주장은 아니지만, 내가 보기에 이 단일세계가 체계로서 유의미한가는 아직 입증되지 않은 것으로 보인다. 그 다음 우리는 이런 논리적 연쇄 중 세번째 요소에 도달하게 된다. 즉 서유럽이 애초에 주변적이었다는 점과 수천년에 걸쳐 유라시아 단일세계가 구성되었다는 점에서 추론하여 서유럽에서 일어난 일은 특별한 것도 없고 단지 단일한 체계의 역사적 구성에 있어서의 또하나 변종에 불과했다는 주장이다.

나는 이 입장이 개념적으로나 역사적으로나 크게 틀린 것이라고 본다. 그러나 이 논의를 다시 펼칠 생각은 없다.[9] 다만 이것이 어떻게 반유럽중심적 유럽중심주의가 되는 것인지에 대해서는 강조해두고 싶다. 논리적으로 이 입장은 자본주의가 새로운 것이 아니라는 주장을 포함하며, 실제로 유라시아 단일세계의 발전의 연속성을 주장하는 사람들 중에는 명백하게 이러한 입장을 취하는 경우도 있다. 어떤 특정 문명에 대해 유럽의 간섭 이전까지는 그것 역시 자본주의로 가는 도중이었다고 논증하는 사람들과 달리, 여기서의 주장은 그것이 우리 모두가 다같이 하고 있었던 일이고 어떤 의미에서는 전세계(혹은 적어도 유라시아 단일세계 전체)가 이미 자본주의적이었기 때문에 자본주의로의 발전이란 실재하지 않았다는 것이다.

무엇보다도 이것이 자유주의 경제학자들의 고전적 입장이라는 점을 지적하기로 하자. 이 입장은 "(인간 본성에는—옮긴이) 물건을 서로 거래하고,

8) Stephen K. Sanderson(ed.), *Civilizations and World Systems: Studying World-Historical Change* (Walnut Creek, CA: Altamira 1995)의 다양한 저자들을 참조하라.
9) 나의 "The West, Capitalism, and the Modern World-System," *Review* 15, no. 4 (Fall 1992) 561~619면을 보라.

교역하고 교환하려는 성향"[10]이 존재한다고 주장하는 애덤 스미스와 사실상 다를 바가 없다. 이 입장은 상이한 역사적 체계들간의 본질적인 차이점들을 없앤다. 만약 중국과 이집트와 서구가 모두 역사적으로 동일한 일을 하고 있었다면, 어떤 점에서 그것들이 상이한 문명 혹은 상이한 역사적 체계들이라고 할 수 있겠는가?[11] 유럽의 공적을 빼앗는 건 그렇다치고, 결국 범인류를 제외한 그 누구에게 돌아갈 공적이 남는 것인가?

그러나 여기서도 가장 나쁜 점은 근대 유럽의 행위를 유라시아 단일세계의 대차대조표로 돌림으로써, 유럽중심주의의 기본적인 이데올로기적 논의, 즉 근대성(혹은 자본주의)은 놀랍고 멋진 것이라는 주장을 용인하는 셈이고, 단지 모두가 이미 이런저런 방식으로 늘 근대성을 행하고 있었음을 거기에 덧붙일 뿐이라는 점이다. 유럽의 공적을 부인함으로써 우리는 유럽의 허물도 부인하고 있는 것이다. 유럽의 '세계정복'이 만일 유라시아 단일세계의 행진 중 최근 것에 지나지 않는다면, 거기에 그토록 끔찍스러울 것은 무엇이 있는가? 이 입장은 유럽에 대한 비판적 논의형태이기는커녕, 한때 단일세계의 '주변부'였으나 마침내 다른 이들(그리고 선조들)의 지혜를 배워 성공적으로 활용한 유럽에 대한 찬양을 내포하고 있는 것이다.

그리고 무언의 결정타가 불가피하게 따라온다. 만일 유라시아 단일세계가 수천년 동안 한가닥의 실을 다같이 따라왔다면, 그리고 자본주의 세계체계가 새로울 것이 없다면, 이 실이 영원히 혹은 적어도 한정하기 힘든 긴 시간 동안 이어지지 않으리라는 논의가 어떻게 가능하겠는가? 자본주의가 16세기(혹은 18세기)에 시작되지 않았다면, 확실히 21세기에 종말을 맞이할 리도 없는 것이다. 개인적으로 나는 이런 입장을 전혀 믿지 않으며, 최

10) Adam Smith, *Inquiry into the Nature and causes of the Wealth of Nations* (New York: Modern Library 1939〔1776〕) 13면.
11) 반대입장은 Samir Amin, "The Ancient World-Systems versus the Modern Capitalist World-System," *Review* 14, no.3 (Summer 1991) 349~85면.

근의 여러 저술들에서 이에 대한 논거를 펼친 바 있다.[12] 그러나 여기서 나의 주안점은 이러한 설명방식이 전혀 반유럽중심적이지 않다는 것이다. 왜냐하면 이 입장은 유럽이 세계지배 시기에 내놓은 일련의 기본적인 가치들을 받아들이고, 그럼으로써 세계의 다른 지역에서 소중히 여겨졌고, 혹은 여겨지고 있는 유력한 가치체계들을 사실상 부정하거나 침해하고 있기 때문이다.

나는 사회과학에서의 유럽중심주의에 반대할 좀더 탄탄한 기초들과 이 목표를 추구할 좀더 탄탄한 방식들을 찾아내야 한다고 생각한다. 유럽이 행한 것들은 잘못 분석되고 부당한 잣대가 되어버려 과학과 정치세계에 위험한 결과를 가져왔다고 하는 세번째 비판형태는 실로 올바르다. 나는 유럽이 행한 것이 긍정적 업적이었다는 가정을 의문시하는 데서 우리가 출발해야 한다고 생각한다. 우리는 자본주의 문명이 그 역사적 생애 동안 이루어놓은 것에 대해 신중한 대차대조표를 만드는 데 전념하여, 과연 이익이 손해보다 큰지를 평가해야 한다고 생각한다. 나는 이 일을 한때 시도했고, 다른 이들에게도 같은 일을 하도록 권장한다.[13] 나 자신의 대차대조표는 전반적으로 부정적인 것이었고, 따라서 나는 자본주의 체계를 인간 진보의 증거로는 보지 않는다. 오히려 나는 자본주의 체계가 이 특정한 형태의 착취체계에 대항하는 역사적 장벽들이 붕괴한 결과였다고 간주한다. 나는 중국, 인도, 아랍세계와 다른 지역들이 자본주의를 향해 가지 않았다는 사실은 그들이 이 독소에 잘 면역되어 있었다는 증거이며, 또 그 점이 그들의 역사적 공적이라고 생각한다. 그들의 공적을 그들이 교묘히 둘러대서 모면할 무엇인가로 만드는 것은 내가 보기에 유럽중심주의의 전형적인 형태이다.

12) 『자유주의 이후』와 『이행의 시대』를 보라.

13) I. Wallerstein, "Capitalist Civilization," *Chinese University Bulletin*, No. 23, 1992; *Historial Capitalism, with Capitalist Civilization* (London: Verso 1995)에 재수록. 나종일 · 백영경 옮김, 『역사적 자본주의/자본주의 문명』, 창작과비평사 1993 참조.

분명히 해두자. 나는 모든 주요한 역사적 체계들(문명들)에서 항상 일정한 정도의 상품화, 따라서 상업화가 진행되고 있었다고 믿는다. 그 결과 시장에는 이윤을 추구하는 사람들이 항상 있었다. 그러나 몇몇 기업가나 상인 또는 '자본가들'이 존재하는 역사적 체계와 자본주의적 에토스 및 실천이 지배적인 역사적 체계 사이에는 엄청난 차이가 있다. 근대세계체계 이전의 이런 여타 역사적 체계들 각각에 어떤 일이 있었는가 하면, 자본가계층이 너무 부유해지거나 너무 성공을 거두거나 기존 제도에 주제넘게 참견하면, 다른 제도적 집단들(문화적·종교적·군사적·정치적)이 이윤-지향 계층을 제약하고 봉쇄할 필요성을 제기하면서, 그들의 실질적 권력과 가치체계 양자를 이용하여 이들을 공격하였다. 그 결과 이 역사적 체계에서 자신들의 관행을 우월한 것으로 강요하려던 자본가계층의 노력은 패배하였다. 그들은 종종 축적한 자본 대부분을 거칠게 빼앗겼으며, 어떤 경우에는 그들을 제약하는 가치와 관행에 복종하게 되었다. 이것이 바로 내가 바이러스를 막는 항독소라고 부르는 것의 의미이다.

서구세계에서 발생한 일은, 특정한 일련의 순간적인(또는 정세적이거나 우연적인) 이유 때문에 항독소의 유용성과 효력이 떨어지고 바이러스가 급속히 퍼졌으며, 그 다음에는 이 바이러스가 그 효과를 반전시키려는 사후적 노력들을 무용하게 만든 것이었다. 16세기 유럽의 세계경제는 치유할수 없을 만큼 자본주의적으로 되어버렸다. 그리고 자본주의가 일단 이 역사적 체계 속에서 자신을 공고화하자, 즉 끊임없는 자본축적의 우위성이 이 체계를 지배하게 되자, 다른 역사적 체계들에 비해 자본주의는 물리적으로 전지구를 삼킬 때까지 지리적 팽창을 할 수 있는 힘을 획득하였으며, 이런 완전한 팽창을 달성한 최초의 역사적 체계가 되었다.

그러나 자본주의가 유럽 싸움터에서 이런 돌파구를 만든 다음 팽창하여 전지구를 뒤덮었다는 사실은 결코 이것이 불가피했다거나 바람직했다거나 또는 어떤 의미로는 진보적이었음을 뜻하는 것은 아니다. 내가 보기에 어떤 것도 사실이 아니었다. 그리고 반유럽중심주의적 관점은 이 주장에서 출발해야 한다.

따라서 그보다 나는 우리의 근대세계체계인 자본주의적 역사체계로부터 출현한 보편주의적 학설들 속에서 보편주의적이지 않은 것을 재고하고 싶다. 근대세계체계는 이전의 지식구조와는 현저하게 다른 지식구조들을 발전시켜왔다. 이전과 다른 점은 과학적 사고의 발전이라고 흔히 말해왔다. 그러나 아무리 근대의 과학적 진보가 눈부시다 해도 이것이 사실이 아니라는 것은 명백해 보인다. 과학적 사고는 근대세계에 훨씬 앞서 생겨났으며 모든 주요 문명권에 존재한다. 이 점은 중국의 경우 조지프 니덤이 시작한 총서에서 당당하게 천명되었다.[14]

근대세계체계의 지식구조들의 특이한 점은 '두 문화'(영국의 과학자이며 문필가인 스노우C. P. Snow가 주창한 개념으로 과학적 문화와 인문학적 문화의 괴리를 말함—옮긴이)라는 개념이다. 다른 어느 역사적 체계도 과학과 철학/인문학 사이의 근본적인 분리, 혹은 내가 보기에 진(眞)에 대한 추구와 선(善) 및 미(美)에 대한 추구 사이의 분리라고 특징짓는 것이 더 나을 것 같은 그런 것을 제도화한 적이 없다. 사실 이러한 분리상태를 근대세계체계의 지구문화 내에 안치하는 일도 그리 쉽지는 않았다. 분리를 제도화하기까지는 3세기가 걸렸다. 그러나 오늘날 이것은 지구문화의 근본이 되었고, 우리 대학체계의 토대를 형성하고 있다.

이러한 개념적 분열의 결과 근대세계에는 '가치중립적인 전문가'라는 기묘한 개념이 산출되었다. 현실에 대한 이 전문가의 객관적인 평가들은 (가장 넓은 의미에서의) 기술공학상의 결정뿐만 아니라 사회정치적 선택의 기초까지도 형성할 수 있었다. 과학자들을 집단적 평가로부터 보호한 것, 그리고 결국 그들을 기술관료의 일부로 통합한 것은 지적인 것과 무관

---

14) Joseph Needham, *Science and Civilization in China* (Cambridge: Cambridge Univ. Press 1954). 앞으로도 여러 권이 출간될 것이다.

한 권위의 속박에서 그들을 해방시켰다. 그러나 또한 그것은 지난 500년간 우리가 취해온 주요한 기본적인 사회적 결정들을 실질적인 (기술적인 것과 반대되는) 과학적 논쟁에서 제외시켰다. '과학은 여기에 그리고 사회정치적 결정은 저기에'라는 식의 생각은 유럽중심주의를 지탱하는 핵심개념인데, 결국 받아들일 수 있는 유일한 보편주의적 명제들은 모두 유럽중심적인 것이기 때문이다. 두 문화의 분리를 강화하는 모든 논의는 이렇게 유럽중심주의를 지탱해준다. 만일 근대세계의 특수성을 부인한다면, 지식구조들의 재구성을 주장할 설득력 있는 방법이 없는 셈이고, 따라서 현존하는 세계체계에 대한 지적이고도 실질적으로 합리적인 대안들에 도달할 가능한 방식도 사라지는 셈이다.

지난 20년 안팎의 기간에, 이러한 분리의 정당성에 처음으로 의미심장한 도전이 가해졌다. 이것이 예컨대 생태운동의 의미이다. 그리고 이것이 유럽중심주의에 대한 공개적인 공격에 담긴 핵심문제이다. 도전들의 결과는 이른바 과학전쟁과 문화전쟁으로 귀결되었는데, 이것 자체가 종종 반계몽적이고 당혹스러운 것이었다. 우리가 재통합된, 따라서 비유럽중심적인 지식구조를 새로 갖추려면, 이 핵심적인 문제를 회피하는 갓길로 빠져들지 않는 것이 절대관건이다. 오늘날 우리가 심각한 위기에 처한 세계체계와는 다른 대안적 세계체계를 구성하려면, 진과 선의 문제를 동시에 그리고 서로 불가분한 것으로 다루어야 한다.

그리고 그러기 위해서는 16~18세기에 유럽이 뭔가 특별한 일을 하여 진정 세계를 바꾸긴 했지만, 그 방향은 부정적인 것이었으며 오늘날 우리가 그 업보를 겪고 있다는 인식을 가져야 한다. 우리는 유럽에 부당하게 부여된 업적을 박탈한다는 그릇된 전제에 빠져 유럽의 종별성을 없애고자 노력해서는 안된다. 오히려 정반대로 나아가야 한다. 우리는 유럽에 의한 세계 재구성의 특수성을 온전히 인정해야 한다. 그때서야 비로소 그것을 넘어서고, 또한 바라건대 인간의 가능성에 대한 한층 포괄적인 보편주의적 전망에 도달하는 일도 가능하기 때문이다. 이것이 진과 선을 나란히 추구할 때 생겨나는 어렵고도 복잡하게 얽힌 문제들 중 어느 하나도 회피하지 않는 전망일 것이다.

제 12장

지식의 구조들,
또는 우리는 얼마나 많은 길을 알 수 있는가?

　　사회과학의 재구조화를 위한 귈벤키안 위원회의 보고서는 '사회과학의 개방'이라는 제목을 달고 있다.[1] 이 제목은 사회과학이 사회적 실재의 충분한 이해에 대해 차단되었거나 스스로 문을 닫아 걸었으며, 사회과학이 사회적 실재를 이해하기 위해 역사적으로 발전시켜온 방법들 자체가 오늘날에는 이에 대한 이해에 장애물이 될 수 있다는 위원회의 의식을 보여주고 있다. 지난 200년에 대해 이 리포트가 말하고 있다고 생각하는 것을 요약한 후, 이것이 우리가 해야 할 바에 대해 던져주는 함의로 넘어가보자.

　　위원회는 사회과학이라는 기획이 주로 1850~1945년에 제도화된 역사적

● 1996년 6월 2~3일 캘리포니어 팰로 앨토(Palo Alto)의 스탠포드대학에서 개최된 학술대회 '미래에 어떤 과학이 필요한가? —귈벤키안 보고서 『사회과학의 개방』에 대한 토론'의 발표문.
1) Immanuel Wallerstein et al., *Open the Social Science: Report of the Gulbenkian Commission on the Restructuring of the Social Sciences* (Stanford, Calif.: Stanford University Press 1996). 이수훈 옮김, 『사회과학의 개방』, 당대 1996. 이하 『사회과학의 개방』.

구성물이라고 보았다. 따라서 우리는 이런 구성물이 아주 최근의 것이고 사회과학이 구성된 방식이 불가피하지도 않고 불변하지도 않는다는 점을 강조했다. 우리는 이 건물을 지은 사람들이 '학문분과들'이라는 목록상의 구분들에 관해 결정하게 된 것은 19세기의 어떤 요소들 때문이었는지 설명하려고 했다. 우리는 다수의 학문분과들이 왜 다양한 인식론을 채택했고, 왜 각기 특정한 실천적 방법론을 골라서 선호하게 되었는지 설명해줄 근원적 논리를 찾아내고자 했다. 또한 우리는 왜 1945년 이후의 세계가 이 논리를 갑갑하게 여기고서, 학계에 일련의 변화를 추동하여 학문분과 사이의 구분을 손상하는 결과를 낳게 되었는지 설명하려고 했다.

우리가 사회과학의 역사에 대해 그린 그림은 U자형 곡선이었다. 1750~1850년까지 최초의 상황은 아주 혼란스러웠다. 원형적 학문분과들의 명칭으로 아주 많은 이름들이 사용되고 있었고, 모두 또는 거의 대부분이 폭넓은 지지를 받지 못하고 있는 듯했다. 그 다음 1850~1945년 시기에 이런 수많은 이름들은 서로 명확히 구분되는 소수의 표준적 집단들로 축소되었다. 우리의 관점에서 보면 학계에 널리 수용된 그런 이름은 여섯 개뿐이었다. 그러나 그 다음으로 1945년 이후에 정당한 연구영역의 이름 수는 다시 팽창하였으며, 모든 조짐을 놓고 볼 때 그 수는 계속 증가할 것이다. 더군다나 1945년에는 아직 한 학문분과와 다른 학문분과를 나누는 분명한 구분선이 있어 보이던 데 비해, 그 이후 시기에는 이 구분선이 계속 무너져서, 오늘날에는 사실상 상당한 중복과 혼란이 일어나고 있다. 간단히 말해서 우리는 어떤 의미에서는 많은 범주들이 유용한 분류법을 제공해주지 못하는 1750~1850년의 상황으로 되돌아간 것이다.

그러나 우리에게 이런 중복과 혼란은 거의 문제가 되지 않는다. 사회과학의 범주를 규정하는 이 과정은 사회과학을 넘어 전체 지식세계가 연루된 훨씬 더 큰 소동의 맥락 속에서 발생해왔다. 지난 200년 동안 우리가 지녀온 지식조직의 구조에서는 철학과 과학이 구분되는 지식형태로, 실상은 참

으로 적대적인 지식형태로 간주되었다. 늘 그렇지만은 않았음을 기억해두
는 것이 유익할 것이다. 이른바 두 문화 사이의 이런 분할 또한 최근의 사
회적 구성물이며, 사회과학을 학문분과들의 세분된 목록으로 분할한 것보
다 조금 앞선 일일 뿐이다. 사실 이는 18세기 중엽 이전에는 세계 어디서도
들어보지 못한 일이었다.

근대세계체계 발전의 지속적 특징인 사회의 세속화는 두 단계에 걸쳐 지
식세계에 표출되었다. 첫번째 단계는 신학을 배타적인 또는 심지어 지배적
인 앎의 양식으로 보는 관점을 거부한 것이었다. 철학이 신학을 대체하였
다. 즉, 지식의 원천으로서 인간이 신을 대체하였다. 실제로 이는 지식의
정당성을 선언할 수 있는 권위의 장소가 이동했음을 뜻했다. 신의 말씀에
대해 다소 특별한 접근권이 있던 성직자를 대신해, 자연법칙 또는 자연법
칙들에 대해 다소 특별한 통찰력을 지닌 합리적 인간이 그 영광을 얻었다.
이런 이동은 철학을 신학의 변종일 뿐이라고 보는 사람들에게는 불충분한
것이었는데, 이들은 신학과 철학 모두에서 권위——전자의 경우는 성직자
이고 후자의 경우는 철학자——가 지식을 규정한다고 주장하였다. 이런 비
평가들은 경험적 실재의 연구에서 획득한 증거가 필요하다고 주장하였다.
그들은 이렇게 획득된 증거가 바로 그들이 '과학'이라고 부른 또다른 형태
의 지식의 토대라고 말했다. 18세기가 되면 이런 과학의 주창자들은 철학
을 연역적 사변에 불과하다며 공개적으로 거부해버리고, 그들의 지식형태
만이 유일한 합리적 형태라고 선언하였다.

한편으로는 이렇게 철학을 거부하는 것이 권위체들에 대한 거부를 주장
하는 것처럼 보였다. 그런 의미에서 이는 '민주적'이었다. 과학자들은 그
(또는 그녀)가 올바른 방법을 사용하면 누구든 지식을 확립할 수 있다고 말
하는 것처럼 보였다. 그리고 누구든 경험적 관찰과 자료의 조작을 모사(模
寫)하는 것만으로도 과학자가 주장하는 지식의 정당성을 검증할 수 있었
다. 이런 식으로 지식을 주장하는 방법은 실천적 발명 또한 야기할 수 있을

것 같았으므로, 그것은 특별히 강력한 앎의 양식으로 자처하였다. 따라서 얼마 지나지 않아 과학은 지식생산의 계서제에서 지배적 위치를 차지하였다.

그러나 이런 철학과 과학의 '이혼'에는 한 가지 중요한 문제가 있었다. 신학과 철학은 모두 전통적으로 두 종류의 것을 알 수 있다고 주장했는데, 그것은 진리란 무엇인가와 선이란 무엇인가였다. 경험과학은 진리를 분간할 도구만 있을 뿐, 선을 분간할 도구는 갖고 있지 않다고 생각했다. 과학자들은 이 난제를 다루면서 허세를 부렸다. 그들은 오직 진리란 무엇인가만을 분간하려 하며, 선의 추구는 철학자(와 신학자)의 손에 남겨둘 것이라는 말만 했을 뿐이다. 그들은 고의로 그리고 자신들을 옹호하기 위해 다소 경멸적으로 그렇게 말했다. 그들은 진리를 아는 것이 훨씬 더 중요하다고 주장했다. 결국 어떤 이들은 선이 무엇인지는 알 수 없으며 오직 진리가 무엇인지 알 수 있을 뿐이라고 주장하기까지 했다. 이러한 진리와 선의 분리는 '두 문화'의 근본논리가 되었다. 철학(또는 좀더 넓게 인문학)에는 선(그리고 미)의 추구가 맡겨졌다. 과학은 진리의 추구를 독점한다고 주장했다.

이 이혼에는 두번째 문제가 있었다. 경험과학이 걸어간 길은 사실 그것이 주장한 것보다 덜 민주적이었다. 진리를 놓고 경합을 벌이는 과학적 주장에 대해 누가 판결권이 있는가라는 문제가 빠르게 부각되었다. 과학자들이 내놓은 답은 과학자 공동체만이 그 권리를 갖는다는 것이었다. 그러나 과학적 지식은 불가피하게 그리고 점점 더 전문화되었기 때문에, 이는 (각 하위 전공에 속한) 과학자들의 부분집단들만이 과학적 진리의 정당성을 판단하는 집단에 속할 수 있다는 뜻이었다. 사실을 말하면, 이들 집단은 앞서 자연법칙 또는 자연법칙들에 대한 서로의 통찰력을 판단할 수 있다고 주장한 철학자 집단보다 크지 않았다.

이 이혼에 세번째 문제도 있었다. 대부분의 사람들은 실로 진리의 추구와 선의 추구를 분리하려 하지 않았다. 학자들이 두 활동을 엄격하게 서로 격리하려고 아무리 열심히 노력했다 하더라도, 특히 연구대상이 사회적 실재일 때 이는 심리적으로 받아들이기 어려운 일이었다. 두 가지 추구를 재통일하려는 욕망이 과학자와 철학자의 작업 속에서 은밀히 되살아났는데, 이는 그것의 바람직함과 심지어 가능성까지도 그들이 열심히 부정하고 있을 때조차 그러했다. 그러나 재통일은 은밀했기 때문에, 이를 평가하고 비판하고 개선하는 우리의 집합적 능력을 손상시켰다.

이 세 가지 어려움 모두 200년 동안 제어되었지만, 20세기의 마지막 3분기에 되돌아와 우리를 쫓아다니고 있다. 이 어려움을 해결하는 것이 오늘날 우리의 중심적인 지적 과제가 되었다.

지식을 자연과학·인문학·사회과학으로 분할하는 데 대해 두 가지 주요한 공격이 있었다. 그리고 이 중 어떤 공격도 사회과학 내부로부터 출현하지 않았다. 이 공격들을 '복잡성 연구'(자연과학의 경우)와 '문화연구'(인문학의 경우)라고 부르게 되었다. 사실 이 두 운동은 아주 상이한 관점에서 출발했지만 양자 모두 동일한 대상을 공격목표로 삼았는데, 그것은 17세기 이후 과학의 지배적 양식, 즉 뉴튼 역학에 토대를 둔 과학형태였다.

확실히 20세기 초반에 뉴튼 물리학은 양자물리학의 도전을 받았다. 그러나 양자물리학은, 물리적 실재는 결정되는 것이고 시간적 대칭성을 지니며, 따라서 이 과정은 선형적이고 파동은 항상 균형으로 복귀한다는 뉴튼 물리학의 근본전제를 여전히 공유하고 있었다. 이런 관점에서 자연은 수동적이었고, 결국 과학자들은 단순한 방정식 형태로 제시될 수 있는 영원한 법칙을 통해 자연의 기능을 서술할 수 있었다. 과학이 19세기에 지배적인 앎의 양식이 되었다고 말할 때, 우리가 지적하는 것은 이런 일련의 전제들이다. 예를 들어 엔트로피(이것은 시간이 지나면서 물질이 필연적으로 전화하는 것을 묘사한 것이다)처럼 이런 일련의 전제에 들어맞을 수 없는 것은 궁극적으로 극복될 수 있고 극복될 우리의 과학적 무지의 사례로 해석되었고, 해석되고 있다. 엔트로피는 물질적 현상에서 일종의 죽음인 부정적 현상으로 간주되었다.

그러나 19세기 후반 이후, 특히 20세기에 많은 자연과학자들이 이 전제에 도전해오고 있다. 그들은 미래가 본질적으로 비결정적이라고 생각한다. 그들은 균형이 예외적이며, 물질적 현상은 끊임없이 균형에서 벗어나는 운동을 하고 있다고 생각한다. 그들은 엔트로피를 카오스로부터 새로운(비록 예측할 수 없지만) 질서를 발생시키는 분기로 나아가는 과정으로 보며, 따라서 이를 죽음의 과정이 아니라 창조의 과정으로 본다. 그들은 자기조직화(auto-organization)를 모든 물질의 근본과정으로 여긴다. 그리고 그들은 다음 두 가지 기본 구호 속에서 이를 이어간다. 시간적 대칭성이 아니라 시간의 화살, 그리고 과학의 궁극적 생산물로서 단순성이 아니라 복잡성에 대한 설명.

어떤 것이 복잡성 연구이고 어떤 것이 아닌지 아는 것은 중요하다. 복잡성 연구는 앎의 양식으로서의 과학을 거부하는 것이 아니다. 그것은 수동적 자연, 즉 모든 진리를 이미 우주의 구조 속에 기입해놓은 자연에 토대를 둔 과학을 거부하는 것이다. 그것은 오히려 "가능한 것이 실재적인 것보다 '더 풍부하다'"[2]는 믿음이다. 이는 모든 물질에는 역사가 있다는 주장이며, 바로 이 물질의 복잡한 역사가 물질적 현상에 계기적 대안들을 제공하는데, 이때 물질적 현상은 물질들이 존재하는 동안 이 대안들 사이에서 각각 '선택'을 하게 된다. 이는 아는 것이 불가능하다는, 즉 실재 세계가 어떻게 작동하는지 이해할 수 없다는 믿음이 아니다. 이는 이러한 이해과정이 전통적으로 과학이 주장한 것보다 훨씬 더 복잡하다는 주장이다.

문화연구는 복잡성의 과학자들이 공격한 바로 그 결정론과 보편주의를 공격한다. 그러나 이런 관점을 제시하는 대부분의 사람들은 뉴튼 과학과 복잡성의 과학을 구분하지 않거나, 많은 경우 후자를 알지 못한다. 문화연

---

2) Ilya Prigogine, *La fin des certitudes* (Paris: Odile Jacob 1996) 67면.

구는 주로 사회적 실재라는 이름으로 진행된 사회적 실재에 대한 주장들이 사실 보편적이지 않다는 근거에서 보편주의를 공격했다. 문화연구는 자신들의 실재를 보편적인 인간적 실재로 일반화하고, 이로써 실질적인 진술에서뿐 아니라 그 조사의 인식론에서도 인류의 전체 조각들을 '잊어'버린 세계체계의 지배계층의 관점을 공격한 것이었다.

동시에 문화연구는 선과 미의 영역에서 보편적 가치를 주장하고(이른바 정전canons), 이런 보편적 평가를 체화하고 있는 것으로서의 텍스트를 내적으로 분석한, 전통적인 인문학적 학문양식을 공격하였다. 문화연구는 텍스트란 사회적 현상이며, 특정한 맥락 속에서 만들어지고 특정한 맥락 속에서 읽히거나 평가받아야 하는 것이라고 주장한다.

고전 물리학은 변칙처럼 보이는 것들이 단지 우리가 근저에 놓인 보편법칙에 대해 아직 무지하다는 사실을 반영할 뿐이라는 근거를 들어, 어떤 '진리들'을 제거하려 하였다. 고전 인문학은 판단상의 괴리처럼 보이는 것들이 단지 그런 평가를 내린 사람들이 아직 훌륭한 심미안을 얻지 못했다는 사실을 반영할 뿐이라는 근거를 들어, '선과 미'에 대한 어떤 판단들을 제거하려 하였다. 자연과학과 인문학의 이런 전통적인 관점에 반대하여, 두 운동——복잡성 연구와 문화연구——은 모두 19세기 과학과 철학의 이혼 때문에 폐쇄된 새로운 가능성을 지식영역에 '개방'하려 하였다.

그렇다면 사회과학은 이 구도에서 어디에 들어맞는가? 19세기에 '두 문화'에 직면한 사회과학은 그 투쟁을 **방법론논쟁**으로서 내면화하였다. 어떤 사람들은 인문학에 기대어 개별기술적 인식론이라고 부르는 것을 이용하였다. 그들은 모든 사회현상의 특수성, 모든 일반화의 제한된 유용성, 감정이입적 이해의 필요성을 강조하였다. 그리고 어떤 사람들은 자연과학에 기대어 법칙정립적 인식론이라고 부르는 것을 이용하였다. 그들은 인간의 과정과 다른 모든 물질적 과정 사이의 논리적 유사성을 강조하였다. 그들은 시간과 공간을 넘어서도 유지되는 보편적이고 단순한 법칙들의 연구에 물리학을 결합하려 했다. 사회과학은 마치 서로 반대방향으로 뛰려는 두 마리 말에 매달려 있는 사람 같았다. 사회과학은 그 자체의 인식론적 입지를 갖지 못했으며, 자연과학과 인문학이라는 두 거상(巨像) 사이의 싸움으로 찢겨졌다.

오늘날 우리는 아주 다른 상황에 놓여 있음을 알 수 있다. 한편에서 복잡성 연구는 항상 사회과학의 중심주제였던 시간의 화살을 강조하고 있다. 복잡성 연구는 복잡성을 강조하고, 모든 체계 중 인간의 사회체계가 가장 복잡하다는 것을 인정하고 있다. 그리고 복잡성 연구는 자연에서의 창조성을 강조하여 이전에는 호모 사피엔스의 독특한 특징이라고 생각되던 것을 모든 자연으로 확대하였다.

문화연구는 모든 텍스트와 모든 의사소통이 형성되고 수용되는 사회적 맥락을 강조하고 있다. 이렇게 문화연구는 항상 사회과학의 중심이던 주제를 이용하고 있다. 문화연구는 사회적 실재의 비균일성과 타자의 합리성의 가치를 인정할 필요성을 강조한다.

이 두 운동은 사회과학에 놀라운 기회를 제공하여 사회과학의 파생적이고 분열된 성격을 극복하게 하고, 사회적 실재의 연구를 모든 물질적 실재를 연구하는 통합된 관점 속에 자리잡을 수 있게 한다. 나는 사회과학이 서로 반대방향으로 달리는 말에 의해 결코 찢기지 않고, 복잡성 연구와 문화연구 양자가 움직이는 방향에 놓여 있다고 믿고 있다. 어떤 의미에서 우리가 목격하고 있는 것은 모든 지식의 '사회과학화'이다.

물론 모든 기회가 그렇듯 우리는 그 기회를 잡아야만 행운을 얻을 수 있다. 지금 가능한 것은 사회적 실재 연구의 합리적 재구축이다. 이는 시간의 화살이 창조의 가능성을 제공한다는 것을 이해하는 재구축일 것이다. 이는 인간 행위유형의 다중성이 정확히 우리의 연구영역이며, 우리는 무엇이 보편적인가에 대한 우리의 가정을 벗어버릴 때만 무엇이 가능한지 이해할 수 있다는 점을 이해하는 재구축일 것이다.

마지막으로 우리는 모두 진리와 선에 대한 지식을 재통합할 가능성을 얻고 있다. 우리의 미래의 개연성은 우리를 제한하는 구조의 틀 내에서 구성된다. 선은 결국 진리와 동일한 것인데, 참(the true)이란 우리 앞에 드러나는 최적으로 합리적이고, 실질적으로 합리적인 대안들을 선택하는 것이기 때문이다. 두 문화가 있다는, 더구나 이 두 문화가 서로 모순된다는 관념은 거대한 신비화이다. 조직된 지식이 셋으로 분열된 것은 우리가 세계를 완전히 이해하는 데 장애물이 된다. 우리 앞에 놓인 과제는 집합적 지식을 심화할 기회를 극대화하는 방식으로 우리의 제도들을 재구성하는 것이다. 제도적 권위의 내재적 보수주의와 이 재건이 세계의 자원과 권력의 불평등한 분배로부터 이득을 얻는 사람들에게 위험이 된다는 것을 생각해보면, 이는 엄청난 과제이다. 그러나 이것이 엄청난 과제라고 해서 불가능하다는 뜻은 아니다. 우리는 지식구조의 분기에 들어섰고, 이 지식구조는 여러가지 면에서 카오스적으로 나타나고 있다. 그러나 물론 우리는 새로운 질서와 더불어 거기서 빠져나올 것이다. 이 질서는 결정되지 않았지만, 결정가능한 것이다. 그러나 우리가 그것을 장악할 때만 그 행운을 얻을 수 있다.

제 13장

세계체계 분석의 부상과 미래의 쇠락

사회과학 내의 하나의 뚜렷한 전망으로서 세계체계 분석은 비록 오랜 역사를 지닌 관점을 반영하고 있고, 훨씬 더 앞선 작업들에 기초하여 설립되었지만 1970년대에 시작되었다. 세계체계 분석은 결코 자신을 사회학이나 사회과학의 한 분파로 내세우지 않았다. 그것은 자신을 도시사회학이나 소집단의 사회학 또는 정치사회학과 나란히 존재하는 '세계에 관한 사회학'으로 생각하지 않았다. 오히려 그것은 기존 사회과학의 많은 전제들에 대한 비판으로서, 내가 '사회과학의 탈피'라고 부른 바 있는 한 양식으로서 자신을 드러냈다.

바로 이런 이유 때문에, 그 중 한사람으로서 나는 특히 비전공자들이 우리의 주장을 묘사하는 데 자주 사용한 '세계체계론'이라는 용어를 사용하는 것에 항상 반대해왔으며, 우리의 작업을 '세계체계 분석'이라고 부르자

● 1996년 8월 16일 뉴욕(New York)에서 개최된 제91회 미국사회학회 연례대회의 발표문.

고 주장해왔다. 어떤 진지한 형태로든 이론화하기에는 아직 너무 이르며, 우리가 그 지점에 도달했을 때 이론화하고 있어야 하는 것은 세계체계가 아니라 사회과학이다. 나는 지난 20년과 앞으로 몇년간의 작업이 덤불을 제거하는 작업이라고 생각하는데, 그 목적은 사회과학을 위해 더 유용한 틀을 건설하려는 것이다.

세계체계 분석이 1970년대에 형태를 갖추었다면, 이는 세계체계 내에서 그 등장을 위한 조건이 성숙했기 때문이다. 그것이 무엇인지 살펴보기로 하자. 가장 중요한 요인은 1968년 세계혁명——그 사건 자체와 그 사건을 발생시킨 배경과 조건 모두——으로 요약될 수 있다. 1950, 60년대 미국과 세계의 사회과학 형상을 기억해보자. 1945년에서 25년이 지난 후 세계 사회과학에서 최대변화는 동시대 제3세계의 현실을 발견한 것이었다. 이런 지정학적 발견은 한편에서 유럽/북아메리카 연구와 다른 한편에서 세계 나머지에 대한 연구를 위해 각기 별도의 이론과 학문분과를 만들어낸 19세기 사회과학의 구성물을 허무는 효과를 가져왔다. 말하자면 1945년 이후에 사회과학은 지리적으로 통합되었고, 통합되도록 강요받았다. 이처럼 겨우 이때가 되어서야 사회학자나 역사학자 또는 정치학자라고 부르는 사람들이 아프리카나 아시아 또는 라틴 아메리카에 대해 연구하는 것이 정당한 일이 되었다.[1]

이때는 지역연구의 시대였고, 지역연구는 처음에는 미국에서, 그 다음에는 세계 대부분의 다른 지역에서 사회과학의 사회적 조직을 변화시켰다.[2] 지역연구의 주창자들은 지역연구를 지적으로 정당화하려 하면서 근본적인 인식론적 딜레마에 부딪쳤다. 그들은 사회과학이론들이 유럽/북아메리

---

1) 그 토론에 대해서는 『사회과학의 개방』을 참조하라.

2) 내가 쓴 "The Unintended Consequences of Cold War Area Studies," in N. Chomsky et al., *The Cold War and the University: Toward an Intellectual History of the Postwar Years* (New York: New Press 1997) 195~231면을 보라. 「냉전기 지역연구의 의도하지 않은 결과들」, 『지역연구의 역사와 이론』, 김경일 엮음, 문화과학사 1998, 247~58면에 수록.

카뿐 아니라 세계의 모든 지역에 적용된다고 주장하고자 했다. 이전에 법칙정립적인 사회과학이론은 사실상 근대 '문명' 세계라고 여겨지는 곳에만 적용되었으며, 이런 세계에 속하는 것은 유럽/북아메리카뿐이라고 생각되었다. 이런 의미에서 지역연구는 '보편화하는 보편주의'를 제창했다. 그러나 동시에 지역연구의 제안자들은 앞서 유럽/북아메리카에서 전개된 일반화를 제3세계에 단순히 적용하는 것만으로는 이 목표를 달성할 수 없다고 주장하고 싶어했다. 지역연구를 하는 사람들은 제3세계의 조건이 아주 다르다고 말했다. 요컨대 그 조건들이 다르지 않았다면, 우리에게 지역연구가 왜 필요했겠는가?

조건이 같다고 주장하면서 동시에 조건이 다르다고 주장하는 것은 결코 쉬운 일이 아니다. 그러나 지역연구를 하는 사람들은 이 명백한 딜레마를 극복하기 위한 현명하고도 그럴듯한 해결책에 도달했다. 그들은 이미 사회과학에 널리 보급된 관점, 즉 한 사회는 여러 단계들을 통과해가며 (따라서 사회들은 여러 단계를 통과해가며), 이 단계들은 진화과정을 보여준다는 관점을 그들 작업의 토대로 삼았다. 제3세계에 적용된 이런 이론은 '근대화론' 또는 발전주의라고 명명되었다. 근대화론의 주장을 아주 단순하게 말하면, 모든 사회는 한정된 일련의 단계들을 거쳐서 근대성에 도달한다는 것이다. 사회에 대한 조작적 정의는 국가였는데, 이는 현재 국가간체계의 주권적 구성원으로 존재하거나, 언젠가 주권적 구성원이 될 식민지로 존재한다. 이런 단계들에 대한 명칭은 이론가에 따라 다양했으나 일반적인 관념은 동일하였다. 그 이론화의 요점은 어떻게 한 단계에서 다른 단계로 단계들이 이동하는가를 밝혀내고, 어떤 국가가 현재 어떤 단계에 있는지 지칭할 수 있도록 해주며, 모든 국가들이 근대성에 도달할 수 있도록 돕는 것이었다.

그 이론의 인식론적 잇점은 거대했다. 동일한 이유로 동일한 단계들을 거쳐가는 한 모든 국가들은 동일했다. 그러나 또한 현재 상이한 단계에 있고, 한 단계에서 다른 단계로 이동해가는 시간대가 특수하기 때문에 모든 국가들은 상이하기도 했다. 그 이론의 정치적 잇점 또한 거대했다. 누구든 그 이론을 실천적 상황에 적용하여, 단계를 따라서 상승이동과정의 속도를 높이는 것이 좋다고 정부에 권유할 수 있었다. 또한 이 이론 덕에 사회과학자들, 특히 '발전'을 연구한다고 주장하는 이들은 (대체로 어디서나) 상당히 늘어난 정부기금을 배정받는 것을 정당화할 수 있었다.

이 이론의 한계 또한 쉽게 분간되었다. 근대화론은 독립적인 사례들의 체계적 분석을 토대로 한다고 주장했고, 이는 각 국가가 독립적으로 움직이고 실질적으로 그 경계 밖의 요소들의 영향을 받지 않는다는, 다소 의심스럽고 완전히 입증되지 않은 전제를 가정하고 있었다. 이 이론은 나아가 사회발전의 일반법칙(이른바 단계들)을 가정하고, 그 위에 이 (단계적 발전—옮긴이) 과정이 진보적이라고 가정했는데, 이 두 주장 모두 증명되지 않은 것이었다. 따라서 이 이론은 현재 발전의 초기단계에 있는 국가들은 이론가들이 '최선진'국 또는 '최선진' 국가들의 모델이라고 간주하는 모든 것을 본질적으로 복제한 종점에 도달할 수 있고, 도달할 것이며, 도달해야만 한다고 예측하였다.

정치적으로 그 함의는 분명했다. 이른바 낮은 단계에 있는 국가가 번영과 국내 정치적 배경에서 이른바 선진단계에 있는 국가를 닮기 원한다면, 선진국의 패턴을 복제하는 것이 가장 좋고, 따라서 암묵적으로 그런 국가의 권고를 따르는 것이 가장 좋다는 것이었다. 냉전의 언어로 규정된 세계에서 이는 일부에게는 미국의 모델을, 다른 나라들에게는 소련의 모델을 따르라는 엄명이었다. 객관적인 과학적 분석은 비동맹이 설 땅을 빼앗았다.

물론 이런 정치적 함의는 1968년의 혁명가들이 맹렬하게 반대한 대상이었다. 그들(그리고 다른 사람들)이 이러한 인식론적 전제들을 부정하는 것은 쉬운 일이었다. 이때문에 세계체계 분석이 표명한 이의제기가 수용될 분위기가 조성되었다. 세계체계 분석이 걸어온 방향을 이해하려면, 근대화론에 대한 이의제기라는 세계체계 분석의 최초 의도를 기억하는 것이 중요하다. 나는 우리가 집단적으로 해온 작업에 네 가지 주요한 취지가 있다고 생각한다. 이 중 어떤 것도 세계체계 분석 자체에 참여하는 사람들의 작업에만 배타적으로 한정되지 않았다. 그러나 각 경우마다 세계체계 분석에 참여하는 사람들이 그 취지를 추구하고 규정하는 데 중요한 역할을 했다.

첫번째 취지는 전지구성(globality)이었다. 이는 분석단위라는 유명한 관심에서 나온 것이었는데, 여기서 문제는 사회/국가가 아니라 세계체계였다. 물론 근대화론은 모든 국가들을 체계적으로 비교해야 한다고 주장한다는 점에서는 국제적이었다. 그러나 그것은 결코 전지구적이었던 적은 없는데, 왜냐하면 그것은 세계체계의 새롭게 생겨나는 특징을 가정하지 않았고, 사실 세계체계에 대해서는 언급한 적도 없기 때문이다. 세계체계 분석은 세계체계의 모든 부분을 하나의 '세계'의 부분들로 보며, 부분들을 따로따로 이해하거나 분석할 수 없다고 주장했다. 어떤 나라가 T_2에서 보여주는 특징은 T_1에 있는 어떤 '본원적' 특징의 결과가 아니라, 세계체계라는 체계 과정의 산물이라는 것이다. 이것이 군더 프랑크(A. Gunder Frank)의 유명한 정식인 "저발전의 발전"의 의미이다.

두번째 취지는 역사성(historicity)이었는데, 이는 첫번째로부터 도출된 것이었다. 과정이 체계적이라면, (각각 따로 나뉘어 비교의 대상으로 간주되는 하위단위들의 역사와 대립되는) 체계의 역사——전체사——가 체계의 현상태를 이해하는 데 핵심적인 요소였다. 확실히 이를 위해서는 체계의 과정에 대해 시간적 경계를 설정해야 했는데, 실제로 이는 논쟁이 분분한 주제였다. 그럼에도 불구하고 오직 동시대 자료만 다루거나 심지어 19세기와 20세기만 포괄하는 자료를 이용하는 데서 벗어나 브로델의 장기지속의 방향으로 분석을 밀고 나가자는 것이 전체적인 취지였다.

세번째 취지는 단일학문성(unidisciplinarity)이었는데, 이는 두번째로부터 도출된 것이었다. 세계체계에 역사적으로 등장하여 역사적으로 진화하는 과정들이 있었다면, 우리는 왜 이 과정들을 특수한(심지어 대립적인) 논리들을 지닌, 구분 가능하고 분절된 흐름들로 나눌 수 있다고 가정했는가? 이를 증명할 부담은 확실히 경제적, 정치적 그리고 사회문화적 장소의 특수성을 주장하는 사람들의 몫이었다. 세계체계 분석은 "총체성들"을 보자는 주장을 선호했던 것이다.

따라서 네번째 취지는 전체론(holism)이었다. 이 취지는 역사적-인식론적이었고, 앞선 취지 모두에서 도출된 것이었다. 사회과학 내의 경계들이 1850~1945년 시기에 역사적으로 구성된 것이었기 때문에, 세계체계 분석의 주장을 지지하는 주창자들은 그 경계들을 의심하였고, 심지어 그에 반대까지 하게 되었다. 이 경계는 합당하지 않아 보였고, 그래서 지식의 재구조화에 대해 논의하게 되었다. 실로 전체론 덕에 우리는 역사적으로 구성되어 현재 축성된, 과학과 인문학이라는 대분할을 재고할 수 있게 되었고, 아마 그것으로부터 탈피할(unthinking) 수도 있을 것이다.

이 네 가지 취지를, 유사한 용어를 사용하는 듯하지만 결코 사회과학의 지배적 양식에 대해서는 이의를 제기하지 않으려는 조류들과 구분하는 것이 중요하다.

전지구주의(globalism)는 '전지구화'(globalization)가 아니었다. 지난 10년간 대부분의 사람들이 사용한 것처럼, '전지구화'란 새로우면서 연대기적으로도 최신의 것이라고 역설되는 과정을 지칭한다. 이 과정에서 국가는 더이상 주요한 의사결정 단위가 아니게 되었지만, 이제 그리고 겨우 이제서야 국가는 '세계시장'이라 부르는, 다소 신비하고 확실히 사물화한 실체가 규칙을 정하는 구조 속에 놓이게 되었다는 것이다.

역사성은 '사회과학사'(social science history)가 아니었다. 지난 25년간 대부분의 사람들이 사용한 것처럼, '사회과학사'란 과거의 자료를 다루는 사람들(이른바 역사가들)이 이 자료를 이용하여 동시대 자료의 분석에서 이끌어낸 사회과학의 일반화를 검증하는 것이 필요함을 지칭한다. 사회과학사는 여러가지 점에서 반역사적 과정이며, 경험적 작업(특히 과거에 관한)을 계서제상에서 이른바 이론적 작업에 종속적인 위치로 강등한다. 사회과학사는 전지구화와 양립할 수 있으나 전지구성과는 양립할 수 없다.

단일학문성은 '다학문성'(multidisciplinarity)이 아니었다. 다학문성은 사회과학 경계들의 정당성은 인정하지만, 다양한 종사자들에게 부가적 방식으로 서로의 발견을 읽고 이용하도록 요청하였다. 이는 요리사가 많으면 종종 더 맛있는 수프를 끓일 수 있다는 믿음이었다. 다학문성은 검증할 수 있는 명제들이 될 수 있도록 자료를 특정화하기 어렵다는 근거에서 총체성 연구를 반대했으며, 따라서 모호하고 반증할 수 없는 입론을 펴도록 장려하였다.

그리고 마지막으로 전체론은 '일반교육'(general education)의 재탕이 아니었다. 일반교육은 지식을 자연과학, 인문학 그리고 (이른바 두 문화의 중간에 있는) 사회과학이라는 세 가지 초영역(superdomains)으로 나누는 근대적 구획의 기본전제를 받아들였다. 일반교육이라는 사례에서 모든 학자들(실로 모든 교양인들)은 분리된 각 영역의 근저에 놓여 있는 전제들에 민감해졌다. 전체론은 초영역들이 사실 상이한 종류의 지식인지 또는 그런 방식으로 사고해야 하는지 질문하였다. 이 논쟁은 진리의 추구와 선의 추구가 어떤 관련이 있느냐라는 핵심적 질문과 직접적으로 연관된다.

내가 세계체계 분석의 취지가 무엇이었는지뿐 아니라 무엇이 아니었는지까지 강조했다면, 이는 우리가 성공의 위험을 겪고 있기 때문이다. 우리의 용어들이 다른—— 실상은 정반대의——목적에서 전용되고 있는 이유는 우리 노력이 약하기 때문이 아니라 강하기 때문이다. 이는 일반 학계를 심각한 혼동에 빠뜨릴 수 있으며, 더욱 나쁘게는 우리 중의 일부도 혼동에 빠뜨려, 우리가 스스로 정한 과제들을 추구할 능력을 손상시킬 수도 있다.

나는 이 글의 제목으로 '세계체계 분석의 부상과 미래의 쇠락'이라는 구절을 사용했다. 지금까지 나는 단지 그 부상에 대해서만 이야기했다. 나는 어디에서 그 쇠락을 보고 있는가? 세계체계 분석은 본질적으로 동시대 사회과학 내에서 하나의 운동이었는데, 한 운동의 쇠락은 그 모순들에서 그리고 그 유용성이 사실상 소진한 데서 기인한다. 우리는 아직 거기에 이르지 않았지만 분명히 그런 쇠락의 방향으로, 또는 당신이 나의 편견을 허용한다면, 분기의 방향으로 나아가고 있다. 세계체계 분석의 모순들은 무엇인가?

첫번째는 세계체계 분석이 정확히 하나의 이론 또는 이론화 양식이 아니라 하나의 전망이고, 또다른 전망들에 대한 비판이라는 점이다. 이것은 매우 강력한 비판인데, 나는 개인적으로 이 비판이 현재 많은 사회과학들이 수용하고 있는 수많은 전제들에 대해 파괴적이라고 믿는다. 비판은 파괴적이며, 또한 그러길 원한다. 비판은 파괴하지만, 혼자서는 아무 것도 건설하지 못한다. 나는 앞서 이를 덤불을 청소하는 과정이라고 불렀다. 그러나 일단 덤불이 청소되고 나면, 우리는 개간지를 갖게 될 뿐인데, 이는 새로운 건물이 아니라 단지 그것을 건설할 수 있는 가능성일 뿐이다.

낡은 이론들은 죽지도 않지만, 보통 사라지지도 않는다. 낡은 이론들은 처음에는 숨고, 그 다음에는 변신한다. 그래서 낡은 이론들을 비판하는 작업은 끝이 없는 것 같다. 우리에게 닥친 위험은, 우리가 이 임무에 너무 몰두한 나머지, 그 속에서 길을 잃고서 앞으로 전진해야 할 필수적 위험을 거부하게 될지도 모른다는 것이다. 우리가 이 일에 실패하는 정도 만큼 우리는 불필요해지고 부적절해질 것이다. 그 지점에 이르면 돌연변이는 전보다 더 강해져서 되돌아온다. 아직까지는 다소 미약한 시도이긴 하지만, 1990년대에 근대화론을 재정당화하려는 시도가 이런 사례이다. 의학적 비유를 계속 빌리자면, 오늘날 세계체계 분석의 문제점은 항생제 남용의 문제점과 유사하다. 해결책은 치료에서 예방의학으로 나아가는 것이다.

비판, 특히 최초의 충격과 활력의 순간을 지나간 비판이 지닌 두번째 문제가 있다. 비판을 의사-흡수하기는 그렇게 어렵지 않다. 나는 이미 우리의 용어법이나 그와 유사한 것들이 우리가 염두에 두고 있는 것과는 다른 목적으로 어떻게 이용되고 있는 것을 보여주려 했는데, 이는 나아가 우리 스스로가 하고 있는 것을 타락시키는 결과를 가져올 수도 있다. 그래서 다음으로 이것은 "의사여, 너 자신을 치료하라"는 질문이 된다. 그러나 나는 항상 자기 비판적이어야 한다는 일반적인 훈계 이상을 말하려고 한다. 나는 우리가 우리를 흉내내려는 사람에게 환호를 보낼 때 우리 자신이 가졌던 최초의 비판적 입장을 잊는 경향이 있으며, 이런 경향은 비판적 임무와 재건에 필요하다고 생각되는 임무 모두에 상당한 위험이 된다고 주장하려고 한다.[3] 길의 끝에서 우리는 아주 많은 지적 운동들 속에 묻힐 위험, 허울뿐인 이름 속에 묻힐 위험을 겪고 있다.

세번째 문제는 우리가 여러 해를 거치면서, 세계경제의 주변부지대에서 동시대적 상황을 분석하는 방법을 비판하는 것으로부터 근대세계사의 기술방식을 비판하는 것으로, 근대세계체계를 설명한다고 생각되는 이론들을 비판하는 것으로, 역사적 사회과학에서 사용되는 방법론을 비판하는 것으로, 지식제도들이 구성되는 방식을 비판하는 것으로 옮겨왔다는 것이다. 우리는 우리의 비판행로와 우리의 작업에 대해 비판적인 사람들에게 응답하는 행로를 따라왔다. 이는 마치 문을 열고 들어가 그 뒤에 있는 다른 문을 찾아내는 끝없는 회귀 같다. 아마 문제는 우리가 상상한 것보다 더 심각할 것이다.

아마도 문제는 자본주의 세계경제의 전체 사상체계일 것이다. 확실히 이는 이른바 포스트모더니스트들이 주장해온 것이다. 나는 그들의 많은 비판(그러나 그 대부분에 대해 우리는 더 명확히, 그리고 사실 더 먼저 이야기해왔다)에 공감한다. 그러나 나는 그들이 전체적으로 충분히 '포스트'모던

3) 나는 그런 위험의 속성을 나의 논문 "Hold the Tiller Firm: On Method and the Unit of Analysis," in *Civilizations and World System: Studying World-Historical Change*, ed. Stepen K. Sanderson (Walnut Creek, Calif.: Altamira 1995) 239~47면에서 주장하였다.

하지도 않고 충분히 해체적이지도 않다고 생각한다. 확실히 그들은 우리 대신에 우리 일을 해주지는 않을 것이다.

사회과학 내에서 하나의 운동으로 존재한다는 것에는 어떤 뚜렷한 잇점이 있었고 지금도 그러하다. 이를 통해 우리는 때로 적대적인 상황에서도 세력들을 규합하고 우리의 비판을 분명히하며 서로를 지탱할 수 있다. 전체적으로 나는 우리가 일을 처리해온 방식에 좋은 평점을 준다. 한편으로 우리는 다양한 관점이 공존하도록 허용했고, 이렇게 해서 한 종파가 되는 것을 피해왔다. 다른 한편으로 우리는 우리 프로그램에 대한 정의를 엄밀하게 내렸기 때문에 그것은 강력한 힘을 얻지 못했는데, 우리 자신을 '발전 사회학'이나 '정치사상' 또는 '전지구 사회학'이라고 재명명 (따라서 이 속으로의 혼합) 하라는 반복되는 제안을 따랐더라면 강력한 힘을 얻었을지도 모른다.

그럼에도 불구하고 하나의 운동으로 남는 것에는 어떤 뚜렷한 불리함이 있다. 나는 사실상 우리가 집필한 것을 분명히 하나도 읽지 않은 다른 사람들이 그들의 책 속에서 우리의 관점을 두 줄로 요약하는 것을 발견하고는 종종 질겁하곤 한다. 마찬가지로 나는 참고문헌에 포함하지도 않고, 그리고 더 중요하게는 연구상의 발견을 가능케 한 배경적 접근을 조금도 통합하지 않고서, 우리의 연구상의 발견들을 무난하게 영유(오영유)하는 사람들이 있다는 데 질겁한다. 운동이란 독백하는 경향이 있기 때문에 이는 부분적으로 불가피한데, 시간이 다소 흐른 후에는 근본적으로 그 영향력을 제약하게 된다.

물론 우리가 따라갈 수 있는, 지식운동으로 머물게 되는 한계를 극복할 수 있는 대안적 길이 있다. 그 길은 운동으로서가 아니라 합의를 얻은 전제로서 사회과학의 중심부에 진입하는 길이다. 어떻게 우리가 이 일을 할 수 있을까? 익살맞은 답은 우리 또는 우리 중 일부가 사회과학을 공부하는 1학년 학생들을 위한 개론서를 집필해야 한다는 것일 게다. 진짜 답은 세계체계 분석에 몸담고 있는 사람들이 매우 근본적인 몇몇 질문들──내가 보기에 19세기 사회과학과 지식구조를 탈피하고 세계체계 분석의 교훈을 완전히 흡수했을 때에만 만족스럽게 제기할 수 있는 질문들——을 긴급하게 제기해야 한다는 것이다.

이 근본적인 질문 몇가지를 열거하도록 허락해주기 바란다.

● 우리가 사회과학이라고 부를 수 있는 것이 하나 있다면, 그 특이한 지식 영역의 속성은 무엇인가? 그 한정요소와 사회적 역할을 어떻게 정의할 것인가? 특히 그 영역은, 이것이 가능하다면, 한편에서는 인문학과 다른 한편에서는 자연과학과 어떤 방식으로 구분되는가?

● 이론적으로 사회과학과 사회운동 그리고 사회과학과 권력구조 사이의 관계는 어떤 것인가?

● 다수의 사회체계들(나는 '역사적 체계들'이라는 개념을 더 선호한다)이 있는가? 있다면, 그것들을 구분하는 규정적 특성은 무엇인가?

● 그런 역사적 체계들은 자연사를 갖는가, 갖지 않는가? 갖는다면, 이 역사를 진화사로 부를 수 있는가?

● 시공간(TimeSpace)은 어떻게 사회적으로 구성되는가? 그리고 이것은 사회과학활동의 바탕을 이루는 개념화에 어떤 차이점을 낳는가?

● 한 역사적 체계에서 다른 역사적 체계로의 이행과정은 어떤 것인가? 어떤 비유가 적절한가? 자기조직화, 창조성, 카오스로부터의 질서?

● 진리의 추구와 정의로운 사회의 추구 사이의 이론적 관계는 무엇인가?

● 우리는 현존하는 우리의 역사적 체계(세계체계)를 어떻게 인지할 수 있는가? 그리고 다른 질문들에 대한 우리의 대답에 비추어 우리는 그 등장과 구조 그리고 미래의 쇠락에 대해 무엇을 말할 수 있는가?

당신이 알 수 있듯이, 마지막 질문은 우리가 출발점에서 던진 질문이다. 다른 질문들은 자신을 세계체계 분석에 몸담고 있는 학자 네트워크의 일부라고 생각하는 다양한 사람들을 괴롭혀온 질문들이다. 더군다나 물론 과거와 현재의 다른 많은 학자들이 이 질문들에 대해 또는 적어도 그 중 일부에 대해 고민해왔다. 그러나 요점은 이들 질문이 서로 연결되어 있고, 상호연관 하에서만, 즉 세계체계의 관점에서 볼 때에만 실제로 그 대답을 얻을 수 있다는 것이다.

다른 요점은, 전체적으로 세계체계 분석가들이 오늘날 대부분의 사회과학자들보다 이런 질문들을 연관된 조합으로 제시하도록 더 잘 훈련받았다는 것이다. 우리가 이런 식으로 질문을 제기하기 시작할 때, 우리는 더이상 주로 사회과학 내의 운동으로서 활동하지 않게 될 것이고, 그 기획의 중심 문제를 정식화하도록 요구하게 될 것이다. 이는 오만한 일인가? 전혀 그렇지 않다. 세계체계 분석가로서 우리는 지적 활동이 단순히 지성이나 의지의 문제가 아니라 세계체계와 관련하여 사회적 시기의 문제라는 것을 알고 있다. 실질적으로 합리적인 사회적 구성을 가능케 하는 방식으로 이런 질문들을 제기할 수 있는 기회가 존재하는 것은 바로 우리가 살고 있는 역사적 체계가 최종위기 속에 있기 때문이다. 이는 19세기 학자들의 통찰력이 아무리 뛰어났다 하더라도, 그들에게는 불가능한 일이었다. 왜냐하면 자본주의 세계경제에 근본적인 계서제——계급, 인종, 성차의 계서제——의 정당성이 현재 근본적으로 (정치적 및 지적으로) 도전받고 있어서, 처음으로 더 포괄적이고 상대적으로 더 객관적인 사회과학을 건설할 수 있을 것이기 때문이다.

우리는 바로 이런 시대에 살고 있기 때문에 우리에게 에너지와 의지가 있다면, 마찬가지로 처음으로 이런 19세기 거인들의 어깨 위에 올라서서 그 너머를 바라볼 수 있다. 우리가 불명예를 초래하지 않고서 당똥(G. J. Danton)의 훈계, 즉 "대담하게, 또 대담하게, 늘 대담하게"를 따를 수 있는 것은 바로 이런 시대이기 때문이다. 이것이 우리의 시대이고, 사회과학자들이 우리가 살아갈 세계적인 사회적 전화에 대해 발언할 사회과학을 구성할 수 있는지 없는지를 보여줄 때이다.

제 14장

사회과학과 정의로운 사회의 추구

거시와 미시는 사회과학 전체와 실제로는 자연과학에서도 오랫동안 널리 사용되어온 이율배반이다. 지난 20년 동안 전지구적/지역적이라는 이율배반 또한 사회과학에서 널리 사용하게 되었다. 세번째 용어쌍인 구조/행위자 또한 널리 채택되었으며, 문화연구의 최근 문헌에서 중심적 자리를 차지하고 있다. 세 가지 이율배반이 정확히 동일한 것은 아니지만, 많은 학자들이 생각하기에 그것들은 상당히 중복되며, 간단히 말해 종종 상호 대체가능한 것으로 사용된다.

거시/미시는 단지 선호의 색채를 띤 쌍이다. 어떤 사람들은 거시현상의 연구를 좋아하며, 다른 사람들은 미시현상의 연구를 좋아한다. 그러나 전지구적/지역적, 그리고 이보다는 훨씬 더 구조/행위자라는 용어쌍은 격정

● 1996년 4월 11일 암스테르담(Amsterdam)에서 개최된 사회과학 연구의 날, SISWO (Netherlands Universities Institute for Coordination of Research in Social Sciences)의 개회 강연.

을 일으킨다. 많은 사람들이 전지구적인 것 아니면 지역적인 것 중 하나만을 분석틀로서 유의미하다고 생각한다. 구조/행위자를 둘러싼 긴장——만일 그런 것이 있다면——은 더욱 강렬하다. 그 용어들은 종종 도덕적 나팔소리로 사용된다. 많은 사람들은 이것들이 유일하게 정당한 학문연구의 원리를 나타낸다고 생각한다.

왜 이 논쟁에 그토록 긴장감이 넘쳐야 하는가? 이를 분간하기는 어렵지 않다. 우리는 사상가들이 수천년간 논의해온 하나의 딜레마에 집단적으로 직면해 있다. 이들 이율배반의 배경에는 결정론 대 자유의지라는 논쟁이 있는데, 신학, 철학 그리고 과학 내에는 그 화신들이 셀 수 없이 많았다. 따라서 이는 사소한 쟁점이 아니라, 수천년을 거치면서도 진정한 합의에 이르지 못한 쟁점이다. 나는 이런 대립을 넘어서는 방법을 찾아내지 못하는 우리의 무능력이, 내가 다가오는 세기와 새천년에 상당히 전화된 세계일 것이라고 예상하는 것을 위해 적합한 지식형태를 창조해내는 우리의 집합적 능력에 주요한 장애가 된다고 믿고 있다. 따라서 나는 오래 지속된 이 논쟁이 우리 공동체 내에서, 즉 최근의 구성물인 '사회과학'의 틀 속에서 어떻게 진행되어왔는지 살펴볼 것을 제안한다. 나는 지금까지 문제가 제기되어온 방식 때문에 그 문제의 해결이 불가능하게 되었다고 주장하려 한다. 나는 또한 이 문제와 관련하여 오늘날 우리가 건설적·집단적으로 전진할 수 있는 방식으로 19세기의 사회적 구성물들을 극복할 수 있는 지점에 와 있다고 주장하려 한다.

신학담론 상의 결정론과 자유의지에서 시작해보자. 만물이 결정되어 있다는 관념은 적어도 모든 일신교에서 중심인 신의 전능성이라는 개념으로부터 매우 직접적으로 도출되는 것 같다. 한편으로 전능한 신이 있다면 만물은 신의 의지대로 결정되며, 다른 주장을 펴는 것은 불경스러운 일이 될 것이다. 다른 한편으로 세계의 교회들은 도덕행위를 규제하는 일을 맡고 있다. 그리고 결정론은 죄지은 자에게 손쉬운 핑계거리가 된다. 우리가 죄를 짓도록 신은 참으로 결정했는가? 그렇다면 우리가 신의 의지에 반하려 해서야 되겠는가? 이는 처음부터 신학자들을 괴롭혀온 수수께끼이다. 한 가지 출구는 신이 우리에게 자유의지, 즉 죄를 짓거나 짓지 않을 수 있는 선택권을 부여했다고 주장하는 것이다. 그러나 이는 너무나 손쉬운 해결책이다. 신은 왜 그래야 했고 또는 그러는 것이 바람직한 것이었는가? 그렇다면 이는 우리를 신의 노리개처럼 보이게 한다. 더군다나 이는 논리적으로 엄밀한 주장이 아니다. 신이 우리에게 자유의지를 부여했다면, 우리는 그것을 예측 불가능한 방식으로 사용할 수 있는가? 그렇다면, 신은 전능한가? 그렇지 않다면, 우리는 진정 자유의지를 가졌다고 말할 수 있는가?

이 딜레마를 해결하려는 깔뱅의 노력의 주도면밀함에 내가 항상 얼마나 감명받았는지 다시 한번 말해두기로 하자. 깔뱅주의자의 주장은 아주 간단하다. 실상 우리의 운명은 예정되어 있지 않은데, 이는 신이 만물을 예정할 수 없기 때문이 아니라, 만일 만물이 예정되어 있다고 인간들이 주장하면 이로써 신의 결정능력을 인간들이 제한하는 것이 되기 때문이다. 아마도 사실상 우리는 우리의 마음을 바꿀 수 없겠지만 신은 할 수 있으며, 그렇지 않다면 신은 전능하지 않다고 깔뱅은 말하고 있다. 그러나 당신도 아다시피, 깔뱅주의자는 비도덕적 행위를 묵인한 사람들이 아니었다. 그러면 어떻게 해야 인간의 노력을 이끌어내어 깔뱅주의자가 인간이 지켜야 하는 규범이라고 생각한 것에 따라 행동하도록 만들 수 있겠는가? 깔뱅은 신이 선행을 보상한다(여기서 파생하여, 면죄부 판매를 정당화한 견해)는 가톨릭교회의 교리를 반박하려 한 종교개혁적 시도의 일부였다는 것을 기억하라. 이 문제를 해결하기 위해 깔뱅주의자들은 부정적 은총이라는 개념에 의존했는데, 이 개념은 사실 우리에게 친숙하고 매우 근대적인 과학의 발명품인 반증 개념이다. 우리는 누가 구원받을지에 대한 사전지식은 가질 수 없었지만,——왜냐하면 이는 신의 결정을 제한하는 것이므로——누가 구원받지 못하는지에 대한 사전지식은 가질 수 있었다. 교회가 사악한 행동을 규정하므로, 신은 인간의 사악한 행동을 통해 저주의 예견을 보여준다고 주장되었다. 죄지은 자는 확실히 구원받지 못하는데, 왜냐하면 신은 구원받은 자를 그렇게 행동하도록 놓아두지 않을 것이기 때문이다.

깔뱅주의적 해결책이 너무나 주도면밀하기 때문에, 그 표현의 계승자인 19세기와 20세기의 혁명운동은 이어서 이를 채택하였다. 이와 유사한 주장은 다음과 같다. 우리는 누가 혁명을 진전시키는지 확실히 알지 못하지만, 누가 그 진행을 막는지 또는 누가 죄인인지, 다시 말해 누가 혁명조직의 결정에 반하는 방식으로 행동하는 자들인지 확실히 알 수 있다. 전사들이 과거에 올바르게 행동했다 하더라도, 모든 조직원들은 잠재적으로 죄인이다. 이처럼 조직원들은 그들이 신의 의지, 즉 혁명조직의 의지에 반해 행동하지 않았는지에 대해 계속해서 혁명당국의 판단에 종속되어 있다.

깔뱅주의적 해결책을 채택한 것은 혁명조직만이 아니었다. 본질적으로 근대과학도 이를 채택했다. 우리는 어떤 과학자가 진리에 도달했는지 결코 확실히 알 수 없지만, 그 과학자가 언제 죄를 짓는지는 알 수 있다. 그것은 바로 과학자 공동체가 규정한 적절한 과학적 방법의 규범을 그가 따르지 않아서 '합리적'이지 않게 되었을 때, 즉 과학자가 정치나 언론, 또는 시, 또는 다른 사악한 활동에 경도되었을 때이다.

깔뱅주의적 해결책은 주도면밀하지만 한 가지 거대한 약점이 있다. 이는 다른 인간 행위자들이 부정적 은총의 지표를 보이는지의 여부를 해석하는 인간들——교회 권력체, 혁명 권력체, 과학 권력체——에게 과도한 권력을 부여한다. 누가 감시자를 감시할 것인가? 이런 약점에 대한 치료책이 있는가? 신성한 치료책은 인간 자유의 미덕을 선언하는 것이다. 훌륭한 깔뱅주의자인 밀턴(J. Milton)은 이 치료책을 찬미하는 경이로운 시를 썼다. 그것이 『실낙원』(Paradise Lost)이었다. 겉으로 신을 옹호하는 밀턴의 이면에 숨어 있는 그의 진정한 영웅은 루씨퍼이며, 루씨퍼의 반역은 볼 수 없고 알 수 없는 신의 의지라는 구속에 대항하는 인류의 노력을 표상한다고 말하는 독자들이 많이 있다. 그러나 그 치료책은 거의 그 병만큼이나 나쁜 것 같다. 우리는 루씨퍼를 찬양할 것인가? 결국 그는 누구의 이익에 따라 행동하는가?

나는 까이싸르를 찬양하는 것이 아니라 파묻어버리게 되었다.

계몽주의를 살펴보라. 이는 무엇을 설교했는가? 내가 보기에 핵심 메씨지는 인간이 합리적 판단을 할 수 있고, 따라서 최선의 노력을 통해 직접적으로 진리와 선에 도달할 능력이 있다는, 반(反)성직자적인 것이었다. 계몽주의는 종교권력체가 진리나 선을 심판하는 것에 명확히 반대하였다. 그러나 누가 이들을 대신했는가? 철학자라고 해야 할 것이다. 칸트는 신학자로부터 진리나 선의 판단권을 빼앗아오기를 열망했다. 그는 이 작업이 진리에 대해서는 쉽지만, 선에 대해서는 더 어렵다는 것을 깨달았다. 도덕법칙을 물리학법칙처럼 입증할 수는 없다고 결론내렸더라면, 그는 신학자에게 선을 양보했을지도 모른다. 그러나 아니었다. 그는 여기서도 철학자들이 대답을 제공할 수 있다고 주장했는데, 칸트에게 그 답은 정언명령이라는 개념 속에 있었다.

그러나 지식의 세속화과정에서 철학자들은 의문을 키워냈고, 이는 결국 그들의 몰락으로 판명되었다. 왜냐하면 그에 따라 과학자들은 철학자들이 단지 위장한 신학자에 불과하다고 주장하게 되었기 때문이다. 과학자들은 신학자뿐 아니라 철학자들의 진리 주장권에 대해서도 도전하기 시작했고, 자신들은 철학자가 아니라고 소리 높여 주장했다. 과학자들은 철학자의 사변과 추론을 정당화할 근거가 있는지, 즉 그들이 말하는 것이 진리라고 설득할 만한 근거가 있는지 질문하였다. 과학자들은 반대로 자신들에게는 경험조사라는 굳건한 진리의 토대가 있으며, 이를 통해 검증 가능한 가설과 검증된 가설들로 나아가고, 또 과학적 정리(theorems)라고 부르는 잠정적 보편으로 나아갈 수 있다고 주장하였다. 그러나 칸트와 달리 과학자들은 칸트보다 더 현명했거나 아마 덜 용감해서, 도덕법칙에 대해서는 아무 일도 하지 않으려 했다. 따라서 그들은 철학자들이 신학자들에게서 물려받은 과제의 절반에 대해서만 권리를 주장했다. 과학자들은 진리만을 추구하려 했다. 선에 대해서 그들은 이를 추구할 만한 흥미가 없다고 했고, 과학은 지식을 정의하는 것이기 때문에 선은 지식의 대상이 될 수 없다고 주장했다.

과학이 진리를 찾아내는 독특한 길이라는 과학자들의 주장은 광범위한 문화적 지지를 얻었고, 과학자들은 18세기말, 19세기초에 탁월한 지식의 건설자가 되었다. 그러나 바로 그 싯점에 프랑스혁명이라 부르는 작은 사건이 발생했는데, 이 사건의 주역들은 자신들이 선을 촉진하기 위해 행동한다고 주장했다. 그 이후로 프랑스혁명은 적어도 우세한 문화로 부상한 과학이 제공한 신념체계만큼 강력한 신념체계의 원천으로 작동하였다. 그 결과 우리는 진리의 추구와 선의 추구를 재통일하려고 지난 200년간 노력해왔다. 사회과학은 19세기에 설립되었기 때문에 정확히 이 두 가지 추구의 계승자였고, 어떤 점에서는 양자가 조화될 수 있는 기반이 되었다. 그러나 나는 사회과학이 자신의 목표를 그다지 성공적으로 달성하지 못했음을 인정해야만 하는데, 왜냐하면 사회과학은 이들을 재통일하지 못했고, 오히려 이 두 가지 추구 사이의 불협화음 속에서 그 자신이 분열되었기 때문이다.

'두 문화'(오늘날 우리가 지칭하는 대로)의 원심력은 엄청나게 강력했다. 이 원심력은 지식에 대한 대중적인 담론의 수사학에 중심주제를 제공해왔다. 그것은 19세기에 대학이 재건되고 재활성화되는 과정에서 대학의 구조를 결정했다. 그 힘이 줄곧 강력했기 때문에 내가 언급한 이율배반들에 대해 높은 열의가 지속되었다고 말할 수 있다. 이는 사회과학이 지식의 무대로서 진정한 자율성을 획득한 적이 없으며, 자신이 열망하고 그럴 만한 가치가 있다고 생각하는 정도의 대중적 존중과 지지를 받은 적도 없다는 사실을 설명해준다.

'두 문화' 사이의 심연은 뉴튼적-데까르뜨적 과학의 의도적 구성물이었다. 이는 마르끼 드 라쁠라스(Marquis de Laplace)*의 유명한 두 선언에서 잘 드러난다. 하나는 그의 물리학에 신이 부재하지 않느냐는 나뽈레옹의 질문에 답한 그의 명언이었다. "폐하, 저는 그렇게 가정할 필요성을 발견하지 못하였습니다."[1] 다른 하나는 과학이 얼마나 많은 것을 알 수 있는지에 대한 그의 단호한 진술이었다.

> 자연계의 현 상태는 명백히 그 이전 순간의 합력(合力)이다. 만일 우리가 어떤 싯점에 우주 만물의 모든 관계들을 포착하는 지성(Intelligence)을 믿는다면, 과거나 미래 언제든 만물 각각의 위치, 동작 그리고 일반적인 그 정념들을 결정할 수 있을 것이다.[2]

승리감에 찬 과학은 어떤 의문을 수용하거나 남들과 무대를 공유할 준비가 되어 있지 않았다.

철학 그리고 더 일반적으로 19세기에 인문학이라고 지칭된 것은 사회적 존중을 받지 못하고 물러서서 수세적 자세를 취했다. 물리적 세계를 설명해주는 과학의 역량을 부정할 수 없던 인문학은 그 영역 전체를 포기했다. 그대신 인문학은 과학의 영역만큼——그 이상은 아닐지라도——중요한, 완전히 별도의 영역——인간의, 영혼의, 도덕의 영역——이 있다고 주장했다. 이런 이유 때문에 적어도 영어에서 이들은 인문학이라는 문패를 달게 되었다. 인문학은 그 영역에서 과학을 배제하거나, 적어도 부차적인 역할로 격

*프랑스의 수학자·천문학자·물리학자로 태양계의 안정성 연구로 널리 알려졌다. 그는 뉴튼의 중력이론을 태양계에 성공적으로 적용시켜, 관측된 행성들이 이론적인 궤도에서 벗어나는 현상들을 낱낱이 해명했으며, 나아가 우주진화에 관한 개념을 발전시켰다. 또한 과학적인 자료의 확률적인 해석이 유용하다는 것을 입증하기도 했다.

1) Alexander Koyré, *From the Closed World to the Infinite Universe* (Baltimore: Johns Hopkins University Press 1957) 276면에서 인용.

2) Roger Hahn, *Laplace as a Newtonian Scientist* (University of California, Los Angeles: William Andrews Clark Memorial Library 1967) 15면에서 인용. 1967년 4월 8일 클라크(Clack) 기념 도서관에서 열린 뉴튼의 영향에 대한 쎄미나에서 발표된 논문.

하시키려 하였다. 인문학이 형이상학이나 문학에 종사하는 한, 과학은 이를 비과학적 문제들이라고 비난했기 때문에 여기서 배제되는 것을 아주 기꺼이 감수했다. 그러나 문제가 사회적 실재의 묘사와 분석일 때, 두 진영 사이에는 암묵적인 형태의 합의조차 없었다. 두 문화 모두 이 싸움터에 대한 권리를 주장하였다.

사회적 실재를 연구하는 직업적 전문가군이 서서히 등장했지만, 이는 매우 불안정하였다. 여러가지 점에서 가장 흥미로운 이야기를 보여주는 곳은 역사학이다. 우리가 오늘날 사회과학이라고 부르는 모든 영역 중에서 계보가 가장 긴 것이 역사학이다. 그것은 19세기 훨씬 이전부터 있던 개념이자 용어였다. 그러나 근대 학문분과로서 역사학의 토대는 우리가 레오폴트 폰 랑케(Leopold von Ranke)*와 관련지어 생각하는 역사학의 혁명(historiographical revolution)이었다. 그리고 랑케와 그의 동료들이 히스토리에(Historie)가 아니라 게시히테(Geschichte)라고 부른 근대판 역사학은 그 근본전제상 대단히 과학적이었다. 그 종사자들은 사회적 실재를 알 수 있다고 주장했다. 그들은 그런 지식이 객관적일 수 있으며——즉 과거에 대한 올바른 진술과 틀린 진술이 있다——역사가들은 "실제 발생한 대로" 역사를 기술해야 한다고 주장했는데, 바로 이 이유 때문에 그들은 거기에 게시히테라는 이름을 붙였다. 그들은 학자가 자신의 편견을 자료의 분석이나

*독일의 역사가로서 새로운 연구방법과 교수법으로 서유럽 역사기술에 큰 영향을 미쳤다. 라이프찌히대학에서 신학·언어학을 수학하고, 1818년 고등학교 교사로 근무하던 중 처녀작 『라틴 및 게르만 제(諸)민족의 역사 1494~1514』(1824)를 저술했는데, 이것이 학계에서 인정을 받아 1825년 베를린대학에 초빙되었다. 그후 이곳에서 50년간에 걸쳐 강의를 담당하면서 많은 저작을 남겼다. 그사이 1841년에 프로이쎈 국사편수관, 1859년에 바이에른 학사원 사학위원회 회장 등을 역임하였다. 그의 역사서술은 원사료(原史料)에 충실하면서 사실(事實)의 개성을 객관적으로 기술하는 데 그 특징이 있다. 그는 사실을 있는 그대로 기술할 것을 강조하고, 역사란 많은 사상(事象)이 상호 관련되어 발전된 그대로를 기술해야 하며, 또한 각 시대에 존재하는 독자적인 개성을 간파해야 한다고 주장하였다. 주요저서에 『종교개혁 시대의 독일사』(1845~47) 『프로이센사』(1847~48) 『16~17세기 프랑스사』(1852~61) 『16~17세기 영국사』(1869) 등이 있다.

해석에 개입해서는 안된다고 주장했다. 그래서 그들은 학자들이 자신의 진술에 대한 증거——경험조사에 토대를 둔 증거, 학자 공동체가 통제할 수 있고 검증할 수 있는 증거——를 제시해야 한다고 주장하였다. 실제로 그들은 심지어 어떤 종류의 자료를 증거로 받아들일 수 있는지까지 규정하였다 (기록보관소에 있는 일차 문헌). 이런 모든 방식으로 그들은 그 '학문분과'의 실천을 한정하려 했고, 역사학으로부터 '철학적'인 모든 것, 즉 사변적이고 연역적이고 신화적인 것들을 제거하려 했다. 나는 이런 태도를 '과학을 추구하는 역사학'이라고 불렀다.[3] 그러나 실제에서 역사가들은 소심한 과학자임이 판명되었다. 그들은 그들의 자료에 철저히 매달리길 원했고, 인과적 진술을 직접적 연쇄——직접적인 특수한 연쇄——의 진술에 한정하기를 원했다. 그들은 '일반화'——그들이 특정한 사례들에서의 행위 패턴의 귀납이라고 부르거나 또는 두 변수가 시간과 공간상에 덜 직접적으로 연계되어 있는 인과연쇄라고 부른 것——를 망설였다. 그들은 19세기에 수집된 경험적 자료가 제공한 토대가 건전한 귀납을 하기에는 너무 빈약하다는 사실에 민감했기 때문에 그랬다고 너그럽게 말할 수도 있을 것이다. 어쨌든 일반화하는 것은 철학화하는 것, 즉 반과학적이 되는 것이라는 두려움이 그들을 따라다녔다. 그래서 그들은 특수한 것, 개별기술적인 것, 심지어 독특한 것을 숭배하게 되었고, 그 결과 '과학을 추구'함에도 불구하고 그들은 대부분 사회과학이라는 문패를 기피하게 되었다.

다른 종사자들은 더욱 대담했다. 새롭게 떠오른 경제학·사회학·정치학이라는 학문분과들은 대체로 '사회과학'이라는 망토를 걸치고 그 주문을 외면서, 승리감에 찬 과학의 방법과 영예를 영유하였다(종종 자연과학자들에 대한 조소 그리고/또는 절망에서 드러나듯이). 이러한 사회과학의 학문분과들은 스스로를 보편법칙을 추구하는 법칙정립적 학문이라고 여겼으

---

3) Immanuel Wallerstein, "History in Search of Science," *Review* 19, no. 1 (winter 1996) 11 ~12면.

며, 좋은 사례로 물리학을 (가능한한 비슷하게) 의식적으로 본받으려 했다. 물론 그들은 자신들의 자료의 질과 정리(theorems)의 개연성/정당성이 그들의 준거대상인 물리학이 이룬 수준에 훨씬 뒤처진다는 것을 인정해야 했지만, 자신들의 과학적 역량이 미래에 진보할 것이라는 낙관론을 대담하게 주장하였다.

나는 개별기술적인 역사학과 법칙정립적인 '진짜' 사회과학 트리오 사이에서 거대한 **방법론논쟁**이라 부르는 이것이 여러가지 점에서 요란한 빈 수레라는 것을 강조해두고 싶은데, 왜냐하면 이 학문분과 및 방법론논쟁 모두 과학이 철학보다 우위에 있음을 완전히 승인했기 때문이다. 사실 자연과학자들이 동등한 구성원 자격을 달라고 조르는 사회과학자들의 요구를 젠체하면서 받아들이기를 거부하지 않았다면, 과학은 사회과학의 영혼을 건 싸움에서 쉽게 승리했을지도 모른다.

1945년까지 역사학과 법칙정립적 트리오는 거의 전적으로 문명세계의, 문명세계에 의한, 문명세계에 대한 사회과학이었다. 원시인이라고 부르는 사람들의 식민지세계를 다루기 위해 별개의 사회과학 학문분과가 구성되었는데, 이것이 독립적인 일련의 방법과 전통을 지닌 인류학이었다. 그리고 세계의 나머지 절반, 즉 이른바 고도 문명인 비서구세계——즉 무엇보다 중국·인도·아랍-이슬람 세계——는 '동양학'이라는 명칭을 얻은 분야에 종사하는 일군의 특별한 사람들의 몫으로 넘겨졌는데, '동양학'이라는 학문분과는 그것의 인문학적 성격을 주장하며, 사회과학의 일부로 간주되기를 거부했다. 오늘날에 보면, 문명세계의, 문명세계를 위한 사회과학과 세계의 나머지를 위한 제2의 사회과학 사이의 분열이 왜 19세기의 유럽학자들에게 그토록 당연했고, 왜 오늘날에는 그토록 터무니없어 보이는지 분명하다. 나는 이 문제에 대해 자세히 설명하지 않겠다.[4] 나는 그저 인류학자

4) 이에 대해서는 『사회과학의 개방』을 참조하기 바란다.

와 동양학자 모두 사회과학에서 타자/비근대적 세계/야만인을 다루는 미덕 때문에 **방법론논쟁**의 개별기술적 진영을 더 편하게 느낀다고 말해두고 싶다. 왜냐하면 법칙정립적 사회과학은 보편주의적 함의 때문에 이들이 말하고 싶어하는 것에 여지를 주지 않는 것 같았기 때문이다.

19세기에 개별기술자들과 법칙정립자들은 그들 작업에서 누가 더 객관적일 수 있는가를 놓고 대경쟁에 돌입했는데, 이는 거시/미시 구분에 기묘한 결과를 가져왔다. 당시 등장하던 이들 각 학문분과의 초기 저작과 주요 인물들을 살펴보면, 그들이 보편사나 문명의 단계처럼 아주 거대한 주제들에 대해 집필했다는 것을 발견하게 된다. 그리고 보통 그들의 책제목은 매우 포괄적이었다. 이는 19세기에 발생한 근대사상의 전환——근본적 비유로서 진화로의 전환——과 아주 잘 맞아떨어진다. 이 책들은 다루는 주제영역이 매우 '거시적'이었고, 인류의 진화에 대해 서술하였다. 그 책들이 한 가지 주제에 대한 전공서였던 적은 거의 없다. 그러나 이런 거시적 특성을 갖춘 조사가 오래 지속된 것 같지는 않다.

단체구조를 만드는 데 흥미를 보이면서, 다양한 사회과학 학문분과는 동업자가 되려는 사람들의 교육과 경력 패턴을 통제하려 하였다. 이 학문분과들은 독창성과 객관성을 모두 강조했으며, 이로써 그들은 거시학문에 등을 돌렸다. 독창성이란 각 학자들이 연속적으로 무엇인가 새로운 것을 말해야 한다는 요구인데, 가장 쉬운 방법은 시간, 공간 그리고 고려중인 변수들과 관련하여 관련주제를 더 작은 범위로 쪼개는 것이었다. 하위분할 과정 때문에, 앞선 학자들의 작업이 반복되지 않을 가능성이 무한히 열렸다. 그리고 학문분과들은 그 범위를 한정함으로써 학자들이 더욱 주의해서 자료를 수집하고 분석할 수 있게 할 것이라고 믿었다. 이는 현미경의 심성이며, 학자들로 하여금 더 강력한 현미경을 사용하도록 재촉했다. 이는 환원주의적 에토스와 잘 들어맞는다.

사회과학의 이런 미시화는 개별기술적 사회과학과 법칙정립적 사회과학 사이의 간극을 더욱 벌려놓았다. 두 진영은 똑같이 객관성을 추구했지만 이를 달성하기 위해 정반대의 길을 걸어갔는데, 왜냐하면 그들이 손꼽은 주관성의 위험이 상반된 것이었기 때문이다. 개별기술의 진영은 두 가지 주요한 두려움을 안고 있었다. 그들은 주관성의 위험이 한편에서는 맥락에 대한 불충분한 이해에서 오고, 다른 한편에서는 자기 이익의 개입에서 온다고 보았다. 연구자는 일차 문헌에 의존하고 있는 한, 그 문헌을 정확히 읽어야 하며, 이를 시대착오적으로 읽거나 다른 문화의 프리즘을 통해서 읽어서는 안된다. 이는 경험적 세부사항, 경계의 정의, 언어의 사용(심지어 많은 경우 필사筆寫조차도) 그리고 문헌 속의 문화적 암시 등처럼 맥락에 대한 상당한 지식을 요구하였다. 따라서 학자들은 해석학자가 되려고 노력했는데, 다시 말해 학자들은 자신들과 동떨어진 사람들이나 집단의 심성 속으로 들어가 연구중인 사람들이 본 대로 세계를 보려고 노력하였다. 이렇게 하기 위해서는 관찰중인 언어와 문화에 오랫동안 빠져들어야 했다. 따라서 역사가들에게 가장 손쉬운 것은 그들이 이미 빠져들어 있는 자기자신의 민족/문화를 연구하는 것이었을 것이다. 정의상 이런 길을 따라갈 수 없었던 인류학자가 특수한 '타자들'의 집단을 연구할 만큼 알기 위해서는 너무나 엄청난 투자가 요구되어서, 그런 사람들의 연구에는 평생을 바쳐야 할 것처럼 보였다. 그리고 철학훈련을 잘 받은 동양학자들은 어려운 언어기술을 향상하기 위해 평생 노력해야 했다. 그랬기 때문에 각 영역마다 학자들의 연구범위를 좁혀서, 숙련도를 견줄 사람을 세계적으로 겨우 몇 명만 찾을 수 있을 정도의 전문화를 달성하라는 객관적인 압력이 있었다.

불개입 문제 또한 개별기술적 학자들에게는 중대한 것이었다. 이를 해결하기 위해 역사가들은 무엇보다 우선 현재에 대해 역사를 기술할 수 없다고 주장했고, 다음으로 '과거'를 지금으로부터 상당히 먼 싯점으로 끊었다. 그 주장에 따르면, 우리는 모두 현재에서는 불가피하게 정치적으로 연관되어 있지만, 시간을 거슬러올라가면 덜 개입됨을 느낄지도 모른다는 것이었다. 역사가들 자신이 기록보관소에 의존하고 있고, 기록보관소에 자료를 공급하는 국가가 명백한 이유에서 현행 사건들에 대한 자료를 보여주지 않으려 했다(하고 있다)는 사실이 이를 강화시켰다. 동양학자들은 그들이 연구하는 문명과의 실제교류를 회피함으로써 자신들의 중립성을 지키려 했다. 그들은 주로 문헌학적 학문분과에 속했기 때문에 텍스트 독해에 빠져들었으며, 이것이 그들이 연구에서 수행할 수 있었고 주로 수행한 과제였다. 인류학자로 말하면, 그 학문분과의 가장 큰 두려움은 일부 동료들이 "원주민처럼 생활하게" 되어서 과학적 관찰자 역할을 계속할 수 없게 되는 것이었다. 주로 사용된 통제법은 인류학자가 너무 오래 '현지'에 머물지 않도록 하는 것이었다. 이런 모든 해결책은 편향을 통제하는 기제로서 거리두기(remoteness)를 강조하였다. 이제 타당성을 보장하는 것은 주의깊게 훈련받은 학자들의 해석 기술이었다.

경제학·정치학·사회학이라는 법칙정립적 트리오는 이런 기법을 전도시켰다. 그들은 편향을 회피하는 길로서 거리두기가 아니라 근접성(closeness)을 강조했다. 그러나 이는 아주 특별한 근접성이었다. 객관적 자료란 복제 가능한 자료, 다시 말해 바로 '해석'의 결과가 아닌 자료라고 정의되었다. 자료가 수량적일수록 이를 복제하기는 더 쉽다. 그러나 과거의 자료나 세계 오지의 자료에서는 그 질, '명확성'(hardness)을 보장하는 데 반드시 필요한 하부구조적 토대가 결여되었다. 완전히 그 반대였다. 최상의 자료란 최신의 자료, 그리고 자료 기록을 위한 최상의 하부구조를 갖춘 나라에서 수집된 자료였다. 오래된 자료나 오지의 자료는 반드시 불완전하고 대략적이고 어쩌면 신화적이기까지 했다. 이런 자료는 저널리즘이나 여행 보고를 위한 목적에는 적합할지 모르지만, 과학에는 맞지 않다. 더군다나 새로 수집한 자료조차 빠르게 폐물이 되어버렸는데, 왜냐하면 특히 두 군데 또는 그 이상의 현장에서 수집된 자료의 비교 가능성과 관련해 시간이 지나면 더 양질의 자료를 얻을 수 있었기 때문이다. 따라서 법칙정립적 트리오는 현재로, 심지어 당장의 즉각적인 현재로까지 물러났다.

더군다나 양적 자료에 대해서 복잡한 조작을 수행하기를 원한다면, 변수의 수를 줄이고 좋은 자료, 분명한 자료를 수집할 수 있는 지표를 이용하는 것이 최적이었다. 이처럼 사회과학자들은 신뢰도 때문에 분석의 시간과 공간 범위를 끊임없이 축소하고, 오로지 세심하게 한정된 명제들만 검증해야 했다. 그렇게 되면 사람들은 그 결과의 타당성을 의심할지도 모른다. 하지만 인식론적 전제들이 이 문제를 해결하였다. 인간행위의 보편법칙이 있다고 믿는 한, 조사의 장소는 무의미했다. 자료를 수집할 현장을 선택할 때 중요한 것은 획득할 수 있는 자료의 질이지 자료의 뛰어난 적실성이 아니었다.

이로부터 내가 내린 결론은, 사회과학의 역사적 구성물을 보여주는 방법론의 대논쟁들이 허위논쟁이었으며, 이 허위논쟁 때문에 철학과 과학의 '이혼'이 지식영역으로부터 선의 추구를 얼마나 효과적으로 제거했고, 진리의 추구를 여러 가면을 쓴 미세 실증주의 형태에 얼마나 한정시켰는지 우리가 깨달을 수 없게 되었다는 것이다. 사회과학자가 근대의 철인왕이 될 수 있다는 초기의 희망은 헛된 것으로 판명되었고, 사회과학자는 정부 개량주의의 시녀로 자리잡았다. 그들이 이 일을 공개적으로 맡았을 때, 그들은 이를 응용사회과학이라고 불렀다. 그러나 그들 대부분은 이 일을 하면서 겸연쩍어했고, 그들의 역할은 단지 조사하는 것일 뿐이며 이 조사로부터 얻음직한 결론을 이끌어내는 것은 다른 사람들, 즉 정치가들의 일이라고 주장하였다. 간단히 말해 학자의 중립성은 지식의 사과를 따먹은 후 그들의 부끄러움을 가리는 무화과나뭇잎이 되었다.

근대세계가 기술적 승리라는 하나의 긴 성공이야기로 보이는 한, 체계의 균형을 유지하려는 필연적인 정치적 토대는 줄곧 존재해왔다. 성공의 한복

판에서 과학계는 마치 성공이 자신들 덕인양 이 체계 내에서 화려한 영예를 누렸다. 사회과학도 함께 파도에 휩쓸렸다. 누구도 지식의 근본전제를 진지하게 문제삼지 않았다. 체계의 많은 병폐들——체계의 양극화가 명시적으로 심화되고 있음을 보여주는 인종주의로부터 성차별주의, 나아가 식민주의까지, 그리고 민주화를 억압하는 또다른 길로서 파시즘운동으로부터 사회주의 강제수용소, 나아가 자유주의적 형식주의까지——은 모두 과도적 문제들이라고 규정되었는데, 왜냐하면 규준을 벗어난 많은 교란된 일탈이 그렇듯이, 항상 선형적 상승이동 균형곡선으로 회귀하는 궤적을 그리는 세계 속에서는 결국 이 모든 것이 통제될 수 있으리라고 생각되었기 때문이다. 어떤 성향의 정치인이든 지평선 끝에서는 선(善)이 도래할 것이라고 약속했는데, 진리 추구에서의 지속적 진보가 이런 전망을 보증해주었다.

이는 환상, 두 문화의 분리와 사물화가 양성해낸 환상이었다. 실로 두 문화의 분리는 궤도를 균형으로부터 이탈시킨 주요인 중의 하나였다. 지식은 사실 단일한 기획이고, 우리가 자연세계와 인간세계에서 그것을 어떻게 추구할까 사이에는, 양자 모두 단일한 우주의 통합부분이기 때문에, 근본적인 모순이 없다. 확실히 지식은 항상 추구과정으로 남아 있고, 결코 종착점에 이르지 못할 것이다. 그러나 바로 이러한 사실 때문에 우리는 거시와 미시, 전지구적인 것과 지역적인 것 그리고 무엇보다 구조와 행위자가 극복될 수 없는 이율배반이 아니라 오히려 음과 양이라는 것을 알 수 있게 된다.

지난 20년간 완전히 새로운 추세인, 눈에 띄는 두 가지 지적 발전이 있었는데, 이는 세계가 이제 두 문화를 극복하는 과정에 있음을 보여주는 조짐이다. 이 추세와 관련해 사회과학자들이 한 일이라고는 주변적인 것뿐이지만, 이는 사회과학의 미래와 관련해 놀랄 만큼 고무적이다. 내가 염두에 두는 것은 자연과학에서 복잡성 연구라고 부르는 것과 인문학에서 문화연구라고 부르는 것이다. 나는 엄청나게 늘어난 이 두 영역의 문헌들을 지금 훑

어보지는 않을 것이다. 그보다 나는 지식에 대한 그 인식론적 함의와 사회과학에 대한 그 함의에 따라 각각의 이 영역을 자리매김해볼 것이다.

복잡성 연구는 왜 그런 이름을 얻었는가? 그 이유는 이 연구가 근대과학 기획의 가장 기본적 전제 중 하나를 기각하기 때문이다. 뉴튼 과학은 만물을 설명해주는 근원적이고 단순한 공식이 있다고 가정했다. 아인슈타인은 에너지=질량×속도^2(e=mc^2)라는 공식이 우주의 절반밖에 설명하지 못한다는 것을 불행하게 느꼈다. 그는 똑같이 단순한 방정식으로 만물을 설명할 통합장이론을 추구하고 있었다. 복잡성 연구는 그런 모든 공식들이 기껏해야 부분적이며, 많이 나가봐야 과거를 설명할 수 있을 뿐, 결코 미래는 설명할 수 없다고 주장한다. (물론 우리는 진리가 단순하다는 의심스러운 믿음과 오컴 W. Ockam의 면도날의 건전한 방법론적 명령——우리는 추론에서 논리적 장식물들을 제거하고 우리의 방정식을 분명하게 말하는 데 꼭 필요한 용어들만 방정식에 포함하도록 항상 노력해야 한다——을 세심하게 구분해야 한다.)

왜 진리는 복잡한가? 현실이 복잡하기 때문이다. 그리고 현실이 복잡한 하나의 본질적 이유는 시간의 화살 때문이다. 만물은 만물에 영향을 끼치고, 시간이 흐르면 현재의 만물은 무섭게 팽창한다. 많은 것들이 자취를 감추거나 희미해지지만, 어떤 의미에서는 어느 것도 제거되지 않는다. 우주는 질서잡힌 무질서 또는 무질서적인 질서 속에서 진행——우주에는 생애가 있다——된다. 물론 잠정적 질서를 형성한 패턴들이 끊임없이 나타나는데, 이는 자기 성립적이고 사물들을 한데 묶으며 외양상의 응집성을 창조해낸다. 그러나 어느 것도 완벽하지 않은데, 왜냐하면 완벽한 질서는 물론 죽음이며, 어떤 경우에도 영속적인 질서는 존재하지 않기 때문이다. 완벽한 질서란 우리가 신을 통해 의미하려는 바이며, 이는 정의상 알려진 우주 너머에 있다. 따라서 원자, 은하계 그리고 생물군은 그 구조의 내적 모순 때문에 어떤 종류든 그들이 향유하는 일시적 균형에서 점점 더 멀리 벗어나게 될 때까지 그들의 길, 만일 당신이 원한다면 진화라 부를 수 있는 길을 추구해간다. 이 진화구조는 그 균형이 더이상 회복될 수 없는 지점인 분기점에 이르기까지 반복되며, 그 이후 새로운 길이 발견되고 새로운 질서가 수립되지만, 우리는 결코 이 새로운 질서가 어떤 것일지 미리 알 수가 없다.

이 모델에서 도출되는 우주의 그림은 본질적으로 비결정적인 것인데, 왜냐하면 우주가 어디로 움직여갈지 우리가 예측하기에는 우발적인 (aleatory) 조합과 사소한 결정들이 너무나 많기 때문이다. 그러나 그렇다고 우주가 아무 방향으로나 움직여갈 수 있다는 것은 아니다. 우주는 그 자신의 과거의 자녀이고, 이 과거는 이런 새로운 길이 선택되는 한계범위를 만들어냈다. 우리의 현 궤적들에 대한 진술은 물론 가능하고 조심스럽게 제시될 수 있으며, 다시 말해 양적으로 진술될 수 있다. 그러나 우리가 과장해서 자료의 정확성을 이야기하려 한다면, 수학자들은 우리가 얻은 결과가 불안정하다고 말할 것이다.[5]

만약 물리학자와 수학자가 지금 우리에게 그들의 싸움터에서 진리는 복잡하고 비결정적이며, 시간의 화살에 의존한다고 말하고 있다면, 이것이 사회과학자에게 의미하는 바는 무엇인가? 왜냐하면 명백히 우주의 모든 체계 중 인간의 사회체계가 현존하는 가장 복잡한 구조이고 안정적 균형이 가장 짧은 체계이며, 고려해야 할 외부변수들이 가장 많은 체계이고, 가장 연구하기 어려운 체계이기 때문이다.

자연과학자들이 할 수 있는 것만 우리도 할 수 있다. 우리는 두 종류의 해석 패턴을 추구할 수 있다. 우리는 **형식적** 해석 패턴이라고 부를 만한 것

---

5) 이바르 에켈란트는 우리에게 말한다. "수정은 깨어졌다. 질적 접근법은 그저 양적 방법을 위한 대역이 아니다. 이는 유체 동역학에서처럼 거대한 이론적 진전을 낳을 수 있다. 이는 또한 양적 방법에도 안정성이라는 중요한 잇점을 가져온다." Ivar Ekeland, *Mathmatics and the Unexpected* (Chicago: University of Chicago Press 1988) 73면.

을 추구할 수 있다. 이는 예를 들면, 모든 인간의 사회체계가 역사적 사회체계라고 진술하는 것인데, 그 체계들이 역사적 궤적을 따른다는 의미에서 그럴 뿐 아니라, 그것들이 특별한 이유 때문에 특정한 시간과 장소에서 태어나거나 출현하고, 특별한 이유 때문에 특별한 일련의 규칙에 따라 작동하며, 특정한 시간와 장소에서 특별한 일련의 이유들 때문에 더이상 모순을 처리할 수 없게 되어서 끝나거나 죽거나 해체된다는 의미에서도 그렇다. 이런 형식적 해석 패턴 자체는 물론 한정된 적실성만을 갖는다. 비록 당장에는 그날이 아주 멀어 보이지만, 언젠가 주어진 특수한 형식적 패턴이 더이상 작동하지 않을 수도 있다.

그러나 우리는 또한 특수한 역사적 사회체계의 규칙들을 서술하는 것 같은 실질적 해석 패턴이라고 부를 만한 것을 추구할 수도 있다. 예를 들어, 내가 근대세계체계를 자본주의 세계경제라고 부를 때, 나는 특수한 실질적 패턴이 존재함을 주장하고 있는 것이다. 물론 이는 논쟁거리이며, 또한 많이 논쟁되어왔다. 더구나 상자 속에 들어 있는 또다른 상자들처럼, 실질적 패턴들 속에 또다시 실질적 패턴들이 있기 때문에, 우리가 살고 있는 세계가 자본주의 세계경제라는 데 우리 모두가 동의하더라도, 그 안에 구별되는 단계가 있는지에 대해, 또는 불평등한 교환이 그 규범인지에 대해, 또는 그 기능이 가진 다른 영속적 측면들에 대해 의견을 달리할 수 있다.

복잡성 연구에 대해 핵심적으로 언급해두어야 할 것은 이 연구가 결코 과학적 분석을 기각한 것이 아니라, 단지 뉴튼적 결정론을 기각한 것이라는 점이다. 그러나 몇가지 전제들을 전도시키고, 특히 가역성 개념을 기각하고 시간의 화살 개념을 선호함으로써, 자연과학은 구성된 실재로서 실재를 설명하는 사회과학의 전통적 지반의 방향으로 크게 한걸음 떼어놓고 있다.

이제 문화연구로 가서 같은 질문에서 시작해보자. 왜 이를 문화연구라고 부를까? 내가 아는 바로는 언어학적 분석을 동원하여 문화연구를 하는 학자집단에게 이런 질문이 제기된 적은 없었다. 내가 주목하는 첫번째 점은 문화연구가 사실 문화의 연구가 아니라 문화적 생산물의 연구라는 점이다. 이는 문화연구가 인문학에 깊이 뿌리 내리고 있던 결과이고, 또 이 연구가 인문학의 깊은 관심을 끌고 있는 이유를 설명해주기도 한다. 두 문화의 분할 속에서 인문학은 무엇보다 문화적 생산물의 영역에 귀속되었기 때문이다.

인문학은 선의 영역에도 귀속되었으나 이를 움켜잡기를 꺼렸다. 이 영역은 너무 정치적이고 너무 비문화적이며, 너무 덧없고 견고하지 못하며, 영속성이 너무나 결여된 듯 보였다. 워즈워스(W. Wordsworth)가 개인적으로 프랑스혁명의 시인에서 시(詩)의 시인으로 변신한 길은 예술가와 문화적 생산물의 학자들이 내향적 미학인 '예술을 위한 예술'이라는 더 확실한 기반으로 되풀이해 도피한 것을 예시적으로 잘 보여준다. 그들은 키츠(J. Keats)의 시 「그리스 항아리에 부치는 송가」의 한 구절 "미는 진리요, 진리는 미이다——이것이/이 세상에서 너희들이 아는 전부이고, 알아야만 하는 전부이다"에 만족했다.

문화적 생산물(cultural products)이 문화의 생산물(a product of the culture)이며 이를 체계의 구조라는 견지에서 설명할 수 있다고 주장하는 사람들은 확실히 항상 존재해왔다. 실로 오늘날 우리가 아는 문화연구는 1950년대 영국에서 오래 지속된 이 주제를 주장하던 사람들과 기원을 같이했다. 그들이 노동자의 문화를 조사하고 있었다는 것을 기억하자. 그러나 그 다음에 문화연구는 언어학적 전환 또는 해석학적 전환이라 부르는 것을 거쳤는데, 나는 이를 1968년의 전환이라 생각한다. 1968년의 혁명들은 자유주의적 중추에 저항한 것이었으며, 구좌파가 이런 자유주의적 중추의 일부일 뿐 아니라 이런 자유주의적 중추가 진정한 보수파들만큼이나(그보다 더는 아니더라도) 위험하다는 주장을 전개하였다.

문화적 생산물의 연구라는 점에서 보면, 이는 보수적·전통적 미학규범

(이른바 정전)에 따라 문화적 생산물을 연구하려는 사람들뿐 아니라 정치경제학에서 추정된 설명을 가지고 문화적 생산물을 분석하려는 사람들(구좌파)도 적이 된다는 것을 뜻했다. 이어서 모든 것이 해체되는 폭발이 일어났다. 그러나 이 연습은 무엇인가? 내가 보기에 그 핵심은 절대미학의 부재를 주장하는 것, 특수한 문화적 생산물이 언제 어떻게 생산되는지 그리고 왜 그런 형태를 띠는지 설명해야 한다고 주장하는 것, 그리고 다음으로 그것이 어떻게 다른 사람들에 의해 수용되었고 수용되고 있는지, 그리고 그 이유는 무엇인지 질문하는 것이다.

여기서 우리는 우발적 요소들이 너무나 많기 때문에 균형(정전)은 기껏해야 일시적이고 결정적 미래란 있을 수 없는, 아주 복잡한 활동에 확실히 연루되어 있다. 그 과정에서 문화적 생산물의 연구는 인문학의 전통적인 지반을 벗어나 구성된 실재로서 실재를 설명하는 사회과학의 지반으로 옮겨왔다. 물론 이는 그토록 많은 사회과학자들이 이 연구를 기꺼이 수용하는 이유 중의 하나이다.

자연과학자들이 사회과학을 향해 움직여가고(복잡성 연구) 인문학자들이 사회과학을 향해 움직여가는 것(문화연구)에 대해 자연과학과 인문학 내에서 반대가 없었던 것은 아니었다. 사실 반대는 맹렬했지만, 내가 보기에 이는 대체로 지연작용(rearguard operation)이었던 것처럼 보인다. 복잡성 연구의 지지자나 문화 연구의 지지자 중 누구도 자신이 사회과학 진영으로 이동해가고 있다고 말하지 않았다. 모든(심지어 대부분의) 사회과학자들이 이런 식으로 상황을 분석한 것도 아니었다.

그러나 이제는 우리 모두가 사실을 사실대로 말할 시간이다. 우리는 모든 지식의 사회과학화를 경유해 두 문화를 극복하는 과정 속에 있는데, 이는 실재란 구성된 실재라는 것과, 과학적/철학적 활동의 목적이 그 실재에 대한 가용하고 개연성 있는 해석, 즉 필연적으로 일시적일 수밖에 없지만 그럼에도 정확한, 또는 대안적 해석들보다 그 시대에 좀더 정확한 해석에 도달하는 것이라는 점을 인식함으로써 가능하다. 그러나 실재가 구성된 실재라면, 그 구성자는 실재 세계의 행위자이지 학자들이 아니다. 학자의 역할은 실재를 구성하는 것이 아니라, 어떻게 그것이 구성되었는지 밝혀내고 다중의 사회적 구성물들을 서로서로에 비추어 검사해보는 것이다. 어떤 의미에서 이는 끝없는 거울놀이이다. 우리는 실재를 구성하는 기초가 되는 실재를 발견하려고 한다. 그리고 이를 발견했을 때, 우리는 이 근저에 놓인 실재가 이번에는 어떻게 사회적으로 구성되었는지 이해하려고 한다. 그러나 이런 거울 속의 항해에는 더 정확한 학문적 분석과 덜 정확한 학문적 분석이 있다. 더 정확한 학문적 분석은 그것이 실질적으로 더 합리적인 실재를 구성하도록 세계를 돕는다는 점에서 사회적으로 좀더 유용하다. 그러므로 진리의 추구와 선의 추구는 서로 뗄 수 없이 얽혀 있다. 우리 모두는 이 양자에 동시적으로 연루되어 있다.

일리야 프리고진은 최근 저작에서 아주 간략하게 두 가지를 이야기한다. "가능한 것은 실재적인 것보다 더 풍부하다. 자연은 사실상 창조, 예측 불가능성, 신기함의 이미지로 우리에게 다가온다." 그리고 "과학은 자연과의 대화이다."[6] 나는 이 두 주제를 토대로 글을 끝맺고 싶다.

가능한 것은 실재적인 것보다 더 풍부하다. 사회과학자보다 이를 더 잘 아는 사람이 있겠는가? 왜 우리는 가능한 것을 토론하고 분석하고 탐구하기를 그토록 두려워하는가? 우리는 유토피아가 아니라 유토피스틱스를 사회과학의 중심으로 이동시켜야 한다. 유토피스틱스는 가능한 유토피아와 그 한계들, 그리고 그것을 달성하는 과정에서 부딪히게 되는 제약들에 대한 분석이다. 그것은 현재의 실재 역사적 대안들을 분석적으로 연구하는 것이다. 이는 진리의 추구와 선의 추구를 화해시키는 것이다.

6) Ilya Prigogine, *La fin des certitudes* (Paris: Odile Jacob 1996) 83, 177면.

유토피스틱스는 사회과학자들의 지속적인 책임을 표상한다. 그러나 선택의 범위가 최대일 때, 이것은 특히 긴급한 과제가 된다. 언제가 그때인가? 우리가 그것의 일부인 역사적 사회체계가 균형에서 최대한 멀어졌을 때, 파동이 최대일 때, 분기가 가까워졌을 때, 작은 투입이 큰 산출을 낳을 때이다. 이는 바로 우리가 현재 살고 있는 시기이고, 우리가 앞으로 25~50년 동안 살게 될 시기이다.[7]

우리가 유토피스틱스를 진지하게 받아들인다면, 우리는 쟁점 아닌 것들에 대한 다툼을 그만두어야 하는데, 이런 쟁점 아닌 것들 중 으뜸가는 것은 결정론 대 자유의지, 또는 구조 대 행위자, 또는 전지구적인 것 대 지역적인 것, 또는 거시 대 미시이다. 우리는 이제 이 이율배반들이 올바름이나 심지어 선호의 문제가 아니라 관점의 시간대와 심도의 문제라는 점을 분명히 알 수 있을 것 같다. 매우 긴 시간대와 매우 짧은 시간대에서 보면, 그리고 매우 심원한 관점과 매우 피상적인 관점에서 보면 사물은 결정되는 것처럼 보이지만, 광범위한 중간지대에서 보면 사물은 자유의지의 문제처럼 보인다. 우리는 우리가 원하는 결정론이나 자유의지의 증거를 얻기 위해 우리의 시각을 항상 교체할 수 있다.

그런데 무엇인가가 결정된다고 말하는 것의 의미는 무엇인가? 신학의 영역에서라면 나는 그 의미를 이해할 수 있다. 그 의미는 우리가 전능한 신의 존재를 믿고, 신이 만물을 결정한다는 것을 믿는다는 것이다. 내가 말했듯이, 우리는 거기에서조차 곧바로 문제에 부딪힌다. 그러나 아리스토텔레스가 하려고 했듯이, 적어도 우리가 다루는 것은 작용인(efficient cause)이다. 그러나 내가 유럽에서 향후 10년간 실업을 줄일 수 있는 가능성이 결정된다고 말한다면, 누가 또는 무엇이 이 결정을 내리고, 나는 얼마나 멀리까

7) 여기서는 이에 대해 논의할 지면이 없지만, 나는 예전에 이를 "Peace, Stability, and Legitimacy, 1990~2025/2050," in *After Liberalism* (New York: New Press 1995) 25~45면에서 상술한 바 있다.

지 그것을 추적해갈 것인가? 여기에 다소 분석적인 의미가 있다고 당신이 나를 설득할 수 있다 하더라도(이는 어려울 것이다), 그것은 어떤 실천적 적실성을 지니는가? 그러나 그렇다고 해서 이것이 단지 자유의지의 문제이며, 네덜란드나 독일이나 프랑스의 정치가들이나 기업가들, 또는 노동조합 지도부, 또는 다른 누군가가 어떤 특정한 일을 한다면, 실업이 실제로 감소할 것이라고 내가 당신에게 확신을 줄 수 있다는 말인가? 그들이나 내가 그 일이 어떤 것인지 안다고, 또는 안다는 믿음을 가진다 하더라도, 우리는 왜 예전에는 하지 않다가 지금에 와서야 그것을 할 동기를 갖게 되었는가? 그리고 이에 대한 대답이 있다면, 그것은 우리의 자유의지가 앞선 것에 의해 결정된다는 것을 의미하는가? 만일 그렇다면, 어떤 것에 의해서 결정되는가? 이는 끝도 없고 요점도 없이 차례차례 이어지는 사슬이다. 우리는 자유의지에서 시작해서 결정론으로 끝나고, 결정론에서 시작해서 자유의지로 끝난다.

우리가 이에 다른 방식으로 접근할 수는 없는가? 우리가 복잡성을 이해하려 하고, 그것을 유용하고 개연성 있게 '해석'하려 노력하고 있다는 데 동의해보자. 우리는 외관상의 규칙을 자리매김하는 단순한 과제에서 시작할 수 있다. 우리는 또한 개인행동과 집단행동에 대한 다양한 제약요인들의 상대적 힘을 잠정적으로 평가해볼 수도 있다. 우리는 이 과제를 장기지속의 구조를 자리매김하는 것이라고도 부를 수 있다. 나는 이것을 단순한 과제라고 부르지만, 물론 이는 결코 쉬운 과제가 아니다. 이것이 단순하다는 의미는 오히려 이것이 설명해주는 바가 거의 없다는 뜻 그리고 이것이 선행과제, 즉 다른 더 복잡한 과제들에 선행하는 과제라는 뜻이다. 명확히 구조를 염두에 두고 있지 않으면, 우리는 예를 들어 이른바 미시사 (microhistories)나 텍스트 또는 투표유형처럼 더 복잡한 무엇인가를 분석하는 작업을 진행할 수 없을 것이다.

구조를 분석하는 것은 존재하는 행위자를 제한하는 것이 아니다. 실로 우리가 구조에 숙달했을 때에만, 바로 개연성 있고 적실성 있고 잠정적으로 정당한 '거대담론들'을 발명했을 때에만, 우리는 비로소 행위자라는 개념이 암시하는 판단을 시행할 수 있다. 그렇지 않다면 이른바 우리의 행위자는 맹목적이며, 만일 맹목적이라면 직접적으로나 간접적으로 조종된다. 우리는 플라톤의 동굴 속의 인물들을 보면서 우리가 그들에게 영향을 미칠 수 있다고 생각하고 있다.

이는 나를 프리고진의 두번째 경구로 이끌어준다. "과학은 자연과의 대화이다." 대화에는 두 상대방이 있다. 이 경우에 그들은 누구인가? 과학이란 과학자인가, 과학자 공동체인가 혹은 특별한 과학적 조직(들)인가, 아니면 생각하는 존재인 한 모든 사람인가? 자연이란 생명체인가, 일종의 범신론적 신인가, 아니면 전능한 신인가? 나는 누가 이 대화에 참여하는지 우리가 확실히 알고 있다고 생각하지 않는다. 대화에서 상대방을 찾는 것도 대화 자체의 일부이다. 우리가 한결같이 견지해야 하는 것은 더 알 수 있는 가능성과 더 잘할 수 있는 가능성이다. 이는 가능성으로만 남아 있지만, 획득 불가능한 것은 아니다. 그리고 그런 가능성을 깨닫기 시작한다는 것은 더 많은 결실을 가져오는 길로부터 우리를 이탈시킨 과거의 잘못된 쟁점들에 대한 토론을 중단하는 것이다. 과학은 최초의 계기에 서 있다. 모든 지식은 사회적 지식이다. 그리고 사회과학은 지식의 자기성찰적 장소가 될 권리, 철학에 대결하거나 자연과학에 대결하여 제기된 것이 아니라, 이들과 공존할 권리를 주장한다.

나는 향후 25~50년──현존하는 우리의 역사적 사회체계가 해체되는 시기이며, 하나의 불확실한 대안으로 나아가는 이행기──이 인간의 사회적 관계의 견지에서는 끔찍한 시기가 될 것이라고 생각하지만, 또한 향후 25~50년이 지식의 세계에서는 대단히 흥미진진한 시기가 될 것이라고 생각한다. 체계의 위기 때문에 사회적 반성이 늘어날 것이다. 나는 과학과 철학 사이의 이혼이 종식될 가능성이 분명히 있다고 보며, 앞서 말했듯이, 사회과학이 재통일된 지식세계의 불가피한 토대가 될 것이라고 생각한다. 우리는 거기서 무엇이 나올지 모른다. 그러나 나는 워즈워스가 『서곡』(*The Preludes*)에서 프랑스혁명에 대해 그랬듯이 이렇게 생각할 수 있을 뿐이다. "그 여명의 시기에 살아 있다는 것만으로도 희열이었지만/젊다는 것, 그것은 천국이었다!"

제15장

사회학의 유산, 사회과학의 약속

나는 여기서 '사회적 지식과 그 유산, 도전 그리고 전망'이라는 주제를 논의하고 싶다. 나는 사회학이 내가 '사회학의 문화'라고 부를 어떤 것을 유산으로 물려받았다고 주장할 것이며, 내가 생각하는 사회학의 문화가 어떤 것인지 정의내려볼 것이다. 나아가 나는 수십년 동안 바로 그런 문화에 대한 중요한 도전이 제기되어왔다고 주장할 것이다. 본질적으로 이런 도전은 사회학의 문화를 탈피하자는 외침들로 가득 차 있다. 끊임없이 거듭 주장되는 사회학의 문화와 이에 대한 강력한 도전들을 살펴본 후, 마지막으로 나는 가능하고 가치있는 유일한 전망은 새로운 개방적 문화를 창조하는 것이라고 강력히 주장할 터인데, 여기서 새로운 개방적 문화란 사회학이 아니라 사회과학의 개방적 문화이며, 그리고 (가장 중요하게는) 인식론적으로 재통일된 지식세계 속에 자리잡고 있는 개방적 문화이다.

●1998년 7월 26일 몬트리올에서 개최된 제14차 세계사회학대회의 회장 연설.

우리는 지식을 상이한 세 가지 방식으로 나누어 묶는다. 지적으로는 학문분과별로, 조직적으로는 단체구조별로, 그리고 문화적으로는 특정한 기초적 전제들을 공유하는 학자공동체별로, 나눈다. 우리는 학문분과를 일종의 발견적(heuristic) 도구인 지적 구성물이라고 생각할 수도 있다. 학문분과란 특정한 범위를 지닌 이른바 연구영역, 이를 위한 적절한 방법, 그리고 그 결과로서 경계에 대한 권리를 주장하는 방식이다. 그것은 지성을 훈육하려(discipline) 한다는 의미에서 학문분과(discipline)이다. 학문분과는 무엇을 생각할지와 어떻게 생각할지를 규정할 뿐 아니라 무엇이 그 범위 밖에 있는지도 규정한다. 특정주제가 하나의 학문분과라고 말하는 것은 그것이 무엇인지뿐 아니라 무엇이 아닌지도 말하는 것이다. 따라서 사회학이 하나의 학문분과라고 주장하는 것은 무엇보다 그것이 경제학이나 역사학이나 인류학이 아니라고 주장하는 것이다. 그리고 사회학은 상이한 연구영역, 상이한 방법들, 사회적 지식에 대한 상이한 접근법을 지닌다고 생각되기 때문에 이런 다른 이름들로는 지칭되지 않는 것이다.

하나의 학문분과로서 사회학은 우리가 사회과학이라는 명칭 아래 포함하는 다른 학문분과들과 마찬가지로 19세기말의 발명품이었다. 하나의 학문분과로서 사회학은 1880~1945년에 다소 정교해졌다. 그 시기 사회학 분야의 주도적 인물들은 모두 사회학이 하나의 학문분과라는 주장을 펴는 책을 적어도 한권 이상 쓰려고 했다. 아마 이런 전통에 서 있는 마지막 주요저작이 1937년에 파슨즈(T. Parsons)*가 집필한 『사회적 행위의 구조』

* 미국의 사회학자로 앰허스트대학에서 생물학을 전공한 후 사회과학, 특히 제도파(制度派) 경제학으로 전향했다. 1924~25년 런던경제대학에서 호브하우스(L. T. Hobhouse)와 긴즈버그(M. Ginsberg)에게 사회학을 배우고, 인류학자 말리노프스키의 영향을 받았다. 1925~26년에는 독일에서 베버 연구에 몰두하여 학위를 취득하고, 1927년부터 하버드대학에서 강의를 시작해 1944년 사회학과 주임교수가 되었고, 1946년부터 10년간 사회관계학과장을 지냈다. 마셜, 뒤르켐, 빠레또, 프로이트 등을 연구했다. 주로 사회행동의 일반이론을 전개했는데, 특히 퇴니에스의 게마인샤프트와 게젤샤프트의 대립개념 분석에서 출발한 유형변수(pattern variables)를 중심으로 한 사회체계론이 유명하다. 저서로 『사회적 행위의 구

(*The Structure of Social Action*)[1]일 텐데, 이 책은 우리가 물려받은 대단히 중요한 유산이며, 그것의 역할에 대해서는 다시 이야기하겠다. 20세기 전 반기에 사회과학의 다양한 분파들이 학문분과들로 설립되고 인정되었다는 것은 분명한 사실이다. 그것들 각각은 그것이 인근 다른 학문분과와 어떻게 다른지 명확히 강조하는 방식으로 스스로를 정의했다. 그 결과, 어떤 책이나 논문이 이 학문분과에서 쓴 것인지 저 학문분과에서 쓴 것인지 의심할 수 있는 사람은 거의 없었다. 이 시기는 '그것이 사회학이 아니라면 경제사이거나 정치학이다'라는 진술이 의미를 지닌 시기였다.

나는 여기서 이 시기에 성립된 경계들의 논리를 살펴보려는 것이 아니다. 이 경계들은 그 당시 학자들이 명백하다고 보았고 핵심적이라고 강력히 선언하고 옹호한, 연구대상들의 세 가지 균열을 반영하였다. 개별기술적 역사학을 경제학·정치학·사회학이라는 법칙정립적인 트리오에서 분리해내는 과거/현재라는 균열이 있었다. 앞의 네 학문분과 전체(이들은 본질적으로 범유럽세계를 연구했다)를 인류학 및 동양학에서 분리해내는 문명/타자 또는 유럽/비유럽이라는 균열이 있었다. 그리고 각각 경제학·정치학·사회학의 영역을 구성하는——근대문명세계에만 연관된다고 생각된——시장·국가·시민사회라는 균열이 있었다.[2] 이런 일련의 경계들이 안고 있는 지적인 문제점은 1945년 이후의 세계체계 변동——미국이 세계적 헤게모니로 부상한 것, 비서구세계가 정치적으로 부활한 것 그리고 세계경제가 팽창하고 그와 더불어 세계 대학체계가 팽창한 것——이 모두 함께 작용하여 이런 세 균열의 논리를 손상시켰고,[3] 그 결과 1970년이 되면 실제로 그 경계가 심각하

조』(1937) 『사회체계』(*The Social System*, 1951) 등이 있다.

1) Talcott Parsons, *The Structure of Social Action*, 2d ed.(Glencoe, Ill.: Free Press 1949[1937]).

2) Immanuel Wallerstein et al. *Open the Social Sciences: Report of the Gulbenkian Commission on the Restructuring of the Social Sciences* (Stanford, Calif.: Stanford University Press 1996), chap. 1. 이수훈 옮김, 『사회과학의 개방』(당대 1997) 1장.

3) 같은 책 chap. 2.

게 모호해지기 시작했다는 것이다. 내가 보기에 그 경계는 너무나 모호해져서 많은 사람들이 더이상 이런 명칭들과 일련의 경계가 지적으로 결정적이거나 심지어 매우 유용하다고도 옹호할 수 없게 되었다. 그 결과 사회과학의 여러 학문분과들이 학문분과가 아니게 되었는데, 왜냐하면 그들은 더이상 상이한 방법과, 따라서 경계가 뚜렷하게 구분되는 명백히 상이한 연구영역을 대표하지 않기 때문이다.

그러나 그 이름들이 사라진 것은 아니다. 결코 그렇지 않다! 그후로도 여러 학문분과들은 단체조직으로서 대학의 학과, 교육과정, 학위, 학술지, 국내 및 국제 학회, 그리고 심지어 도서관 분류법이라는 형태로 제도화되어왔다. 학문분과의 제도화는 관행을 보존하고 재생산하는 하나의 방법이다. 그것은 일정한 경계가 있는 현실의 인적 네트워크를 창조하는 것으로 나타나는데, 이 네트워크는 진입요건과 규약을 갖춘 단체구조라는 형태를 띠며, 사회적으로 인정된 경력상의 상승이동의 길을 제공한다. 학술조직들이 훈육하려는 대상은 지성이 아니라 관행이다. 이 조직들은 지적 구성물인 학문분과들이 만들어내는 것보다 훨씬 더 견고한 경계들을 만들어내며, 그 경계들은 그 단체의 한계에 대한 이론적 정당화보다 오래 지속될 수 있다. 실제로 그렇게 되었다. 사회학을 지식세계 속의 조직으로서 분석하는 것은 사회학을 지적 학문분과로 분석하는 것과 크게 다르다. 푸꼬(M. Foucault)가 『지식의 고고학』(The Archaeology of Knowledge)에서 학문분과가 어떻게 정의되고 창조되며 재정의되는가를 분석한다면, 부르디외(P. Bourdieu)는 『호모 아카데미쿠스』(Homo Academicus)에서 학문조직이 어떻게 지식의 제도 속에서 틀을 갖추고 유지되며 다시 틀을 고쳐가는지를 분석하고 있다.[4]

나는 당장은 그 중 어느 길도 따라가지 않을 것이다. 말했듯이 나는 사회학이 더이상 하나의 학문분과가 아니라고 생각한다(그러나 다른 인근 사회

---

4) Michel Foucault, *The Archaeology of Knowledge* (New York: Pantheon 1972); Pierre Bourdieu, *Homo Academicus* (Stanford, Calif.: Stanford University Press 1988).

과학들도 마찬가지이다). 나는 사회과학의 이 모든 학문분과들이 제도적으로는 매우 강력하게 존속할 것이라고 생각한다. 나는 우리가 어떤 의미에서는 신화적 과거를 영구화하는——이는 아마도 미덥지 않은 일이 될 것이다——아주 기묘한 상황에 처할 것이라고 생각한다. 그러나 나는 그보다 문화로서의 사회학, 즉 특정한 전제를 공유하는 학자공동체로서의 사회학으로 관심을 돌리고 싶다. 왜냐하면 나는 우리의 미래가 바로 이 영역에서 벌어지는 논쟁 속에서 구성되고 있다고 믿기 때문이다. 나는 사회학의 문화가 최근의 것이고 활발하지만 또한 부서지기 쉬우며, 그것은 전환될 때만 번영할 수 있다고 주장할 것이다.

유산

사회학의 문화란 무엇을 뜻할 수 있는가? 나는 두 가지 논평에서 시작하려 한다. 첫째, 우리가 보통 '문화'라고 할 때 이는 일련의 공유된 전제와 관행을 말한다. 공유된다는 것은 물론 공동체의 모든 구성원들이 늘 공유하는 것이 아니라 대부분의 구성원이 대부분의 시간을 통해 공유하는 것이며, 공개적으로도 공유되지만 훨씬 더 중요하게는 무의식적으로 공유되기 때문에, 그 전제들이 토론의 주제가 되는 경우는 거의 없다. 그런 일련의 전제는 아주 단순하고, 심지어 진부하기까지 해야 한다. 주장들이 복잡하고 미묘하고 현학적일수록 아주 많은 사람들이 공유하기는 어려울 것이며, 따라서 세계적인 학자공동체를 창조할 수 없을 것 같다. 나는 자신을 역사가나 경제학자라고 부르는 사람들까지는 아니더라도, 대부분의 사회학자들이 공유하는 그런 단순한 일련의 전제들이 반드시 있다고 주장하겠다.

둘째, 나는 우리가 선구적(formative)인 사상가라고 소개하는 이들에게서 이런 공유된 전제들이 드러난다고——드러나지만 정의되지는 않는다고

──생각한다. 오늘날 전세계 사회학자들의 표준적인 명단은 뒤르켐, 맑스, 베버이다. 이 명단에 관해 첫번째로 지적해둘 것은 역사가·경제학자·인류학자 또는 지리학자들에게 선구적 사상가에 대한 질문을 던진다면, 분명히 다른 명단을 얻게 될 것이라는 점이다. 우리의 명단에는 미슐레(J. Michelet)나 기번(E. Gibbon), 스미스나 케인즈, 밀(J. S. Mill)이나 마끼아벨리, 칸트나 헤겔, 말리노프스키(B. Malinowski)나 보아스(F. Boas)가 포함되어 있지 않다.

그래서 문제는, 우리의 명단이 어디서 나왔냐는 것이다. 요컨대 뒤르켐이 자신을 사회학자라고 불렀다면, 베버는 그의 생애가 거의 끝나갈 무렵에나, 그것도 모호하게 그랬으며,[5] 맑스는 물론 그런 적이 없었다. 나아가 나는 뒤르켐주의자를 자처하는 사람과 맑스주의자를 자처하는 사람 그리고 베버주의자를 자처하는 사람을 만난 적은 있지만, 자신이 뒤르켐-맑스-베버주의자라고 말하는 사람을 만난 적은 없다. 그러면 어떤 의미에서 이 세 사람이 이 영역의 창시자로 일컬어지게 된 것일까? 그러나 책이면 책마다, 특히 교과서면 교과서마다 그렇다는 말만 되풀이할 뿐이다.[6]

늘 그랬던 것은 아니다. 사실 이렇게 묶인 것은 주로 파슨즈의 작업과 사회학의 문화에 대한 그의 선구적 저서 『사회적 행위의 구조』의 결과이다.

5) 1918년의 연설로, 베버의 말기 논문들 중 하나인 「직업으로서의 과학」을 읽어보면, 베버가 두번째 문장에서 특별히 자신을 "정치경제학자"라고 규정하고 있음을 알 수 있다. 사실 독일어 텍스트에서 그가 자신을 묘사하는 데 사용한 단어는 나치오날외코놈(Nationalökonom, 국민경제학자)인데, 이는 정치경제학자라는 뜻과 유사하지만 완전히 똑같지는 않다. 그러나 이 논문을 더 읽어보면 그는 "사회학자들이 맡아야 할 작업"에 대해 언급하고 있다. 우리는 이 후자의 문장을 통해서도 그가 어느 정도까지 자신에 대해 말하고 있는지 확신할 수 없다 (Max Weber, "Science as a Vocation," in *From Max Weber: Essays in Sociology*, ed. H. H. Gerth and C. Wright Mills, New York: Oxford University Press 1946〔1919〕 129, 134면).
6) 최근의 예는 캐나다 사회학자인 켄 모리슨(Ken Morrison)의 *Marx, Durkheim, Weber: Formations of Modern Social Thought* (London: Sage 1995)이다. 그 책의 표지광고에는 이렇게 씌어 있다. "모든 학부과정은 사회학 이론에서 고전적 전통의 토대로서 맑스, 뒤르켐, 베버에 촛점을 맞추고 있다."

물론 파슨즈는 우리가 뒤르켐, 베버 그리고 빠레또(V. Pareto)*라는 트리오를 정전(canon)으로 삼기를 바랐다. 무슨 이유에서인지 그는 다른 이들에게 빠레또의 중요성을 설득하지 못했고, 빠레또는 대체로 무시되었다. 그리고 맑스를 배제하려던 파슨즈의 엄청난 노력에도 불구하고 맑스가 명단에 추가되었다. 그럼에도 불구하고 나는 그 명단을 만든 공헌을 본질적으로 파슨즈(T. Parsons)에게 돌린다. 그리고 물론 이 때문에 이 명단은 아주 최근의 것이 된다. 그것은 기본적으로 1945년 이후의 창조물이다.

파슨즈가 책을 집필한 1937년 당시 뒤르켐은 그 20년 전이나 1945년 이후와 비교해볼 때 프랑스 사회과학에서 그다지 핵심적인 인물은 아니었다.[7] 그리고 다른 주요 국가의 사회학 공동체에서 논의되는 인물도 아니었다. 이런 점에서 죠지 캐틀린(George. E. G. Catlin)이 『사회학 방법의 규칙들』(The Rules of Sociological Method)의 영문 초판에 붙인 서문을 읽어보는 것은 흥미로운 일이다. 1938년에 미국의 독자들을 위해 쓴 서문에서 캐틀린(George. E. G. Catlin)은 뒤르켐을 부스(C. Booth), 플렉스너(Flexner) 그리고 토머스(W. I. Thomas)와 같은 그룹으로 분류함으로써 그의 중요성을 옹호했고, 뒤르켐의 사상은 분트(W. Wundt), 에스피나스(Espinas), 퇴니스 그리고 짐멜(G. Simmel)이 예견한 것이긴 하지만 그럼에도 불구하고 그는

---

* 이딸리아의 경제학자·사회학자로 또리노공과대학을 졸업한 후 실업계에 투신했다가 경제학 연구를 시작하여 1892년 발라(L. Valla)의 뒤를 이어 스위스 로잔대학 교수가 되었다. 발라의 후계자이며 로잔학파의 대표적인 한 사람이기도 한 그는 『경제학 제요』(Manuale d'economia politica, 1906) 등의 저작을 통해 발라의 한계효용가치론을 버리고 계측(計測) 가능한 무차별곡선에 의한 선택의 이론을 전개, 발라가 수립한 일반균형이론을 재구성했다. 사회학 분야에도 강한 관심을 가져 로잔대학 은퇴 후에는 제네바에서 사회학 연구와 집필에 몰두하면서 『일반사회학개론』(Trattato di socio-logia generale, 2권, 1916) 등을 펴냈다. 그의 사회학은 인간행동을 합리적인 행동으로서 파악할 뿐 아니라, 불합리한 행동 역시 중시한 점에서, 이딸리아 파시즘의 사상적 원류가 되었다는 평가도 받는다.

7) 뒤르켐과 특히 『사회학연보』(L'Année Sociologique)의 상대적 쇠퇴에 대해서는 Terry N. Clark, "The Structure and Functions of a Research Institute: The Année Sociologique," European Journal of Sociology 9 (1968) 89~91면을 보라.

중요하다고 말했다.[8] 이는 오늘날의 뒤르켐을 소개하는 방식과는 완전히 다르다. 1937년에 독일 대학들에서는 베버를 가르치지 않았고, 정확하게 말하면 1932년이라 해도 그는 오늘날처럼 독일 사회학의 주도적 인물이 아니었다. 그의 저술은 아직 영어나 프랑스어로 번역되지도 않았다. 맑스에 대해 말하자면, 대부분의 고상한 학계에서 그는 거의 한번도 언급조차 되지 않았다.

코넬(R. W. Connell)은 최근 조사에서 내가 오랫동안 생각해온 것, 즉 1945년 이전의 교과서들이 이 세 저자를 언급하긴 했지만 수많은 다른 사람들의 이름과 더불어서만 그랬다는 것을 보여주었다. 코넬은 이를 새로운 과학 종사자들의 "정전적(canonical)이기보다는 백과전서적인 과학관"이라고 불렀다.[9] 그 문화를 규정한 것이 바로 정전(正典)이며, 정전의 전성기는 1945~70년이라는 아주 특별한 시기였는데, 이 시기를 지배한 것은 미국 사회학 종사자들로 이 시기 사회학 공동체 내에서는 구조-기능주의가 단연 주도적인 시각이었다.

정전은 세 사람 중 가장 의식적으로 '사회학적'이었으며 『사회학연보』라는 잡지——우리는 1998년에 국제사회학회 50주년을 기념하면서 이 잡지의 100주년을 기념했다——를 창간한 뒤르켐에서 시작해야 한다. 뒤르켐은 경험적 작업을 수행하여 사회적 실재를 연구하는 어떤 연구자라도 생각해봐야 할 최초의 그리고 아주 명백한 질문에 답하였다. 어떻게 해서 개인들은 일련의 특별한 가치를 지니고, 다른 가치들은 지니지 않는가? 그리고 어떻게 '유사한 배경'을 지닌 사람들이 상이한 배경을 지닌 사람들보다 동일한 일련의 가치를 지닐 가능성이 더 높은가? 우리는 그 답을 너무나 잘

8) George E. G. Catlin, introduction to Emile Durkheim, *The Rules of Sociological Method*, trans. Sarah A. Solovay and John H. Mueller, 8th ed. (Glencoe, Ill.: Free Press 1964 〔1938〕 xi~xii면).
9) R. W. Connell, "Why Is Classical Theory Classical," *American Journal of Sociology* 102, no. 6 (May 1967) 1514면.

알고 있기 때문에 이는 더이상 우리에게 질문이 될 것 같지 않다.

그럼에도 불구하고 뒤르켐의 대답을 검토해보자. 1901년에 쓴 『사회학 방법의 규칙들』의 제2판 서문에서 그는 기본주장들을 아주 명료하게 다시 진술하고 있다. 이는 제1판의 비판에 대한 응답으로 기획되었으며, 그는 자신이 오해받아왔다고 느끼고 있었기 때문에 자신이 말하려는 바를 여기서 명료하게 제시하려 했다. 그는 세 가지 명제를 주장한다. 첫번째 명제는 그가 "우리의 방법의 가장 기초에 있다"고 한 진술로 "사회적 사실은 사물로 간주되어야 한다"는 것이다. 이를 통해 그가 말하고자 하는 것은 사회적 실재를 일종의 물리적 하위층으로 환원하려는 것이 아니라 "모든 사람이 인정하는" 물리적 세계와 "적어도 같은 정도의 실재인" 사회적 세계를 주장하는 것이다. 그는 "사물은 관념과 대립하는데, 이는 마치 외부로부터 알려진 것이 내부로부터 알려진 것과 대립하는 것과 마찬가지이다"라고 말한다.[10] 두번째 명제는 "사회현상은 개인에 대해 외재적"이라는 것이다.[11] 마지막으로 뒤르켐은 사회적 구속이 물리적 구속과 다르다고 주장하는데, 왜냐하면 그것은 내재적인 것이 아니라 외부로부터 부과되는 것이기 때문이다.[12] 뒤르

---

10) Emile Durkeim, *The Rules of Sociological Method*, trans. W. D. Halls, Glencoe, Ill.: Free Press 1982 (1938) 35~36면.

11) 사회가 개인 의식의 하위층에 기초를 두고 있다는 관점에 대해 뒤르켐은 이렇게 대응한다. "그러나 좀처럼 사회적 사실로 받아들여지기 어려운 것이 자연의 다른 영역에서는 자유롭게 받아들여진다. 어떤 종류의 요소들이라도 결합되면, 바로 이 결합에 의해 이 요소들은 새로운 현상을 발생시킨다. 따라서 이런 현상은 요소들 속에 자리잡고 있는 것이 아니라 이 요소들의 결합에 의해 형성된 전체 속에 자리잡고 있다는 것을 인식해야 한다. … 이런 원리를 사회학에 적용해보자. 우리에게 주어진 것처럼, 모든 사회를 구성하는 이런 독특한 (sui generis) 종합이 격리된 의식 속에서 발생하는 것과는 다른 새로운 현상을 발생시킨다면, 이런 특정한(specific) 사실은 그것을 생산하는 사회 속에 자리잡고 있는 것이지 그 부분들——다시 말해 그 구성원들——속에 자리잡고 있는 것이 아님을 인정해야만 한다" (Durkheim, *Rules* [1982] 38~40면).

12) "사회적 구속만의 특징은 이것이 어떤 분자 패턴의 완고함에서 기인하는 것이 아니라 어떤 표상에 부과된 위광에서 기인한다는 점이다. 개인에 독특한 것이든 유전적인 것이든 간에 습관은 어떤 점에서 이와같이 동일한 속성을 지닌다. 습관은 우리를 지배하고 우리에게

켐은 나아가 사회적 사실이 존재하기 위해서는 "집합체에 의해 제도화된 신념과 행위양식"을 낳는 개인적 상호작용이 존재해야 한다는 데 주목한다. "그러면 사회학은 제도와 그 기원, 그리고 그것의 작용에 관한 과학으로 정의될 수 있을 것이다." [13] 이처럼 우리는 사회적으로 구성된 사회적 실재에 대해 명료하게 이야기하고 있고, 사회학자들이 연구해야 할 것은 바로 이런 사회적으로 구성된 실재——제도의 과학——이다. 뒤르켐은 현재 우리가 행위자에 대해 보이고 있는 관심을 예견하기까지 했는데, 왜냐하면 그가 바로 여기에 각주를 덧붙여 "허용된 변종"의 한계를 주장하고 있기 때문이다. [14]

　이 세 가지 선언이 합쳐져서 뒤르켐의 "기초원리, 즉 사회적 사실의 객관적 실재의 원리"라는 주장을 구성한다. "궁극적으로 모든 것이 의존하는 것 그리고 모든 것이 되돌아오는 것은 … 바로 이 원리이다." [15]

　나는 여기서 뒤르켐의 이 정식들에 대한 나 자신의 견해를 개진하지는 않을 것이다. 나는 사회학을 위한 영역, 그가 "사회적 사실"이라고 부른 영

　신념과 관행을 부과한다. 그러나 습관은 우리를 내부로부터 지배하는데, 왜냐하면 그것은 전적으로 우리 각각의 내부에 있기 때문이다. 이와 반대로 사회적 신념과 관행들은 외부로부터 우리에게 작동한다. 이처럼 후자와 비교할 때 전자가 행사하는 우월성은 근본적으로 아주 다르다" (같은 책 44면).

13) 같은 책 45면.

14) 신념과 사회적 관행이 이런 식으로 외부로부터 우리에게 스며든다고 해서, 우리가 그것을 수동적으로 받아들이고 거기에 수정을 가하지 않는 것은 아니다. 집합적 제도에 대해 생각하고 우리 자신을 거기에 동화시킬 때, 우리는 그것을 개별화하고, 거기에 우리 자신의 개인적 흔적을 다소 남긴다. 이처럼 감각의 세계에 대해 생각할 때, 우리 각자는 자신의 방식으로 그것을 채색하며, 상이한 사람들이 동일한 물리적 환경에 대해 적응하는 방식도 상이하다. 바로 이 때문에 우리 각자는 어느정도 자기자신의 도덕, 자기자신의 종교, 자기자신의 기술을 창조한다. 어떤 종류의 사회적 순응에도 온갖 종류의 개별적 변종이 수반된다. 그럼에도 불구하고 허용된 변종의 권역에 한계가 있는 것은 사실이다. 일탈을 쉽게 범죄로 치부할 수 있는 종교현상이나 도덕현상에 있어서는 그 권역이 부재하거나 매우 작다. 경제생활과 관련된 모든 문제에서는 그 외연이 훨씬 넓다. 그러나 머지않아 이 마지막 경우에서조차 사람들은 넘어서는 안되는 한계에 부딪히게 된다" (같은 책 47면, n. 6).

15) 같은 책 45면.

역, 생물학과 심리학 양자의 영역과 구분되는 영역을 개척하려 한 그의 노력이 참으로 사회학의 문화의 기본전제라고 주장하고 싶은 것이다. 만일 당신이 내게 우리 중 어떤 이들이 사회심리학자나 상징적 상호작용론자, 방법론적 개인주의자, 또는 현상학자, 또는 참으로 포스트모더니스트를 자처한다고 말한다면, 나는 당신에게 그럼에도 불구하고 그들은 심리학이나 생물학 또는 철학이라는 간판이 아니라, 사회학이라는 간판 아래서 그들의 학문적 작업을 진행하기로 결심했다고 말하겠다. 거기에는 틀림없이 지적인 이유가 있을 것이다. 나는 그 이유가 그들이 사회적 사실의 실재라는 뒤르켐의 원리를 암묵적으로 받아들였기──아무리 뒤르켐이 제기한 것과 매우 다른 방식으로 그 원리들을 조작화하고 싶다 하더라도──때문이라고 주장하겠다.

제1판 서문에서 뒤르켐은 그가 어떤 이름으로 지칭되고 싶은지 말하고 있다. 그는 자신을 "유물론자"나 "관념론자"가 아니라 "합리주의자"라고 부르는 것이 정확한 방식이라고 말한다.[16] 이 용어는 여러 세기 동안 철학적 논쟁과 의견충돌의 주제였으나, 확실히 뒤르켐의 시대 이후 적어도 1970년까지는 모든 사회학자들이 기꺼이 받아들이려 한 간판이다.[17] 따라서 나는 뒤르켐의 주장을 사회학의 문화의 제1공리로 고쳐 말하고 싶다. 설명 가능하고 합리적인 구조를 지닌 사회집단들이 존재한다. 이처럼 단순하게 정식화할 때, 나는 그 타당성을 받아들이지 않는 사회학자는 거의 없었으리라

16) 같은 책 32~33면.
17) 구드(W. J. Goode)는 최근 합리적 선택이론에 대한 토론에서 이렇게 지적한다. "사회학자는 보통 그 목적과 목표가 아주 분명해 보이는 행위에서 출발하며, 어떤 변수들이 대부분의 변이를 설명하는지 발견하려고 노력한다. 그러나 이 변수들을 가지고 적절한 예측을 하지 못하더라도, 즉 예를 들어 만일 사람들이 지속적으로 그들의 물질적, 도덕적 또는 심미적 목표라고 주장하는 것을 달성할 가능성이 줄어드는 방식으로 행동한다고 해서, 우리는 이 사람들을 비합리적이라고 가정하지는 않는다. 그 대신 우리는 더 자세히 관찰하여 그들이 진실로 추구하고 있는 '심층적 합리성'을 발견해낸다"(William J. Goode, "Rational Choice Theory," *American Sociologist* 28, no. 2 [summer 1997] 29면).

고 생각한다.

　내가 제1공리라고 부르고 있는 것이 지닌 문제점은 이런 집단들의 존재 여부가 아니라 그 집단에 내적 통일성이 결여되어 있다는 것이다. 여기서 맑스가 등장한다. 그는 통일체(즉 '집단'이라는 의미)라고 생각되는 사회 집단들이 사실상 어떻게 내적 갈등을 갖게 되는가라는 질문에 대한 답을 찾으려 했다. 우리는 모두 그 대답을 알고 있다. 바로『공산당 선언』첫 절의 첫 문장이다. "지금까지 존재하는 모든 사회의 역사는 계급투쟁의 역사이다."[18] 물론 맑스는 겉으로 드러난 갈등의 언어구사, 그 갈등의 이유에 대한 설명을 반드시 외양대로 받아들여야 한다거나 어쨌든 그것이 옳다고, 즉 분석가의 시각에서 볼 때 옳다고 주장할 정도로 순진하지는 않았다.[19] 맑스의 나머지 저작들은 계급투쟁의 역사 기술(historiography), 자본주의 체계의 기능 메커니즘에 대한 분석, 그리고 이런 분석틀로부터 이끌어내야

18) Karl Marx and Friedrich Engels, *The Communist Manifesto*, New York: International Publishers 1948 (1848) 9면. 최인호 외 옮김, 「공산주의당 선언」,『칼 맑스 프리드리히 엥겔스 저작선집』제1권, 박종철출판사 1991, 400면. 1888년에 추가한 서문에서 엥겔스는 "『공산주의당 선언』의 핵심을 형성하는 근본명제"를 다시 설명한다. "개개의 모든 역사적 시기에 있어서 지배적인 경제적 생산양식 및 교환양식과 그로부터 필연적으로 생겨나는 사회구조가 기초를 이루어, 이 기초 위에서 그 시대의 정치사 및 지성사가 건조되고, 오직 이 기초로부터만 이러한 역사들이 설명될 수 있다는 것; 그러므로 인류의 전역사(공동으로 토지를 소유하던 원시부족사회가 해체된 이후의 역사)는 계급투쟁, 착취계급과 피착취계급, 지배계급과 피억압계급 사이의 투쟁의 역사였다는 것; 이러한 계급투쟁의 역사는 일련의 발전을 형성하고, 현재는 착취받고 억압받는 계급──프롤레타리아트──이, 동시에 사회 전체를 모든 착취 및 억압과 계급차별, 계급투쟁으로부터 해방시키지 않고서는, 착취하고 억압하는 계급──부르주아지──의 멍에로부터 자신의 해방을 달성할 수 없는 단계에 이르렀다는 것." 「1888년 영어판 서문」, 같은 책 380면.

19) 프랑스에서 1848~51년에 어떤 일들이 발생했는지 논하면서 맑스는 이렇게 말한다. "사적인 생활에서 어떤 사람이 자기자신에 대해 생각하고 말하는 것과 실제로 그가 어떤 사람이고 어떤 행동을 하는지를 구분하는 것처럼, 우리는 역사적 투쟁에서도 정당들의 미사여구와 공상을 그들의 실제 조직, 실제 이익과 훨씬 더 구분하고, 그들 자신들에 대한 상(像)을 그들의 실재와 훨씬 더 구분해야 한다 (Karl Marx, *The 18th Brumaire of Louis Napoleon*, New York: International Publishers 1963〔1852〕47면).

하는 정치적 결론들의 정교화로 이루어져 있다. 이 모든 것이 함께 맑스주의를 구성하는데, 정확히 말해 맑스주의란 물론 사회학 공동체 안팎에서 엄청난 논쟁의 주제가 된 교리이자 분석적 시각이다.

나는 맑스주의의 장점이나 그 반대자들의 주장을 논하자는 것이 아니다. 단지 내가 묻고 싶은 것은 왜 전체 구도에서 맑스를 배제하려던 파슨즈의 시도가 냉전에도 불구하고, 그리고 세계 사회학자 다수의 정치적 선호에도 불구하고 그토록 처참하게 실패했느냐는 것이다. 내가 보기에는 맑스가 사회적 삶에 있어 핵심적인 어떤 것을 너무나 명백히 이야기하고 있어서 그것을 쉽게 무시할 수 없었던 것 같은데, 그것이 바로 사회적 갈등이다.

확실히 맑스는 사회적 갈등에 대한 특별한 설명을 제시했는데, 이의 요점은 사람들이 생산수단에 대해 상이한 관계를 가지고 있어서, 어떤 사람은 그것을 소유하는 반면 다른 사람은 그렇지 못하며, 어떤 사람은 생산수단의 사용을 통제하는 반면 다른 사람은 그렇지 못하다는 것이다. 한때는 계급투쟁이 사회적 갈등의 유일하거나 심지어 주요한 원천이 아니었기 때문에 이 점에서 맑스가 틀렸다는 주장이 대유행이었다. 그 대안으로 주장된 것이 지위집단·정치적 동류 집단·성차·인종 등이었다. 그 목록은 계속 이어진다. 여기서도 나는 계급에 대한 이런 대안들의 타당성을 곧바로 논의하지는 않겠지만, '계급'에 대한 모든 대안들은 투쟁이 중심적이라는 것을 인정하며, 단지 전투원 목록을 가지고 술수를 부리는 것뿐이라는 점만 지적해두고자 한다. 사회적 갈등이란 것은 없기 때문에 이런 이야기는 모두 엉터리라고 주장하면서 맑스를 반박한 사람이 있었는가?

사회학자들의 실천에서 매우 주요한 활동인 여론조사를 생각해보자. 우리가 하는 일은 무엇인가? 보통 우리는 대표성 있는 표본이라는 것을 만들고, 이 표본에 무언가에 관한 일련의 질문을 제기한다. 통상 우리는 그 범위가 어느 정도일지 미리 분명하게는 알 수 없더라도, 그 질문들에 대해 일정한 범위의 대답을 얻을 것이라고 추정한다. 모든 사람들이 질문에 똑같이 응답할 것이라고 생각한다면 조사를 할 필요가 없을 것이다. 이들 질문에 대한 대답을 얻으면 그 다음에 우리는 무엇을 하는가? 우리는 그 응답들을 일련의 기본변수, 즉 사회경제적 지위·직업·성·연령·교육 등과 관련시켜본다. 왜 이렇게 하는가? 이는 우리가 종종, 심지어 늘, 각각의 변수는 특정 방향에 따라 배열된 사람들의 연속체로 구성되며, 임금노동자와 사업가, 남성과 여성, 젊은이와 노인 등등은 질문에 대해 상이한 응답을 하는 경향이 있다고 가정하기 때문이다. 우리가 만약 사회적 변이(그리고 사실 가장 자주 강조되는 것은 사회경제적 지위의 변이이다)를 가정하지 않는다면 이런 작업을 시작하지 않을 것이다. 변이에서 시작해 갈등으로 나아가는 길은 멀지 않으며, 일반적으로 말해서 변이가 갈등으로 나아간다는 것을 부인하려는 사람은 순전히 이데올로기적 이유 때문에 명백한 현실을 부정하려는 사람으로 의심받는다.

그렇게 해서 우리가 여기에 있게 된다. 우리 모두는 내가 사회학 문화의 제2공리라고 부를 희석된 형태로서 맑스주의자이다. 모든 사회집단에는 하위집단들이 있으며, 이 하위집단은 계서제 속에서 등급이 매겨지고 서로 갈등 상태에 있다. 이것은 맑스주의를 희석한 것인가? 물론 그렇고, 사실 상당히 희석한 것이다. 그러면 이것이 모든 사회학자들의 전제인가? 이 또한 물론 그렇다.

우리가 여기서 멈출 수 있을까? 아니, 그럴 수 없다. 사회집단들이 실재하고 우리는 그 작동양식을 설명할 수 있다(제1공리)고 결론내리고, 그 집단들 내에 반복되는 갈등이 숨어 있다(제2공리)고 결정했기 때문에, 우리는 명백한 질문에 직면하게 된다. 왜 모든 사회는 이런저런 방식으로 붕괴하거나 분열되거나 자멸하지 않는가? 사실 때때로 그런 폭발이 발생하긴 하지만, 늘 일어나지 않는 것은 분명한 것 같다. 제2공리에도 불구하고 사회적 생활에는 '질서'의 외양이 있는 듯하다. 바로 여기서 베버가 등장한다. 왜냐하면 베버는 갈등에도 불구하고 질서가 존재하는 이유를 설명하기 때문이다.

우리는 자주 베버를 맑스에 대한 반대자이며, 경제적 설명에 반하는 문화적 설명을 주장하고, 근대세계의 핵심 추동력으로서 축적보다는 관료화를 강조한 사람이라고 말한다. 그러나 맑스의 영향력을 제한하거나 적어도 그것을 상당히 수정하도록 한 베버의 핵심개념은 정당성이다. 베버는 정당성에 대해 무엇이라고 말하는가? 베버는 권위의 토대에 관심을 가졌다. 그는 왜 주체들이 명령을 내리는 사람들에게 복종하느냐고 질문한다. 관습과 이득에 대한 물질적 계산처럼 여러가지 명백한 이유들이 있다. 그러나 베버는 이것들이 복종의 일반성(commonness)을 충분히 설명하지는 못한다고 말한다. 그는 핵심적인 세번째 요소를 덧붙이는데, 이것이 바로 "정당성에 대한 믿음"이다.[20] 이 지점에서 베버는 자신이 세 가지 순수한 유형의 권위 또는 정당한 지배라고 부른 것의 윤곽을 제시하는데, 합리적 토대에 기반한 정당성, 전통적 토대에 기반한 정당성 그리고 카리스마적 토대에 기반한 정당성이 그것이다. 그러나 베버가 보기에 전통적 권위는 과거의 구조이지 근대성의 구조가 아니기 때문에, 그리고 카리스마는 역사적 실재 속에서, 그리고 베버적 분석 속에서 아무리 중요한 역할을 하더라도 본질적으로 과도적 현상이고 결국에는 항상 "일상화"하기 때문에, 우리에게 남는 것은 "종적으로 근대적인 행정유형"으로서 "합리적-법적 권위"뿐이다.[21]

베버가 우리에게 제시한 그림에 따르면 권위는 참모(staff), 곧 관료제에 의해 관리되며, 관료제는 주체들이나 국가에 대해 편견이 없다는 의미에서

---

20) "(관습과 물질적 이득은) 어떤 지배의 충분히 믿을 만한 토대를 구성하지 못한다. 그외에 보통 더 심원한 요소, 정당성에 대한 믿음이라는 요소가 있다. 경험이 보여주는 대로, 어떤 경우에도 지배가 지속되는 토대는 물질적, 감정적 또는 관념적 동기에 스스로 한정되지 않는다. 게다가 그런 모든 체계는 그것의 정당성에 대한 믿음을 만들어내려고 노력한다. 그러나 주장되는 정당성의 종류에 따라 복종의 유형, 그것을 보장하도록 발달된 행정참모의 종류, 그리고 권위를 행사하는 양식은 근본적으로 모두 상이하다" (Max Weber, *Economy and Society*, ed. Guenther Roth and Claus Wittich, New York: Bedminster Press 1968, 213면).
21) 같은 책 217면.

'공평'하다. 관료제는 '공정하다'고, 즉 법에 따라 결정을 내린다고 하며, 이것이 바로 베버가 이런 유형의 권위를 합리적-법적인 것이라고 부르는 이유이다. 물론 그는 실제로는 상황이 다소 복잡하다는 것을 인정한다.[22] 그럼에도 불구하고 이제 베버를 단순화하면, 우리는 국가가 보통 질서를 갖춘다는 사실, 즉 보통 권위가 그럭저럭 또는 어느정도는 수용되고 지켜진다는 사실에 대한 합리적인 설명을 얻게 된다. 우리는 이것을 제3공리라고 부를 것인데, 그것은 다음과 같이 서술될 수 있다. 집단/국가가 어느정도 갈등을 억누를 수 있는 이유는 주로 낮은 계층의 하위집단들이 그 집단의 권위구조에 정당성을 부여하기 때문인데, 이들이 그처럼 판단하는 근거는 이렇게 함으로써 그 집단이 생존할 수 있고, 하위집단들은 그 집단의 생존에서 장기적 이득을 발견하기 때문이다.

나는 우리 모두가 공유하고 있지만 1945~70년 시기에 가장 강성하던 사회학의 문화에는 세 가지 단순한 명제——사회적 사실의 실재, 사회적 갈등의 영속성, 그리고 갈등을 억제하는 정당성의 메커니즘의 존재——가 포함되어 있고, 이것이 결국 사회적 실재에 대한 연구의 일관된 최소 한계선이 된다는 사실을 주장해왔다. 나는 세 명제가 각기 세 선구적 사상가(뒤르켐·맑스·베버)로부터 도출된 방식을 보여주고자 했다. 그리고 이 때문에 이 트리오가 '고전 사회학'을 대표한다는 주문을 우리가 끊임없이 되풀이하고 있다는 것이 나의 주장이다. 다시 반복하건대 이 일련의 공리들은 복잡한 것이 아니고, 확실히 사회적 실재를 인지하는 적절한 방식은 아니다. 이

---

22) "일반적으로 모든 권위의 토대, 그리고 그에 상응하여 복종하려는 모든 종류의 의지의 토대는 신념이며, 권위를 행사하는 사람들은 그 신념 덕택에 위광을 얻을 수 있다는 것을 분명히 유념해두어야 한다. 이 신념의 구성물이 단순한 적은 없다. '법적 권위'의 경우, 그것은 결코 순수하게 법적이지 않다. 합법성에 대한 신념은 형성되어 습관적인 것이 되는데, 이것은 그 신념이 부분적으로 전통적이라는 것을 의미한다. 전통을 위반하는 것은 치명적일 수 있다. 더구나 거기에는 카리스마적 요소도 있는데, 적어도 놀랄 만한 실패가 이어진다면 어떤 정부라도 충분히 몰락시키고 그 위광을 무너뜨리며, 카리스마적 혁명의 길을 준비할 수 있다는 부정적 의미에서 그렇다"(같은 책 263면).

는 우리 대부분이 내면화한 출발점이며, 대체로 토론되기보다는 당연시되는, 의문의 여지 없는 전제수준에서 작동하는 출발점이다. 이것이 내가 '사회학의 문화'라고 부르고 있는 것이다. 내가 보기에 이것이 우리의 핵심적 유산이다. 그러나 다시 반복하건대 그것은 최근의, 그리고 활발하지만 연약하기도 한 구성물의 유산이다.

도전

나는 이제 내가 '사회학의 문화'라고 부르는 일련의 공리에 대해 매우 진지한 질문을 제기하고 있다고 보이는 여섯 가지 도전들을 제시할 것이다. 나는 이를 그것들이 사회학의 세계 그리고 더 일반적으로는 사회과학에 영향을 주기 시작한 순서대로 제시할 텐데, 이따금 이 영향은 그것들이 씌어진 지 한참 후에 발휘되기도 했다. 시작하면서 강조해두고 싶은 것은 그것이 도전이지 진리는 아니라는 점이다. 학자들에게 그 전제들을 재검토하도록 확실하게 요구한다면, 이는 진지한 도전이 된다. 일단 진지한 도전으로 수용되면, 우리는 그 도전에 덜 취약해지도록 전제들을 재정식화하라는 자극을 받을 것이다. 또는 그 전제들을 포기하거나 적어도 그것을 과감하게 수정하라는 압력을 받게 된다. 이처럼 도전은 과정의 일부인데, 과정의 시작이지 끝은 아니다.

내가 처음 제시하려는 도전은 프로이트(S. Freud)와 연관된다. 깜짝 놀랄지도 모르겠다. 우선 프로이트는 뒤르켐 및 베버와 동시대 인물이지 그보다 상당히 나중의 사람이 아니다. 둘째로, 사실 프로이트는 사회학의 문화 속에 잘 포섭되어왔다. 우리는 오래 전부터 정신(the psyche)에 대한 프로이트의 위상학——이드·에고·수퍼에고——을 이용하여, 뒤르켐의 사회적 사실들이 어떻게 개인의식 속에 내면화되는지 설명해주는 매개변수를 만들고자 했다. 프로이트의 언어를 모두 정확히 사용하지는 못했겠지만, 기본구상은 들어와 있었다. 어떤 의미에서 프로이트 심리학은 우리의 집합적 가정들의 일부이다.

그러나 나는 지금 프로이트의 심리학이 아니라 프로이트의 사회학에 흥미가 있다. 이 분야에서 우리는 주로 『문명과 그 불만』[23] 같은 몇몇 주요한 저작들을 자주 논의하는데, 확실히 이 저작들은 중요하다. 그러나 우리는 그의 진단과 치료양식의 사회학적 함의를 자주 무시한다. 나는 바로 합리성 개념에 대한 프로이트의 암묵적 도전이라고 생각하는 것을 논하고 싶다. 뒤르켐은 자신을 합리주의자라고 불렀다. 베버는 합리적-법적 정당성을 권위에 대한 그의 분석의 핵심으로 삼았다. 그리고 맑스는 그가 과학적(즉 합리적) 사회주의라고 부른 것을 헌신적으로 추구했다. 우리의 선구적 사상가들은 모두 계몽주의의 자녀인데, 심지어 베버의 경우처럼 우리가 어디로 나아가고 있는지에 대해 우울한 질문을 제기할 때조차 그랬다. (그러나 1차대전은 대부분의 유럽지식인들 사이에 엄청난 우울증을 불러일으켰다.)

프로이트는 결코 이런 전통에 대한 이방인이 아니었다. 사실, 그가 한 일은 무엇인가? 그는 세상을 향해, 그리고 특히 의학계를 향해 말하기를, 개인 마음의 대부분이 그가 무의식이라고 부르는 수준에서 움직인다는 것을 이해하면, 우리에게 낯설고 비합리적으로 보이는 행위를 사실 잘 설명할 수 있다고 했다. 정의상 무의식적인 것은 개인 자신조차 보거나 들을 수 없지만, 무의식 속에서 어떤 일이 벌어지는지 알 수 있는 간접적인 길이 있다고 프로이트는 말했다. 그의 첫 주저인 『꿈의 해석』[24]은 정확히 이 주제에 관한 것이었다. 프로이트는 에고가 무의식 속으로 억압하고 있는 것을 꿈이 드러내 보여준다고 말했다.[25] 꿈이 우리가 처리할 수 있는 유일한 분석

23) Sigmund Freud, *Civilization and Its Discontents*, New York: W. W. Norton 1961 (1930).
24) Sigmund Freud, *The Interpretation of Dreams*, New York: Basic Books 1955 (1900).
25) "우리가 정신-분석을 통해 배우게 된 것은 억압과정의 본질이 본능을 표상하는 관념을 없애거나 멈추게 하는 데 있는 것이 아니라 그것이 의식적이 되지 않도록 막는 데 있다는 것

도구는 아니다. 이른바 대화치료(talking cure)라고 부르는 정신분석적 치료 전체는 분석자와 피분석자 양자를 도와서 무의식 속에서 어떤 일이 진행되고 있는지 알게 해주는 일련의 실천으로서 개발되어왔다.[26] 그 방법의 정수는 계몽주의적 신념에서 도출되었다. 그것은 앎이 증대되면 의사결정이 개선된다는, 다시 말해 좀더 합리적인 행동을 하게 된다는 관점을 반영한다. 그러나 이렇게 더욱 합리적인 행위로 나아가려면, 이른바 신경증적 행위가——이 행위에 의해 개인이 어떤 것을 의도하고 있고 따라서 왜 그것이 일어나는지 이해하게 되면——사실상 '합리적'이라는 것을 인정해야 한다. 그런 행위는 분석자의 견해로는 차선책(suboptimal)일 수 있지만, 그렇다고 비합리적인 것은 아니다.

　정신분석적 실천의 역사에서 프로이트와 초기 분석가들은 오로지, 또는 최소한 주로, 성인 신경증환자만을 치료했다. 그러나 조직적 팽창의 논리에 따라 후대의 분석가들은 기꺼이 어린이를 분석하였고, 심지어 아직 말도 못하는 연령의 유아들까지 치료했다. 그리고 또다른 어떤 사람들은 정신병자의 치료방법을 찾기 시작했는데, 이는 곧바로 합리적 대화로 들어갈 능력이 없다고 추정되는 사람들을 치료하는 것이었다. 프로이트는 급성 신경증과 정신병에 관해 흥미로운 이야깃거리를 제공한다. 자신이 "억압의 메타심리학"이라고 부른 것에 대해 이야기하면서 프로이트는 억압이 나타나는 다중적 형태, 다양한 전이신경증을 지적한다. 예를 들어 불안 히스테리에서는 처음에 충동으로부터 물러나, 그 다음에는 치환된 관념으로 도피

　　이다" (Sigmund Freud, "The Unconscious," in *Standard Edition*, 1957〔1915〕 14: 166면).
26) "의미의 증대는 직접적 경험의 한계를 넘어서기 위한, 완벽하게 정당화할 수 있는 기반이다. … 칸트가 우리의 지각은 주관적으로 조건지워져 있으며, 우리의 지각을 불가지하지만 인지되는 것과 동일시해서는 안된다는 사실을 간과하지 말라고 경고한 것처럼, 정신–분석은 의식을 통한 인식을 그 대상인 무의식적 정신과정과 등치시키지 말라고 우리에게 경고한다. 물리적인 것과 마찬가지로 실제로 정신적인 것(the psychical)은 반드시 우리에게 보이는 대로가 아니다" (같은책 14: 167, 171면).

하는 전위가 생길 수 있다. 그러나 이어서 "치환물로부터 발생하는 불안의 발전을 억제하려는" 욕구를 느낄 수도 있다. 그리고 나서 프로이트는 "매번 본능적 흥분이 늘어날 때마다 치환된 관념을 둘러싼 보호벽은 좀더 바깥으로 이동해야만 한다"고 말한다.[27] 이 지점에서 공포증은 훨씬 더 복잡해져서, 도피하려는 시도는 더욱 커진다.[28]

여기서 묘사되고 있는 것은 흥미로운 사회적 과정이다. 무엇인가가 불안을 낳았다. 개인은 억압장치를 이용하여 부정적 느낌과 부정적 결과를 회피하려 한다. 이는 불안을 경감하지만 여기에는 댓가가 있다. 프로이트는 그 댓가가 너무 크다고 주장한다(아니면 너무 클지도 모른다고 했던가?). 아마도 정신분석가가 하고자 하는 일은 불안을 만들어내는 원인과 맞서도록 개인을 돕는 것, 그 결과 적은 댓가를 지불하고서도 고통을 경감할 수 있도록 돕는 것이다. 따라서 개인은 고통을 경감하려고 합리적으로 노력할 것이다. 그리고 정신분석가는 고통을 경감하는 더 나은 길(더 합리적인 길?)이 있다는 것을 환자가 알도록 합리적으로 인도하려고 노력할 것이다.

분석가가 옳은가? 이 새로운 길은 고통을 경감하는 더 합리적인 길인가? 프로이트는 무의식적인 것에 대한 이런 논의를 중단하고 더 어려운 상황으로 돌아선다. 프로이트는 우리에게 "자기도취적인 신경증에서 도피의 이러한 시도, 에고의 이런 도피가 얼마나 더 근본적이고 심원하게 작동하는지" 살펴볼 것을 권유한다.[29] 그러나 여기, 프로이트가 격심한 병리현상으로 간주한 곳에서조차 그는 여전히 이를 동일한 요청, 즉 고통을 경감하려

---

27) 같은 책 14: 182면.
28) "에고는 마치 본능적 충동의 방향이 아니라 지각의 방향으로부터 불안이 발전한다는 위험에 위협받고 있는 듯이 행동하며, 이 때문에 이는 외적 위험에 대항해 공포증적 회피로 표상되는 도피의 시도로 반응할 수 있다. 이 과정에서 억압은 한 가지 특징에서 성공적인데, 불안의 해방은 어느정도 제어될 수 있지만 오직 개인적 자유를 심각하게 희생함으로써만 가능하다는 것이다. 그러나 본능의 요구로부터 도피하려는 시도는 일반적으로 무용하며, 모든 노력에도 불구하고 공포증적 도피의 결과는 불만족스러운 상태로 남는다" (같은 책 14: 184면).
29) 같은 책 14: 203면.

는 동일한 합리적 요청으로 인지한다.

프로이트는 분석가 역할의 한계를 아주 잘 알고 있다. 『에고와 이드』에서 프로이트는 '예언자, 구원자, 구세주'가 되려는 유혹에 대해 아주 분명하게 경고한다.[30] 프로이트는 비슷한 구속감을 『문명과 그 불만』에서 표명한다. 그는 행복해지려는 우리의 필연적 과업이 실행 불가능하다는 것에 대해 논의하고 있다. 그는 이렇게 말한다. "모든 사람에게 적용되는 황금법칙은 없다. 모든 사람은 구원받을 수 있는 어떤 특수한 방식을 스스로 찾아야 한다." 그는 극단에까지 이른 선택은 위험과 신경증으로의 도피를 낳는다고 덧붙이고서, "행복의 추구가 나중에 아무 것도 아닌 게 된다는 것을 아는 사람은 여전히 만성적 도취의 기쁨 속에서 위안을 발견할 수 있다. 아니면 정신병에서 보이듯이 절망적인 반란의 시도를 일으킬 수도 있다"고 결론맺는다.[31]

나는 프로이트의 이 문장을 읽고 여러가지 생각이 떠올랐다. 프로이트가 환자에게서 관찰한 병리현상은 위험으로부터의 도피로 묘사된다. 나는 위험으로부터 도피하는 것이 얼마나 합리적인지 다시 강조하겠다. 사실 가장 비합리적인 도피처럼 보이는 정신병으로의 도피조차 그 사람에게 다른 대안이 없다는 듯이 "절망적인 반란의 시도"로 묘사되는 것이다. 절망에 빠진

---

30) 무의식적 죄의식의 장애물과 싸우는 것이 분석가에게는 쉽지 않다. 그것에 대항해 직접적으로 할 수 있는 일은 없고, 간접적으로도 오직 무의식적으로 억압된 그것의 뿌리를 드러내고, 그리하여 점차 그것을 의식적인 죄의식으로 변화시키는 느린 절차밖에 없다. … 이는 주로 죄의식의 강도에 달려 있다. 치료를 통해 그것과 맞설 수 있는, 비슷한 정도의 힘을 지닌 대항력이 없을 때가 많다. 아마 이것 또한 분석가가 환자의 에고 이상(ego ideal)을 대신할 만한 개성이 있느냐에 달려 있을 텐데, 여기에는 분석가가 환자에 대해서 예언자, 구원자, 구세주 역할을 맡으려는 유혹이 담겨 있다. 분석의 규칙은 내과의사가 그런 식으로 자신의 개성을 이용하는 것과 완전히 반대되기 때문에, 여기서 우리는 분석의 효과가 지닌 또다른 한계를 만나게 된다는 것을 솔직히 고백해야 한다. 결국 분석은 병리적 반응을 불가능하게 만들지는 않지만, 이 길 아니면 저 길을 선택할 수 있도록 환자의 에고에 자유를 부여한다"(Sigmund Freud, *The Ego and the Id*, New York: W. W. Norton 1960 [1923] 50~51면).

그 사람은 정신병자가 되려고 노력했다. 그리고 마지막으로 분석가는 예언자가 아니고 예언자일 수 없기 때문일 뿐만 아니라 "모든 사람은 구원받을 수 있는 어떤 특수한 방식을 스스로 찾아야 하기" 때문에 분석가가 할 수 있는 일이 있기는 있다.

우리는 정신분석가대회에 참석하고 있는 것이 아니다. 내가 이런 쟁점을 제기한 것은 정신의 기능이나 정신병 치료의 양상에 대해 논의하기 위해서가 아니다. 내가 프로이트의 이런 구절들을 끼워넣은 이유는 그 구절들이 우리의 근저에 놓인 합리성의 전제들에 빛을 던져주기 때문이다. 어떤 것은 다른 것이 비합리적이라고 서술될 수 있을 때만 합리적이라고 서술될 수 있다. 프로이트는 사회적으로 비합리적이라고 수용된 영역인 신경증적 행위의 세계를 유랑하였다. 그의 접근법은 이렇게 비합리적이라고 보이는 행위의 배경에 깔려 있는 합리성을 밝히는 것이었다. 그는 계속해서 심지어 더 비합리적인 것인 정신병으로 나아가, 거기서도 또 다시 합리적이라고 부를 만한 설명인, 위험으로부터의 도피를 발견하였다. 물론 정신분석은 위험을 처리하는 더 나은 양식과 그렇지 못한 양식이 있다는 가정을 기초로 한다. 프로이트가 사용한 경제학적 비유에 따르면, 개인의 상이한 대응은 상이한 댓가를 요구한다.

그러나 비합리적으로 보이는 것에 대한 합리적 설명을 찾으려는 논리를 밀고 나가면서 프로이트는 행위자의 관점에서 보면 비합리적인 것은 없다는 논리적 결론으로 우리를 이끌어간다. 그리고, 자신은 옳고 환자는 틀렸다고 말하는 외부자란 도대체 누구인가? 프로이트는 분석가가 환자에 대해 우위에 서기 위해서는 어느 정도까지 나아가야 하는지에 대해 신중했다. "모든 사람은 구원받을 수 있는 어떤 특수한 방식을 스스로 찾아내야 한다." 그러나 만일 누군가의 관점에서 볼 때 어떤 것도 비합리적이지 않다면, 근대성·문명·합리성에 대한 찬양은 도대체 어떻게 되는 것인가? 나는 이것이 너무나 심원한 도전이어서 우리는 이에 대한 대응을 아직 시작조차 못하고 있다고 말하고 싶다. 우리가 얻을 수 있는 유일하게 일관된 결론은 형식적 합리성 같은 것은 없다는 것, 아니 그보다는 형식적으로 합리적인 것을 결정하기 위해서는 복잡성과 종별성(specificity)을 아주 자세히 보여주면서, 의도된 목적이 무엇인지 반드시 설명해야 한다는 것인데, 이 경우 모든 것은 행위자의 관심의 향방과 관점에 달려 있다. 이런 의미에서 포스트모더니즘의 가장 급진적이고 유아론적인 버전은 프로이트의 이 전제를 최종목적지로 삼고, 그 과정에서, 비록 이를 주목하기는 해도 프로이트에게 조금의 감사 표시도 하지 않는 것인데, 그 이유는 아마도 포스트모더니스트들이 그들 주장의 문화적 기원을 모르고 있기 때문일 것이다. 그러나 물론 그런 포스트모더니스트들은 프로이트의 도전을 도전으로 받아들이는 것이 아니라, 영원한 보편적 진리, 거대담론 중의 최거대담론으로 간주하고 있는데, 이런 자기모순 때문에 이 극단적 입장은 자기파괴적이다.

프로이트의 도전에 직면하여 일부는 환희에 차서 손을 번쩍 들고 유아론자가 되었으며, 다른 사람들은 돌아앉아 합리성의 주문을 반복해서 외웠다. 우리는 그 어느 것도 할 수 없다. 바로 형식적 합리성 개념의 가용성 (operationality)에 대해 프로이트가 도전했기 때문에 우리는 그와 대를 이루는 베버의 개념인 실질적 합리성을 더 심각하게 받아들여야만 했고, 그것을 베버 자신이 하려 한 것보다 더 심층적으로 분석해야 했다. 프로이트가 도전한 것, 사실 아마도 그가 붕괴시킨 것은 **형식적 합리성** 개념의 유용성이다. 추상적인 형식적 합리성이라는 것이 있을 수 있는가? 형식적 합리성은 언제나 누군가의 형식적 합리성이다. 그렇다면 어떻게 보편적인 형식적 합리성이 있을 수 있겠는가? 보통 형식적 합리성이란 목적을 위해 더 효율적인 수단을 이용하는 것으로 제시된다. 그러나 목적은 그리 쉽게 정의되지 않는다. 목적은 기어츠(C. Geertz)*의 "두터운 묘사"를 불러온다. 그리

---

*미국의 인류학자로 시카고대학 교수를 거쳐(1960~70), 1970년 이후부터는 프린스턴대학 교수를 역임했다. 인도네시아 연구의 권위자로 자바·발리·모로코 등지에서 연구와 조사

고 상황이 일단 그렇다면, 프로이트는 모든 사람들이 형식적으로 합리적이라고 암시하고 있다. **실질적 합리성**은 정확히 이런 환원 불가능한 주관성을 받아들이려 하고, 그럼에도 불구하고 우리가 지각있고 의미있는 선택, 사회적 선택을 할 수 있다고 주장하려는 시도이다. 나는 이 주제로 다시 돌아갈 것이다.

내가 다루려는 두번째 도전은 유럽중심주의에 대한 도전이다. 오늘날 이는 아주 널리 유포되어 있다. 30년 전에는 그에 대한 언급이 거의 없었다. 이 문제를 우리들 사이에 공개적으로 제기한 첫번째 인물들 중 한명은 압델-말렉으로, 그가 '오리엔탈리즘'을 비난한 것은(1963) 싸이드보다 10년 이상 앞선다. 그는 전생애를 통해 그가 "대안적 문명 프로젝트"라고 부른 것을 제시하는 데 몰두했다.[32] 나는 그가 주장한 것, 특히 『사회변증법』(*Social Dialectics*, 1981)에서 주장한 것을 논의해보고 싶다. 내가 그의 책을 골라서 논의하는 이유는 압델-말렉이 서구의 악행을 비난하는 것을 넘어 대안을 탐구하는 데까지 나아갔기 때문이다. 압델-말렉은 변화한 지정학적 현실 속에서는 "자명한 것으로 가정된 보편주의라는 처방이 전혀 효과가 없을 것이다"라는 가정에서 출발한다.[33] 압델-말렉은 자신이 "유의미한

활동을 했고 종교와 사회조직, 문화변화의 문제 등을 주로 연구했다. 그의 학설은 문화를 상징체계로서 파악하는 문화이론으로 알려져 있으며, 지역 연구에 생태학적 관점을 도입하였다. 주요저서로 『자바의 종교』(*Religion of Java*, 1960) 『이슬람 관찰기』(*Islam Observed*, 1968) 『문화의 해석』(*The Interpretation of Culture*, 1973) 등이 있다.

32) Anouar Abdel-Malek, *Civilisations and Social Theory*, vol. 1 of *Social Dialectics*, London: Macmillan, 1981 (1972) xii면. 이후 이 책의 인용은 본문에 표기할 것이다.

33) 최초의 영감은 … 우리 시대 세계의 전환 속에, 동양——아시아와 아프리카, 그와 더불어 라틴아메리카——이 동시대성으로 부상한 데 깊이 뿌리내리고 있다. … 서구 헤게모니의 정점이던 얄따시대에 사회이론이 직면한 핵심적 문제는 지금까지 비서구적 문명의 틀에 속해온 주변화한 사회와 문화를 다룰 방법과 수단을 어떻게 만들어낼 것인가였다. 자명한 것으로 가정된 보편주의라는 처방은 전혀 효과가 없을 것이다. 그것은 내부로부터 작동중인 종별성을 해석할 수 없었으며, 민족적 사상계와 행동파 속에서 형성된 주요 경향들도 받아들일 수 없었다. … 비현세적(non-temporal) 사회이론은 구체적인 현실세계와 주어진 역사적 시공간 속에서 인간사회의 객관적 변증법으로부터, 그리고 빙산의 숨겨진 부분에서 강

사회이론"(43면)으로 지각한 것에 도달하기 위해서 우리에게 비환원주의적 비교론을 채택하여 그가 세 개의 상호 연관된 원——문명·문화권·민족(또는 "민족구성체")——로 구성된 세계라고 본 것과 비교하도록 권유한다. 그는 오직 두 개의 '문명'만이 있다고 보는데, 인도-아리안 문명과 중국문명이 그것이다. 각각은 다중의 문화권을 포함한다. 인도-아리안 문명에는 고대이집트·고대그리스-로마·유럽·북아메리카·사하라 남부의 아프리카·아랍-이슬람과 페르시아-이슬람 지대, 그리고 라틴아메리카의 주요부분이 포함된다. 중국문명에는 중국 자체, 일본·중앙아시아·동남아시아·인도 아대륙·오세아니아 그리고 아시아-이슬람 지대가 포함된다.

압델-말렉의 핵심요소가 '문명'이라면, 핵심개념은 '종별성'(specificity)이며, 그의 말에 따르면 이는 역사적인 것에 "지리적 맥락"을 추가할 것을 요구한다(97면). 그러나 그렇게 말한 다음에 그는 일반론과 인식론의 핵심 문제는 "인간사회영역에서 특히 시간의 밀도와 관련된 관념들의 배열과 시간의 개념 사이의 관계를 심화하고 정의하는 것"이라고 덧붙인다(156면). 생산, 재생산 그리고 사회권력이라는 측면에서 문명들을 비교할 수 있지만, 중요한 차이는 시간-차원과의 관계인데, 이 안에서 우리는 "분명하게 드러난 종별성"의 최고 "밀도"를 발견한다. "왜냐하면 이곳이 문화와 사상의 중심이기 때문이다." 그는 "시간-차원의 전면적으로 침투하는 중심적 구성력, 역사적 장(場)의 깊이"에 대해 이야기한다(171~72면).

이처럼 지리학적 도전은 대안적 시간 개념임이 판명된다. 압델-말렉에게는 그가 사용하는 의미에서의 오직 두 가지 '문명'만이 있고, 따라서 시간-차원에 대한 오직 두 가지 관계만이 있음을 기억하라. 한쪽에는 서구의 시간관이 있는데, 이는 아리스토텔레스로 소급되는 "조작적 관점"으로, "형식논리의 부상(浮上), 분석적 사고의 헤게모니"이며 시간을 "역사적 지속 속에서의

력하게 작용하는 지구-역사적 형성력으로부터 분리된, 전문적 이데올로그들의 주관주의적인 인식론적 생산에서만 통용될 수 있다"(같은 책 xi, xiii면).

인간의 위치에 대한 이해로서가 아니라 행동을 위한 도구"로서 간주하는 것
이다(179면). 그리고 "다른 쪽 강변에서" 우리는 비분석적 개념을 발견하게
되는데, 여기서는 "시간이 주인이고" 따라서 "상품으로서 파악"될 수 없다.[34]
그는 "우리 공동의 강 양안 사이의 "비적대적이지만 모순적인 변증법적 상
호작용"을 요청하면서 끝맺고 있다(185면).[35] 이것은 우리를 어디에 남겨두는
가? 그것은 우리에게 공동의 강 양안——결코 뒤르켐, 맑스, 베버의 관점이
아니다——을 남겨둔다. 우리에게는 환원할 수 없는 종별성들이 남으며, 그
럼에도 우리는 그에 대해 이론화할 수 있다. 우리에게는 시간의 본성에 대한
문명적 도전이 남는데, 이 쟁점은 고전적 사회학의 문화에서는 쟁점조차 아
니었다. 그리고 우리는 곧바로 세번째 도전을 만나게 된다.

　세번째 도전 또한 시간에 관한 것이지만, 이번에는 두 가지 시간관에 관
한 것이 아니라 시간의 다중적 실재, 시간의 사회적 구성에 관한 것이다.
시간은 주인일 수 있지만, 만일 그렇다면, 브로델에게 그것은 우리 자신이
형성시킨 주인인 동시에 그에 저항하기 어려운 주인이다. 브로델은 사실
네 종류의 사회적 시간이 있지만, 19세기와 대부분의 20세기에 사회과학자

---

34) "다른 쪽 강변에서, 동양의 관념은 완전히 상이한 환경 속에서 실현된 상이한 과정을 통해
　조직되었다. 우리가 동양——아시아, 중국 주변, 아프리카-아시아의 이슬람 지역——의 민족
　과 사회의 역사-지리적 구성을 연구한다면, 곧바로 우리는 분명히 인류 역사에서 가장 오래
　된 정착적이고 안정적인 사회경제구성체의 사회를 만나게 될 것이다. 일군의 사회들이 주요
　강가에 설립되어 대양과 바다를 향해 광범위하게 열려 있었고, 그리하여 목축집단들은 더
　안정적이면서 농업-정착적인 생산양식 및 사회적 삶으로 옮겨갈 수 있었다. … 여기서는 여
　러 세기 그리고 수천년 동안 이런 객관적 기초요소들이 '영속성' '사회적 지속'과 어떻게 연
　관되어왔는지 고려하는 것이 중요하다. … 시간은 주인이다. 따라서 시간 개념은 비분석적
　관점으로서, 단일하고 공생적이며 통일된, 그러면서도 일체화하는 관점으로서 발전해왔다
　고 할 수 있다. 인간은 더이상 시간이 '없거나 부족할' 수 없다. 존재의 주인인 시간은 상품
　으로서 파악될 수 없다. 반대로 시간이 인간을 결정하고 지배한다"(같은 책 180~81면).
35) 압델-말렉은 모든 서구적 근대성을 거부하고 있다. 사실 그는 서구와 대결하고 있는 동
　양에 이런 경고를 덧붙인다. "만일 동양이 자기 운명의 주인이 되고 싶다면, 일본 군예(軍
　藝)에 나타나는 오래된 격언을 숙고해보는 것이 좋을 것이다. '온고지신하는 자만이 진정한
　주인이 될 수 있다는 것을 잊지 말라'"(같은 책 185면).

대다수는 그 중 오직 두 종류만 인지했다고 주장한다. 한편에서는 시간이 본질적으로 사건의 연쇄로 구성된다고 보는 사람들이 있는데, 라꽁브(P. Lacombe)는 이를 사건사(histoire événementielle)이라고 불렀으며, 이 용어를 영어로 번역하면 '삽화적 역사'(episodic history)가 가장 적합하다. 이 관점에서 보면 시간은 그 위에 무수한 점들이 있는 유클리드적 직선의 등가물이다. 이 점들이 '사건들'(events)이고, 그것은 통시적 연쇄 속에 배열되었다. 이는 물론 만물이 매순간 끊임없이 변하고, 설명은 연쇄적이며, 경험은 반복할 수 없다는 고대의 관점과 공명하고 있다. 이는 우리가 개별기술적 역사학이라고 부른 것의 토대이지만, 비이론적 경험주의의 토대이기도 한데, 양자 모두 근대 사회과학에 광범위하게 유포되어왔다.

널리 유포된 대안적 시간관은 사회적 과정이 무시간적이라는 것인데, 이는 지금 이 순간에 우리가 그 모든 규칙들을 설명할 수 없을지라도, 모든 시간과 공간에 적용되는 규칙과 정리들(theorems)이 사건을 설명해준다는 의미에서 무시간적이라는 것이다. 19세기에 이 관점은 이런 유의 분석모델을 제공한 뉴튼 역학을 암시하여 때때로 '사회물리학'이라고 지칭되었다. 브로델은 이런 시간관을 최장기지속(la très longue durée)이라고 불렀다(장기지속 la longue durée과 혼동하지 말라). 우리는 이를 영원한 시간(eternal time)이라고 부를 수 있을 것이다. 브로델은 이런 접근법의 주요사례로서 레비-스트로스(C. Lévi-Strauss)를 논의했지만, 물론 다른 사람들도 이 관점을 널리 사용해왔다. 실제로 이는 사회학의 문화 속에서 우세하게 사용되고 있고 보통 우리가 '실증주의'를 이야기할 때 의미하는 바라고 말할 수 있다. 브로델 자신은 사회적 시간의 이런 다양성에 대해 "그것이 존재한다면, 오직 야만의 시대의 시간일 수 있을 뿐이다"라고 말한다.[36]

---

36) Fernand Braudel, "History and the Social Sciences: *The Longue Durée*," in *Economy and Society in Early Modern Europe*, ed. P. Burke (London: Routledge and Kegan Paul 1972) 35면.

브로델이 이런 두 가지 시간관을 기본적으로 반대하는 이유는 그 어느 것도 시간을 진지하게 받아들이지 않기 때문이다. 브로델은 영원한 시간은 신화이고, 사건의 시간인 삽화적 시간은 그의 유명한 구절을 빌면, "먼지"라고 생각한다. 그는 사실 사회적 실재는 다른 두 종류의 시간 속에서 주로 발생한다고 주장하는데, 대체로 이 시간들은 개별기술적 역사가와 법칙정립적 사회과학자 모두에게 무시되어왔다. 그는 이 시간들을, 길지만 영원하지는 않은 장기지속의 시간 또는 구조적 시간과, 꽁종끄뛰르(conjoncture)적 시간, 또는 순환적인 중간적 범위의 시간, 구조 내의 순환들의 시간이라고 부른다. 이 두 가지 시간 모두 분석가의 구성물이지만, 동시에 행위자를 제약하는 사회적 실재이기도 하다. 아마 당신은 뒤르켐, 맑스, 베버가 이런 브로델의 구성물에 전적으로 반대하지는 않을 것이라고 생각할 것이다. 그리고 이는 어느정도 사실이다. 이들 셋은 모두 복잡하고 미묘한 사상가들이었고 오늘날 우리가 절대적으로 무시하려는 많은 것들을 이야기했다. 그러나 이 세 사람은 내가 사회학의 문화라고 부르고 있는 것에 포섭되어버렸기 때문에 사회적으로 구성된 시간을 위한 공간은 없으며, 따라서 브로델이 그런 문화에 대한 근본적인 도전을 대표한다. 유럽중심주의에 대한 도전이 우리를 더욱 복잡한 지리학으로 몰고 간 것처럼, 사회적 시간을 무시하는 데 대한 저항은 우리가 익숙하게 사용하던 것보다 훨씬 긴——그러나 다시 상기시키건대, 항상 무한보다는 짧은——시간-전망으로 우리를 몰고 간다. 오늘날 우리가 역사사회학이라고 부르는 것이 1970년대에 출현한 것은 의심할 바 없이 적어도 부분적으로는 브로델의 도전에 대한 대응이었지만, 이는 사회학 내의 전공으로 흡수되었으며, 더 거대한 인식론적 재배열에 대한 브로델의 암묵적 요구는 거부되어왔다.

네번째 도전은 사회과학 밖에서 왔다. 그것은 오늘날 복잡성 연구라고 알려진, 자연과학과 수학에서의 지식운동의 출현에서 기인한다. 이 운동에는 많은 주요인물들이 있다. 나는 그 중에서 내가 보기에 가장 급진적으로 그 도전을 표명한 한 사람인 일리야 프리고진에 집중할 것이다. 『네이처』(*Nature*)지의 이전 편집자인 매독스 경(Sir J. Maddox)은 프리고진의 비범한 중요성에 주목하여, "그가 40년 이상 오로지 비균형과 복잡성 문제와 끈질기게 씨름해온 데 대해" 연구공동체는 그에게 큰 빚을 지고 있다고 주장했다.[37] 물론 프리고진은 이른바 소산구조(dissipative structures)에 대한 업적을 인정받아 노벨 화학상을 수상한 사람이다. 그러나 그의 관점을 이어주는 두 핵심개념은 "시간의 화살"과 "확실성의 종말"이다.[38]

두 개념은 뉴튼 역학의 가장 근본적인 가정들, 프리고진이 생각하기에 양자역학과 상대성이 요구한 수정을 거치고도 살아남은 가정들을 반박하려 한다.[39] 엔트로피와 확률이라는 비뉴튼적 개념은 확실히 최근의 것이 아니다. 그것은 19세기에 화학이 발달했을 때 그 기초에 있었고, 사실 어떤 의미로는 물리학과 화학의 구분을 정당화해주었다. 그러나 물리학자의 관점에서 볼 때 그런 개념에 의존한다는 것은 화학이 지적으로 열등하다는 것을 보여주는 것이었다. 화학은 충분히 결정론적이지 않기 때문에 불완전했다. 프리고진은 그런 개념들의 시시한 장점을 수용하기를 거부할 뿐 아

---

37) Ilya Prigogine, *The End of Certainty* (New York: Free Press 1997) 표지의 Sir J. Maddox 의 추천사.

38) 『확실성의 종말』은 1997년에 출간된 프리고진 책의 영문판에 붙여진 제목이다. 그러나 프랑스어 원본의 제목은 *La fin des certitudes* (Paris: Odile Jacob 1996)인데, 나는 복수형이 그의 주장과 더 합치한다고 생각한다.

39) "잘 알다시피, 20세기에 양자역학과 상대성은 (힘과 가속도와 관련된) 뉴튼의 법칙을 대체하였다. 그러나 이 법칙의 기본적 특징들——결정론과 시간 대칭성——은 살아남았다. … 그런 방정식(쉬뢰딩어Schrödinger의 방정식 같은)에 의해 자연의 법칙들은 확신으로 나아간다. 첫 조건들이 제시되면 모든 것이 결정된다. 자연은 자동기계이고, 적어도 원리상 우리는 그것을 통제할 수 있다. 신기함, 선택 그리고 자발적 행동은 오직 우리 인간의 관점에서만 실재한다. … 결정론적이고 시간-가역적인 법칙들에 종속된 수동적 자연이라는 관념은 서구세계에 아주 특유한 것이다. 중국과 일본에서 자연이란 '스스로 존재하는 것'이다" (Prigogine, *End of Certainty* 11~12면. 이후 이 책의 인용은 본문에 표시하겠다). 여기서 시간-차원에 대한 두 가지 상이한 문명적 관계에 대한 압델-말렉의 주장과의 유사성에 주목하라.

니라, 훨씬 더 나아간다. 그는 물리학 자체가 그런 개념에 입각해야 한다고 주장하고자 한다. 성 안에서 용을 잡으려 하는 프리고진은 불가역성이 유해한 것이 아니라 "질서의 원천"이며 "자연에서 근본적으로 구성적인 역할을 한다"고 주장한다(26~27면).[40] 프리고진은 자신이 뉴튼 물리학의 정당성을 부정하려는 것이 아니라는 점을 아주 분명히했다. 뉴튼 물리학은 통합가능한 계를 다루고, 그 "정당성 영역" 내에서는 유효하다(29면). 그러나 "통합 가능한 계가 예외"이기 때문에 이 영역은 한정적이다(108면).[41] 대부분의 계들은 "결정론적 과정(분기들 사이에서)과 확률적 과정(부문들의 선택에서) 모두를 포함하며"(69면), 두 과정은 연속적 선택들을 기록하는 역사적 차원을 함께 창조한다.

우리가 정신분석가들의 대회에 참가하고 있는 것이 아닌 것처럼, 물리학자들의 대회에 참가하고 있는 것도 아니다. 여기서 내가 우리 사이에 이런 도전을 제기한다면, 그 주된 이유는 뉴튼 역학이 우리가 모방해야 하는 인

40) "확률은 경제학에서 유전학까지 대부분의 과학에서 핵심적인 역할을 한다. 그러나 확률이 그저 마음먹기에 달린 문제라는 생각은 살아남았다. 이제 우리는 한걸음 더 나아가 어떻게 확률이 고전물리학이든 양자물리학이든 물리학의 기본법칙들에 들어가게 되는지 보여주어야 한다. … (엔트로피가 무지의 척도라는 주장은) 지지될 수 없다. 이 주장은 우리가 (열역학의) 두번째 법칙으로 나아가게 된 것이 바로 우리의 무지, 우리의 거친 성미 때문이었다는 것을 암시한다. 라쁠라스가 상상한 악마처럼 정보를 잘 갖춘 관찰자에게는 세계가 완벽하게 시간-가역적으로 보일 것이다. 우리는 시간의 아버지, 진화의 아버지이지 그 아들은 아닐 것이다. … 우리 자신의 관점에 따르면, 전통적 방식으로 정식화된 물리학의 법칙은 우리가 살고 있는 불안정하고 진화하는 세계와는 완전히 다른, 이상적이고 안정적인 세계를 묘사한다. 불가역성의 진부화를 포기한 주요한 이유는 우리가 더이상 시간의 화살을 혼란의 증가와 연관시킬 수 없기 때문이다. 비균형 물리학과 화학에서의 최근 발전은 반대방향을 향하고 있다. 이것들은 분명하게 시간의 화살이 질서의 원천이라는 것을 보여준다. 불가역성의 건설적 역할은 비균형이 새로운 형태의 응집력을 만들어내는 완전불균형(far-from-equilibrium) 상황에서 훨씬 더 두드러진다"(같은 책 16~17, 25~26면).
41) "우리의 입장은 고전역학이 불완전하다는 것이다. 왜냐하면 그것은 엔트로피의 증가와 연관된 불가역적 과정을 포함하지 않기 때문이다. 그 공식들 속에 이 과정을 포함하려면, 우리는 불안정성과 통합 불가능성을 결합해야 한다. 통합 가능한 계는 예외이다. 삼체문제(three-body problem)에서 시작할 때 대부분의 동역학 계들은 통합 불가능하다"(같은 책 108면).

식론적 모델을 대표한다는 가정에 우리가 너무나 익숙해져서, 이런 인식론적 모델이 기원한 바로 그 문화 내에서 그 모델이 심각한 도전을 맞고 있다는 것을 인식하는 것이 중요하기 때문이다. 그러나 훨씬 더 중요한 이유는 동역학의 이런 재정식화가 자연과학에 대한 사회과학의 관계를 완전히 전도하기 때문이다. 프리고진은 인류의 자존심이 손상받은 세 번의 연속적인 계기가 있었다는 프로이트의 주장을 환기시킨다. 프로이트가 말한 세 가지 계기 중 첫번째는 꼬뻬르니꾸스가 지구가 천체의 중심이 아니라는 것을 보였을 때이고, 두번째는 인간이 동물의 일종이라는 것을 다윈이 보여주었을 때이며, 세번째는 프로이트가 우리의 의식적 활동은 무의식에 의해 통제된다는 것을 보여주었을 때였다. 여기에 프리고진은 하나를 추가한다. "우리는 지금 이 관점을 뒤집을 수 있다. 우리는 인간의 창조성과 혁신을 물리학과 화학에서 이미 드러난 자연법칙의 증폭으로서 이해할 수 있다고 본다"(71면). 그가 여기서 무엇을 했는지 주목하라. 프리고진은 사회과학과 자연과학을 재통합했는데, 인간활동을 다른 물리적 활동의 단순한 변이로 볼 수 있다는 19세기의 가정 위에서가 아니라, 물리적 활동을 창조성과 혁신의 과정으로 볼 수 있다는 전도된 토대 위에서 그렇게 했다. 지금까지 드러난 그대로 확실히 이것은 우리 문화에 대한 도전이다. 더구나 프리고진은 우리가 제기한 합리성이라는 쟁점에 대해서도 이야기한다. 프리고진은 "결정론으로의 복귀"가 아닌 "리얼리즘으로의 복귀"를 요청한다(131면).[42]

42) "우리의 사고는 리얼리즘으로의 복귀이지만, 단연코 결정론으로의 복귀는 아니다. … 우연 또는 확률은 더이상 무지를 수용하는 편리한 길이 아니며, 그보다는 새롭고 확장된 합리성의 일부이다. … 미래가 결정되지 않았음을 받아들일 때 우리는 확실성의 종말에 이르게 된다. 이것은 인간 정신의 패배를 인정하는 것인가? 그렇지 않으며, 우리는 그 반대가 진실이라고 믿는다. … 시간과 실재는 환원 불가능하게 연결되어 있다. 시간을 부정하는 것은 위안이거나 인류 이성의 승리일 것이다. 그것은 항상 실재의 부정이다. … 우리가 나아가려 하는 길은 신기함을 위한 공간을 남겨두지 않는 결정론적 법칙들이 지배하는 세계와, 모든 것이 부조리하고 비인과적이며 이해 불가능한, 주사위게임의 신이 지배하는 세계라는, 둘 다 소외에 이르는 두 관념 사이의 좁은 길이다" (같은 책 131, 155, 183, 187~88면). 마지막 문장의 "좁은 길"이라는 단어에 주의하라.

현실적 합리성은 바로 베버가 "실질적"이라고 부르고 있던 합리성, 즉 현실적 선택의 결과인 합리성이다.[43]

　내가 논의하고 싶은 다섯번째 도전은 페미니즘의 도전이다. 페미니스트들은 지식의 세계가 다중적 방식으로 편견에 차 있다고 외쳤다. 지식의 세계는 인간 운명의 주체로서의 여성을 무시해왔다. 지식의 세계는 사회적 실재에 대한 연구자로서의 여성을 배제하였다. 지식의 세계는 현실조사에 기반하지 않은 성차에 대한 가정들을 초험적으로 이용하였다. 지식의 세계는 여성의 관점을 무시하였다.[44] 내가 보기에 역사적 기록이라는 점에서 보면 이 모든 질책은 정당하다. 그리고 물론 이런 쟁점이 쟁점 아닌 것이 되기까지 가야 할 길이 아직 멀긴 하지만, 페미니즘운동은 최근 수십년 동안 사회학 내에서 그리고 사회적 지식세계의 더 넓은 영역 내에서 이런 편견을 수정하는 데 어느정도 영향력이 있었다.[45] 그러나 페미니스트들의 활

43) 이 지점에서 브로델로 되돌아가, 30년 전에 씌어진 그의 정식들이 프리고진의 것과 얼마나 유사한 언어를 사용하는지 살펴보는 것은 흥미로운 일이다. 브로델은 "사회과학에서 통일성과 다양성"을 혼합하려는 그의 노력을 그가 폴란드 동료에게서 빌려왔다는 "복잡 연구"(complex studies)라는 용어를 사용해 묘사하려 한다(Fernand Braudel, "Unity and Diversity in the Human Sciences," in On History, Chicago: University of Chicago Press 1980 [1960] 61면). 그는 자신이 먼지로 간주한 사건사를 "선형적" 역사라고 묘사한다(같은 책 67면). 그리고 그는 분기를 연상케 하는 모델에 속하는 구르비치(G. Gurvitch)의 전지구적 사회라는 관점을 받아들이라고 우리에게 말한다. "(구르비치는) (서구의 중세와 우리의 동시대 사회) 양자의 미래가 여러가지 완전히 상이한 운명들 사이에서 주저하고 있다고 보는데, 내가 보기에 이는 삶의 다양성 자체에 대한 합당한 평가인 것 같다. 미래는 단일한 길이 아니다. 따라서 우리는 선형적인 것을 포기해야 한다"(같은 책 200면).

44) 나는 페미니스트의 학문이 무엇에 대한 것인지 보여주는 두 개의 요약적 진술을 인용하겠다. C. Jordan, Renaissance Feminism: Literary Texts and Political Models (Ithaca, N.Y.: Cornell University Press 1990) 1면: "페미니스트의 학문은 여성이 남성과 다른 삶을 경험했고 그 차이는 연구할 만한 가치가 있다는 가정에 서 있다." 그리고 J. Kelly, Women, History, and Theory: The Essays of Joan Kelly (Chicago: University of Chicago Press 1984) 1면: "여성의 역사는 여성을 역사에 복원한다는 것과 역사를 여성에게 복원한다는 이중의 목표를 지닌다."

45) J. Kelly, 같은 책 1면: "여성을 역사적 지식의 기초에 덧붙이려는 과정에서, 여성사는 이론에 새로운 활력을 가져다주었다. 왜냐하면 여성사는 역사연구의 관념을 뒤흔들었기 때

동의 이런 모든 면에서, 그들은 아직 사회학의 문화에 도전하지 못하고 있다. 그들은 그보다 오히려 사회학의 문화를 이용해왔고, 단지 자신들이 사회과학의 실천을 위해 수립한 바로 그 규칙들을 대부분의 사회학자들(좀더 넓게 말하면 사회과학자들)이 존중하지 않는다고 주장해왔을 뿐이다.

의심할 바 없이 이는 성취해야 할 매우 중요한 일이다. 그러나 나는 거기에 페미니스트들이 매우 분명하게 사회학의 문화에 도전해온 훨씬 더 중요한 무언가가 있다고 생각한다. 이는 남성중심적 편견이 사회적 지식의 영역(말하자면 여기서 그것은 이론적으로 예상 가능한 것이었다)뿐 아니라 자연세계에 대한 지식의 영역(이론적으로 여기서는 그것이 존재해서는 안 되었다)에도 있다는 주장이었다. 이 주장 속에서 그들은 지성소(至聖所)에 안치된 객관성에 대한 주장, 고전적인 사회학의 문화에 중심적인 이 주장의 정당성을 공격했다. 마치 프리고진이 화학을 물리학의 결정론에 대한 예외로 인정하는 데 만족하지 못하고, 물리학 자체가 결정론적이지도 않고 또한 그럴 수도 없다고 주장한 것과 마찬가지로, 페미니스트들은 사회적 지식을(바람직하지는 않다 하더라도) 사회적 편견이 예상될 수 있는 영역이라고 규정하는 데 만족하지 않고, 마찬가지로 이를 자연현상에 대한 지식에도 적용해야 한다고 주장하고 있다. 나는 페미니스트 학자 중에서 자연과학적 배경을 갖고(즉 초기교육을 받고), 따라서 자연과학의 필수적인 기술지식을 갖추고 있고, 그 속에서 교육받았으며 자연과학에 공감하면서 이 문제에 대한 주장을 펴고 있는 몇몇 페미니스트들의 주장을 검토함으로써 이 문제를 다루려 한다.

내가 고른 세 사람은 수리-생물리학자 교육을 받은 에블린 팍스 켈러(Evelyn Fox Keller), 영장류 생물학자 교육을 받은 도너 해러웨이(Donna J. Haraway), 그리고 이론물리학자 교육을 받은 반다나 시바(Vandana Shiva)

문이다. 여성사는 역사적 사상의 기초적 관심 중 세 가지——(1)시기구분 (2)사회적 분석의 범주들 (3)사회변동의 이론들——를 의문시함으로써 이를 달성하였다"

이다. 켈러는 전에는 분명히 터무니없게 보였을 질문이 갑자기 자신의 지적 계서제에서 우선순위에 올라서게 된 1970년대 중반의 깨달음을 이야기한다. "과학의 얼마나 많은 본성이 남성성 관념에 매여 있는가, 그리고 만약 그렇지 않다면 과학은 어떻게 될까?" 그리고 나서 그녀는 자신이 이 질문에 어떻게 대답하려 하는지 말한다. "나의 주제는 … 남성과 여성의 형성이 어떻게 과학의 형성에 영향을 미치는가이다." 여기까지라면 우리는 지식사회학이나 과학사회학보다 더 앞서 나가지 못한다. 그리고 켈러는 이런 식으로 질문을 제기하는 것은 자연과학의 문화에 기껏해야 "주변적인" 영향만 미칠 뿐이라고 아주 정확하게 말한다. 밝힐 필요가 있는 것은 젠더(gender)가 "과학적 이론의 생산"에 영향을 미친다는 점이다.[46]

이것이 가능한 일인가? 켈러는 과학자들의 정신의 매개변수에 주목한다. 그녀는 " '이론 선택'에서 개인의 내적 동학"에 대해 말한다.[47] 켈러는 베이컨적 과학의 창설자들이 어떻게 그들의 저작을 남성적 정복(virile

46) Evelyn Fox Keller, *Reflections on Gender and Science* (New Haven: Yale University Press 1985) 3~5면.
47) 같은 책 10면. 켈러는 다음과 같이 쓰고 있다. "(개인적 만족을 위해 자연의 법칙을 독해한다는 것은) 비인격적으로 수행되는 과학자들의 개인적 투자를 드러내준다. 그들이 그려낸 그림의 익명성은 그 자체가 일종의 서명으로 드러난다. … '이론 선택'의 개인의 내적 동학에 대한 주의는 과학에서 이데올로기가 표출되는──심지어 과학자들의 최선의 의도에도 불구하고──훨씬 더 미묘한 몇몇 수단들을 조명해준다. … 그러나 보일의 법칙이 틀리지 않다는 사실을 잊어서는 안된다. 과학에 대한 효과적인 비판이 되려면 과학의 부정할 수 없는 성공과 그런 성공을 가능케 한 헌신 모두를 적절히 고려할 필요가 있다. … 보일의 법칙은 우리에게 믿을 만한 서술을 제공하는데, … 이는 실험상의 반복 가능성과 논리적 일관성이라는 시험을 통과한 것이다. 그러나 이것이 일련의 특수한 현상에 대한 진술로, 특수한 이익을 만족시키도록 한정되었고, 신뢰도와 유용성이라는 확실한 동의를 얻은 두 기준과 일치하도록 서술된 것이라는 점을 인정하는 것이 중요하다. 어떤 현상이 연구할 가치가 있고 어떤 종류의 자료가 중요한지에 대한 판단──그리고 그런 현상에 대해 어떤 서술(또는 이론)이 가장 적합하고, 만족스럽고, 유용하고, 심지어 신뢰할 만한지에 대한 판단도──은 문제시되는 판단의 사회적, 언어적 그리고 과학적 실천에 결정적으로 의존한다. … 모든 학문분과의 과학자들은 가정들과 더불어 살며 일하는데, 이 가정들은 상수처럼 느껴지지만 … 사실 변수이고, 적절한 충격을 받으면 변하기 쉽다. 그런 편협성은 … 그 공동체 밖으로 나감으로써 차이의 렌즈를 통해 인지될 수 있을 뿐이다"(같은 책 10~12면).

mastery) 및 자연에 대한 지배에 사로잡힌 남성적 비유로 뒤덮었는지를, 그리고 과학자만이 주관성의 투사를 피했다는 것을 근거로, 과학자가 자연철학자와 다르다고 주장하는 것은 분석의 검증을 통과하지 못한다는 점을 어렵지 않게 보여주고 있다.[48] 이처럼 켈러는 과학에서 '남성중심주의'를 관찰하지만, 과학 자체를 거부하거나 이른바 근본적으로 상이한 과학의 창조를 요구하는 어떤 결론의 도출도 거부한다. 오히려 그녀는 이렇게 말한다.

> 나의 과학관──그리고 적어도 부분적으로 이데올로기적인 것으로부터 인지적인 것을 분류해낼 수 있는 가능성──은 더욱 낙관적이다. 따라서 이 논문들의 목적은 더욱 명확하다. 그것은 과학 내부에서 과학을 남성주의 프로젝트가 아닌 인간적 프로젝트로 선언하는 것이고, 과학을 남성의 영역이라고 주장하는 감성적 노동과 지적 노동 사이의 분할을 거부하는 것이다.[49]

도너 해러웨이는 영장류 생물학자로서의 관심사에서 출발하는데, 그녀는 생물학을 "성적 유기체에 대한 과학에서 유전학적 조합을 재생산하는 과학"으로 전환하려는 여키즈(R. M. Yerkes)와 윌슨(E. O. Wilson)의 다소 상이한 시도를 공격한다.[50] 그녀의 주장에 따르면 이 두 이론의 대상 모두 두 가지 상이한 계기적 형태로 나타난 인간공학이며, 거기서 발견되는 차이란 기껏해야 더 큰 사회세계의 변화를 반영할 뿐이다. 그녀는 두 이론 모두에 대해 질문한다. 누구의 이익을 위한 인간공학인가? 그녀는 자신의 작업을 "자연──아마 우리 시대에 지구라는 행성의 거주자들을 위한 희망,

48) "근대과학의 이데올로기는 그 부정할 수 없는 성공과 더불어 그 속에 고유의 투사(投射) 형태─공평무사, 자율성, 소외라는 투사─를 동반한다는 것이 이 책의 한 테제이다. 나는 단순히 완전히 객관적인 과학의 꿈이 원리상 실현 불가능하다는 것이 아니라, 그 꿈은 그것이 부정하는 것─반사된 자아-이미지의 생생한 흔적─을 정확히 포함한다고 주장하고 있는 것이다"(같은 책 70면).

49) 같은 책 178면.

50) Donna J. Haraway, *Simians, Cyborgs, and Women: The Reinvention of Nature* (New York: Routledge 1991) 45면. 이후 이 책을 인용한 곳은 본문에 표시할 것이다.

억압 그리고 논쟁의 가장 중심적인 싸움터인——의 발명과 재발명에 관한" 작업이라고 부른다(1면). 그녀는 자신이 있는 그대로의 자연에 관해 말하고 있는 것이 아니라, 우리가 자연과 경험에 대해 들은 이야기들——그 이야기를 풀어나가는 데서 생물학자들이 핵심적인 역할을 한다——에 관해 말하고 있다고 주장한다.

나는 여기서 그녀의 주장을 되풀이할 생각은 없지만, 이 비판에서 그녀가 이끌어내려는 결론에 주의를 기울일 것이다. 켈러처럼 해러웨이도 자신의 "생물학적 결정론" 비판에서 배타적인 "사회구성주의적" 관점을 이끌어내는 것을 거부한다(134~35면을 보라). 그보다 그녀는 20세기의 사회발전을 우리 모두가 "기계와 유기체의 이론화되고 직조된 잡종인 키메라"가 된 것으로 보며, 여기에 싸이보그라는 이름을 붙인다. 그녀는 "경계의 혼동 속에서 쾌락을 주장하고 경계의 건설 속에서 책임을 주장"한다고 말한다(150면). 그녀가 붕괴하고 있다고 보는 경계들은 인간과 동물 사이 또는 인간+동물(혹은 유기체)과 기계 사이의 경계들, 그리고 물리적인 것과 비물리적인 것 사이의 경계들이다.

그녀는 자신이 "실재의 대부분을 보지 못하는 주요한 잘못"이라고 부른 "보편적이고 전체화하는 이론"에 대해 경고하지만, 또한 "과학과 기술의 사회적 관계에 대해 책임을 지는 것은 반과학적 형이상학, 과학의 악마주의를 거부함을 뜻한다"고 주장한다(181면).[51] 책임감이라는 주제는 이 도전에서 핵심적이다. 그녀는 "전체화하는 전망"의 이름으로가 아니라, "정치학에서는 연대라고 부르고 인식론에서는 공유된 대화라고 부르는, 연계망의 가능성을 유지해주는 부분적이고 자리매길 수 있는 비판적 지식"의 이름으로 상대주의를 거부한다(191면).[52]

51) 해러웨이에게 이는 "타자와 부분적으로 연계되고 우리의 모든 부분들과 소통하는, 일상 생활의 경계들을 재구성하는 숙련된 임무를 받아들이는 것을 뜻한다. … 이는 공통언어의 꿈이 아니라 강력하게 이단적인 이종언어(heteroglossia)의 꿈이다"(같은 책 181면).
52) 그녀는 다음과 같이 결론내린다. "지식의 대상으로서 신체는 물질적-기호론적 생식의 매

반다나 시바는 과학적 방법 자체보다는 문화적 계서제 속에서 과학이 차지하는 위치에서 도출되는 정치적 함의에 비판의 촛점을 맞춘다. 그녀는 남의 여성으로서 발언하는데, 이렇게 해서 그녀의 비판은 압델-말렉의 비판과 다시 만난다.[53]

그녀는 "자연을 지배하는 남성의 제국"이라는 관념을 "모든 생명체의 민주주의"라는 개념과 대비시키는데, 그녀의 말에 따르면 후자는 "대부분의 비서구문화"의 토대이다.[54] 시바는 생물학적 다양성의 보존과 인류문화의 다양성의 보존이 서로 긴밀하게 연결되어 있다고 보며, 따라서 현대의 생물기술학적 혁명의 결과에 특별한 관심을 갖고 있다.[55]

듬이다. 그 경계들은 사회적 상호작용 속에서 물질화한다. 경계들은 과정을 계획함으로써 도출된다. '대상'은 그 자체로 미리 존재하지 않는다. 대상이란 경계 프로젝트이다. 그러나 경계들은 내부로부터 이동한다. 경계들은 매우 기만적이다. 경계들이 잠정적으로 포함하는 것은 의미와 신체에 대해 생식적이고 생산적이다. 경계를 설치하는 것(찾아내는 것)은 위험한 실천이다. 객관성이란 이탈에 대한 것이 아니라, 상호적이고 보통 불평등한 구조화에 대한 것, '우리'가 영원히 죽을 수밖에 없는, 즉 '최종적인' 통제 속에 있을 수 없는 세계 속에서 위험을 무릅쓰는 것에 대한 것이다"(같은 책 200~201면).

53) "백인남성의 짐은 지구와 특히 남의 주민들을 감당하기에 점점 더 무거워지고 있다. 지난 500년의 역사를 통해 북의 국가들과 자연, 북의 국가들과 그밖의 사람들 사이에는 언제나 식민관계가 형성되었고, 식민화하는 남성이나 사회는 우월한 위치에 있으므로 지구의 미래 그리고 다른 민족이나 문화에 대해 책임져야 한다고 여겼다. 우월성을 가정하는 데서 백인 남성의 짐이라는 개념이 나온다. 그리고 백인 남성의 짐이라는 관념에서 백인 남성이 자연과 여성과 다른 사람들에게 부과한 짐이라는 현실이 나온다. 그러므로 남의 국가들을 탈식민화하는 것은 북을 탈식민화하는 것과 밀접하게 연결되어 있다"(Vandana Shiva, in Maria Mies and Vandana Shiva, *Ecofeminism,* New Delhi: Kali for Women 1993, 264면, 손덕수·이난아 옮김, 『에코페미니즘』, 창작과비평사 2000, 326면).

54) M. Mies & V. Shiva, *Ecofeminism* 265면, 『에코페미니즘』 327면.

55) "과학 자체가 사회세력의 산물이며 과학적 생산을 동원할 수 있는 사람들에 의해 결정되는 사회적 의제를 갖고 있음에도 불구하고, 현시대에 과학적 행위는 사회적·정치적으로 중립이라는 특권적인 인식론적 지위를 부여받는다. 그리하여 과학은 사회적·정치적 문제에 대해 기술적인 해결책을 제공하면서도, 자신이 만든 새로운 사회적·정치적 문제로부터는 책임이 면제되고 초연하다는 이중적 성격을 지닌다. … 과학기술과 사회 간의 감춰진 고리를 드러내고 누구도 이야기하지 않는 은폐된 문제들을 밝히고 논의하는 문제는 남북관계와 연결되어 있다. 과학, 기술구조 그리고 이것들이 부합할 필요가 있는 체계에 대한 사회적 설명이 가능할 때에야 비로소 남과 북의 관계라는 견지에서 균형이나 설명이 가능하다. … 환

나는 켈러, 해러웨이, 시바가 정식화한 도전에서 두 가지 상수를 발견한다. 하나는 지금까지의 자연과학 비판이 결코 지식활동으로서의 과학을 거부하는 것으로 해석되는 것이 아니라, 과학적 지식과 실천의 과학적 분석으로 해석된다는 것이다. 그리고 두번째는 지금까지의 자연과학 비판이 책임있는 사회적 판단을 요청하게 된다는 것이다. 아마 당신은 자연과학에서 성별 편견의 문제가 입증되지 못했다고 느낄지도 모르겠다. 나는 이 점에서 쌘드러 하딩(Sandra Harding)이 적절한 응답을 하고 있다고 생각한다. "뉴튼과 아인슈타인의 자연법칙들이 어떻게 성별(gender) 상징화에 참여할 수 있는지 보이려는 시도가 아무리 불가능해 보이더라도, 원리상 그것이 성공할 수 없다고 생각할 아무런 이유가 없다." [56] 핵심구절은 "원리상"이다. 과학에 대한 페미니즘의 도전은 바로 모든 주장이 경험적 검증을 거치도록 하자는, 과학의 가장 기본적 실천에 대한 이런 호소력 위에 서 있다. 페미니즘은 성차와 과학적 실천이 무관하다는 선험적 주장을 의문시함으로써 사회학의 문화에 근본적으로 도전한다. 그것이 자연과학의 문화를 고려하긴 하겠지만, 이에 대해 동등하게 도전하고 있는지는 두고볼 일이다. [57]

경문제를 해결하는 과학과 기술의 전능에 의문을 제기하는 것은 북의 탈식민화의 중요한 단계이다" (M. Mies & V. Shiva, *Ecofeminism* 272~73면, 『에코페미니즘』 336~37면).
56) Sandra Harding, *The Science Question in Feminism* (Ithaca, N.Y.: Cornell University Press 1986) 47면. 하딩은 이렇게 쓰고 있다. "사회적 질문을 던질 때 우리는 … 명백하게 비합리적이지만 범문화적인 인간의 신념 및 행위 패턴의 기원, 형태 그리고 유행을 설명하기를 원한다. … 과학이 사회생활과 분석적으로 분리되어 있다고 주장할 때에만 우리는 비합리적인 사회신념 및 사회행위에 대한 설명이 원리상 물리학이 설명해주는 세계에 대한 우리의 이해를 증진시킬 수 없다는 허구를 유지할 수 있다. … 대상을 세고 노선을 분할하는 것은 공통적인 사회적 실천인데, 이런 실천은 수학적 질문의 대상에 대해 모순적 사고방식을 발생시킬 수 있다. 수학에서 특별한 개념의 수용에 영향을 줄 수 있는 것이 어떠한 성별 실천일지 상상하기 어려울지도 모르지만, 이런 경우는 수학의 지적·논리적 내용이 모든 사회적 영향으로부터 자유롭다는 주장에 의해 선험적으로 그 가능성을 배제할 수는 없음을 보여준다" (같은 책 47, 51면).
57) 젠슨(C. Jensen)은 이 문제에 관한 다섯 권의 책의 서평에서 이렇게 말한다. "영장류학을 제외하면, 주류 과학은 과학을 재명명하고, 재구성하려는 페미니즘의 시도를 사실상 무시

내가 다룰 여섯번째이자 마지막 도전은 아마 가장 놀라운 것이면서 가장 적게 논의되었을 것이다. 그것은 우리의 모든 작업의 핵심인 근대성이 사실은 결코 존재한 적이 없었다는 주장이다. 이 테제를 가장 분명하게 제시한 사람은 브루노 라투어(Bruno Latour)인데, 그의 책의 제목이 메씨지를 전달해준다. '우리는 결코 근대적인 적이 없었다'(We have never been modern). 라투어는 해러웨이와 동일한 주장, 즉 실재를 구성하는 것은 혼탁한 혼합이라는 주장으로 책을 시작한다. 그는 해러웨이가 "싸이보그"라고 부르는 "잡종들"(hybrids)의 증식에 대해 논의한다. 두 사람 모두에게 잡종은 중심적 현상인데, 이는 오랜 시일 증가해왔고 거의 분석되지 않았으며, 결코 공포스럽지 않은 것이다. 라투어에게 중요한 것은 현실을 자연·정치·담론이라는 세 범주로 나누는 학문적 및 사회적 분할을 극복하는 것이다. 그가 보기에 현실의 네트워크는 "자연처럼 실재하는 동시에, 담론처럼 서술되며, 또한 사회처럼 집합적이다."[58]

종종 라투어는 일종의 포스트모더니스트로 오해받는다. 주의 깊은 독자들이 사실 어떻게 이런 잘못을 범할 수 있는지 이해하기 어렵다. 왜냐하면 그는 그가 반근대라고 부른 것, 근대라고 부른 것 그리고 포스트모던이라고 부른 것에 대해 모두 똑같이 강도높게 공격하기 때문이다. 그가 보기에 이 세 집단 모두 지난 수세기 동안 우리가 살아왔고 현재 우리가 살고 있는 세계를 '근대'라고 가정하는데, 여기서 세 집단이 근대성에 부여하는 정의

해왔다. 남성적 원형보다 덜 위계적이고 더 투과성이 있으며, 더 성찰적인 모델과 분류법을 제시하는 것을 넘어서서 … 과학의 페미니즘적 수정과 재건이 무엇을 가져올지는 불분명하다. 페미니즘적 실천은 세계 속에 새로운 존재방법을 낳고 … 그에 따라 세계에 대한 새로운 인식방법과 서술방법을 발생시킬 수도 있다. 또는 아마 궁극적으로 새로운 인식론을 성취하게 되면, 언어와 지식의 한계를 그려낼 수 있을 것이고, 지식이 (젠더화한) 권력-관계의 구조 속에 뿌리내리고 있음을 보여줄 수 있을 것이다"(Sue Curry Jensen, "Is Science a Man? New Feminist Epistemologies and Reconstructions of Knowledge," *Theory and Society* 19, no. 2 [April 1990] 246면).

58) Bruno Latour, *We Have Never Been Modern* (Cambridge, Mass.: Harvard University Press 1993) 6면. 이후에 이 책을 인용한 경우 본문에 표기하겠다.

는 공통적이다——고풍스럽고 안정된 과거에 (대비되는) 시간상의 가속화, 단절, 혁명(10면).

　라투어는 '근대'라는 단어가 아주 상이한 두 종류의 실천을 숨기고 있다고 주장한다. 한편으로 자연과 문화의 새로운 잡종을 '번역'(translation)함으로써 발생하는 끊임없는 창조와, 다른 한편으로 인간과 비인간이라는 두 존재론적 지대를 분리하는 '순수화' 과정이 그것이다. 그는 두 과정이 분리되어 있지 않으며 따로 분석될 수 없다고 주장하는데, 왜냐하면 역설적이게도 잡종의 창조가 가능한 것은 바로 잡종을 금지하기 때문이며(순수화), 반대로 우리가 잡종의 증식을 제한하는 것은 바로 잡종을 인식함으로써 가능해지기 때문이다.[59] 이른바 근대세계를 가려내기 위해서 라투어는 '인류학'을 추천하는데, 이로써 그가 의미하는 바는 "동시에 모든 일과 씨름한다"는 것이다.[60]

59) "번역이나 중개작업과 순수화작업 사이에 어떤 고리가 있는가? 이것이 내가 조명하고자 하는 질문이다. 나의 가설——아직 조야한——은 후자가 전자를 가능하게 한다는 것이다. 즉 우리가 잡종들에 대한 인식을 금할수록 잡종들의 이종교배는 더욱 가능해진다——이것이 근대의 역설이다. … 두번째 질문은 다른 종류의 문화인 전근대와 관련된다. 나의 가설—— 역시 단순한——은 다른 문화들은 잡종을 인식하려고 노력함으로써 잡종의 증식을 배제해 왔다는 것이다. 그들——다른 모든 문화들——과 우리——서구인들——사이의 대분할을 설명해주고, 불가해한 문제인 상대주의를 결국 해결하게 만드는 것은 바로 이런 불일치이다. 세번째 질문은 현재의 위기와 관련된다. 만일 근대성이 분리와 증식이라는 그 이중과제에서 그렇게 효과적이라면, 왜 오늘날 근대성은 우리가 진정으로 근대적이 되지 못하게 막음으로써 취약해지는 것인가? 그러므로 가장 어려운 질문이기도 한 마지막 질문이 나온다. 우리가 근대적이기를 중단했다면, 우리가 더이상 증식의 작업을 순수화의 작업에서 분리할 수 없다면, 우리는 무엇이 될 것인가? 나의 가설——앞선 가설들처럼 이 또한 거친——은 우리가 괴물의 실존을 공식적으로 재현함으로써 그 증식을 늦추고, 새로운 방향으로 돌리고 조절해야만 할 것이라는 것이다"(같은 책 12면).

60) "근대세계에 대한 인류학이 존재한다면, 그 과제는 우리 정부의 모든 부서——자연과 경과학(hard sciences)의 모든 부서들도 포함하여——가 어떻게 조직되어 있는지 같은 방식으로 서술하고, 이 부서들을 함께 묶는 다중적 배열을 설명할 뿐 아니라 어떻게 그리고 왜 이 부서들이 분기하는지 설명하는 것이다"(같은 책 14~15면). 영역본에도 남아 있는 프랑스어 원본의 부제는 *Essai d'anthropologie symétrique*이다 (Bruno Latour, *Nous n'avons jamais été modernes: Essai d'anthropologie symétrique*, Paris: La Découverte 1991).

라투어는 우리가 살고 있는 세계는 그가 정체(Constitution)라고 부르는 것을 토대로 한다고 생각한다. 이 정체는 자연은 선험적이고 인간적 구성을 넘어서지만, 사회는 선험적이지 않고 따라서 인간은 완전히 자유롭다고 주장함으로써, 근대를 "무적"으로 만든다.[61] 라투어는 뭔가 있다면 그 반대가 사실이라고 믿는다.[62] 근대성이라는 개념 전체는 오류이다.

어느 누구도 근대적인 적은 없었다. 근대성은 시작되지도 않았다. 근대세계란 존재한 적도 없었다. 여기서 현재완료시제[63]를 사용하는 것이 중요한데,

---

61) "정체는 인간과 비인간의 완전한 분리를 믿고 있는 동시에 이 분리를 취소하기 때문에 근대를 무적으로 만든다. 당신이 만약 자연이 인간의 손으로 구성된 세계라고 말함으로써 그들을 비판한다면, 그들은 자연이 선험적이라는 것, 과학은 그저 자연에 접근할 수 있게 해주는 중개자일 뿐이라는 것, 그리고 그들은 손을 떼고 있다는 것을 당신에게 보여줄 것이다. 만일 당신이 사회는 선험적이고 그 법칙은 영원히 우리를 능가한다고 그들에게 말한다면, 그들은 우리가 자유롭고 우리의 운명은 우리의 손 안에 있다고 당신에게 말할 것이다. 만일 당신이 그들의 표리부동함을 반박한다면, 그들은 자신들이 자연법칙과 불가침의 인간 자유를 결코 혼동하지 않는다는 것을 당신에게 보여줄 것이다"(Latour, *We Have Never Been Modern* 37면). 나는 프랑스어 원본을 참조하여 심각한 오역을 바로잡았다. 영어판의 세번째 문장에는 심각한 오류가 있다.
62) 라투어는 지식의 세계에서의 그 표현을 살펴봄으로써 이 역설을 더 분명히한다. "오랫동안 사회과학자들은 일반인들의 신념 체계를 부정해왔다. 그들은 이 신념 체계를 '자연화'라고 부른다. 일반인들은 신의 능력, 화폐의 객관성, 유행의 매력, 예술의 아름다움이 사물의 본성에 내재적인 어떤 객관적 특성에서 나온다고 상상한다. 다행히 사회과학자들은 아는 것이 더 많아서 화살이 다른 방향, 즉 사회에서 대상으로 나아간다는 것을 보여준다. 신, 화폐, 유행 그리고 예술은 우리의 사회적 욕구와 이해가 투사되기 위한 표면을 제공해줄 뿐이다. 적어도 에밀 뒤르켐 이후에 이는 사회학 전문가가 되기 위한 댓가였다. 그러나 이런 형태의 비난과 화살 방향이 정반대인 다른 비난을 조화시키기는 어려운 일이다. 일반인, 단순한 사회 행위자, 보통 시민은 그들이 자유로우며, 자신의 욕망, 동기 그리고 합리적 전략을 마음대로 수정할 수 있다고 믿는다. … 그러나 다행히 사회과학자들은 파수꾼이어서, 인간 주체와 사회의 자유에 대한 이런 순진한 믿음을 비난하고, 그 정체를 폭로하며 조롱한다. 이번에 그들은 사물의 본성──이는 논란의 여지없이 과학의 결과물이다──을 이용하여 그것이 어떻게 가련한 인간의 연약하고 유연한 의지를 결정하고, 거기에 정보를 제공하며, 그것을 틀에 맞추어 찍어내는지 보여준다"(같은 책 51~53면).
63) 또 (영어판의) 번역상의 오류가 있다. 영어판에는 "과거완료시제"라고 되어 있지만, 이는 오역이다. 프랑스어판에는 복합과거시제(passé composé)라고 되어 있다.

왜냐하면 문제는 회고적 감정, 우리 역사를 재독하는 것이기 때문이다. 나는 우리가 새로운 시대에 들어서고 있다고 말하지 않을 것이다. 반대로 우리는 더이상 포스트-포스트-포스트모더니스트의 경솔한 비행을 계속해서는 안된다. 우리는 더이상 아방가르드의 아방가르드에 집착해서는 안된다. 우리는 더이상 훨씬 더 현명하게 되려고, 훨씬 더 비판적이 되려고, 훨씬 더 깊이 "의심의 시대"에 들어서려고 하지 않는다. 아니다, 대신 우리는 우리가 근대에 들어서기 시작하지도 않았다는 것을 발견한다. 따라서 포스트모던적인 사상가를 항상 따라다니는 우스꽝스러움에 대한 힌트를 얻는다; 그들은 시작도 하지 않은 시대를 지나왔다고 주장한다! (47면)

그러나 무엇인가 새로운 것이 있다. 우리가 침윤점에 도달했다는 것이다.[64] 그리고 이 때문에 라투어는 시간이라는 질문으로 나아가는데, 우리가 보듯 이는 이제 대부분의 도전의 중심에 놓여 있다.

만일 내가 혁명은 과거를 폐지하려 하지만 그럴 수 없다고 설명한다면, 나는 또다시 반동으로 간주될 위험을 무릅쓰는 것이다. 왜냐하면 근대파에게 ─ 그들이 잘못 간주한 포스트모던적인 적들뿐만 아니라 그들의 반근대적인 적들에게도 ─ 시간의 화살은 모호하지 않다. (이 논지에 따르면─옮긴이) 우리는 전진할 수 있으나, 그런 다음에야 과거와 단절해야만 한다. 우리는 후퇴를 선택할 수도 있지만, 그런 다음에야 자신의 과거와 급진적으로 단절하여 근대화를 밀고 가는 아방가르드와 결별해야 한다. … 이제 아는 바, 과학에서든 기술에서든, 정치에서든 혹은 철학에서든 우리가 수행할 수 없는 일이 있다면, 그것은 바로 혁명이다. 그러나 우리가 이 사실을 실망으로 해석할 때 우리는 아직도 근대에 머물러 있는 것이다. (69면)

64) "근대파는 그 자신의 성공의 희생자였다. … 그 정체는 몇몇 대항사례, 몇몇 예외들─사실 정체는 이들 위에서 번성했다─을 흡수할 수 있었다. 그러나 예외가 증식할 때, 그리고 사물의 제3계급과 제3세계가 함께 결합하여 그 모든 회합에 집단으로 쳐들어갈 때, 그 정체는 무력하다. … 잡종의 증식은 근대적인 것의 정체적 틀을 침윤해 들어갔다"(같은 책 49~51면).

라투어는 우리가 결코 "비근대파"(amoderns)가 아니었던 적이 없다고 말한다(90면). "자연들"이 없는 것처럼 "문화들"이란 없다. 오직 "자연들-문화들"이 있을 뿐이다(103~104면). "자연과 사회는 구분되는 두 극이 아니라, 계기적 상태에 있는 사회들-자연들의, 그리고 집합체들의 동일한 생산물이다"(139면). 우리가 전진할 수 있으려면 이를 인정하고 이를 세계에 대한 우리 분석의 중심으로 삼아야 한다.

도전들의 공연은 끝났다. 이 도전들은 나에게 진리가 아니라 기본전제들에 대해 반성하라는 명령임을 당신에게 상기시키겠다. 당신은 각각의 도전들에 의문이 있는가? 대부분 그럴 것이다. 나도 그렇다. 그러나 그것들은 함께 어우러져 사회학의 문화에 엄청난 공격을 가했고, 우리를 무관심하게 내버려두지 않는다. 형식적 합리성 같은 것이 있을 수 있겠는가? 우리가 심각하게 고려해야 할 서구적/근대적 세계관에 대한 문명적 도전이 있는가? 다중적인 사회적 시간의 실재는 우리에게 이론화와 방법론을 재구성하도록 요구하는가? 복잡성 연구와 확실성의 종말은 과학적 방법을 재발명하도록 우리를 어떤 방식으로 몰아가는가? 우리는 성차가 모든 곳, 심지어 수학적 개념화처럼 아주 동떨어져 보이는 지대에마저 개입하는 구조화 변수라는 것을 보일 수 있는가? 그리고 근대성은 무엇보다 우선 사회과학자들을 속인 기만——환상이 아니라 기만——인가?

앞서 제안했듯이 뒤르켐·맑스·베버에게서 도출된, 내가 사회학의 문화라고 부른 것을 구성하는 세 공리들은 이런 질문들을 적절하게 다룰 수 있는가? 그렇지 않다면 이로써 사회학의 문화는 붕괴하는가? 그리고 그렇다면, 우리는 무엇으로 그것을 대체할 수 있는가?

전망들

나는 21세기에 가능한 동시에 바람직하다고 생각하는 세 가지 예상과 관련하여 사회과학의 약속을 다루어보고 싶다. 그 세 가지는 과학과 인문학이라는 이른바 두 문화의 인식론적 재통일, 사회과학의 조직적 재통일과 재분할, 그리고 지식의 세계에서 사회과학의 중심성에 의한 가정이다.

사회학의 문화와 그것이 직면해온 도전에 대한 나의 분석에서 우리는 어떤 결론을 이끌어낼 수 있을까? 첫째로, 아주 단순하게 말해 사회학, 그리고 사실 모든 다른 사회과학이 겪어온 과도한 전문화는 불가피한 동시에 자기파괴적이었다.[65] 그럼에도 불구하고 우리는 지식의 깊이와 폭 사이에서, 그리고 미시적 시각과 종합적 시각 사이에서 다소 합당한 균형을 창조할 것이라는 희망을 갖고 과도한 전문화에 반대해 계속 싸워야 한다. 둘째로, 최근에 닐 스멜저(Neil Smelser)가 잘 표현했듯이, "사회학적으로 순진한 행위자"는 없다.[66] 그러면 우리는 사회학적으로 충분한 지식을 갖춘 행위자들을 만나는가? 즉, 우리의 행위자들은 합리적인가? 그리고 우리의 행

---

65) Deborah T. Gold, introduction to "Cross-Fertilization of the Life Course and Other Theoretical Paradigms," section 3 of *The Gerontologist* 36, no. 2 (April 1996) 224면을 보라. "최근 수십년 동안 사회학은 과도하게 전문화한 학문분과가 되었다. 비록 사회학자들은 우리가 대학원생들에게 광범위한 사회학적 교육을 제공하고 있다고 생각할 수도 있겠지만, 실례들을 보면 우리는 학생들에게 자신의 전문영역을 좁히도록 장려한다. 불행히도 이런 편협성은 많은 사회학자들이 자신의 전공이 아닌 곳에서는 현재 무엇이 진행되는지도 모른다는 것을 뜻한다. 만일 사회학이 이런 접근법을 계속 유지한다면, 우리가 더욱 광범위한 전망을 지닐 수 있는 21세기의 파슨즈나 로버트 머튼(Robert Merton)을 고무하는 것은 예상할 수 없다. 대신 미래의 사회학자들은 그들의 전문영역을 더욱 좁게 배치하게 될 것 같다." 이런 열변이 아주 전문적인 잡지인 『노인학』(*The Gerontologist*)에 실렸다는 점은 주목할 만하다.

66) "우리는 사회학적으로 순진한 행위자들의 모델──합리적 선택이론과 게임이론 모델들에서처럼──이 거의 대부분의 경우 오도되고 있다고까지 말할 수 있을 것이다. 우리의 유형화와 설명에는 제도화된 기대, 인지, 해석, 정서, 왜곡 그리고 행위의 계속적인 상호작용이 포함되어야만 한다"(Neil Smelser, *Problematics of Sociology*, Berkeley: University of California Press 1997, 27면).

위자들이 알고 있는 세계는 어떤 세계인가?

내가 보기에 우리가 다루는 사회적 사실들은 두 가지 의미에서 사회적이다. 사회적 사실은 실재에 대해 공유된 지각인데, 각 개별 관찰자에 따라 미세한 변화는 있지만 이는 중·대규모 집단에 의해 어느정도 공유된다. 그리고 사회적 사실은 사회적으로 구성된 지각이다. 그러나 분명히 해두자. 관심 있는 것은 세계를 사회적으로 구성하는 분석가들이 아니다. 바로 누적된 행위에 의해 사회적 실재를 창조해내는 행위자들의 집합체이다. 세계는 이 순간을 선행한 모든 것들 때문에 지금의 모습을 갖추고 있다. 분석가가 분간하려 하는 것은 어떻게 집합체가, 물론 사회적으로 구성된 그 자신의 비전을 가지고서, 세계를 구성했는가이다.

시간의 화살은 이처럼 불가피하고 예측 불가능하기도 한데, 왜냐하면 우리 앞에는 늘 분기가 있고 그 결과는 내적으로 비결정적이기 때문이다. 더군다나 오직 하나의 시간의 화살이 있긴 하지만, 다중의 시간들도 있다. 우리는 우리가 분석하고 있는 역사적 체계의 구조적 장기지속이나 순환적 리듬 그 어느 것도 무시할 수 없다. 시간이란 시간측정(chronometry)과 연대기(chronology) 훨씬 이상이다. 시간은 또한 지속, 순환 그리고 분열이기도 하다.

한편에서 실재 세계는 의심할 여지 없이 존재하고 있다. 만일 그것이 존재하지 않는다면, 우리도 존재하지 않는데, 이는 터무니없는 소리다. 이를 믿지 않으면, 우리는 사회세계를 연구하는 일을 할 수 없다. 유아론자는 자기자신에게조차 이야기를 걸 수 없을 텐데, 왜냐하면 우리 모두가 각 순간마다 변하고 있고, 따라서 누군가 유아론자의 관점을 채택하면, 우리의 어제의 관점은, 다른 사람의 관점이 그렇듯 오늘 창조된 우리의 비전과 무관하기 때문이다. 유아론은 오만의 형태 중 최고이고, 그 오만은 객관주의보다 더 심하기까지하다. 이는 우리의 추론이 우리가 인지하는 것을 창조해냈고, 그렇게 함으로써 우리는 존재하는 것, 우리가 창조해낸 것을 인지한다는 믿음이다.

그러나 다른 한편 우리가 세계를 알 수 있는 것은 세계에 대한 우리의 비전을 통해서, 물론 집합적인 사회적 비전이지만, 어쨌든 인간의 비전을 통해서일 뿐이라는 것도 사실이다. 이는 명백히 물리적 세계에 대한 우리의 비전이나 사회적 세계에 대한 우리의 비전 모두에 적용된다. 그 경우 우리 모두는 이러한 지각을 위해 사용하는 안경에 의존하게 되는데, 이는 맥닐(W. McNeill)이 '신화역사'(mythistory)라고 부른 것으로,[67] 우리는 이것 없이는 어떤 것도 말할 수 없다. 이런 제약 때문에 다원적이지 않은 개념은 없으며, 모든 보편적인 것은 부분적이고, 보편의 다원성이 존재한다. 그리고 또한 우리가 사용하는 모든 동사들은 과거시제로 씌어져야 한다. 현재는 우리가 그것을 발음할 수 있기 전에 지나가고, 모든 진술은 그 역사적 맥락 속에 놓일 필요가 있다. 법칙정립적 유혹은 개별기술적 유혹만큼 위험하며, 우리 중 너무나 많은 사람들이 사회학의 문화에 이끌려 법칙정립적 유혹이 파놓은 함정에 더욱 자주 빠져들게 된다.

그렇다, 우리는 확실성의 종말에 서 있다. 그런데 이는 실천적으로 무엇을 의미하는가? 사상사에서 우리는 끊임없이 확실성을 제공받았다. 신학자들은 예언자·성직자·경전들에서 보듯이 우리에게 확실성을 제공했다. 철학자들은 합리적으로 연역하거나 귀납하거나 혹은 직관을 통해 우리에게 확실성을 제공했다. 그리고 근대과학자들은 그들이 발명한 범주를 사용함으로써 경험적으로 검증된 확실성을 우리에게 제공했다. 그들 모두 그들의 진리가 현실세계에서 가시적으로 확인되지만, 이 가시적 증거는 더욱 깊고 더욱 은밀한 진리의 외향적이고 한정된 표현에 불과하며, 그들은 이 숨겨진 진리의 비밀을 밝혀내는 지정된 중개자라고 주장해왔다.

각 확실성군(群)은 어느 시기 어떤 곳에서 우세를 떨치긴 했으나, 그 중

---

67) William McNeill, *Mythistory and Other Essays* (Chicago: University Press of Chicago Press 1986).

어느 것도 모든 곳에서 영원히 그렇지는 못했다. 여기서 모순적 진리의 이런 광범위한 배열을 지적하는 회의론자와 허무주의자가 등장하여 진리라고 주장된 그 어떤 것도 다른 것보다 더 정당하지 않다는 명제를 전파하였다. 그러나 만약 우주가 사실상 내적으로 불확실하다면, 신학적, 철학적 그리고 과학적 기획이 어떤 장점도 갖지 못한다는 결론은 나올 수 없고, 그어느 것도 단지 거대한 기만을 나타낼 뿐이라는 결론도 확실히 나올 수 없다. 그보다는 우리가 영구적인 불확실성에 비추어 우리의 질문들을 정식화하는 것, 그리고 이 불확실성을 불행하고 일시적인 맹목이나 지식에 대한극복할 수 없는 장애로 볼 것이 아니라, 상상하고 창조하고 모색할 굉장한기회라고 보는 것이 현명하다는 결론을 얻게 된다.[68] 이 지점에서 다원주의는 약하고 무지한 사람들에 대한 관용이 아니라 더 나은 우주를 위한 가능성의 보고가 된다.[69]

1998년에 주로 물리학자로 구성된 일군의 사람들이 『무지의 사전』(*Dictionnaire de l'ignorance*)이라는 제목의 책을 출판하여, 과학은 지식의영역을 창출하기보다는 무지의 영역을 창출하는 데 더 큰 역할을 한다고주장하였다. 그 책 뒤표지에 적힌 소개문을 인용하겠다.

우리의 지식영역을 확장하는 과학의 과정에서 우리는 역설적으로 우리의

---

68) "Historian, the one who knows? No, the one who searches" (Lucien Febvre, "Parmanière d'introduction," in G. Freidmann, *Humanisme du travail et humanités*, Cahiers des Annales 5, Paris: A. Colin 1950 v면).

69) 내가 보기에 불확실성은 1997년에 닐 스멜저가 미국사회학회 회장 취임연설에서 머튼에게서 빌려온 용어인 "양가성"(ambivalence)을 논할 때의 핵심논제였던 것 같다. 그는 이를주로 물리세계의 구조적 상수로서가 아니라 행위자의 동기와 관련된 심리학적 상수로서논의했다. 그러나 그는 내가 마음속으로부터 동의하는 결론을 도출한다. "우리는 선호보다양가성이 우리로 하여금 추론을 가능하게 한다고 주장할 수도 있을 것인데, 왜냐하면 욕망보다 갈등이 사고를 위한 더 강력한 동기일 것이기 때문이다"(Neil Smelser, "The Rational and the Ambivalent in the Social Sciences," *American Sociological Review* 63, no. 1 [February 1998] 7면).

무지 또한 늘어난다는 것을 깨닫게 된다. 우리가 해결하는 각각의 새로운 문제는 새로운 수수께끼를 출현시켜, 연구와 발견의 과정은 끊임없이 스스로를 쇄신한다. 지식의 미개척지는 끝없이 확대되어, 이전에는 생각지도 못한 질문들을 만들어내는 것 같다. 그러나 이런 새로운 문제들은 유익하다. 이 문제들은 과학에 새로운 도전을 제기하면서 과학이 영원한 운동을 전개하도록 강제하는데, 이 운동이 없다면 아마도 과학의 빛은 빠르게 소멸할 것이다.[70]

새로운 무지의 탄생에 관한 문제점 중 하나는 무지가 발견된 좁은 영역 내에서 혹은 이 영역에 의해서 이런 무지가 가장 잘 다뤄질 수 있다고 가정할 만한 이유가 없다는 것이다. 물리학자는 새로운 무지의 해결을 위해 이전에 생물학적이거나 철학적이라고 규정된 관심들을 요구하는 새로운 무지들을 드러낼 수도 있다. 그리고 우리가 알고 있듯이 이는 확실히 사회학자들이 드러내는 새로운 무지에 대해서도 마찬가지이다. 새로운 무지에 직면해 자기 세력권을 보호하려는 것은 학자들의 죄 중 가장 나쁜 짓이며, 명확함을 가능한 최대로 억제하려는 것이다.

사회과학의 조직 문제의 배경에 놓여 있는 것은 바로 이런 세력권의 문제이다. "학제간연구"라는 장미빛 열광 앞에 쏟아지는 온갖 아첨에도 불구하고, 오늘날 사회과학의 명목상 분할의 제도화는 극심하다. 실로 나는 학제간연구란 각 학문분과들이 어떤 특수한 지식을 지니고, 어떤 실질적 문제를 해결하기 위해 이를 다른 특수한 지식들과 결합하는 것이 유용할 것이라고 암시함으로써, 현재의 학문분과 목록을 가능한 최대로 지지하는 것으로, 그 자체가 하나의 유혹이라고 주장하겠다.

사실 19세기 사회과학의 세 가지 대 분열인 과거/현재, 문명인/타자, 그리고 국가/시장/시민사회 이 모두는 오늘날 지적 이정표로 옹호될 수 없다. 이른바 사회학, 경제학 또는 정치학 영역에서 역사적이지 않고서 분별

70) Michel Cazenave, dir., *Dictionnaire de l'ignorance* (Paris: Bibliothèque Sciences Albin Michel 1998).

있는 진술을 할 수는 없으며, 다른 사회과학에서 사용하고 있는 이른바 일반화를 이용하지 않고서 수행할 수 있는 분별있는 역사적 분석이란 없다. 그러면 왜 우리는 계속 상이한 과업에 종사하고 있는 척하는 것일까?

문명인/타자에 대해서 말하자면, 문명인들은 문명인이 아니며 타자는 타자가 아니다. 물론 종별성들이 있지만 그것들은 무수히 많고, 근대세계에 대한 인종주의적 단순화는 해로울 뿐 아니라 지적으로도 무능력하다. 우리는 결코 사라지지 않을 공생적인 쌍으로서 보편적인 것과 특수한 것을 다루는 법을 배워야 하며, 이것이 우리의 분석에 모든 것을 알려줄 것이다.

그리고 마지막으로 현실세계의 어떤 실제 행위자라도 알고 있듯이, 국가/시장/시민사회의 구분은 아주 단순히 말해서 받아들이기 어려운 것이다. 시장은 국가와 시민사회에 의해 구성되고 제약된다. 국가는 시장과 시민사회 양자의 반영이다. 그리고 시민사회는 국가와 시장에 의해 규정된다. 우리는 행위자의 관심, 선호, 동일성 그리고 의지가 표출되는 이런 세 양식을, 다른 사정이 같다면(ceteris paribus), 상이한 인간집단들이 그에 대해 과학적 진술을 전개할 폐쇄된 싸움터로 세분할 수 없다.

그러나 나는 심리학과 사회과학은 개별적인 두 기획이고, 심리학은 아마 생물학에 더 가깝거나 그 내적인 일부라는 뒤르켐적 전제를 계속 공유한다. 나는 행동주의자에서 프로이트주의자까지 대부분의 심리학자들이 이런 관점을 공유하는 것 같다는 데 주목한다. 이런 분리에 대해 가장 저항하는 집단은 사실상 사회학 내에서 발견된다.

그럼 사회과학을 개별적인 지식조직들로 분할하는 기존의 양식이 오늘날 무의미하다면, 우리는 무엇을 할 것인가? 한편에서 조직사회학이라고 부르는 것을 연구해온 사람들은 조직들이 강요된 변화에 얼마나 저항하는지, 그리고 그 조직의 지도자들이 이익——그들이 솔직히 인정하지 않으려 하지만 권력에 있는 자들에게 매우 실질적인——을 옹호하기 위해 얼마나 맹렬하고 영리하게 행동하는지 계속해서 보여주었다. 변혁의 속도를 강제하기는 어렵다. 그런 시도조차 아마 돈끼호떼적일 것이다. 다른 한편 우리 조직들 각각의 내부에는 어떤 신중한 개혁과정의 개입 없이도 경계들을 무너뜨리려는 과정이 진행되고 있다. 개별 학자들은 자기 작업을 진행하는 데 필요한 소집단과 네트워크를 함께 만들 동료들을 찾고 있다. 그리고 그런 네트워크는 학문분과의 명칭에 점점 더 연연하지 않는다.

더군다나 전문화가 급격히 증가하자, 예산줄을 쥐고 있는 사람들은 중복이 보여주는 외관상의 불합리성을 점점 더 싫어하게 되는데, 특히 세계적으로 고등교육에 대한 지출을 늘리기보다 삭감하라는 압력이 있는 상황에서는 더욱 그러하다. 우리의 속도를 강제할 수 있는 사람은 바로 회계사들일 텐데, 그들의 방식이 지적으로 최적은 아닐 것이다. 내가 보기에 이처럼 학자들이 어떤 종류의 조직적 재배열이 가장 잘 작동할지 알아내기 위해, 조직적 탐구에 종사하고 광범위한 실험을 허용하며 각자의 노력에 대해 상당히 관용적이 되는 것은 아주 긴요한 일인 듯싶다. 아마도 미시-거시는 학자집단의 조직양식으로서 제도화되어야 할 것이다. 나는 확신할 수 없다. 어느정도까지 이는 이미 자연과학에서 가동중이며, 실제로 (이론적으로는 아닐지라도) 사회과학자들도 이를 이용하고 있다. 또는 아마도 우리는 우리가 다루는 변동의 시간대——단기·중기·장기——에 따라 스스로를 나누어야 할 것이다. 현재 나로서는 이 분할선들 중 어떤 것에 대해서도 고정된 견해가 없다. 나는 우리가 그것을 시도해보아야 한다고 생각한다.

나에게 분명한 것은 우리 자신을 집단적으로 개방해야 하며, 우리의 눈가리개를 인식해야 한다는 것이다. 우리는 독서의 범위를 지금보다 훨씬 더 넓혀야 하며, 우리 학생들에게도 그렇게 하도록 강력히 권장해야 한다. 대학원생의 모집범위를 지금보다 훨씬 더 확대해야 하며, 우리가 어디에서 그들의 성장을 도와야 할지 그들 자신이 주도적으로 결정하도록 해주어야 한다. 그리고 우리에게는 언어를 익히는 것이 매우 중요하다. 3~5개의 주요 언어를 독해할 수 없는 학자는 심각한 결함이 있는 사람이다. 영어는 물론 핵심적이지만, 영어 하나로는 기껏해야 기록된 것의 50%에 접근할 수 있을 뿐이고, 시간이 지남에 따라 그 퍼센트는 점점 줄어들 것이다. 왜냐하면 씌어진 언어로 볼 때 비영어권 지역 학자의 배출이 점점 더 크게 증가하고 있기 때문이다. 언어에 대한 독해 지식의 증대는 우리 학자군단의 국제화의 증대와 일치하지는 않더라도 동행하고 있다.

어떤 종류의 구조조정이 발생할지 모르지만, 나는 기존의 국제사회과학 학회들이 적어도 지금과 같은 이름 하에 100주년 기념식을 거행할 수 있을지에 대해 회의적이다.

나는 마지막을 위해 내가 생각하는 가장 매혹적인 전망이자, 아마도 가장 중요한 전망을 유보해두었다. 이른바 철학과 과학의 이혼이 18세기말에 완료된 이래 사회과학은 이들과 정체를 알 수 없는 안좋은 관계에 있었고, 이 '두 문화'간 전쟁의 양측으로부터 경멸받았다. 그리고 사회과학자들은 이런 이미지를 내면화하여, 그들 자신이 과학자나 인문학자와 동맹하는 것 외에 다른 운명은 없다고 느꼈다. 오늘날 상황은 근본적으로 바뀌었다. 물리학에는 복잡성 연구라는 강력하고 성장중인 지식운동이 있는데, 이 운동은 시간의 화살과 불확실성에 대해 이야기하며, 인간의 사회체계가 모든 체계 중에서 가장 복잡하다고 믿는다. 그리고 인문학에는 문화 연구라는 강력하고 성장중인 지식운동이 있는데, 이 운동은 핵심적인 미학적 정전(正典)은 없으며, 문화상품들은 그 사회적 기원, 사회적 수용 그리고 사회적 왜곡 속에 뿌리내리고 있다고 믿는다.

내가 보기에 복잡성 연구와 문화 연구는 각각 자연과학과 인문학을 사회과학의 지반으로 이동시켰다. 지식세계에서 원심력의 영역이던 것이 구심력의 영역이 되었고, 사회과학은 이제 지식의 중심에 놓이게 되었다. 우리는 '두 문화'를 극복하려 하고, 진·선·미의 추구를 하나의 영역으로 재통일하려는 과정에 있다. 이것이 재결합의 대의이지만, 이는 아주 고되고 지루한 길이 될 것이다.

불확실성에 직면한 지식은 선택——어쨌든 선택이며, 물론 사회적 행위자들, 그 중에서도 학자들의 선택——을 해야 한다. 그리고 선택은 실질적으로 합리적인 것이 무엇인지에 대한 결정을 담고 있다. 우리는 더이상 학자가 중립적일 수 있다고, 즉 그의 사회현실에서 벗어날 수 있다고 꾸며낼 수조차 없다. 그러나 이것이 결코 무엇이든 용인된다는 뜻은 아니다. 이는 최적의 결정에 도달하기 위해 우리가 모든 영역의 모든 요소를 주의깊게 고찰해야 한다는 것을 뜻한다. 그리고 이것은 우리가 서로 동등한 대상으로서 대화를 나누어야 함을 뜻한다. 그렇다. 우리 중 일부는 다른 사람들보다 특정한 관심영역에 대해 특정한 지식을 더 많이 지니고 있지만, 어느 개인, 어느 집단도, 상대적으로 제한된 영역 내에서라도, 이 영역 밖에 있는 타자의 지식에 대한 고려 없이 실질적으로 합리적인 결정을 내리는 데 필요한 모든 지식을 갖고 있지 못하다. 그렇다. 만약 내게 뇌수술이 필요하다면 분명 나는 가장 유능한 외과의사를 원할 것이다. 그러나 훌륭한 뇌수술에는 사법적·윤리적·철학적·심리학적 그리고 사회학적인 어떤 판단들이 개입된다. 그리고 병원 같은 제도는 이런 지혜를 혼합된 실질적 합리성의 관점으로 모을 필요가 있다. 게다가, 환자의 관점은 무관하지 않다. 누구보다 이것을 알 필요가 있는 사람은, 사회학자나 시인이 그런 것처럼, 뇌수술을 맡은 외과의사이다. 숙련은 어떤 무형의 공백 속으로 용해되지 않지만 항상 부분적이고, 다른 부분적 숙련과 통합될 필요가 있다. 근대세계에서 우리는 이런 작업을 거의 하지 않았다. 그리고 우리의 교육은 우리에게 이에 대한 충분한 대비를 갖추어주지 않는다. 일단 우리가 기능적 합리성이 존재하지 않는다는 것을 깨닫고 나서야 비로소 우리는 실질적 합리성을 달성하기 시작할 수 있다.

나는 일리야 프리고진과 이자벨르 스땅제르(Isabelle Stengers)가 말하는 "세계의 재주술화"의 의미가 바로 이것이라고 생각한다.[71] 이는 "탈주술화"

라는 아주 중요한 과제를 부정하는 것이 아니라, 우리가 그 조각들을 다시 맞춰야 한다고 주장하는 것이다. 우리는 목적인을 너무 빨리 던져버렸다. 아리스토텔레스는 그렇게 어리석지 않았다. 그렇다. 우리는 작용인을 볼 필요가 있으나 목적인 또한 보아야 한다. 과학자들은 그들이 신학과 철학의 통제체계에서 벗어날 때 이용한 전술을 일반화하여 방법론적 필수요건으로 삼았는데, 이는 무력하였다.

　마지막으로 지식세계는 평등한 세계이다. 이는 과학의 위대한 공헌 중 하나였다. 그 또는 그녀가 반대되는 진술의 경험적 증거를 제시하고 집합적 평가를 위해 이를 모든 이에게 제공한다면, 누구에게든 진리에 대한 기존 진술의 진실성에 도전할 권리가 있다. 그러나 과학자들은 사회과학자가 되기를 거부했기 때문에, 과학에서 평등주의에 대한 이런 고결한 주장이 불평등한 사회세계에서는 불가능하고 신뢰할 수 없기까지 하다는 것을 보지 않았고, 심지어 깨닫지도 못하였다. 확실히 정치는 학자들에게 두려움을 불러일으키고, 학자들은 고립 속에서 안전함을 추구한다. 학자들은 강력한 소수, 권력을 쥔 소수를 두려워한다. 더 평등한 세계를 만들기는 쉽지 않을 것이다. 그럼에도 불구하고 자연과학이 물려준 목표를 달성하기 위해 세계는 현재의 것보다 더 평등한 사회적 여건을 필요로 한다. 과학에서 평등주의를 달성하기 위한 투쟁과 사회에서 이를 달성하기 위한 투쟁은 두 개의 개별적인 투쟁이 아니다. 그것은 동일한 것이며, 이는 진·선·미의 추

71) "(세계의 탈주술화라는 개념은) 역설적으로 지상세계의 찬미에 기인하며, 이는 앞으로 아리스토텔레스가 천상의 것으로 유보해둔 지적 추구의 종류가 될 만한 가치가 있다. 고전과학은 생성과 자연적 다양성을 부정했는데, 이 둘 다 아리스토텔레스가 열등한 세계인 지상세계의 속성으로 간주한 것이었다. 이런 의미에서 고전과학은 천상을 지상으로 끌어내렸다. … 근대과학적 전망의 근본적 변화, 시간적인 것(the temporal)과 다수성으로의 전환은 아리스토텔레스가 천상을 지상으로 끌어내린 운동의 역전으로 볼 수 있을 것이다. 이제 우리는 지상을 천상으로 끌어올리고 있다"(Ilya Prigogine and Isabelle Stengers, *Order out of Chaos: Man's New Dialogue with Nature*, Boulder, Colo.: New Science Library 1984, 305~306면).

구가 분리될 수 없음을 다시 한번 지적해준다.

인간의 오만은 인류가 스스로 부과한 가장 큰 한계였다. 내가 보기에 이는 에덴동산의 아담 이야기가 전하는 메씨지인 것 같다. 오만하게도 우리는 신의 계시를 받아 이를 이해했다고, 신들의 의도를 알고 있다고 주장해왔다. 우리는 인간 이성이라는 너무나 오류에 빠지기 쉬운 수단을 이용해 영원한 진리에 도달할 수 있다고 주장하면서 더욱 오만해졌다. 그리고 우리는 엄청난 폭력과 잔인함으로 완벽한 사회에 대한 우리의 주관적 이미지를 서로에게 강요하려 하면서 계속해서 오만을 부렸다.

이런 오만함 속에서 우리는 무엇보다 우리 자신을 배반했고, 우리의 잠재력, 우리가 가졌을지도 모르는 가능한 미덕들, 우리가 북돋웠을지도 모를 가능한 상상력, 우리가 달성했을지도 모를 가능한 인식의 소산을 봉쇄해버렸다. 우리는 불확실한 우주 속에 살고 있는데, 그 유일한 장점은 이런 불확실성이 영구적이라는 것이다. 왜냐하면 창조성——우주적 창조성, 그리고 물론 이와 더불어 인간의 창조성——을 가능하게 하는 것은 바로 이런 불확실성이기 때문이다. 우리는 불완전한 세계에 살고 있고, 이 세계는 앞으로도 항상 불완전할 것이며 따라서 항상 부정을 감추고 있을 것이다. 그러나 이런 현실 앞에서 우리는 결코 무기력하지 않다. 우리는 덜 부정한 세계를 만들 수 있다. 우리는 세계를 더 아름답게 만들 수 있다. 우리는 세계에 대한 우리의 인식을 늘릴 수 있다. 우리는 세계를 건설할 필요가 있을 뿐이며, 그것을 건설하기 위해 서로서로 논의하고, 우리 각자가 장악할 수 있었던 특정한 지식을 서로에게서 얻기 위해 분투할 필요가 있을 뿐이다. 시도하기만 하면, 우리는 농장에서 땀흘려 일하여 결실을 거둘 수 있다.

나의 친밀한 동료 홉킨즈(T. K. Hopkins)가 1980년에 내게 써준 메모로 결론을 맺을까 한다. "계속해서 위로, 위로, 위로, 그밖에 갈 곳은 없다. 이는 더 높은, 더 높은, 더더 높은 지적 수준으로 이동하는 것이다. 우아함. 정확함. 간결함. 올바름. 인내. 그뿐이다."

옮긴이의 말

이 책은 이매뉴얼 월러스틴의 *The End of the World As We Know It: Social Science for the Twenty-First Century* (University of Minnesota Press 1999)를 옮긴 것이다. 제목에서 보듯 월러스틴은 이 책에서 '세계의 종언'이라는 다소 도발적인 문제를 제시하고 있다. 이 제목에서 우리는 '이데올로기의 종언'이라든지 '역사의 종언' 같은 낯익은 다른 '종언'들을 연상하게 된다. 그렇지만 우리가 익히 들어 알고 있는 이런 종언들은 기실 사회적 갈등과 대립, 모순으로부터 눈을 감고 자유주의의 영원한 승리를 선언하는 자유주의 이데올로기의 전형적 선언에 불과한 것이었다. 이에 비해 월러스틴이 제기하는 '세계의 종언'은 우리가 당연시하면서 살아온 근대 자본주의세계 자체와 그것을 지탱해온 자유주의라는 거대한 이데올로기, 그리고 이에 맞서온 저항의 지배적 형태 모두에 심각한 위기가 발생하여 더이상 그 생명을 지속하기가 어려워지고 있음을 선언하고, 이제 문제를 근본에서부터 다시 끌어내어 검토해야 하며, 우리는 이를 통해 세계가 어떤 방향으로 나아갈지 선택하고 만들어가야 하는 갈림길에 서 있음을 알리는, 진정한 '종언'의 선언이자 앞날을 진지하게 검토하라는 요청이라고 할 수 있다.

역사 일반의 종언이나 이데올로기 일반의 종언을 이야기함으로써 자신이 처한 역사적 조건을 부정하고, 자신이 함의하는 이데올로기적 조건을 부정하는 다른 이데올로그들의 주장과는 달리, 세계 일반의 종언이 아니라 특정한 '우리가 아는 세계'의 종언을 말하고 있다는 점에서 월러스틴의 주장은 승리의 찬미와 묵시록이라는 양극단을 벗어난다. 그것은 우리가 알고 있는 세계의 뿌리와 논리, 그리고 그 모순들을 앎으로써 그 한계를 넘어설 수 있다는 생각을 담고 있다는 점에서, 진보의 필연성은 거부하지만 진보의 가능성에 발 딛고 선 주장이다.

월러스틴은 영어의 '알다'(know)라는 동사의 이중적 함의를 이용해 자신이 말하려는 두 가지 세계의 종언을 구분하고, 이를 이 책의 구성에 반영하고 있다. '알다'라는 말은 한편으로 '세상 돌아가는 사정을 알다' '한국에 대해 알다' '그 사람에 대해 알다'에서 보듯 어떤 대상에 대해 인지하고 있다는 의미로 쓰이고, 또 한편으로는 '사회학에 대해 알다' '영어를 알다'라는 용법처럼 특정한 지식을 이해하고 있다는 의미로도 쓰인다. 영어는 유럽어 가운데 한 단어로 이런 이중의 용법을 동시에 포함하는 특이한 경우인데, 이는 한국어의 경우도 마찬가지이다. 월러스틴은 이 책을 다른 나라 말로 번역할 때 이 두 함의를 함께 담을 단어가 없다고 보아서 책제목을 '21세기를 위한 사회과학'으로 바꿔줄 것을 요청했는데, 한국어 번역본에서 원래 제목을 달 수 있는 이유도 우리말의 '알다'가 이런 이중의 의미를 담고 있기 때문이다.

'우리가 아는 세계의 종언'은 이처럼 이중의 의미를 지니는데, 우선 우리가 그 속에서 살아왔고 우리에게 익숙한 세계인 자본주의 세계경제로서의 근대세계체계가 구조적 위기를 겪으면서 종언을 맞이하고 있다는 점에서 '세계의 종언'인 동시에, 그 세계에 대한 주요한 지적 구성물로 2차적 세계인 근대적 사회과학 또한 심각한 위기에 직면해 있고, 유효성을 상실하여 종언을 고해야 하는 상황이라는 점에서도 '세계의 종언'이다. 양자가 역사적으로 서로를 지탱해왔기 때문에 양자의 위기 또한 긴밀히 맞물리며 그 종언 또한 동시에 다가오고 있는 것이다.

먼저 우리가 살고 있는 세계에 대해서 살펴보자. 냉전이 끝나고 공산권이 몰락하고 신자유주의가 판을 치고 미국이 세계 유일의 강자의 자리를 장악한 것처럼 보이는 20세기 마지막 해에 월러스틴은 세계자본주의가 최종승리를 맞고 있는 것이 아니라 오히려 '처음이자 유일하게 진정한 위기를 겪고 있다'는 도발적인 주장을 편다. 월러스틴은 이 위기를 역사적 자본주의의 세 가지 시간대인 꼰드라띠예프 순환과 헤게모니 순환, 그리고 장기적 추세의 3중의 하강국면 또는 위기가 중첩되어 나타나는 것으로 보는데, 이 때문에 이 위기는 더이상 자본주의 세계경제의 갱신을 통해 극복될 수 없는 구조적 위기라는 것이다. 물론 현재 위기의 지표들 중 전지구적 디플레이션의 조짐과 금융세계화, 국가들 사이의 경쟁의 심화, 국가간체계구조의 불안정성 등은 역사적으로 볼 때 처음 나타난 것도 아니고, 19세기말 20세기초에도 관찰되었으며 역사적으로 그 이전에도 반복되어 나타난 바 있는 특징들이라 할 수 있다. 그렇기 때문에 월러스틴은 이런 요소들만으로 구조적 위기를 설명하는 것은 아니며, 이와같은 자본의 초민족화를 근거로 삼아 무엇인가 근본적인 전환이 발생했다는 듯이 전지구화를 주장하는 논자들의 주장도 받아들이지 않는다. 월러스틴이 보기에 현 위기가 더욱 심각한 구조적 위기가 되는 이유는 장기적 추세 때문인데, 이 장기적 추세는 꼰드라띠예프 순환이나 헤게모니 순환의 새로운 상승국면을 규정하는 한정요소(parameters)를 변경하여, 결과적으로 세계경제나 국가간체계, 지구문화의 재생산 가능성에 영향을 끼치게 된다. 그가 말하는 장기적 추세에는 첫번째로, 전지구가 자본축적의 공간 속에 포섭되어감에 따라 새로운 저임금 노동력 공급지가 점점 더 축소되어간다는 점, 두번째로, 끊임없는 자본축적의 논리를 따르는 근대세계체계는 삶의 질을 향상시키는 데 필요한 제비용을 외부화함에 따라 '실질적 합리성'을 파괴해갈 수밖에 없으며, 이것이 회복 불가능할 정도로 전지구적 위협을 증가시키는 생태위기로 나타나고 있다는 점, 세번째로, 자본축적은 그에 저항하는 위험계급들을 낳았는데 이의 포섭비용이 끊임없이 증대하고 있다는 점, 네번째로, 이런 위험계급들을 포섭하고 자본주의 세계체계에 정당성을 부여해온 자유주의 이데올로기가 심각한 위기에 처해 있다는 점 등이 포함된다. 이런 장기적 추세 때문에 가중된 구조적 위기의 핵심은 근대세계체계에 정당성을 부여해온 자유주의의 위기라고 할 수 있다.

자유주의는 민족국가를 발전단위로 삼아 대내적으로는 보통선거권, 복지국가, 인종주의와 결합된 민족적 동일성이라는 삼면강령을 실행했고, 국가간체계 수준에서는 민족자결권과 저발전국의 경제발전을 선전하여, 발전주의의 환상을 기초로 세계체계의 위험계급들을 포섭해내고 계급적으로 구분된 계서제와, 세계체계 국가들을 중심부와 주변부로 나누는 계서제의 재생산에 정당성을 부여하려 하였다. 그러나 자유주의는 그 강령이 실행되는 민족적 단위 내부에서 끊임없는 배제와 차별의 정치를 작동시켜 실제로는 양극화를 축소하지 않았으며, 국가간체계 차원에서도 세계체계 차원에서의 양극화를 줄이지 못했다. 전지구적으로 자유주의의 강령이 약속한 포섭의 대상에서 배제되는 사람들이 늘어나고, 세계경제가 침체국면으로 전환하고, 더이상 자유주의적이지 않은 신자유주의가 자유주의의 이름으로 지배계급의 이데올로기로 부각되면서, 자유주의가 위험계급들을 포섭할 수 있는 능력은 크게 줄어들었다.

자유주의가 위기에 처했다면 이제 역사는 그동안 유예되어온 '좋은 방향'으로 나아가는가? 그렇지 않다. '우리가 아는 세계의 종언'이라는 구도에는 이 세계를 변혁하려 했으나, 결국 이 세계에 포섭당한 반체계운동 또한 포함되기 때문이다. 본래 반체계운동들은 그 기원상 자유주의적이지는 않았으나 궁극적으로 자유주의 이데올로기에 포섭되어 자유주의가 약속한 민족국가 단위의 발전주의 신화를 공유하는 방향으로 나아가게 되었다. 자유주의적 발전주의는 일정기간 동안 이런 반체계운동들의 힘을 약화시키기보다 오히려 그 대중적 기반을 늘려 국가권력을 장악할 수 있는 힘으로까지 작동하였다. 그러나 강함은 약함의 다른 면이었고, 이 책의 13장에서 월러스틴이 세계체계 분석의 역사와 관련해 말하듯이, 성장하는 운동에 있어 가장 위험한 것은 이질적이고 때로 그 운동과 대립되는 요소들이 가면을 쓰고 침투하여 안으로부터 그 운동을 더이상 반체계적이지 않도록 전복하는 것이고, 그렇게 진행된 결과를 운동의 위기가 아니라 운동의 성장이라고 맹목적으로 오해하는 것이다. 반체계운동의 고조기가 지나고 침체기가 오면서 그 승리의 이면에서 나타나는 계서제와 배제, 양극화의 실재, 그리고 이런 문제들을 자체적으로 극복하지 못하는 무능력은 이들의 대중적 기반을 뒤흔드는 요소로 작용했고, 침투한 자유주의가 이들에게 제공한 희망과 미래에 대한 확실성의 주장은 급속히 쇠퇴하게 되었다. 현재 우리는 자유주의의 위기 속에서 그와 동시에 자유주의에 포섭되어온 반체계운동 자체의 심각한 위기를 목도하고 있고, 따라서 미래의 전망은 그다지 밝지만은 않다.

자유주의와 반체계운동의 위기는 양자가 포섭과 저항의 근거로 삼아온 우리가 살고 있는 세계에 대한 인식틀인 사회과학의 영역에도 문제를 제기하지 않을 수 없다. 우리가 아는 자본주의 세계에 대한 지식의 구성물인 근대적 사회과학은 본래 자유주의 이데올로기의 지적 부속물로 등장하였다. 그것은 철학으로부터 과학을 분리한다는 근대 계몽주의의 산물인데, 이처럼 철학으로부터 분리된 과학은 진리의 추구와 선의 추구를 분리하고, 사회과학의 영역에서 선의 추구, 또는 월러스틴이 잘 쓰는 막스 베버의 말로 실질적 합리성의 문제를 제거하였다. 그러면서도 사회과학은 근대성을 합리성으로 규정했기 때문에, 이때 합리성은 그 실제 가치의 문제와 분리된 형식적 합리성의 문제로 축소되었고, 과학은 가치중립적인 것처럼 규정되었다. 이런 배경을 지닌 사회과학은 또한 법칙정립적인 것과 개별기술적인 것을 부당하게 이분법적 대립구도로 설정했으며, 이해 불가능한 것과 복잡성의 영역을 학문의 영역에서 배제하였다. 부당하게 진리와 가치를 구분하고, 법칙적인 것과 현상적인 것을 구분한 사회과학은 역시 부당하게 우리가 알고 있는 세계를 정치적/경제적/사회적으로 나누었고, 서로를 별개의 논리에 따라 작동하는 격리된 영역인 것처럼 제시했다. 근대세계체계에 도전하고 저항해온 반체계운동이 근거로 삼은 이단적인 사상들(예를 들어 맑스주의)은 분명 이런 지배적인 사회과학의 규범들과는 다른 사고를 담고 있었고, 이런 근대적 사회과학의 전제들을 극복하려고 노력했음에도 불구하고, 지배적인 사회과학들은 이런 이단적 사상들의 위험요소들을 제거하고 이를 자유주의적으로 포섭하여 심지어 대학 공간 내에 제도화하기까지 하였다. 사회과학의 영역에서도 우리가 아는 세계는 자유주의적으로 포섭되었고, 그 속에서 위기를 겪고 있는 것이다. 자신의 위기를 스스로 사고하지 못하고, 그 위기의 근본에 놓인 부단한 구분법들을 극복하지 못하고, 억압과 배제의 근원을 사고하지 못하는, 이런 '자유주의적으로 포섭된' 사회과학은 결국 그 위기 속에서 무용성을 드러내지 않을 수 없으며, 특히 이는 현 체계의 위기를 그보다 더 평등한 체계를 수립함으로써 극복하려는 사람들에게 심각한 문제가 아닐 수 없다.

월러스틴은 이처럼 우리가 아는 세계의 종언을 선포한 후, 단지 이것이 모든 것의 붕괴가 아니라 새로운 출발일 수 있음을 이야기한다. 물론 그는 앞으로 우리가 겪게 될 상황은 20세기보다는 14세기에 더 가깝고, 자유주의에 포섭당한 반체계운동이 보여준 한계 때문에 가까운 미래에 가시적으로 떠오르는 대안은 더더욱 없다는 한계를 인정하지만, 우리가 알던 세계의 역사와 한계를 명확히 인식하는 새로운 열린 사회과학은 국가권력을 통해 계서제와 배제/억압을 재생산하거나 국가주의적 발전주의를 재생산하지 않으면서 동시에 평등-자유 테제를 지지하는 진정한 국제주의적 운동을 사고할 수 있는 계기들을 마련해줄 것이라는 기대를 버리지 않고 있다.

물론 월러스틴의 글 속에서 동의하기 어려운 여러 주장들을 찾아낼 수 있을 것이다. 그의 과도한 일반화는 입증되어야 할 것들을 전제로 선언하는 측면이 있고, 특히 그가 장기추세로 지적하는 것들은, 그것이 그에 반대로 작용하는 요인들과의 관련 속에서 어떤 파동을 그리는지를 구체적으로 분석하지 않는다면 미래학적인 선언으로 머물 가능성도 크다고 하겠다. 또한 그가 반체계운동의 역사를 과도하게 단순화하여 한두 줄로 정리해버리는 데 대해서는 동의하기 어려우며, 그 내부로부터의 철저한 역사적 검토와 비판 없이 결코 새로운 반체계운동의 발전을 기대하기는 어렵다고 보이는데, 이와 관련해 그가 가지고 있는 한계는 특히 그가 『유토피스틱스』 등에서 제시한 대안적 운동과 연관된 주장에서 드러나는 것 같다. 사회과학의 혁신을 위해 과도하게 카오스이론에 의존하는 것에 대해서도 선뜻 동의하기 어렵다. 그러나 이 책의 15장에서 그가 사회과학에 대한 여섯 개의 도전들을 논의하며 말했듯이, 진지한 도전이라면 우리가 그것을 적극적으로 수용하여 면밀히 검토하지 않을 수 없는 노릇이다. 모든 사람이 세계체계분석의 지지자가 될 필요는 없지만, 그것이 제기한 질문들을 피해갈 수는 없을 것이다.

그런데 이 모든 주장이 우리가 살고 있는 동아시아라는 지역에 이르게 되면 다소 시간적 어긋남을 보이게 되는 것이 사실이다. 이 책의 3장에서 월러스틴이 말하듯 동아시아는 현 세계체계의 예외적 지역이다. 이곳에서는 발전주의라는 자유주의의 신화가 아직도 강한 힘을 지니고 있으며, 새로운 축적의 중심지로 부상할 수도 있다는 현실적 조건이 이런 힘을 지속시키고 있다. 그러나 침몰하는 배의 마스트 꼭대기에 앉아서 우리만은 안전하다고 생각한다고 해서 생존의 가능성이 높아지는 것은 아니다. 극단적으로 말해 1980년대 이후 아프리카나 라틴아메리카의 구조조정과 몰락과정에서 벌어진 일들이 우리에게도 일어날 가능성이 적지 않다는 전제를 가지고 전지구적으로 사고해야만 시간적 어긋남이 방향의 어긋남으로 나아가지 않을 것이다.

마지막으로 번역과 관련해 언급해둘 일이 있다. 이번 번역을 진행하면서 통상적으로 '세계체제'라는 용어로 번역되던 것을 '세계체계'로 정정하였다. 월러스틴 등의 논의가 소개된 이후 학계에는 이 두 가지 번역어가 공존해왔고, 세계체제라는 용어가 좀더 많이 사용된 것이 사실이지만, 일러두기에서도 지적한 바 있듯이 월러스틴은 system이라는 용어를 자연과학의 용어들과 밀접한 관련하에서 사용하고 있다. solar-system을 태양체제로 번역하는 것이 어색하듯이, world-system은 세계체제가 아닌 '세계체계'로 번역하는 것이 더 무리가 없을 것이다. 또 세계체계 분석에서 '축적체제'(regime of accumulation) 같은 개념을 중요하게 사용하는 경우도 있는데, 이와 관련해서도 system을 '체계'로, regime을 '체제'로 번역해 사용하는 것이 혼동을 줄일 수 있는 방법이라고 생각한다. 국제관계론에서 사용하는 국제체제(international regime)와 세계체계 분석의 국가간체계(interstate-system)를 분명히 구분해둘 필요도 있을 것이다.

브로델 쎈터에 머물 때 시작한 번역을 오랜 시간을 끌어 마무리하게 되었다. 이 책의 6장과 9장을 초역해준 김수영 박사와 번역상의 문제들을 함께 풀어가는 데 많은 도움을 준 아내 김영아에게 감사의 뜻을 전한다. 이 작업을 제안하고 오래 기다려준 창비사에게도 감사드린다.

2001년 7월 11일
백승욱

찾아보기

켈러, 에블린 팍스(E. F. Keller) 336~39, 341

코넬(R. W. Connell) 311

코민테른→제3인터내셔널을 보라

콜먼, 제임스(J. Coleman) 247

키씬저, 헨리(H. Kissinger) 79, 80, 83

ㅌ

탈농화 50, 72, 107, 108, 114~16

태국 79, 82

터키 37, 64, 82, 165

통합 149~67

ㅍ

파슨즈, 탤코트(T. Parsons) 310, 316, 347

파시즘운동 293

페르시아 37, 328

페미니즘 67, 164, 165, 335~42

평등-자유 137

폐촌 181

포르투갈 169, 170, 175

포미안, 크시슈토프(K. Pomian) 179

포스트모더니즘 174, 176, 228, 275, 314, 326, 342, 34

폴란드 26, 37, 66

푸꼬, 미셸(M. Foucault) 307

프랑스 27, 36, 40, 66, 141, 175, 204, 235, 242, 301

프랑스 공화국연합(RPR) 146

프랑스민주동맹(UDF) 146

프랑스혁명 21, 35, 36, 60~62, 101, 102, 126, 127, 130, 152, 153, 159, 175, 204, 239, 284, 297, 303

프랑크, 안드레 군더(A. G. Frank) 271

프로이트, 지그문트(S. Freud) 209~17, 320~27, 334

프리고진, 일리야(I. Prigogine) 14, 185, 231, 233, 299, 302, 332~34, 336, 355

ㅎ

하딩, 쌘드러(S. Harding) 341

하부구조 95

학제간성→다학문성을 보라

한계효용 203

한국전쟁 59

합리성 193~219, 231, 318~27, 334, 335, 346

(실질적) 합리성 199, 201~204, 217~19, 266, 278, 326

합스부르크 92, 151

해러웨이, 도너(D. Haraway) 336, 338, 339, 341

헤게모니 순환 56, 81, 82

혁명조직→반체계운동을 보라

현상학 314

형이상학 218, 286

홉킨즈, 테렌스(T. Hopkins) 357

화학 111, 332, 334, 336

확률 232, 266, 332, 333

확실성(의 종말) 11~15, 42, 47, 53, 109, 171, 208, 282, 332, 346, 349, 354, 355, 357

후쎄인, 싸담(S. Hussein) 32, 74

(역사에 대한) 휘그적 해석 240

흑사병 181

흑인 166→아프리카계 미국인도 보라

힌두교 39, 245

우리가 아는 세계의 종언
21세기를 위한 사회과학

초판 1쇄 발행 / 2001년 7월 20일
초판 2쇄 발행 / 2009년 6월 30일

지은이 / 이매뉴얼 월러스틴
옮긴이 / 백승욱
펴낸이 / 고세현
편집 / 김정혜 · 김민경
펴낸곳 / (주)창비
등록 / 1986년 8월 5일 제85호
주소 / 413-756 경기도 파주시 교하읍 문발리 513-11
전화 / 031-955-3333
팩시밀리 / 영업 031-955-3399 · 편집 031-955-3400
홈페이지 / www.changbi.com
전자우편 / human@changbi.com

한국어판 ⓒ (주)창비 2001
ISBN 978-89-364-8510-8 03300

＊ 이 책 내용의 일부 또는 전부를 재사용하려면
  반드시 저작권자와 창비 양측의 동의를 얻어야 합니다.
＊ 책값은 뒤표지에 표시되어 있습니다.